《全国法院民商事审判工作会议纪要》专题解读与实务指引

李志刚　陈克　吕强　刘生亮　雷新勇　著

法律出版社
LAW PRESS·CHINA

作者简介

（以撰写内容先后为序）

李志刚

法学博士，中国商法学研究会理事，中国人民大学民商事法律科学研究中心兼任研究员，北京大学法学院法律硕士研究生兼职导师，中国仲裁法学研究会亚太仲裁研究专业委员会委员。曾长期从事商事审判工作，执笔起草《最高人民法院关于进一步加强金融审判工作的若干意见》《最高人民法院关于审理融资租赁合同纠纷案件适用法律问题的解释》等多部民商法、金融法司法解释、司法政策。现从事公司法务工作。

在《法学家》《人民司法》《法律适用》《商事审判指导》《公司法评论》《人大法律评论》《人民日报(学术版)》《金融时报(理论版)》等报纸杂志就商事审判、合同法、公司法、金融法、法经济学等问题发表论文二十余篇。独著《公司股东大会决议问题研究——团体法的视角》，参与撰写《合同法司法解释二理解与适用》《买卖合同司法解释理解与适用》《融资租赁司法解释理解与适用》《公司法司法解释四理解与适用》《最高法院商事裁判观点》《借款担保案件裁判要点与观点》等，主编《民商审判前沿：争议、法理与实务——“民商法沙龙”讨论实录》丛书。

陈　克

法律硕士，上海市高级人民法院三级高级法官，审判员。最高人民法院西部巡回讲师团成员，国家法官学院(上海分院)兼职教师，华东政法大学兼职教授。

代表性学术成果：《不完全合同背景下的公司融资——商业理性与合同解释衔接视角之展开》(《交大法学》2020 年第 1 期)；《公司法中的法教义学运用》(韩国《圆光法学》2018 年第 4 辑)；《论股东债权劣后清偿规则》(《法律适用》2018 年第 5 期)；《民法总则作为裁判法的打开方式——储法、找法及用法视角之展开》(《商事审判指导》总第 44 辑)，获中国法学会商法学研究会 2017 年青年优秀论文　等奖；《弱化抑或调整　　论〈公司法〉修订后的涉出资责任诸问题》(《财经法学》2015 年第 5 期)等。

吕　强　法学博士，吉林功承律师事务所创始合伙人。曾任吉林省高级人民法院民二庭庭长、审判委员会委员，吉林省青年审判专家。吉林省法学会商法学研究会副会长，吉林省法学会金融法学研究会专家团专家，吉林省法学会民法学研究会、仲裁法学研究会、企业法治研究会常务理事。

专注民商事审判二十年，参与审理各类民商事案件1500余件。在《当代法学》《行政与法》《人民司法》等刊物发表论文十余篇，先后两次获得全国法院学术讨论会论文评选二等奖。

刘生亮　法学博士，执业律师。曾任黑龙江省高级人民法院审监二庭副庭长，黑龙江省审判业务专家。拥有逾二十年法律教学、科研与审判工作经验。2015年入选教育部、中央政法委、最高人民法院等六部委第三批“双千计划”。中国人民大学法学院实务导师，中国计量大学法学院兼职硕士生导师，哈尔滨工业大学人文与法律学院、东北林业大学文法学院、黑龙江大学法学院兼职教授。

曾参与多项国家级、省部级法学课题研究工作，并在《法学家》《法律适用》《判解研究》等核心期刊发表论文二十余篇，出版《民间借贷案件审判参考》等法学著作。

雷新勇　法学博士，执业律师。曾任江苏省高级人民法院民二庭审判员，长期从事民商事审判和研究工作。

代表性学术成果：《信托理念和信托法在商事审判中的适用问题研究》（2013年全国法院司法调研重大课题）；《民间融资的法律压制及其消解举措》（《商事审判指导》2012年第1辑）；《有限公司股权转让疑难问题探析》（《法律适用》2013年第5期）；《论涉经济犯罪的合同效力问题——兼论刑民交织案件的处理》（《人民司法》2014年第7期）；《人保与第三人物保的相互追偿及担保物权未设立的责任问题探讨》（《法律适用》2014年第8期）。参与撰写：《公司法案件判解研究》（人民法院出版社2003年版）。

前 言

最高人民法院2019年11月发布的《全国法院民商事审判工作会议纪要》(以下简称《纪要》)囊括了合同、公司、担保、金融等诸多民商法前沿问题,是近两年最高人民法院发布的较为重要的民商事审判指导性文件之一。从2019年7月“全国民商事审判工作会议”召开,到“会议纪要稿”面向社会公开征求意见,再到《纪要》正式发布,全国法官、律师、公司法务人员、高校学者已围绕这一法律文件进行了深入的学习、研讨。

《纪要》在诸多争议问题上可谓“一锤定音”,但与此同时,在诸多问题上又“言而未尽”,仍有若干值得细究、未予涉及的周边问题,值得法律实务界人士高度重视并在实践中探索。对于全国的律师、公司法务人员、仲裁员,乃至民商事法官等民商法实务工作者而言,学习《纪要》文本固然重要,但能否在准确理解《纪要》规范背后的法理基础上,正确地将《纪要》的规范及精神运用于诉讼实战以及法务审查、尽职调查、合同草拟等非诉讼业务,则更为重要。

为切实满足广大民商法实务人士深入学习《纪要》,特别是在诉讼及非诉讼业务中有效回应、正确运用《纪要》的需要,我们召集了在民商事审判、诉讼及非诉讼业务领域既有丰富实务经验,又有深厚民商法理论功底的几位专家学者,共同撰写了本书。

考虑到《纪要》包括了12个部分的内容、涉及面较广,但与民商事实务联系较为密切、各界最为关切的法律问题,主要集中在公司、合同、担保及信托部分,故本书聚焦于公司、合同、担保及信托4个方面,就实务中运用较多、对诉讼和非诉讼业务影响最大的若干问题,以专题的形式,予以集中讲解和分析,为法律实务人士提供可供参照的操作指引。在每一个专题中,具体包括以下内容:

【规范精要】提纲挈领,指出《纪要》规范中特别值得实务关注的要点和重点。

【法理基础】简要介绍规范背后的法理,知其然,亦明其所以然。

【裁判指引】以法官的视角分析法庭调查应予查明的事实焦点、裁判文书的论证思路与重点,以及与《纪要》的内容有关但《纪要》未予涉及的相关法律问题。

【律师指引】以诉讼律师的视角,分析诉讼请求的选择、请求权基础的选择、举证重点、诉讼代理思路选择等。

【法务指引】以公司法务及非诉讼律师的视角,提示公司法务在合同审查、尽职调查、证据留存等方面应予关注的重点,以及对一些重要法律问题在合同起草中的条款表述建议。

【要案索引】精选了最具代表性的最高人民法院及部分高级人民法院的经典案例,重点关注其裁判思路、论证思路,为法官裁判文书论证说理、律师代理意见论证提供参照指引。

【民法典最新规定释评】2020 年 5 月 28 日第十三届全国人民代表大会第三次会议通过了《中华人民共和国民法典》。纪要中的相关条文在《民法典》中也得到了体现和修改。为配合读者了解《民法典》的最新规定与《纪要》的衔接,相关专题的最后一个部分对《民法典》的相关规定和《纪要》的衔接与适用问题作了简要说明。

本书作者的主要写作分工为(以写作内容的先后为序):李志刚撰写导论部分;陈克撰写公司法部分(不含公司对外担保专题)、以物抵债专题;吕强撰写公司对外担保、合同无效、盖章效力专题;刘生亮撰写担保法部分(不含担保之一般规定和保兑仓专题)、行政审批与合同效力专题;雷新勇撰写信托法部分及借款合同专题、担保之一般规定和保兑仓专题(刘梦梅律师协助搜集整理了此四个专题的部分案例)。全书由李志刚统稿。

五位作者或为法学博士,或为兼职教授,而且均有在最高人民法院、高级人民法院近二十年的商事审判工作经验,又各具法官、律师和公司法务的不同视角。相信其以“法官思维 + 律师思维 + 法务思维”为特质,辅以深厚的法理功底,诚意奉上的匠心之作,能为诸位法律实务界人士学习与运用《纪要》以启发和助益。限于时间和功力,不足之处乃至谬误,仍在所难免,恳请读者诸君批评指正。

2020 年 6 月

目 录

导 论 商事裁判的理念与方法 001

一、学习《纪要》的三重境界与方法 001

二、"九民纪要",还是"九商纪要" 007

三、由《纪要》看当前商事纠纷的裁判理念与价值取向 010

四、金融审判理念及其实践 022

五、由《纪要》的解释方法看商事审判的法律适用方法 030

公司法部分 039

专题一 公司法的规范适用 041

【纪要原文】 041

【规范精要】 042

一、将《民法总则》与《公司法》的关系界定为一般法与特别法 042

二、明确作为特别法的《公司法》的优先适用法理及规则 042

三、明确适用"新法优于旧法"的特殊情形 042

【法理基础】 043

【裁判指引】 043

一、总体而言,《公司法》应优先适用与《民法总则》补充适用 043

二、局部而言,《民法总则》优先于《公司法》作

为裁判法源,此系新法优先旧法之体现 044
三、特别之处,涉及公司治理、公司融资等公司制度专有领域,《公司法》没有明确规定时,公司制度所形成的商事习惯宜优先于《民法典》的相关规定,作为裁判法源 045
四、规范冲突协调方面,对于同一个事项,《民法总则》与《公司法》有不同规定的,属于新的一般规定与旧的特别规定的冲突,应结合具体问题进行判断 046
【律师指引】 047
一、"待调整的同一事项"的甄别 047
二、重视公司制度的组织架构理念在法律适用、法律解读上的落实 048
三、《民法总则》第 65 条与《公司法》第 32 条第 3 款有关股东变更登记规定的关系 049
四、《公司法》第 32 条登记事项"对抗第三人"与《物权法》第 106 条"善意取得"的差异 049
【法务指引】 050
一、关注《民法总则》的溯及调整 050
二、尽职调查重点关注九民纪要对现有司法实践做法的调整 051
三、关注特定事项的法律调整空白与合同条款设置 051
【要案索引】 052

专题二　对赌协议的效力及履行 054
【纪要原文】 054
【规范精要】 055
一、坚持股权融资与债权融资的两分 055
二、坚持区分原则,界分对赌协议的效力与对赌协议的履行 056

三、梳理对赌协议类型确定资金返还方式 056
四、区分不同类型对赌协议可履行性的法律依据 056
【法理基础】 057
一、商业动机与交易结构 057
二、对赌协议的范围界定 057
三、对赌协议的公司法视角解读 057
四、对赌协议的组织性合同视角考察 059
【裁判指引】 060
一、股权回购、金钱补偿的诉请未获支持，投资人主张解除合同或者违约责任的法律适用问题 060
二、关于对赌协议中有限责任公司股权回购的合法性 061
三、标的公司为股东间的对赌协议提供担保的法律效力 062
四、对赌协议中的股权回购与债权人保护标准选择 062
【法务指引】 063
一、在准确理解股权回购、金钱补偿与实质分配、减资的关系上，考虑商业安排与合同条款设计 063
二、对赌协议的条款公平性与整体交易结构设计 064
三、对赌协议的会计选择 065
四、关注投资方启动破产程序 065
【要案索引】 065

专题三　股东认缴出资 068
【纪要原文】 068
【规范精要】 069

一、对认缴出资语境下，股权的出资责任是否加速到期问题，选择了原则不能加速到期，例外加速到期的方案 069
二、对认缴出资的股东表决权有无作了明确 069
【法理基础】 069
一、关于认缴出资与加速到期 069
二、认缴出资与表决权 071
三、认缴出资与股权平等 072
四、《纪要》加速到期的两项例外规定与制度突破 073
五、《纪要》第6条之法理基础与规范意旨 073
【裁判指引】 074
一、执行程序中的加速到期与破产程序的衔接 074
二、《纪要》第7条对未届出资期限股东按实缴出资比例等确定表决权，要求经代表2/3以上表决权的股东通过，该表决权是否包括未缴纳出资部分所对应的表决权 074
三、《纪要》第6条第1项中两个加速到期要素间的关系把握 076
【律师指引】 076
一、选择执行程序中的加速到期，还是申请破产 076
二、延长认缴出资期限情形下，债权人的诉讼救济 077
三、《纪要》第6条第2项加速到期事由中"公司债务产生"应如何界定 077
【法务指引】 078
一、司法介入与争议类型之联系 078
二、不轻易介入公司股东间争议原则的贯彻之理解 079
三、身份权不等于表决权及其外延解读 079

四、对以加速到期为由已获得的个别清偿，其他债权人能否通过破产程序予以否定 080
五、《纪要》第 6 条第 2 项规定的加速到期事由，是否与人格否认发生竞合 080
六、股东之间可否通过协议来约定按实际出资比例确定表决权 080
【要案索引】 081

专题四　公司股权转让 083
【纪要原文】 083
【规范精要】 084
一、《纪要》第 8 条明确了股东名册登记系股东取得股权的标志，以及公司登记机关对股东变更的登记产生对抗效力 084
二、《纪要》第 9 条是贯彻区分原则，对《公司法司法解释（四）》第 21 条规定的侵犯优先购买权的行为的法律后果再予重申 085
三、《纪要》第 21 条进一步明确了股权转让合同的效力评价 085
【法理基础】 085
一、股权转让中的区分原则 085
二、股权转让合同履行的三个阶段及其法律效力 086
三、股权的性质与股权变动的界定标准 086
四、优先购买权的定位及体系保护 087
【裁判指引】 088
一、“一股二卖”与股权归属 088
二、已付款未登记的受让人提起的执行异议之诉的处理 088
三、有限责任公司章程限制股权转让的效力 089

【律师指引】 089
一、股东名册登记与公司登记机关记载的内容冲突及其诉讼救济 089
二、股权转让中权利瑕疵与诉讼救济 090
【法务指引】 090
一、受让方完成股东名册变更前之权利保护与风险防范 090
二、关于股东名册登记、市场监管机关外部登记的义务主体与责任主体 091
三、优先购买权对受让股权的影响及其风险防范 091
【要案索引】 092

专题五　公司人格否认 094
【纪要原文】 094
【规范精要】 096
一、《纪要》导语部分严格限定了适用公司人格否认的构成要件 096
二、《纪要》明确判决人格否认事实认定的个案性 097
三、《纪要》体现出人民法院在“人格应当否认”和“人格慎重否认”的两难选择之间的小心翼翼 097
四、《纪要》第 10 条明确了人格混同的具体认定标准,并强调了财产混同与人员混同、经营混同三者之间的事实认定层级差异 097
五、《纪要》第 11 条发展和丰富了“过度支配与控制”公司的内涵,并列举了主要情形 098
六、《纪要》第 12 条对资本显著不足的标准进行了细化 098
七、《纪要》第 13 条解决了人格否认案件中各

方当事人的地位问题 098
【法理基础】 098
一、公司人格混同的界定基点是财产边界不清 099
二、公司人格否认与股东有限责任的关系 099
三、多重法律关系与多名当事人的诉讼地位 100
【裁判指引】 100
一、裁判理由阐释与规范依据 100
二、人格否认与抽逃出资、挪用公司财产 101
三、过度控制和支配型公司人格否认的界定 101
四、资本显著不足型公司人格否认的判断 102
五、债之性质对公司人格否认的连带责任承担的影响 103
六、公司人格否认中的举证责任分配与证明标准 103
七、《纪要》第 11 条与公司人格否认的反向适用 104
【律师指引】 105
一、维权主体与案由选择 105
二、股东责任与请求权基础 106
三、对被告的选择 110
四、举证与申请调取证据的实务操作 111
【法务指引】 111
一、公司人格否认风险之防范 111
二、关于收购标的公司股权之风险隔离 112
【要案索引】 112

专题六　有限责任公司清算义务人的责任 115
【纪要原文】 115
【规范精要】 116
一、导语部分明确了清算责任案件的价值取向 116
二、导语部分明确了股东清算责任的性质是侵

权责任 116
三、《纪要》第14条以正反两方面列举的方式限缩了“怠于履行清算义务”的事实认定 117
四、《纪要》第15条从因果关系角度，为股东免责提供证据指引 117
五、明确了清算责任的诉讼时效的起算点 117
【法理基础】 117
一、《纪要》规定的双重背景 117
二、关于法定清算义务 117
三、关于股东的细分 118
四、关于因果关系 118
【裁判指引】 118
一、清算义务人责任的来源与界定 118
二、股东清算义务人责任请求权的诉讼时效起算点 119
三、通过广义上清算义务人责任的类型梳理来确定审理方向 119
四、厘清组织清算请求权、清算赔偿请求权及连带清算请求权三者的关系 121
五、《纪要》第14条中一般股东与小股东的区分 122
【律师指引】 122
一、清算义务人责任纠纷案件的原告诉讼策略 122
二、清算义务人的抗辩重点 122
三、举证指引 123
四、诉讼时效起算点争议及诉辩路径选择 123
【法务指引】 124
一、需准确理解几个有关清算的重要法律概念 124
二、准确厘清义务主体与责任范围 125
【要案索引】 126

专题七 公司为他人提供担保 128
【纪要原文】 128
【规范精要】 130
一、明确了认定公司对外担保的规范依据是《合同法》第 50 条有关越权代表的规定，而不是《合同法司法解释(二)》第 14 条有关效力性强制性规范的规定 130
二、明确债权人的决议审查义务，是认定越权代表后果——公司担保合同效力的依据 131
三、将公司担保有效的举证责任，特别是债权人属于“善意”的举证责任，明确分配给了债权人 131
四、区分了关联担保和非关联担保，赋予债权人不同的审查对象 131
五、明确了债权人决议审查的内容 132
六、对担保决议的审查以形式审查为原则 132
七、对上市公司担保作出特殊规定 132
八、关于无须公司决议的例外情形 132
九、关于担保无效的责任 132
十、为公司的权利救济提供指引 133
十一、关于类担保的法律适用 133
【法理基础】 133
一、最高人民法院的司法态度及变化 133
二、代表性观点与解释路径 135
【裁判指引】 136
一、庭审思路与要件事实 136
二、《合同法》第 50 条的举证证明责任分配问题 136
三、关联担保中作为债务人的股东或实际控制人身份的识别问题 137
四、债权人的审查依据问题 137

五、关于类担保的决议审查问题 138
六、关于一人公司为股东提供担保的效力问题 138
七、代理人未经公司机关决议代理公司对外签订担保合同的效力问题 140
【律师指引】 140
一、关于代理思路的选择 140
二、举证重点 140
三、往来电话及邮件的证据意义 141
四、关于上市公司担保问题 141
【法务指引】 141
一、将《纪要》作为提供担保及接受担保的行为规则 142
二、尽可能对公司章程和机关决议进行实质审查 142
三、提高合同签订和履行过程中的证据意识 142
四、及时补正担保合同效力瑕疵 142
五、关于决议文本 142
六、关于债权转让与债权估值 143
【要案索引】 143
【民法典最新规定释评】 153
一、《民法典》规范文本 153
二、规范释评 153

专题八　股权代持与实际出资人权利保护 155
【纪要原文】 156
【规范精要】 156
【法理基础】 156
【裁判指引】 157
一、股权代持纠纷的处理原则 157
二、对“其他股东对其实际行使股东权利未曾提出异议的”的理解 158

三、涉股权代持的案外人执行异议之诉的纠纷处理　158
四、关于实际出资人是否为第三人撤销之诉的适格原告问题　159
五、关于股权让与担保及其中的股东权利、义务与责任　160
【律师指引】　162
一、纠纷类型与请求权基础选择　162
二、名义股东的出资责任与公司债权人的诉讼救济　162
【法务指引】　163
一、关于委托持股的法务风险提示　163
二、关于委托持股协议的条款设定　163
三、关于实际出资人显名后股东资格的获得时间　163
【要案索引】　164

合同法部分　167

专题一　合同无效问题　169
【纪要原文】　169
【规范精要】　172
一、《纪要》第30条第1款体现出司法裁判对合同效力认定方向，由限缩无效到扩张无效　172
二、《纪要》第30条第2款提出了区分效力性强制性规定和管理性强制性规定的新标准　172
三、《纪要》第31条将规章纳入合同效力考量范围，进一步体现出扩大合同无效范围的司法态度　173
四、基于规章认定合同无效的裁判路径及文书说理提出要求　173

五、进一步细化了合同效力否定性评价的法律后果 173
六、进一步细化了财产及价值动态变化下的返还规则和损失赔偿规则 173
七、法院在合同无效案件中的释明要求 174
【法理基础】 174
一、关于强制性规定的识别 174
二、关于违反规章的合同效力 176
三、关于返还财产和折价补偿的性质 177
四、合同无效之释明:权力还是义务 177
【裁判指引】 177
一、合同成立、生效、有效的区分 178
二、否定性用词与强制性规定的认定 178
三、认定合同无效的法律依据 178
四、认定违反规章的合同无效的法律依据 178
五、《民法总则》第153条和《合同法司法解释(二)》第14条的关系 179
六、违反公序良俗无效的法律适用 179
七、强制性规定识别的裁判文书说理 179
八、关注判断合同效力规范依据的时间节点 181
九、折价补偿的前提 181
十、折价补偿的释明 182
十一、返还财产与第三人利益保护 182
十二、赔偿损失的条件 182
十三、赔偿损失的限制 182
十四、向被告释明的具体内容 183
【律师指引】 183
一、可能被认定为无效的合同纠纷中诉讼请求的选择 183
二、对效力性强制性规定的规范属性存在争议时的说理论证依据 184

三、诉讼请求中返还财产与损害赔偿的区分　185
【法务指引】　186
一、合法性审查与合规性审查　186
二、证据的留存　186
【要案索引】　186

专题二　行政审批与合同效力　195
【纪要原文】　195
【规范精要】　196
一、将金融法中的股权变动审批纳入“合同报批生效”的调整范围　196
二、强调合同未生效与合同无效的区别　196
三、明确人民法院对报批合同中诉讼请求的释明义务　197
四、解决报批条款涉诉后的履行问题　197
【法理基础】　197
一、合同效力体系中的合同成立、合同生效与合同有效　197
二、合同未生效与无效的区别　198
三、最高人民法院关于行政审批与合同效力问题的主要观点　199
四、报批义务、合同解除与违约责任的关系　199
【裁判指引】　200
一、司法裁判对合同效力审查的要点及顺序　200
二、法定报批生效的合同类型辨识　201
三、行政审批对象的区分　201
四、合同变更与行政审批　201
五、有关报批义务的事实查明　202
六、法院释明报批义务的具体情境　202
七、当事人既诉请履行报批义务又请求对方承担违约责任的处理　203

八、行政审批结果与合同履行的关系 203
九、行政机关未予批准与报批条款对应的违约责任之间的关系 204
【律师指引】 204
一、应当清晰判断合同的效力状态，围绕效力争议的具体情形组织证据、论证说理，特别是避免将未生效与无效混同 204
二、准确选择责任类型和责任范围 205
三、关于是否属于法定报批生效情形的诉讼攻防 205
【法务指引】 205
一、通过设定合同中的结算清理条款控制报批义务前的交易风险 205
二、针对报批义务和其他合同义务设定不同的违约责任条款 206
三、高度关注各类合同的行政审批程序要求，严格履行前期的报批程序，避免因为缺乏报批手续而影响整个交易的稳定性 206
四、关于违反报批义务的证据 207
【要案索引】 207
【民法典最新规定释评】 210
一、《民法典》规范文本 210
二、规范释评 210

专题三　盖章的效力 213
【纪要原文】 213
【规范精要】 214
一、明确《纪要》重点解决的是真人假章的问题 214
二、明确认定效力的主要依据是认“人”，而不是认章 214
三、特别强调了法定代表人盖公章的当然效力

和例外情形 214
四、明确了代理人盖假章的审理重点 214
【法理基础】 214
【裁判指引】 216
一、对签约人、盖章人的身份及权限的事实查明 216
二、法定代表人签约、印章真假与合同效力 216
三、职务代理与合同效力 217
四、委托代理与合同效力 218
五、真章与表见代理 219
六、公司印章的具体类型差异与合同效力 220
七、加盖真章的空白合同书的效力 221
【律师指引】 221
一、被告律师应把签约人不具有代表权或代理权作为抗辩重点 221
二、原告律师应围绕签约人具有代表权或代理权收集并组织证据 222
三、被告律师应谨慎评估印章鉴定申请被法院准许的可能性 222
四、被告律师应谨慎评估刑事案件对涉盖章行为效力案件的影响 222
【法务指引】 222
一、关于对外缔约中的风险防范 223
二、关于公司内部的公章管理 224
三、关于个人名章的使用 224
【要案索引】 225

专题四　以物抵债 228
【纪要原文】 228
【规范精要】 229
一、对诉讼前达成的以物抵债，《纪要》以原债

务履行期限是否到期为标准，区分是否就以物抵债协议的履行请求进行审理 229
二、明确对诉讼中达成的以物抵债协议，不予审理 229
三、明确法院审理以物抵债协议纠纷时，重点是审查和防范虚假诉讼 230
【法理基础】 230
一、以意思自治为主导，对他种给付的类型化梳理 230
二、三类他种给付类型的法律构造 231
三、为担保之“他项给付”，属于债权让与担保 232
四、《纪要》对以物抵债问题的解决方案 233
五、涉以物抵债诉讼中的处分原则与诉讼指挥权指导的协调 234
六、现行担保制度的再体系化建构 234
【裁判指引】 236
一、《纪要》第45条中以物抵债协议的属性认定及后续处理 236
二、债之担保型他项给付中的担保人清算义务履行 237
三、以物抵债与《执行异议复议规定》第28条、第29条的适用 238
【律师指引】 238
一、严格按照《纪要》第44条、第45条的规定，选择以原债权债务关系，还是以物抵债协议主张权利 238
二、执行中达成的以物抵债协议未履行的救济 239
三、虚假诉讼的防范 239
四、对他种给付关涉的诉讼时效问题的关注 239
【法务指引】 240
一、《纪要》第45条涉及的合同安排形式 240

二、从裁判思路看以物抵债协议之交易结构选择与合同条款设计　241
三、设立担保型的他种给付时的权利变动公示方式选择　242
【要案索引】　243

专题五　借款合同　245
【纪要原文】　245
【规范精要】　246
一、以降低融资成本为价值导向　246
二、明确了金融借款合同的贷款利率适用标准及表述方式　247
三、赋权调减及免除金融借款合同中的费用　247
四、变相利息的认定及其效力　247
五、通过从宽认定高利转贷行为，否定部分民间借贷合同的效力　247
六、通过扩张界定职业放贷人的主体身份，否定部分民间借贷合同的效力　247
【法理基础】　248
一、金融借款合同与民间借贷的区分　248
二、金融借款合同中的费用与变相高息　249
三、禁止利用金融信贷资金转贷牟利的内在逻辑　250
四、关于职业放贷人的借款合同无效问题　250
【裁判指引】　251
一、《纪要》作为司法规范适用的结构完整性问题　251
二、高利转贷的举证责任分配　251
三、高利转贷中的“牟利”　253
四、高利转贷与借款人的主观认知　254
五、利用金融机构信贷资金转贷无效的规则，是否能够类推适用于占用他人资金进行民

间借贷的情形 254
六、关于职业放贷人的认定 255
【律师指引】 256
一、诉讼请求中的利率表述 256
二、涉及变相利率的诉讼请求表述 256
三、关于第三人收取的变相利息及费用问题 256
四、关于变相利益及费用过高的证明、反证与抗辩 257
【法务指引】 257
一、金融借款合同中的利率条款设定 257
二、存量贷款利率转换中的问题 257
三、金融借款合同中变相利息、费用与合同草拟 258
四、关于是否可以通过仲裁条款规避的问题 259
五、作为出借人对借款合同无效的法律风险防范建议 259
六、关于委托贷款的选择 260
【要案索引】 260
【民法典最新规定释评】 266
一、《民法典》规范文本 266
二、规范释评 266

担保法部分
267

专题一　担保法的一般规则 269
【纪要原文】 269
【规范精要】 271
一、《纪要》在导语部分明确了担保案件审理的四个基本原则 271
二、《纪要》第 54 条特别强调独立担保的法定适用范围 271
三、《纪要》第 54 条明确了认定独立保函无效

后的法律后果 271
四、《纪要》第55条明确了担保合同特别约定超过主债务的责任无效 272
五、《纪要》第56条否定了担保人之间的追偿权，但同时为特别约定预留了有效接口 272
六、《纪要》第57条否定了借新还旧中旧贷担保物权的承继性 272
七、《纪要》第58条有针对性地解决了因为登记机关原因影响抵押担保范围的问题 272
八、《纪要》第59条解决了《物权法》第202条规定的主债权诉讼时效与物权效力的关系问题 272
【法理基础】 273
一、关于担保的从属性 273
二、关于"无效法律行为的转换" 275
三、因抵押登记机关的原因导致抵押登记与抵押合同不一致的问题 276
四、担保责任的范围与担保债权的范围 276
【裁判指引】 277
一、混合担保不能互相追偿的规则是否适用于保证人互相追偿 277
二、借新还旧中的担保物权 278
三、担保范围的查明 278
四、抵押权行权期间"主债权诉讼时效期间"的起止时点 278
五、虚假注销登记的，在后登记的抵押权有无优先权 282
【律师指引】 283
一、独立担保的诉讼救济 283
二、"无效法律行为的转换"法理的拓展运用 284
三、担保登记与担保合同约定不一致的权利主张与抗辩 285

四、主张抵押权的期限与方式 287
【法务指引】 287
一、债权人的法务选择独立担保的关注事项与合同条款拟定 287
二、混合担保与担保人法务的合同审查及条款拟定 288
三、关于担保合同与担保登记的法律尽职调查及风险提示 289
四、涉及借新还旧担保问题的法务审查与合同草拟 289
五、注意主债权消灭后单方注销权的行使 290
【要案索引】 291
【民法典最新规定释评】 296
一、《民法典》规范文本 296
二、规范释评 297

专题二 未办理登记的不动产抵押合同效力 298
【纪要原文】 298
【规范精要】 298
一、《纪要》明确未办理抵押登记，不影响抵押合同的合同效力 298
二、《纪要》明确了抵押合同履行不能时，债权人的司法救济 299
【法理基础】 299
一、抵押合同的效力：从“同一主义”到“区分原则” 299
二、抵押人责任性质的分歧 299
三、最高人民法院法官会议纪要观点 300
【裁判指引】 300
一、不动产抵押合同的成立、有效与生效 300
二、未办理登记，则抵押权未设立，无优先受偿

效力 301
三、债权人的登记请求权 302
四、债权人的损害赔偿请求权 304
五、抵押人责任的性质:连带责任还是补充责任 305
六、违约损害赔偿责任的财产范围 307
七、未设定抵押权与其他担保人减责 309
八、抵押人承担损害赔偿责任后的追偿问题 311
九、以登记作为设立要件的权利质权的参照适用 311
【律师指引】 311
一、关于诉讼请求的选择 311
二、在登记仍然可能时直接诉请损害赔偿责任 312
三、关于“抵押物价值”的确定 312
【法务指引】 313
一、关注抵押物状态,及时催告抵押人办理登记手续 313
二、在抵押合同中约定连带责任条款 313
三、在抵押合同中约定保证责任转换条款 313
四、及时采取财产保全措施 314
五、其他担保人可在合同中约定放款顺序 314
【要案索引】 314
【民法典最新规定释评】 318
一、《民法典》规范文本 318
二、规范释评 318

专题三　房地分别抵押 320
【纪要原文】 320
【规范精要】 321
一、将《物权法》第182条规定的“房地一体”抵押转化为“同一财产”抵押 321

二、按照登记先后确定房地分别抵押的两个抵押权的顺位 321
三、强调《物权法》第200条规定的在后新增建筑物不属于在先单独登记的土地抵押权所及 321
【法理基础】 322
一、房地分别抵押时两个抵押权的效力 322
二、房地分别抵押的分歧观点 322
三、比较与述评 323
四、《纪要》观点 324
五、合同特别约定的效力 324
【裁判指引】 325
一、区分房地单独抵押和房地分别抵押 325
二、关于"建筑物"的范围 326
三、关于建设用地使用权的抵押面积 327
四、建设工程价款优先权的抵偿财产范围 327
五、划拨土地使用权一并抵押 328
六、房地分离时的抵押权善意取得 329
【律师指引】 329
一、代理策略的选择 329
二、责任类型的选择 330
【法务指引】 330
一、交易前核实抵押登记情况,避免房地分别抵押 330
二、在抵押合同中明确约定抵押财产范围 330
三、检查存量债务的担保情况,对登记在后的抵押权,增加风控措施 331
四、债权转让前的尽职调查 331
【要案索引】 331
【民法典最新规定释评】 335
一、《民法典》规范文本 335

二、规范释评 335

专题四　抵押权随主债权转让 337

【纪要原文】 337

【规范精要】 337

一、明确了按照“从随主转”的抵押权转让原则 337

二、通过除外规定，为“从不随主转”例外情形预留了接口 337

三、明确了“从随主转”的法律效果是否定抵押合同与抵押登记为变动的抗辩 338

【法理基础】 338

一、抵押权的从属性 338

二、争议观点与《纪要》决断 338

【裁判指引】 339

一、受让人主张行使抵押权的法律依据 339

二、“法律另有规定或当事人另有约定”的情形 339

三、债权分割转让时的抵押权归属 339

四、抵押财产被查封、扣押与债权转让 340

五、债权转让通知与债权转让合同无效/被撤销 340

六、主债权瑕疵与抵押权归属 341

七、债权多重让与时的抵押权归属 343

八、债权受让人与抵押物之善意取得第三人之权利冲突 344

【律师指引】 345

一、应当同时关注主债权转让和抵押权转让的效力 345

二、关于举证责任分配 345

三、关于执行异议及第三人撤销之诉 346

四、关于抵押权善意取得的论证焦点 346

【法务指引】 346
一、债权受让人法务的审查重点 346
二、通知债务人/抵押人,尽快办理抵押权转移登记 347
三、在债权转让合同中约定履行顺序或回赎条款 347
四、注意留存证据 347
【要案索引】 348
【民法典最新规定释评】 349
一、《民法典》规范文本 349
二、规范释评 349

专题五　流动质押与质物监管 350
【纪要原文】 350
【规范精要】 351
一、《纪要》第 63 条以三方协议为规范原型 351
二、《纪要》以监管委托人是否为债权人为标准,确定是否完成交付、质权是否设立 351
三、《纪要》对债权人委托监管人监管,但监管人事实上未履行管控职责的违约行为对质权设定的影响作出了明确规定 351
四、《纪要》明确了监管人违反其对债权人的受托监管义务时,债权人的救济途径 351
【法理基础】 352
一、流动质押的交易结构 352
二、监管协议的性质 352
三、占有视角的分析 353
四、质权有效设立的判定 353
五、监管人的违约责任 354
六、质押人的违约责任 354
【裁判指引】 354

一、输出型监管交易模式下对质权是否设立的认定 354
二、监管人的义务与责任认定 356
【律师指引】 360
一、债权人诉讼维权的总体思路 360
二、选择行使质权,应当以质权确定设立为前提 361
三、向监管人主张监管责任的注意事项 361
【法务指引】 362
一、关于合同形式 362
二、关于监管义务与监管责任 362
三、对监管人的选择与监管 363
【要案索引】 363
【民法典最新规定释评】 367
一、《民法典》规范文本 367
二、规范释评 367

专题六　保兑仓交易 369
【纪要原文】 369
【规范精要】 370
一、《纪要》第 68 条通过描述交易过程的方式,界定了保兑仓交易中多个主体之间的法律关系 370
二、《纪要》第 68 条第 2 款明确了审理保兑仓交易纠纷的合同依据 371
三、《纪要》第 69 条明确了保兑仓交易的性质认定及合同效力 371
四、《纪要》第 70 条解决了保兑仓交易纠纷审理的程序问题 371
【法理基础】 371
一、保兑仓的交易结构与商业逻辑 371
二、保兑仓交易中的法律关系 372

三、保兑仓交易的法律效力评判 373
四、保兑仓交易中的担保与回购承诺的性质 374
【裁判指引】 376
一、关注案件所涉交易事实的整体性 376
二、保兑仓交易纠纷适宜集中管辖 376
三、以保兑仓交易合同作为案件审理的主脉 377
四、审查买卖关系的真实性是事实查明的首要问题 377
五、买卖关系真实性的举证责任 377
六、保兑仓交易中的保管或仓储合同关系是否需要全面审理 378
【律师指引】 378
一、重视证据收集的全面性 378
二、以查明买卖关系的真实性为前提,厘定代理思路和诉讼请求 378
三、全面梳理当事人之间的权利义务 379
四、注意权利主张的多重性 379
五、注意借款合同关系下权利主张的特殊性 379
六、注意保兑仓交易中票据关系的特殊性 380
【法务指引】 381
一、要注意保兑仓交易的结构完整性 381
二、要特别注意审查买卖关系的真实性 381
三、要注意履行过程的严谨性 381
【要案索引】 382
【民法典最新规定释评】 387
一、《民法典》规范文本 387
二、规范释评 387

专题七　让与担保 388
【纪要原文】 388
【规范精要】 389

一、《纪要》第71条第1款认可让与担保整体交易结构的合同效力，但否定了事前归属型担保条款的效力 389
二、《纪要》第71条第2款明确了让与担保的清偿方式 389
三、《纪要》认可就已变动公示的财产优先受偿 389
【法理基础】 389
一、让与担保的概念 389
二、让与担保的合同效力 390
三、让与担保与流质、流押禁止 391
四、让与担保的物权效力 391
五、让与担保的实现方式 392
【裁判指引】 392
一、让与担保的识别 392
二、案由与释明 394
三、动产让与担保的公示方式与物权效力 394
四、债权人能否自力清算 395
五、让与担保的从属性 396
六、让与担保中的权利冲突 397
七、担保人破产时的债权人地位 400
八、股权让与担保的特殊问题 400
九、后让与担保的效力 401
【律师指引】 403
一、关于让与担保的举证要点 403
二、关于是否完成公示的论证重点 404
三、关于权利冲突场合中的论证重点 404
【法务指引】 404
一、在合同中明确约定清算条款 404
二、在合同中明确债权人的权利限制 405
三、明确当事人违反约定处分担保物时应支付违约金 405

四、明确约定担保物的风险负担 405
五、注意留存沟通记录，对外披露让与担保安排 406
【要案索引】 406

信托法部分 413

信托法专题　营业信托 415
【纪要原文】 416
【规范精要】 418
一、《纪要》导语以业务性质的二分，解决信托纠纷的法律关系认定和法律适用问题 418
二、《纪要》第 88 条以经营主体的二分，解决营业信托纠纷的法律适用问题 419
三、《纪要》第 89 条明确信托投资端的资产或资产收益权的转让和回购关系不属于信托关系，同时明确了其效力认定依据和法律关系认定路径 419
四、《纪要》第 90 条认可受益人之间的分级及差额补足 419
五、《纪要》第 91 条明确了对信托投资的增信文件的性质和效力 419
六、《纪要》第 92 条明确否定了资管产品中保底条款、刚兑条款的效力 419
七、《纪要》第 93 条明确了通道业务的认定标准和效力 419
八、《纪要》第 94 条规定了资管产品中受托人义务的举证责任分配 420
九、《纪要》第 95 条以明确信托财产保全规则的方式，实现了对信托财产独立性的确认 420
十、《纪要》第 95 条明确了受益人的受益权可以成为受益人财产的保全对象 420
十一、《纪要》第 96 条通过特别限定对信托公

司的财产保全范围和保全措施，实现对信托公司和信托业务的特别保护　420
【法理基础】　420
一、信托的分类　420
二、信托关系与信托投资关系的区分　421
三、分级资管产品中风险和收益特约　422
四、信托增信文件的性质与效力　423
五、通道业务　425
六、受托人义务与举证责任分配　426
七、信托财产的独立性　427
八、信托受益权的归属　428
【裁判指引】　428
一、注意区别募资端、管理端与投资端纠纷的法律关系性质差异　428
二、信托与委托理财的区分　429
三、资金池与合同效力　430
四、增信措施中的保证责任与债务加入的区分　430
【律师指引】　431
一、全面收集信托文件　431
二、在准确界定当事人之间的法律关系的前提下，确定诉讼请求和组织证据　431
三、准确判断信托是否生效　432
四、增信措施无效后的救济　432
五、受托人怠于行权时，委托人或受益人的司法救济路径选择　433
六、受托人履责及损害赔偿的举证　434
【法务指引】　436
一、营业信托募资端法律审查的要点　436
二、营业信托管理端法律审查的要点　437
三、营业信托投资端法律审查的要点　438
【要案索引】　439

导　论

商事裁判的理念与方法

——《纪要》的释法路径与实务运用

最高人民法院2019年11月8日发布的《全国法院民商事审判工作会议纪要》(以下简称《纪要》)共12个部分,130条,涉及了民商事审判业务中的若干重要问题,虽然不是司法解释,但其重要性不亚于任何民商事司法解释,是近年来出台的一部较为重要的司法文件。其重要性,怎么强调都不为过。这一点,不仅可以从《全国法院民商事审判工作会议纪要(征求意见稿)》问世之后引发的微信公众号"纪要论文写作大赛"中见到端倪,更是从《纪要》出台后的"学习恐慌"和"培训热潮"得到集中体现。每一位民商法实务人士,无论是法官、律师、公司法务,还是仲裁员,都会扪心自问,我对《纪要》的学习和理解,到了几成?这是值得每一个负责任的法律人思考的问题。更为重要的是,《纪要》有关合同、公司、担保等法律问题的规定,是每一个法官、律师和法务每天都要直面的问题。

一、学习《纪要》的三重境界与方法

《纪要》全文44,000字,不仅涉及公司、合同、担保、证券、信托、保险、票据、破产等各个民商事实体法,而且涉及民事诉讼程序、举证责任分配、释明、执行异议、民刑交叉等各类程序法问题。可以说,任何一位民商法专家、学者、法官、律师,都难以自称"精通"《纪要》。对绝大多数民商法律人而言,评价其对《纪要》的学习和了解程度的标准,可能主要体现为:在与其工作业务相关的部门法领域内,能读懂并且能够正确运用《纪要》的规定,解决实务问题。以此为出发点,对《纪要》的学习、理解和运用,大致可以分为三重境界。

(一)知其然

知其然,是指在最低限度上读懂《纪要》规范文本所表达的裁判观点。

1. 关于概念

对于每一位法律人来说,读懂《纪要》文本本身,并非是一个简单的认字和认识概念的问题。《纪要》中所涉及的"对赌协议""让与担保""保兑仓""金融消费者""增信文件""通道业务""劣后级受益人"等诸多概念,不仅没有在传统的民法教材中出现,也未在现行民商法规范文本中出现。换句话说,对这些概念所指的商事交易实践现象,既不存在立法机关的权威界定,也不存在知识前见。如何为这些概念从法律上下定义,这个定义是否准确,是否有实定法依据支撑,实际上是一种很具挑战性的冒险。更何况,不少概念本身,并不是严谨的法律概念,而是对某一类商事交易现象的概括性描述。那么,作为《纪要》适用者的法官、作为规则承受者的律师和公司法务人员,已经在多大程度上理解了这一类交易现象的商业动机、交易结构和法律意义?《纪要》在采用这些概念的时候,是否具备清晰的内涵和外延?

2. 民法知识背景与商事交易实践

对这些概念在某种程度上存在的陌生感,并非因为我们专业不扎实、不够格,而是因为民商事审判,特别是商事审判,本身面对的就是复杂交易。以《民法典》为代表的传统民法理论和民法规范,乃至我们绝大部分民商法实务人士的在校教育和知识结构,主要源于以简单商品经济为立法原型的罗马法,聚焦于买卖、借贷和保证、不动产抵押担保等简单交易和民事法律问题,而市场经济语境下,这些最简单、最常见的交易模式已远不能满足商事实践的需要。

市场经济语境下的复杂交易,或是以简单法律关系的平行联立、立体叠加(如保兑仓)、相互渗透(如买卖型担保、对赌协议)的方式集合呈现,或是加入了时间维度的金融交易与多重风控措施并存的整体图景。这对以法律关系为解构工具的法官、律师和公司法务人员都提出了非常大的挑战。商事审判的公正与效率,不仅需要一种法官的善意,对基本民事法律关系和民商法原理的理解,还需要一种对交易动机、商业理性、风险预判和分配的深度理解。如果没有对复杂商业交易结构背后的商业理性和风险分配正义的了解和理解,而仍然停留在以买卖和借贷等最为基础的法律关系和交易结构上来理解、规范乃至审判,可能导致刻舟求剑、削足适履的法律后果,抑制了正当的商业交易乃至整个社会经济的发展。

3. 法律解构

值得警惕的是，不少法律人，包括裁判者，仍然倾向于将所有和资金流转相关的交易都“格式化”为借款，把所有具有风险防范功能的交易安排都理解为“保证”，并以此作为裁判的出发点和立脚点，忽略各类主体的参与动机和交易地位，以一种简单化的“名为”与“实为”、“通谋虚伪”“掩盖真实目的”的思维模式，以“削足适履”的“类型化”，来理解千变万化的商事交易现象，实质上是以扭曲了商事交易本源的方式，实现了对复杂交易结构的“规训”，以“本本”出发来理解和认识丰富多彩的商事交易实践，不得不说，这是非常令人遗憾的。从这个意义上来说，法官、律师和法务人员，可能都需要对商业交易的结构和模式保持一定的谦逊，至少应当在充分认识和理解一项交易前因后果的基础上，特别是交易细节的权利义务责任设定上，再作出法律判断。

4. 商业博弈

与此同时，不可否认的是，确实存在一些刻意逃避监管、以“抽屉协议”的方式、“通谋虚伪”的交易情形，有必要抽丝剥茧，还原其真实的交易形态与交易目的，按照其实际构成的法律关系处理。《纪要》第 51 条有关变相高息的司法认定，即属于此类。值得肯定的是，即便如此，《纪要》对此也没有完全否定，而是规定“可以根据提供服务的实际情况确定借款人应否支付或者酌减相关费用”，体现出了比较克制的司法态度，值得称道。

5. 何为“读懂”

“知其然”虽然是学习、理解《纪要》的第一重境界，但绝非任何读过一两遍《纪要》的法律人，即可自认为已经达到了“知其然”的境界。“知其然”，本身甚至就已经包含了“读懂”《纪要》的三个层次：

（1）清晰理解《纪要》中法律概念的基本含义。让与担保、以物抵债等，《纪要》中作了一些抽象和描述，但其特定语境下的概念和实务中存在并使用的概念，二者本身并不能等同。只有符合《纪要》界定的那部分（具备《纪要》所描述的构成要件），才属于适用《纪要》那一条规范文本针对的具体情形。此时，“读懂”，主要通过对《纪要》规范文本的要件化拆分实现。

（2）理解《纪要》文本所想要规范的社会现象本身。由于法律人思维和商人思维的差异，同样的交易现象，在法律人和商人的眼中会展现出不同的结构和理解。法律人的“读懂”，如果不能通过交易的实操完成，可通过一些经典的案例和核心合同文本条款的阅读，实现商事交易的形象了解，完成对商事法律争议的抽象认知。

(3)能用“法律关系”的工具和视角,解构商事纠纷,完成商事交易现象与民商事权利义务责任之间的贯通。商事法官、商事律师和公司法务人员的共同职责是消弭复杂交易形式和简单法律关系之间的罅隙,准确地将商事交易用法律语言进行重构,实现权利义务责任与盈亏收益风险安排的匹配、公正效率价值与商业理性的统一。

(二)知其所以然

知其所以然,主要是指理解《纪要》文本规范背后的法理与商业逻辑。

1.法理

《纪要》的一个非常突出的特点,就是用一段大量的文字,来描述一个具体的裁判观点。比如,《纪要》第36条解决的是合同无效时的释明问题,第1款用了较多的笔墨,来说明为什么要在无效合同的诉讼中强调法官进行释明。《纪要》第37条解决的是有关未经批准合同的效力问题,用了较多的笔墨来解释合同无效和合同未生效的区别。也正是在这一个意义上,在《最高人民法院关于印发〈全国法院民商事审判工作会议纪要〉的通知》(法〔2019〕254号)中,专门强调:“纪要不是司法解释,不能作为裁判依据进行援引”,但在裁判文书的“本院认为”部分具体分析法律适用的理由时,“可以根据《会议纪要》的相关规定进行说理”。可以说,《纪要》本身就是一份作出裁判阐释“法理”的文件,而不是直接作为裁判文书援引的法律依据。

另外,《纪要》对一些具体问题,只给出结论性的裁判观点,而未给出具体的法理上的论证说理。比如,《纪要》第19条列举了4种无须公司机关决议,也应当认定担保合同有效的情形,包括公司与债务人之间存在商业合作关系、担保合同有2/3以上有表决权的股权签字同意等。为什么这些情形就可以抛弃《公司法》第16条的规定,赋予公司担保合同不同的效力?又如,《纪要》第71条第2款规定,让与担保办理公示手续,不能确认所有权,但可以参照担保物权的规定优先受偿,背后的法理又是什么?既然《纪要》说可以根据《纪要》的规定进行说理,但《纪要》本身没有说理,而是直接给出了观点,如何说理?

可见,用《纪要》的规定进行说理,也并不是一件简单的“自动贩卖机”式的操作,仍然需要法官、律师充分理解其背后的法理,才能真正进行有质量的说理、有说服力的说理。而此点,对每一位《纪要》的适用者、规则的承受者,提出了更高的要求。也正是为了有效回应这种需求,本书在每一个专题中,都专门设立了【法理基础】的部分，集中阐释该专题所针对的法律问题、《纪要》观点背后的法理，试图将“所以然”的法理，更为准确、清晰地揭示和展现。其目的，在于为法官、律师在裁判文书说理及代理意见论证时，提供足够的“弹药”，生成一种“理论自信”。

还要注意的是，《纪要》虽然在不同主题的规范内容下，涉及了同一制度，并且又涉及相近似的概念，如果未能厘清概念本身背后的法理和《纪要》就类似问题在不同部分分别规定的内在逻辑，就会造成含混乃至错误。比如，《纪要》在第二大点公司纠纷的第 14 条有关“怠于履行清算义务的认定”和第十大点破产纠纷的第 118 条有关“无法清算案件的审理与责任承担”的规定中，分别提到了清算义务人与股东、侵权责任和有限责任两组概念。这两组概念之间是什么样的关系？是否等同？《纪要》给出了裁判方案，但其背后的法理是什么？是否有进一步讨论和推敲的余地？这显然不是《纪要》文本内容本身所能告诉你的。本书在相关专题的法理基础部分将就此进一步作出阐释。

2. 商业逻辑

商人和法律人有两套完全不同的思维模式。法理解决的是法律人的“所以然”问题，商业逻辑解决的是商人的“所以然”问题。法律人的出发点是纠纷，落脚点是规范依据，连接点是法理。商人的出发点是发现商业机会，落脚点是盈利，连接点是风险可控的交易安排。法律人当然可以按照法律的逻辑去认识和解决商事纠纷。但这并不一定是一个妥当的商事裁判思维，因为他可以背离基本的商业逻辑。一个典型的例子是：我们能否用民法上“等价有偿”的原则，来解释“昨天买了股票，今天跌停，亏本 500 万元”的股票买卖？不能。对于后者，遵循的是“股市有风险，入市须谨慎”以及“高收益高风险”的商业逻辑。那么，我们能否用借本还息的逻辑，来理解“对赌协议”“让与担保”，并且以跨时点的“公平”来分配“正义”？

您可能在内心已经有了答案，但这还不是全部。不过我们可以有一个基本的判断或者阶段性的共识：商业逻辑，在商法的制度设计、交易结构设计和商人之间的权利义务安排、风险责任分配上，与传统的民法理论有着非常大的不同。而在法学院深受民法理论和民法制度滋养的裁判者、律师，在多大程度上能够理解并且用法律语言翻译这种商业逻辑？由于《纪要》本身是一个商事裁判的规范依据，因此，这一视角，对于我们理解和认识《纪要》的出发点、落脚点、适用对象、裁判方法、价值取向，就有了非常重要的实务意义。

解决这一问题，就有必要通过向交易当事人充分了解交易的背景、参与者的动机、风险分担与收益分享的本源、合同群之间的关联、合同文本的体系性解释、履约行为的动力等一系列事实、证据的整体性判断，来形成对商业逻辑的理解与尊重，而不是从几个法律概念、法律条文出发去认识一个跨时空、多主体的复杂商业交易。

（三）立足《纪要》，超越《纪要》

《纪要》坚持问题导向，直面商事审判实务中的前沿争议问题，给出态度和答案，体现出了最高人民法院民二庭的勇气和担当。可以说，这130条《纪要》文本，解决了当前民商法实务中相当一部分的争议问题。但是否可以认为，这些规定，已经解决了商事交易实务中的所有争议问题？答案是否定的。那么，如果涉及《纪要》没有规定的问题，或者说，虽然《纪要》规定了某种类型化的、特定交易模式的问题，但其交易结构和《纪要》类型化的问题并不一致，无法直接适用，我们又该如何解决？《纪要》导语部分强调"会议对当前民商事审判工作中的一些疑难法律问题取得了基本一致的看法"，在《最高人民法院关于印发〈全国法院民商事审判工作会议纪要〉的通知》（法〔2019〕254号）中还强调要"对于适用中存在的问题，层报最高人民法院"。对不一致的看法和层报的问题，还没有得到确切表态之前，我们又该如何去解决呢？对此，我们认为，在学习《纪要》的过程中，至少有两点值得思考和重视。

1. 价值取向与法律解释

细心的朋友可能已经注意到，《纪要》与其他司法解释的一个重要不同，就是《纪要》在每一大点之前，都有一段较长的导语。这些导语在文法上似乎是过渡段，以此体现《纪要》的整体性，过于碎片化。但其功能不仅如此，其还通过描述《纪要》的规定背景、面临的现实问题，突出了在不同的价值矛盾冲突面前，最高人民法院强烈的、鲜明的价值取向。而这种价值取向，是在法律的解释有不同的方向时，影响法律解释结果的决定性因素。比如，公司纠纷的导语，强调"保护交易安全和投资安全，激发经济活力，增强投资创业信心"，显示出对投资者、对股东的保护；合同纠纷部分的导语，强调"审慎适用合同解除制度"，显示出对合同解除制度"收"的态度，此点在《纪要》第47条轻微违约不支持解除请求的规定中，得以进一步体现；担保纠纷导语中"要充分发挥担保对缓解融资难融资贵问题的积极作用，不轻易否定新类型担保、非典型担保的合同效力及担保功能"，则体现出了司法对新类型担保的开放性态度。这些价值取向，既是《纪要》解释争议法律问题的方向，也体现出最高人民法院在解决相关争议法律问题、裁判方向时的价值取舍。如果说法律解释的终极分歧是价值分歧，那么，明确这种价值取舍，不仅是我们读懂《纪要》文本的一把钥匙,也是我们解决《纪要》相关的、未予涉及的商事诉讼争议的一把钥匙。因此,我们在学习《纪要》文本时,千万不要因为这些导语本色没有明确的裁判规范而漠视这部分内容,而应当结合其中的价值取向,理解各条规范文本在争议法律问题解释上的内在逻辑。

2. 规则拓展与制度评判

《纪要》导语称其是对疑难问题"基本一致的看法",并在印发通知中还强调"对于适用中存在的问题",要层报最高人民法院,既体现出起草者并未将之提高到已取得完全共识、绝对正确的高度,也体现出最高人民法院的一种谦逊和胸怀。这也可能是《纪要》未采用司法解释的形式发布的一个重要原因。

从规范文本上看,《纪要》在一些问题上,强调"既要""又要",①将一些相互矛盾的利益体放在一起;在一些问题非常谨慎地表述为"一般不予支持"②"一般应当认定为"③"一般不影响"④,为"例外情形"预留了足够的"口子";加之多次强调要"审慎"适用,说明《纪要》并未彻底解决所有问题。在诸多问题上,无论是法律观点还是个案裁判结果,仍有相当博弈的空间与余地。对于一些已经言及但未予言透的问题(如公司担保无效后公司到底是否有过错、承担多大过错)、一些言而未及的问题(如股权让与担保的登记股东是否承担公司法上的责任与义务)和未能言及的问题,能否遵循《纪要》的价值取向和解释方向,形成一个能够说服法官、说服律师、说服当事人的结论,甚至以批判性的视角,来审视《纪要》规则本身,借以推动立法的完善,则是由"读懂"《纪要》,而达到的更高层次。

二、"九民纪要",还是"九商纪要"

细心的法律人可能会发现,自 2019 年 7 月 3 日,全国法院民商事审判工作会议召开,纪要稿流传于网络之日起,"九民纪要"的称谓即在民间广泛传播,约定俗成。但最高人民法院官方文件中,从未出现过"九民纪要"这一称谓。那么,为什么会出现这样的情况?叫"九民纪要"对不对呢?

(一)"九民纪要"系以讹传讹

事实上,"九民纪要"的叫法完全是误会。

---

① 如《纪要》第 5 条、第 9 条。

② 如《纪要》第 18 条。

③ 如《纪要》第 30 条、第 34 条、第 50 条、第 58 条、第 119 条。

④ 如《纪要》第 18 条、第 30 条、第 31 条、第 34 条、第 52 条、第 119 条。

1. 出台《纪要》的会议人员及内容都是商事领域的，而非民事领域的

从此次会议的与会人员来看，由主管全国法院商事审判工作的刘贵祥专委做主题报告，由全国各高级人民法院分管商事审判工作的院领导及各高级人民法院民二庭（商事审判庭）庭长与会，是一次完完全全的“商事审判会议”。从《纪要》的内容来看，以商主体（公司纠纷）和商行为（合同、证券、信托、保险、票据、破产纠纷）的内容，而丝毫不涉及人格权、婚姻家庭、抚养继承、土地承包、建筑物区分所有权等民事纠纷内容，是一份典型的“商事法律适用的规范性文件”。

熟悉一点法院审判工作演变历史的法律人都知道，“商事审判”源于“经济审判”。经济审判自改革开放始新设，经由 2000 年最高人民法院主导的“大民事改革”，更名为“民商事审判”，承继原经济审判的人员及业务。但由于到底是“民商事审判”包含“民事审判”，还是“民事审判”包含“民商事审判”，非业类人士，绝难分清。直到 2009 年 4 月 16 日至 17 日，在福建厦门召开“全国法院应对金融危机工作座谈会”，“商事审判”的称谓才正式登上历史舞台。随后，2010 年 8 月“全国法院商事审判工作会议”在山东济南召开，最高人民法院经济审判庭（后更名为民二庭）的庭刊由《经济审判指导》更名为《民商事审判指导》，后再次更名为《商事审判指导》，商事审判的称谓、特色和理念越来越多地为理论界及实务界人士所认同。而 2019 年 7 月研究起草《纪要》的“全国法院民商事审判工作会议”，正是由全国法院民二庭（商事条线）的法官参加的、旨在解决商事审判疑难问题的一次重要会议。

2. 为什么会被叫成“九民纪要”

原因有二：一是因为此次会议召开在“八民会”之后。2015 年 12 月召开的“第八次全国法院民事商事审判工作会议”被称为“八民会”，而此次会议正好在“八民会”之后；二是因为“八民会”叫“民事商事”审判工作会，而此次会议叫“民商事”工作会，非业内人士，恐实难分清“民事商事”和“民商事”到底是不是一回事。

实际二者并不是一回事。“八民会”实为第八次全国法院的“大民事”审判工作会议。所谓的“大民事”，即包括民事、商事、知识产权、涉外商事与海事海商以及环境资源审判在内，而不包括刑事与行政审判在内的全国法院审判业务工作会议。2015 年的全国法院“民事商事”审判工作会议原为全国法院民事审判条线（民一庭）与商事审判条线（民二庭）分别准备召开的专业会议，后因种种原因，两者合并召开，会议名称遂改为“民事商事”，实为“民事 + 商事”两个条线会。继

而，在会议的筹备过程中，主题和规模进一步调整，最后变成了包括民事、商事、知识产权、涉外商事与海事海商以及环境资源审判在内的大而全的“大民事”会议，[①]但会议的名称却并未再作更改。

这种“大民事”会议，与全国法院民一庭条线召开的“民事审判工作会议”不同，是涉及除刑事审判与行政审判以外，按照民事诉讼程序进行的审判业务类型的统称。此类会议，从中华人民共和国成立以来，仅仅开过八次。而上两次这样的“大民事”审判工作会议，则要追溯到2000年10月[②]和2007年1月。[③]

而“九民纪要”出台在“八民纪要”之后，造成了在时间和内容上承继的假象。部分从事民商法实务工作的人士可能已经注意到了，2015年12月的“八民会”召开后，最高人民法院民一庭于2016年11月出台了《第八次全国法院民事商事审判工作会议(民事部分)纪要》，被简称为“八民会纪要”。但“八民会”商事部分纪要迟迟未能出台。事实上，“八民会”确实也起草了一份纪要，属于“八民会纪要”的商事部分，其相关内容曾以文章、讲话形式发表，[④]但因种种原因，该稿最终未以会议纪要的形式正式出台。

而2019年7月召开的会议，不仅在名称上采用“民商事审判工作会”而不是“商事审判”，与“八民会”的“民事商事审判工作会”非常相似，而且在“八民会”出台纪要之后，亦出台了一个纪要，由此而被坊间简称为“九民纪要”，也就不足为怪了。

(二)“九民纪要”实为“九商纪要”

所言至此，可以发现，此次会议纪要绝对不应当叫“九民纪要”，因为此次会议与“八民会”的主题、定位、审理案件类型、适用法律、裁判理念差距甚大。其属于名副其实的“商事纪要”，而且是“九商纪要”。为什么这么说呢？因为此“商事审判”与传统民事审判并非同源，即使其会议本身也有特定的历史地位。

全国法院第一个经济审判庭是1979年2月在重庆市中级人民法院设立的，

---

① 会议的主要内容可参见《深入贯彻五大发展理念　加强民事商事审判工作　为实施“十三五”规划提供有力司法服务和保障》，载《人民法院报》2015年12月24日，第1版。

② “会议的主要议题是：总结全国民事、经济、知识产权和海事海商审判的主要工作和基本经验……”，参见刘嵘：《抓住机遇　迎接挑战　建立和完善现代民事审判制度——全国民事审判工作会议综述》，载《人民司法》2000年第12期。

③ 参见中国法律年鉴编委会：《中国法律年鉴(2008年)》，中国法律年鉴社2008年版，第196页。

④ 参见杨临萍：《当前商事审判工作中的若干具体问题》，载《人民司法》2016年第4期。涉及公司资本制度、证券、票据、保险、破产、银行卡、保理合同、保兑仓、以物抵债、民刑交叉及民事行政交叉十一个方面的问题。

当时叫经济法庭。1979年7月修订通过的《人民法院组织法》规定，最高人民法院、高级人民法院和中级人民法院设立经济审判庭，而到1984年，才召开了第一次全国法院经济审判工作会议，此后分别于1991年、1994年召开了第二次、第三次经济审判工作会议。2000年最高人民法院大民事改革，商事审判更名为“民商事审判”，全国法院于2001年、2002年、2007年先后又召开了第四次、第五次、第六次全国工作会议，不过，彼时被称为“民商事审判工作会”。继2009年最高人民法院正式将“民商事审判”更名为“商事审判”后，又先后于2010年、2013年召开了第七次、第八次全国工作会议，并名正言顺地称为“全国法院商事审判工作会”。

2019年7月，最高人民法院民二庭组织召开的“全国法院民商事审判工作会”，由各高级人民法院分管商事审判的院领导和庭长参加的、研究商事审判工作的、讨论商事法律适用问题的“纪要”的会议，正是前面的经济审判→民商事审判→商事审判一脉相承下来的“第九次全国商事审判工作会”。这种会议名称的改变，可能使“商事审判”名称、特色，乃至理念，在多年的彰显之后，再次陷入与民事审判的混同之中，此点，不能不说是一种遗憾。

如果说2010年，“商事审判”的正名、“商事审判”的特色和尊重自治、减少干预、风险收益与责任相一致的商事审判理念在不断被强化的话，此次《纪要》不仅在名称上增加了“民事”的因素，在《纪要》的总体导向上，也体现出较多的弱化自治、强化干预的价值取向，值得我们在学习具体的《纪要》规范文本时，予以重点关注。

三、由《纪要》看当前商事纠纷的裁判理念与价值取向

商事诉讼，难在什么地方呢？或者说，大家为什么要花这么多的时间精力，来学习《纪要》呢？一言以蔽之，主要是因为诸多商事交易或者民商法问题，法律规定不清，或者没有规定。这既给法官带来挑战，也给当事人和律师对案件的预期及预判带来挑战。《纪要》对这么多疑难争议的法律问题给出了答案，在文义解释、体系解释、立法解释、目的解释都不能解决，仍然有争议的时候，《纪要》是基于什么，作出了方案的选择？甚至，是否可能最高人民法院在已有明确价值取向的前提下，选择技术性的解释路径，来给一个具体的争议问题铺就说理的基础？①

---

① 比如，《纪要》第14～16条是有关公司清算义务人的规定，在第14条之前的导语中，有关“一些案件的处理结果不适当地扩大了股东的清算责任”的现象描述，可以看出显著的否定性评价的司法态度，后面的具体规范文本，必然是要通过限缩解释法律，来实现减轻和限定股权清算责任的目标。

问题还不止如此。我们学习《纪要》的目的,不仅是要了解最高人民法院在商事审判中遵循了什么样的理念和方法,以什么样的价值导向对《纪要》所涉及的争议问题作出了选择,在更为广泛和深层的意义上,是以管窥豹,了解全国法院的商事审判法官,在存有争议的案件当中,会按照什么样的审判理念和价值导向,对冲突的权利和利益作出选择,而这正是每一位律师和公司法务人员需要作出正确预判的基础。以此为出发点,我们来梳理一下,贯穿《纪要》始终的、体现出当前商事审判特点和趋向的理念和方法。

前面用了这么多的文字来梳理"民事"与"商事",并非仅仅出于一种考据的需要,更不是"揭秘",其实质目的在于,以偏重民事、还是偏重商事的理念,来作为整个《纪要》的指导思想,将直接影响整个《纪要》规则的解释方向,不仅如此,这也是我们观察当前及今后一段时期全国法院商事审判方向的一个标尺。

而恰恰在这一点上,《纪要》与以往的裁判导向产生较大的转变,由"强调和重视商的特色",而转向了"商事向传统民事的倾斜"。

(一)民商混同与民商区分

回顾商事审判的发展史可以发现,在裁判规则和裁判理念上,实际经历了一个多次的否定之否定的过程。经济审判与改革开放①同步产生、同步发展。经济审判庭用《经济合同法》,民事审判庭用《民法通则》,案件主体、案件类型、审判机构都有明确的界分。但至2000年,统一《合同法》的整合颁行与最高人民法院"大民事改革"的推行,经济审判更名为"民商事审判",与"民事审判"的区分在内设机构、法律规范等方面都大大弱化。直到2009年商事审判才得以正名。②

而最具法理意义和深远影响的,是2013年全国法院商事审判工作会议对"商事审判理念"的全面阐述。③ 会议特别强调,由于我国采民商合一的立法体例,商事理念在商事单行法中有较为清晰的体现,但在《合同法》《物权法》《侵权责任法》等民事基本法领域,"民"与"商"的差异在体现并不明显。因此,在司法实践领域更有进一步区分的必要。在价值追求上,民事审判侧重于对人的生存与发展的保护,可以概括为以人为本;商事审判则侧重于鼓励交易,增进财富,系以交易

---

① 改革开放前的计划经济体制下,主要靠划拨、调拨的方式实现资源配置,市场经济的基本法几无生存之地,平等、自治的商法和商事交易难觅空间。

② 有关商事审判史的回顾,可参见李志刚、张颖:《从经济审判到商事审判——名称、制度、理念之变》,载《法律适用》2010年第11期。

③ 参见孙晓光:《深化商事审判理念 探索商事审判规律 为经济社会持续健康发展提供司法保障》,载《人民司法》2013年第21期。

的安全和快捷为目的。在公平与效率的关系方面，民事审判侧重于公平优先，商事审判强调两者并重，有时更侧重于效率优先。商事审判理念与民事审判理念的差异主要体现在以下五个方面：

1. 主体的交易能力与司法介入的着力点不同

民事案件的当事人主要是自然人，民事审判在承认当事人的缔约能力存在差异的前提下，强调对弱者的特殊保护，以实现交易结果公平，实质公平。例如，在普通民事买卖合同中，对消费者权益的特殊保护。商事案件的当事人主要是企业，作为职业的经营者，应当推定其具有专业的判断能力、当然的注意义务和对等的交易能力。因此，在商事审判中，更侧重保护当事人的缔约机会公平、形式公平，强调意思自治、风险自担。

2. 对财产安全的保护重心不同

民事审判所涉财产以自然人的生活、消费财产为主，侧重对所有权的归属和物的占用使用的保护，以维护财产的静态安全。例如，通过对自然人住房的登记、流转的严格保护，来维护个人的生活安定。商事审判涉及的财产更多的是动态的资本，侧重对物的交换价值、担保价值的利用，通过维护资本的动态安全，来促进资本的高效流转。如票据纠纷中，背书的连续性本身即具有对持票人享有票据权利的证明力，而无须持票人就票据转让的根据及其合法性另行举证。

3. 责任承担的依据和标准不同

民事审判侧重主观的过错与结果的公平，例如，在民事案件中对显失公平的结果或过高的违约金约定，人民法院可以根据公平原则予以认定和必要调整。商事审判侧重风险的承担而非过错的有无，追求的是促进效益最大化而不仅限于道义的维护及过错的惩罚。在司法的干预上，应当有所为、有所不为，法官应尽量减少以事后的、非专业的判断，代替市场主体缔约时的、专业的商业判断。相应地，在违约金的处理上，不仅要看到法律行为上的意思表示因素和交易结果的比较，还要注意考察特定的市场交易环境和主体的风险承担，充分考虑商事主体的专业判断能力和风险承担能力，在是否对违约金予以调整以及调整的幅度上，均应区别于普通民事案件。

4. 损失补偿的内容与范围不同

民事审判既强调对财产性损失的补偿，也强调对伦理亲情、生活安定以及个人声誉的维护，在财产性损失的补偿范围上，一般以实际损失的补偿为原则。商事审判中当事人的利益诉求一般可以量化为实际的货币补偿，在损失补偿的范围上,不仅包括实际损失,还包括可得利益损失。

5. 判决与调解的功能作用不同

民事纠纷多发生在"熟人社会",以调解方式结案,不仅有利于化解个案纠纷,也有利于伦理亲情的修复和家庭、邻里生活的和谐稳定。但商事审判中的当事人多为理性的"经济人",其更加注重市场交易规则的遵守和预期利益的实现,更多情况下,以判决方式解决纠纷,有利于明晰责任、确立规则、维护诚信。

这一系列的论述,将商事审判的特质和理念进行了深刻的阐释。在此背景下,尊重商人自治,减少干预,维护交易安全,注重机会平等而不是结果平等、风险自担等商事审判的理念在商事审判法官中得到了广泛的认同,在商事审判中得到了较好的彰显。

(二)降商升民与强化干预:《纪要》理念的转向与调整

值得关注的是,与近二十年来商事审判尊重自治、促进交易、减少干预的裁判理念不同,《纪要》体现出强化弱者的保护、增进司法干预的趋向,可能对既有的商事审判理念与市场交易预期带来较大的影响。

1. 身份标签与弱者保护

以《纪要》第 125 条案外人商品房消费者的规定为例。我们通常说的"商事审判""商事关系",主要是针对商事主体与商事主体之间的关系而言的,对商事主体与民事主体之间,二者本身存有地位实质不平等的问题,故在立法阶段,实际上已经考虑了这些因素,而给予差异对待。比如,消费者商品买卖,通常不适用《合同法》买卖合同章的规定,而是优先适用《消费者权益保护法》的规定。对于商品房买受人而言,如其是消费者,为满足基本居住需要,从保护生存权的角度来说,是必要的。也正是基于这一点考虑,《最高人民法院关于人民法院办理执行异议和复议案件若干问题的规定》第 29 条规定,所购商品房系用于居住且买受人名下无其他用于居住的房屋、已支付的价款超过合同约定总价款的 50% 的,应当支持商品房消费者的诉讼请求。应当说,这两个条件还是非常清晰的,一是无房,二是付款超过一半。但《纪要》第 125 条规定,将无房解释为在本区县无房甚至已有房但买房在面积上"仍然属于满足基本居住需要",支付价款接近一半,且已将剩余价款支付给申请执行人或者按照人民法院的要求交付执行的,也属于支付价款超过一半的情形,均体现出非常强的"保护弱者"的价值导向。

另以《纪要》中有关金融消费者保护的规定为例。其实,"金融消费者"本身,就带有非常鲜明的立场预设。因为消费者在立法层面,天然是以对弱者的特别保护为导向。但在金融投资领域,这一概念实际上有相当大的争议。通常而言,消费和投资和一组对立的概念,500万元存款的持有人,购买具有一定风险的理财产品,这是"消费"还是"投资",是"消费者"还是"投资者",其中确实有值得讨论的地方。但概念和名称本身可能还不具备实质性意义。有意义的是规则设定。

《纪要》在第五部分金融消费者权益保护部分的导语中,特别强调了"卖者尽责、买者自负"的原则,但在第76条规定,即使"金融消费者"已经手写了"本人明确知悉可能存在本金损失风险"的内容,仍不能认定卖方机构已经告知了金融消费者金融产品的高风险,也足见《纪要》起草人以此类投资行为系"金融消费行为"为前提,进而对其予以特别强的司法保护的价值取向。

严格来说,只有银行的储户和机动车交通事故责任强制保险的投保人,才是金融消费者。前者以存款委托保管,换取银行最低限度的利息,承担的投资风险为零,其安全性通过国家的存款保险制度得到充分的保障。后者本质上是现代侵权法的补充,实行强制投保。此二者虽然属于金融机构(商业银行、保险公司)的营业行为,但通过立法实现对弱者的特殊保护,足以体现其"消费者"的弱势地位与身份。更为边缘的,则是社会保险制度,其本身属于社会保障法范畴。此三类均属于资金筹集的前段,需要对弱者实行倾斜保护,并不属于"金融商法"的范畴。

如果我们不采用"金融消费者"的概念,而采用"合格投资者"的概念,结论可能会出现较大差异——因为在绝对无风险、低风险、中低风险直至高风险这一系列的风险区间下,对应的是不同的风险偏好的投资者,匹配不同的风险水平和收益水平。但是,一旦我们采用了"金融消费者"这样一个概念,就会存在"弱者特殊保护"的价值预设,在风险及过错承担上,倾向于以"非有及无"的二分法,而这种二分法可能不足以区分或者描述投资者的风险偏好和判断能力光谱。在此背后还有一个更为根本性的问题:如果说银行存款的零风险低利率是一种"民事行为",购买理财产品、投资基金的行为,是一种民事行为还是商行为?如果是一种商行为,我们是要培育和通过亏本去警醒"投资者"的风险意识,还是需要特殊保护去强化其保底意识?更进一步,一位初中文化水平、取出全部存款10万元投入股市,证券公司在其开户时已经详细讲明其可能血本无归,但其仍毅然决然地将10万元存款投入股市,一周后股票市值仅剩5万元,诉请司法要求证券公司赔偿,司法是否应当支持?可见,这一概念和问题,仍有相当的讨论空间,值得法官、律师和公司法务去深思。

2. 在法律和约定之外,加入司法主动介入的因素

由形式正义转向实质正义,是近代民法向现代民法发展的一个重要体现。[①]“慈母般的眼”既是民事立法的一种定位,也是民事审判的一种理念。但在商事审判领域,对于双方都是具备交易风险认知能力的“商人”而言,是否仍然要坚持一种“家长式”的“母爱”或者“父爱”,向家长对待孩子那样看护商人,就有了值得讨论之处。

前文已述及,《纪要》虽名为“民商事审判”,实为真正的“商事审判”,调整的社会关系属于商事关系,而非民事关系,因此,以超脱的中立身份裁判,还是以怀着对“弱者”的关爱来执行,甚至修正成文法规则,就成为司法裁判的重要价值选择分歧。

以《纪要》第47条合同约定解除的规定为例。《合同法》第93条规定,[②]约定的合同解除条件成就,当事人即可解除合同,没有任何法律障碍。但《纪要》第47条却规定,即使约定条件已经成就,人民法院仍然“应当审查违约方的违约程度是否显著轻微,是否影响守约方合同目的的实现,根据诚实信用原则,确定合同应否解除”。此点显然突破了法律的规定,强势干预了合同自治。起草者的愿望可能是要帮助“弱者”,违约方并非“弱者”,此举可能还会激励违约。虽然《纪要》强调要审查“违约程度是否显著轻微”,但此系法官法外赋权,且为自由裁量权,不仅导致裁判结果的不确定性大大增强,而且可能导致守约方稍纵即逝的商业机会在这种博弈中无谓耗尽。由法官来判断是否影响守约方合同目的是否实现,既可能有“子非鱼”的疑惑,也存有将法定解除条件与约定解除条件捆绑、混同的争议。是否有“守约方”不诚信行使约定解除权,违约方“诚信违约”,也有值得细究之处。但《纪要》该条的导向是较为明确的,即突破《合同法》第93条有关约定解除权的规定,以保护违约方,限制守约方的解除权。

3. 由尊重意思自治、限缩干预到“司法监管化”

通说认为,在学理上,商法具有一定的公法性因素,但这种公法性因素,主要体现的是对商行为的行政性管制。但从公法与私法二分的角度来看,民商法之所以为权利法,本质上还是在强调其权利本位。虽然部分发达国家出现了由义务本位到权利本位继而走向社会本位的阶段,但对我国这样一个长期重农抑商、专制

---

① 参见梁慧星:《从近代民法到现代民法——二十世纪民法回顾》,载《中外法学》1997年第2期。

② 《合同法》第93条规定:“当事人协商一致,可以解除合同。当事人可以约定一方解除合同的条件。解除合同的条件成就时,解除权人可以解除合同。”

传统深厚、权利不彰的"国情"而言,由义务本位到权利本位的路尚未走完,谈否定权利本位而直接进入"社会本位",可能实际上是回到义务本位。在此背景下,由经济审判到商事审判,特别是不断彰显对私权的尊重,对意思自治的尊重,不断限缩公权力对商事交易的干预,可谓人民法院在近40年的商事审判发展中的最大贡献。一个突出表现,就是不断限缩合同无效的范围,对超经营范围的合同①、违反规章的合同②、将强制性规定限缩为效力性强制性规定③给予越来越多的容忍,体现出鼓励交易、尊重自治、减少司法的干预的开明态度,这种司法态度与市场化、法治化的大势紧密契合,与"权利最大化和权力最小化"的法治目标相契合,本身也是社会进步、法治昌明的体现。

值得注意的是,以最高人民法院2018年3月4日作出的(2017)最高法民终529号福建伟杰投资有限公司等诉福州天策实业有限公司营业信托纠纷案民事裁定书为标志,将规章以违反《合同法》第52条第4项损害社会公共利益的方式纳入合同效力评判依据,进而认定合同无效,并以"司法监管化""标准合一化"为特点,通过商事裁判主动介入规章执行和社会治理的趋势,渐成商事审判的主旋律。此种趋势,借由《纪要》,将个案裁判观点,进一步固化为整体性的最高人民法院、全国法院的司法态度,通过《纪要》第30条扩张强制性规定、第31条将规章纳入合同效力评价的实质性依据、第37条强化行政审批对合同效力的影响、对于"职业放贷人"的经营性行为的界定等,予以明确,将成为未来一段时期整个商事裁判理念的主导。虽然《民法通则》中"政策"作为法源,已被《民法总则》删除,但《纪要》第31条将规章通过《民法总则》中"公序良俗"的规定再次导入合同效力评判。

就法理而言,政策、规章与法律三个概念有不同的理论基础和运行逻辑,并不能同日而语。政策本身并不能作为裁判依据。就民法的法源问题,《民法通则》第6条规定:"民事活动必须遵守法律,法律没有规定的,应当遵守国家政策。"而《民法总则》第10条则规定:"处理民事纠纷,应当依照法律;④法律没有规定的,可以适用习惯,但是不得违背公序良俗。"比较两者可以发现:《民法总则》删除了将国

---

① 如《最高人民法院关于适用〈中华人民共和国合同法〉若干问题的解释(一)》第10条。

② 如《最高人民法院关于适用〈中华人民共和国合同法〉若干问题的解释(一)》第4条。

③ 如《最高人民法院关于适用〈中华人民共和国合同法〉若干问题的解释(二)》第14条。

④ "这里的法律是指广义的法律,包括全国人大及其常委会制定的法律和国务院制定的行政法规,也不排除地方性法规、自治条例和单行条例等。"参见石宏主编:《〈中华人民共和国民法总则〉条文说明、立法理由及相关规定》,北京大学出版社2017年版,第23页。

家政策作为裁判依据的规定。当然，这不意味着鼓励违反政策，而在于政策虽具有灵活性和及时性，但法律更具有长期性、稳定性和成熟性。对于民商事法律关系而言，立法者意图以具有长期性、稳定性和成熟性的规范来调整，而非以灵活多变的政策来调整。政策另有其制定主体、执行主体和责任方式。政策亦不能等同于公序良俗。公序良俗是指“公共秩序和善良风俗”[①]。《民法总则》第143条规定，不违反法律、行政法规的强制性规定，不违背公序良俗是民事法律行为的有效要件。起草人强调，“前者侧重于具体的法律规范对民事法律行为效力的要求，后者则是从公共秩序和善良风俗方面对民事法律行为方面提出的要求”，[②]此二者均不能读出政策和规章等同于公序良俗之意。

规章是指国务院组成部门及直属机构，省、自治区、直辖市人民政府及省、自治区政府所在地的市和设区市的人民政府，在它们的职权范围内，为执行法律、法规，需要制定的事项或属于本行政区域的具体行政管理事项而制定的规范性文件。合同效力问题并不属于行政管理事项，亦未见哪个规章明文规定“合同无效”。行政机关可以就违反规章的行为作出行政处罚，但并不能认定民商事主体之间的合同无效。有一种观点认为，行政机关都已经认定某种行为应当受到处罚了，法院还认定合同有效，这不是违背法治统一的原则吗？所以要让司法与行政执法保持一致。在规章不能作为裁判依据的情形下，公序良俗可以成为通道。此种观点不能说是一种对司法的矮化，至少是一种对司法认识的错误。举个更为极端的例子：公安机关认定构成贷款诈骗罪，人民法院能否认定贷款合同有效呢？如果认定有效，是否导致法院的民事裁判“对抗”公安刑事执法？显然不是。因为公安机关评价的是犯罪分子的单方行为，而法院的商事审判评价的是双方之间的合同关系。贷款诈骗在《合同法》上的评价是受欺诈可撤销的合同，如果受欺诈的一方未行使撤销权，而是主张合同有效，法院并不能因单方构成贷款诈骗为由，否定双方的合同效力。事实上，法院不仅不应以规章为据否定合同效力，“助力行政机关执法”，而且要通过行政审判对行政执法进行合法性审查，制约不当行政行为。故实质上以规章为据认定合同无效，形式上却以公序良俗为据，可能并非是一个逻辑自洽的三段论模式。如果违反公序良俗，直接认定违反了什么样的公共

---

① 参见石宏主编：《〈中华人民共和国民法总则〉条文说明、立法理由及相关规定》，北京大学出版社2017年版，第341页。

② 参见石宏主编：《〈中华人民共和国民法总则〉条文说明、立法理由及相关规定》，北京大学出版社2017年版，第341页。

秩序,什么样的善良风俗即可,在起诉、答辩、裁判的任何一个环节,都无须以规章为据,因为《合同法》与《民法总则》通篇都未规定可以将规章作为合同效力评判的依据。而一个微观的合同行为,是否直接导致了宏观的公共秩序,这种公共秩序是不是应当和必须通过商事审判以否定合同效力的方式来执行规章,亦是商事审判法官需要慎重考量的法治、善治目标。这涉及司法与行政的分工,司法的定力的一系列重要的法理问题。司法如何在私法自治、权力管制之间寻找商事法治的皈依,仍有进一步探讨余地。

令人欣慰的是,《纪要》第 31 条以强调"违反规章一般情况下不影响合同效力"为原则,以列举数种规章中属于公序良俗的为例外,且在适用程序上要求"慎重考量""充分说理",当是有意遏制此种通道被滥用的可能,保持了比较克制的态度。左右之间,值得法官、律师在个案中细细咀嚼与琢磨。而《纪要》在新类型担保的合同效力等问题上,仍保持了相当的开放性,在抵押合同的问题上坚持了合同效力与物权效力区分的原则,对不涉及公权力的合同,仍然体现出了尊重契约自由、意思自治的司法态度,殊值赞同。

(三)侧重保护权利人还是义务人:倾向与衡平

这个问题乍一看根本不是问题,因为法律就是要讲公平正义,就是既要保护债权人,也要保护债务人,"一碗水端平"。但在法律解释上,却并非如此简单。如果存在两种解释可能,是选择对债权人有利的方向作解释,还是选择对债务人有利的方向作解释,结果是完全相反的。更为重要的是,这还体现出对未来类似行为的一种激励。就此,《纪要》体现出两种趋向。

1. 侧重保护义务人

最为突出的就是未经决议的公司对外担保问题。在《纪要》出台之前,各地在《公司法》第 16 条的解释结果上,大部分倾向于保护债权人。但《纪要》以《合同法》第 50 条有关公司法定代表人越权代表的解释路径,将决议审查义务赋予债权人,将显著产生有利于盖章义务人(公司)的法律后果。在有限责任公司清算义务人的责任上,《纪要》第 14 条、第 15 条、第 16 条分别从行为、因果关系、诉讼时效期间三个方面,限缩了清算义务人的清算责任。《纪要》第 57 条规定借新还旧中旧贷担保物权随旧贷消灭而消灭,乃至整个合同纠纷部分扩大无效的情形,都在一定程度上减轻了义务人的责任。在借款合同部分,《纪要》不仅明确"降低融资成本"的精神,而且通过确定利率标准、认定变相利率、否定高利转贷及职业放贷的借款合同效力的方式,从实质上减少债务人应当承担的还款金额。

司法当中的价值导向，贯彻司法过程始终。抽象出“侧重保护义务人”的倾向性，并非要否定该种情形。事实上，任何时候站在不同立场，都会有价值取向的偏好和争议。此次《纪要》体现出的这种价值导向，与其说是一种司法上的阶段性偏好，不如说是在经济持续下行的背景下，实体经济因环保成本、用工成本和外贸形势的三重压力下利润空间持续缩小，市场违约率持续上升的宏观经济环境下，司法所不得不作出的一种调适和回应。当然，此种价值导向，对债权人的权利保护，将是一种较为严峻的挑战。公司法务人员、特别是金融机构的法务人员，对此应当予以高度的重视，并尽可能在合同的草拟、签订、履行、维权过程中，付出更多的注意和谨慎。

2. 侧重利益衡平

在多个当事人、多个法律关系并存、多种利益冲突的情形下，实际上很难说谁是唯一的权利人，蛋糕就那么大，《纪要》侧重保护谁，决定了“司法的刀往哪切”，对各方当事人影响重大。

在公司纠纷部分的导语中，《纪要》强调“要依法协调好公司债权人、股东、公司等各种利益主体之间的关系”。就对赌协议问题，《纪要》在该部分的导语中要求“依法平衡投资方、公司债权人、公司之间的利益”。就有关有限责任公司清算义务人的责任问题，《纪要》在该部分的导语中指出：“有的人民法院没有准确把握上述规定的适用条件，判决没有‘怠于履行义务’的小股东或者虽‘怠于履行义务’但与公司主要财产、账册、重要文件等灭失没有因果关系的小股东对公司债务承担远远超过其出资数额的责任，导致出现利益明显失衡的现象。”就信托公司固有财产的诉讼保全问题，《纪要》第 96 条规定：“……在采取具体保全措施时，要尽量寻求依法平等保护各方利益的平衡点……”在破产纠纷部分的导语中，《纪要》强调，“要继续加大对破产保护理念的宣传和落实，及时发挥破产重整制度的积极拯救功能，通过平衡债权人、债务人、出资人、员工等利害关系人的利益，实现社会整体价值最大化”。在《纪要》第 124 条有关案外人依据另案生效裁判对金钱债权的执行提起执行异议之诉的规定中，《纪要》明确规定：“……为平衡各方当事人的利益，只有在案外人已经返还价款的情况下，才能排除普通债权人的执行……”

严格意义上来说，利益衡平应该是法律适用的补充，而不能喧宾夺主。《纪要》解释法律争议的方法注意利益衡量，在方向上侧重衡平各方利益，某种程度上是寻求“法律效果”与“社会效果”的统一。利益衡量的操作，可以概括为“实质判断加上法律根据”。[①] 但值得注意的是，这种利益衡平无论在法律解释的方法上，还是在个案裁判结果的选择上，都应当是节制的，[②]以尊奉既有法律规定为前提。如果我们结合前述《纪要》在价值取向上“侧重保护义务人”的倾向来看，这种衡平在相当程度上可能要以牺牲权利人的一定权利为代价。

鉴于此，我们期待法官在作出这样的解释选择或者个案裁判时，应当更加严谨、审慎、克制，避免破坏法的安定性。作为权利人的代理律师和公司法务人员，在涉及利益平衡的情境，亦应通过强调规则的确定性、法治的安定性角度，减轻这种事后的主观衡平对商事交易预期及市场交易规则稳定性的冲击。

(四)弱化外观主义，侧重实质正义

外观主义非商事领域所独有，物权公示公信，和外观主义也有重合之处。但鉴于商事交易对效率、交易成本更为看重，因此，外观主义在商事交易中得到了更为广泛的运用和强调，并成为裁判文书论证中的一项重要法理。然而，对外观主义并不能绝对化。在区分内部关系和外部关系的情况下，外观主义通常不影响内部关系的认定。就交易属性而言，商事主体之间的商事交易关系，侧重外观主义的运用，但如果是商事主体和民事主体之间或者两个民事主体之间，是否仍完全按照“外观主义”的法理得出结论，则有较大讨论空间。

就此问题，崔建远教授在《论外观主义的运用边界》[③]一文中，予以了比较详细的分析。他认为：(1)外观主义主要运用于交易领域，且当事人的意思、权利等因素表里不一，两方当事人的意思、权利相冲突，不能两全，只得按照外观特别是对该外观有理由地产生信赖，两害相权取其轻、两利相权取其重的场合。它仅于不得已的情况下，才作为所有权绝对、实事求是、意思自治等原则的例外和补充。如公信原则及善意取得的规定不适用于登记名义人与真实物权人之间，二者间的关系按照实事求是的原则处理。(2)强制执行对象的确定宜重财产的实质归属，而不得单纯地取决于公示这种外观。(3)构成形成合同的意思表示的外观，不得是相同当事人之间为首次交易采用的表征，必须是其于数次交易中采用的表征方可构成外观，认定交易相对人有理由地产生信赖才是符合理性的，进而按照外观所表征的意思表示赋予法律效果。(4)一方当事人所用印章对另一方当事人是否形成外观，是否使其有理由地产生信赖，取决于双方间系列交易中所用印章，而不

① 梁慧星：《裁判的方法》(第2版)，法律出版社2012年版，第262页。

② 参见梁慧星：《民法解释学》，中国政法大学出版社1995年版，第334页。

③ 参见崔建远：《论外观主义的运用边界》，载《清华法学》2019年第5期。

取决于一方当事人在与他人间形成他种法律关系时在有关文件上加盖的印章。

崔建远教授的这篇文章,因最高人民法院刘贵祥专委在国家法官学院就《纪要》进行培训时予以专门提及,而受到全国法院法官及律师、学者的进一步重视。事实上,这一思想在《纪要》的若干条文中也得到了具体的体现,如《纪要》当中有关公司担保的规定、盖章效力的规定。由于文章的主要基调是强调外观主义的边界,因此,限缩和否定外观主义,在一定程度上将成为商事审判的一个新趋势。

就此问题,仍有以下几点值得关注:

1. 外观主义是法律规则,还是说理规则

虽然理论界及实务界对"外观主义"这一规则的存在有共识,但严格地说,其仅仅是一种理论抽象。法官在适用法律和裁判案件之时,并不能直接依据"外观主义"这个法理得出结论。当我们提到"外观主义"的时候,仅是强调一种裁判理念、价值取向,落实到裁判中,仍体现为《物权法》《公司法》等法律规定所确立的登记公示公信效力,或者《合同法》中有关表见代理的规定的适用。故无论是倾向于强调外观主义,还是倾向于否定外观主义,都应当回归到法律规定本身,而不是从"外观主义"这一抽象概念本身出发。比如物权、股权归属的确定,仍应回归于登记的法律规定本身,至于相对人之间的"内部关系",不适用"外观主义",从"外观"之概念逻辑,即可以得知。

2. 保护"隐身人",还是维护法秩序整体

在财产归属上的名实不一,其造成的法律后果或者风险,由其自身承担,还是由外部第三人承担,这是个问题。有关外观主义仅限于"交易"的观点,仍存值得商榷之处。以强制执行的财产归属为例,如将当事人之间违背物权法定归属规则的合同安排,作为权利归属的依据,等于赋予合同外部效力,将此刻意违背法秩序的风险,转由外部不知情的第三人承担,难谓正当。而申请执行的主体,并非是要基于就该财产进行交易,才构成保护的正当理由,甚至可以说,"交易安全"本身就是"定分止争"的法秩序的一个子概念。并非只有交易才产生确权的需要。实务中,商人就重大交易行为进行法律尽职调查,已属通例。登记在交易对手名下的财产,当然构成其判断对方责任能力的重要依据,而不是说只有以该财产为标的物的交易相对人,才应当受到保护。背离物权与股权的法定登记方式和权利归属规则来解决外部关系,对《物权法》和《公司法》确定的法秩序的破坏是显著的,等于以《合同法》的内部关系架空了法定的权利归属秩序,赋予了足以对抗第三人的外部效力,难谓正当。

回到《纪要》。如果我们要面对的是商事法律关系,裁判的是商人之间的商事纠纷,这种弱化法定的权利归属秩序的理念,将导致查询成本激增,冲击交易秩序、交易安全和交易效率,并通过合同的内部约定转嫁了交易的外部风险,显然是与商事审判的规律有所背离。故此,在法律解释和个案裁判上,是否应当弱化"外观主义",特别是是否要突破法律规定来否定"外观主义",都是值得商事审判法官慎重思考的。就律师而言,可从此角度加强说理。就公司法务人员而言,则要特别注意债务人的各种"代持"行为对交易安全的影响,并通过更加细致的尽职调查和合同的陈述、承诺条款等方式,尽可能多地防范此种风险,并预设违约责任及权利纠纷方案。

四、金融审判理念及其实践

网上盛传一个"端盘子揩油"的故事,借以说明银行乃至整个金融机构的角色和功能。这当然是一个笑话,但不可否认,这一笑话的背后,是对银行业乃至整个金融行业的一种误解甚至是偏见——什么都没干,靠揩油挣钱。事实并非如此。还有一种观念认为,所有的金融都是借款,并且故意搞得非常复杂,让人看不懂,并据此攫取高额的利润。一旦这两种定位成为法官或者司法对金融行业的认知,成为一种前见,则必然影响整个金融审判的导向,更影响整个金融法治环境的构建,影响我国整个金融行业的发展。但迄今为止,对金融审判规律、金融审判理念进行深度阐释的中文著述相当少见,我们先在本书中作简要分析,未来另行撰文专述。

(一)金融的经济视角与法律视角

金融业仅仅是通过借款和放款躺着赚取利差吗?不是的。金融业能作为一个行业在市场经济条件下广泛存在而不被替代,至少有四个功能:

1. 涉众筹资

金融,顾名思义,最基本的含义是资金融通。前者是融即汇集资金;后者是通即资金流通。"融"是"通"前提。无论是银行、证券还是保险,其第一个重要的功能就是积少成多,将无数闲散资金汇集一起,实现单个资金持有人所无法完成的巨额投资需要。从而在分散的资金供给和集中的巨额资金需求之间搭建了必要的桥梁,大大拓展了资金利用的可能性,特别是适应市场经济条件下,大型企业、大型项目的融资可能。

当然,这仅仅是金融的经济功能视角。从法律视角来看,筹资本身涉众,如无法定准入门槛，极易引发集资诈骗，因此，各国普遍设置了筹资准入的门槛，实行金融牌照管制。从民商事审判的视角来看，其筹资行为的涉众性很容易转化为纠纷的涉众性，给民商事审判带来交易纠纷之外的维稳压力。在此背景下，通常通过四种方式予以疏导：(1)以金融机构的市场准入作为合同效力的判断因素，否定合同效力，在入口上减少此类纠纷的发生，如《纪要》第86条对场外配资合同效力的否定即为例证。(2)以涉众犯罪为由，通过刑事案件的被害人财产返还方式解决，《纪要》第129条强调：涉嫌集资诈骗、非法吸收公众存款等涉众型经济犯罪，所涉人数众多、当事人分布地域广、标的额特别巨大、影响范围广，严重影响社会稳定，对于受害人就同一事实提起的以犯罪嫌疑人或者刑事被告人为被告的民事诉讼，人民法院应当裁定不予受理，并将有关材料移送侦查机关、检察机关或者正在审理该刑事案件的人民法院。受害人的民事权利保护应当通过刑事追赃、退赔的方式解决。(3)通过行业多元化纠纷解决机制的前置程序减压，分流诉讼案件，如近年来不断推广扩大的证券、保险业诉调对接制度。(4)通过合并审理、示范判决、代表人诉讼等方式，在法院的审理程序内实现"批处理"。比如，《纪要》第80条有关证券纠纷案件的审理方式规定：一些人民法院已经进行了将部分案件合并审理、在示范判决基础上委托调解等改革，初步实现了案件审理的集约化和诉讼经济；有条件的地方人民法院可以选择个案以《民事诉讼法》第54条规定的代表人诉讼方式进行审理，逐步展开试点工作。

如果能认识到这一点，就不难理解，以涉众性资金融通为运营模式的P2P行业为什么会短暂的火爆之后转化为涉众性案件——属于金融行业的营业行为而无金融牌照准入管理，风险集聚不可避免，且极易引发涉众性资金犯罪。

涉众筹资对金融审判的另一个启示是，防范和规制的重点应聚集于金融案件的涉众性，应当聚焦于资金的募集端，特别是非持牌机构涉众融资，本质上是非法集资，有引入刑事制裁的必要，以保护不特定的社会投资者。如果是自有资金，特别是金融机构、类金融机构(如融资租赁、保理)等，其机构性质本身就具备资金融通的功能，其以自有资金出借，并非经营商业银行的存贷款业务，本身并不涉及制造涉众型金融风险，从客观上说有利于解决融资难、融资贵的问题。从这个意义上来说，金融审判应当秉持一定的包容性，就个案的资金借贷，可认可其合同效力，即使涉及违反规章，自有金融监管部门就单方经营行为作出行政处罚，而未必需要通过否定合同效力的方式，为不诚信的用款人提供减责、免责通道。其背后的机理在于，此类用款人并非能够从银行取得低息贷款而被讹诈用资金成本更高的该笔融资，实为其不具备银行的放贷标准（低息低风险），而只能求诸此类成本较高的融资，就该笔交易而言，双方的风险与成本收益是相匹配的，有效需求对应有效供给，既符合市场理性，也符合意思自治，更有利于缓解融资难融资贵。金融审判完全封堵此种交易，关闭此类高风险、高收益的融资通道，并不能解决融资难、融资贵的问题，高风险低成本，实质是背离金融规律的说辞，不应当成为指导金融审判的价值取向，也违背法理与经济规律。

2. 撮合交易

金融机构本身并不能因为持有货币而使得货币增值，只有将钱投出去，才能让"钱"生"钱"。所以，金融机构的一个本质功能是在货币的供给和需求之间搭建一个稳定的、可靠的桥梁。金融即资金融通，大量的资金流通，主要通过金融机构实现的。金融从业者的核心工作是撮合交易。①

撮合交易以资本的逐利性②为原动力，以优化资本的配置为表现。就金融机构和金融行业而言，其优化资金的配置主要体现在以下三个方面：一是金额的优化配置，如银行的存贷款业务，本质上是一个资金池式金额配置，而典型的 P2P 则应当是一对一的资金配置；二是时间的优化配置，短期投资匹配短期用款、长期投资匹配长期用款；三是收益风险偏好的配置，即高收益高风险，低收益低风险。

从法律角度来看，最具评价意义的是风险偏好的配置。《纪要》第 72 条规定的金融机构应当承担的适当性义务，就是聚焦于解决把适合的金融产品销售给适合的投资者，实现风险收益偏好的匹配。

风险配置的另一层法律意义，是金融审判在看待收益与损失时，应当避免贷款利率的一元论和股债二分的二元论思维。换句话说，不同的金融交易，从低风险低收益到高风险高收益，并非只有以银行贷款基准利率（现在置换为 LPR）和民间借贷利率上限的 24% 为代表的借款模式，也不是只有债权和股权两种投资模式。通过类型化实现格式化，可能削足适履。金融市场上的交易风险是从 0 到无限大的射线，交易结构是低风险低收益到高风险高收益之间无数变化可能的光谱。

3. 管控风险

以"端盘子揩油"来比喻金融业的段子，之所以能广为流传，其背后一个重要

---

① 参见［美］罗伯特・席勒：《金融与好的社会》，束宇译，中信出版社 2012 年版，第 11 页。

② 资本具有逐利性，这句话本身是中性的，其并不意味着资本为了逐利而可以不择手段。

原因是对金融行业"躺着就把钱挣了"的商业逻辑的简单理解。但事实并非如此。金融业最大的特点是因为时滞、经营和信用而产生的不确定性风险。因为投资与回报之间有若干时间差,因此,到期能否按照约定收回投资,就成为危及投资者、投资行业的一个重要问题。

脱离风险谈收益,要么是耍流氓,要么是骗子,除此之外,基本可以归结于对金融本质的无知。以此为基础,来认识没有风控要求的 P2P,以发展"互联网金融"实现所谓"普惠金融",等于遍地埋雷,随时引爆。除了个别具备金融机构的严格风控能力者能活下来,剩余者灰飞烟灭并不意外。

所有的企业都要承担风险。但银行和其他金融服务企业还要考虑更多的风险因素,因为他们不仅从那些作为风险承担者的投资者个人那里吸收资金,而且还从那些厌恶风险和只愿意承担很低风险的资金所有人手中吸收资金。[①] 最关键的是,所有的投资者都要求从金融机构能拿回钱来,而且希望拿回更多的钱来。至于最后到底能不能拿回更多的钱来,则要取决于其基于自身的风险偏好而选择的金融机构和金融产品。因此,识别和管控风险,就成为金融业存在的一个基本的功能,也是金融机构的核心竞争力。

换句话说,金融机构的功能更像是抱着一个价值连城的硕大瓷器翻山越岭、漂洋过海,历经数月、数年安全送达之后才能求运费,而不是将盛肉的盘子从冰箱拿到桌上即可揩油。是否选择运送这个瓷器、能否安全运达,是风险识别问题,接单之后能否顺利运达取酬,则是风险管控问题。前者是金融机构前台业务部门的职能,其差别在于选择低风险低收益还是高风险高收益。后者则是金融机构法务及交易律师需要关注的交易结构设计和法律风险防控问题。由于金融行业的投资行为并非购买看得见摸得着的实物商品,而是投资以后等待按期回报,因此,能否有效的识别和控制风险,就成为所有金融机构最为关注的重要问题。否则,金融机构就很容易由放款前的"黄世仁",变成放款后的"祥林嫂"。金融机构法务和律师,必须通过放款前步步为营的"法锁",将放款后的风险减少到最小。

以这样的态度来认识金融业、金融交易,我们就会发现,民商法在其中的地位太重要了。金融交易结构是否复杂,本质上取决于金融风险能否得到有效的管控。银行存贷款、金融借款以"借款 + 法定担保(保证、抵押、质押)"的模式,实现

① 参见[英]麦克罗米:《金融市场中的法律风险》,胡滨译,社会科学文献出版社 2009 年版,第 9 页。

投资与回报，当然是金融业的一种，但仅仅是最初级、最普通的一种。担保证责任能否最终实现，完全不可控，抵押质押必须以债务人现有财产为基础。故此种最初级、最普通的以保证和不动产抵押来控制风险的金融交易模式，已经远不能满足资金供给和资金需求双方的要求，由此就产生了各种各样的新的交易模式和投融资方式。《纪要》第1条规定所涉及的对赌协议、第66条规定的非典型担保、第68条规定的保兑仓、第71条规定的让与担保、第90条规定的信托产品分级、第91条规定的增信文件，都是基于不同的现实约束条件，通过法律和合同的细节性、个性化安排，来降低回款风险，促成金融交易的新模式。这些新的交易模式，既不是法学家的创造，也不是立法者的创造，不应当从简单的民法理论体系中去寻找答案。不能简化为只要是融资，就是借贷；只要是投资，就是非股即债；只要是担保，就是法定担保。这种思维模式本身就是刻舟求剑，缘木求鱼。

从金融审判的视角来看，其进步与成功的标准，并不在于我们在多大程度上固守了权利法定的规则、类型化了审判的思维、坚持了金融就是“借款”的本质，而在于我们在多大程度上回应了立法供给不足，以契约自由意思自治的开放性包容金融交易模式的创新，实现金融交易效率的最大化和金融司法干预最小化之间的平衡。

4. 高速流转

金融资本与产业资本表面上的差异体现为实物形态的不同，实质上的差异则主要体现为货币作为一般等价物的转换和流通便利。这种便利因为金融机构的存在、信息技术的发展和全球化而发展到极致的高效，甚至可以以秒为单位实现全球的流转。

由于金融资本的高速流通性，金融机构在撮合交易的同时，也容易形成金融风险的迅猛传导，诱发系统性风险。“批发金融市场中的金融机构互相关联，不仅意味着它们之间进行数额巨大的日常交易，还意味着一旦某家金融机构陷入具有严重风险的财务困境，那么该问题将会迅速波及其他金融机构，造成严重的金融不稳定，损害所有的经济活动。”①从全球金融市场来看，2020年3月12日，美国、加拿大、巴西、墨西哥、泰国、斯里兰卡、巴基斯坦、菲律宾、印尼等10多个国家股指触发熔断，即为系统性风险的典型表现。从金融监管来看，《中国人民银行、中国银行保险监督管理委员会、中国证券监督管理委员会关于完善系统重要性金融

① [英]麦克罗米：《金融市场中的法律风险》，胡滨译，社会科学文献出版社2009年版，第9页。

机构监管的指导意见》(银发〔2018〕301号)是从金融机构角度防范金融业的系统性风险。近年来人民法院对一些体量庞大的公司企业、金融机构采取的“三中止”措施,“预重整”,其背后的动因主要也是防范系统性金融风险的发生和传导。

(二)金融审判的理念与实践

随着我国市场经济体制的建立和不断完善,金融在整个国民经济体系中的地位和作用也越来越重要。与此相适应,金融审判也越来越受到各级法院的重视,部分法院已经开始陆续建立了金融审判庭。但比机构建立更为重要的,是科学的金融审判理念的确立和更新。

1. 对金融的重视、敌视与正视

邓小平同志指出:金融是现代经济的核心。[①] 但现实生活中,社会却弥漫着一种对金融业的敌意。[②] 而后者的情绪,可能在一定程度上影响法官的判断,形成金融机构挣钱非正义、侵蚀实体经济利润的道德评价,成为一种预设的前见。在司法层面强调“金融服务实体经济”,容易转变为降低融资成本与违约金,而忽视金融本身的风险与收益的市场化配置基础,并形成一种对违约和诉讼的潜在激励。

应当看到,从2017年《最高人民法院关于进一步加强金融审判工作的若干意见》,到各地越来越多地设立“金融审判庭”,人民法院对金融审判的重视程度已经得到了不断的提升。但金融审判在落实“金融服务实体经济”“防范金融风险”方面,仍应当坚持法治的原则,客观审慎地以司法介入金融私法实践。从金融审判的角度来看,过于夸大和压制金融业功能及发展可能皆不可取,在客观认识金融业功能地位的前提下,在法律和法治的语境下,来解释法律、正确裁判,可能才是正确对待金融业和金融机构的方式,特别要注意克服一种“金融机构本来就有钱”“金融机构就是应当多承担责任”的非理性“前见”。

2. 金融市场的自治、管制与法治:金融监管与金融司法的定位及分工

以(2017)最高法民终529号福建伟杰投资有限公司等诉福州天策实业有限公司营业信托纠纷案为伊始,以《纪要》第31条有关违反金融规章属于违反公序良俗而应当认定为合同无效为标志,金融规章通过公序良俗成为否定合同效力的依据,实现了“司法监管化”,其背后的逻辑,存在“司法要与行政保持一致”的“正确”,但商事审判在事实上以金融规章为据借由公序良俗否定合同效力,未必足够

---

① 邓小平:《邓小平文选》(第3卷),人民出版社1993年版,第366页。

② “民众中正弥漫着对金融从业者收入过高的不满情绪,他们认为这是典型的分配不公。”参见[美]罗伯特·席勒:《金融与好的社会》,束宇译,中信出版社2012年版,第XXⅫ页。

“正当”，至少从立法层面，《民法总则》和《民法典》的起草者，始终未将“金融规章”作为合同效力的评价依据。

（1）金融司法应保持必要克制

金融规章与金融秩序、金融政策，三者并非完全对应。由于规章立法层级较低，故立法者仅将法律和行政法规纳入合同效力评价范围，而并未将金融规章纳入。金融规章在时效上、审议程序上、正确和严谨程度上，要稍弱于法律和行政法规，体现出短平快的特点。其制定和执行程序便捷，有利于快速高效地实现政府管制。值得注意的是，罕见规章规范文本明确用于调整合同关系，即使是金融规章也不例外，更没有任何一部规章规定，应当由人民法院的商事审判庭来执行规章，并据此认定合同无效。违反规章，产生的法律后果，不是合同无效的民事责任，而是应当由行政机关对行政相对人作出行政处罚。二者在执法主体、执法对象、责任性质上有本质区别。事实上，法院不仅不是通过商事审判去执行规章，而是要通过行政审判对规章的正确性进行审查。如果一个商事案件中通过金融规章否定了合同效力，而这个规章又在行政审判中接受司法审查，二者的关系如何处理？更为重要的是，以金融规章作为合同效力的判决依据，还有一个预设前提，是政府这只“看得见的手”一定比市场这只“看不见的手”更为高明。[①] 但事实并非如此。金融规章、金融政策的频繁变动，本身通过金融监管机构的执法行为实现，但如果介入合同领域，对于金额甚巨、履行期限较长的金融交易合同而言，必然会对交易安全和交易预期产生重大影响，更多地则可能是鼓励不诚信的合同方借由此项制度逃避合同责任。此点值得金融审判庭的法官注意，应尽可能避免将规章所规定的微观的金融机构经营行为，等同于公序良俗的宏观秩序评价，对金融规章影响合同效力的问题，保持必要的克制。

（2）金融司法应坚持“私法”的本质属性

正如学者所言：“相对应金融监管立法，金融交易，特别是金融衍生交易的私法/商法更为匮乏，这可能与人们长期以来将金融法片面地理解为‘监管法’‘公法’有关”，“特别是金融私法/商法规范在促进金融交易与保护金融自由方面发挥

---

① 如果把我国 2015 年 12 月 4 日出台、2016 年 1 月 1 日起正式实施的熔断制度，也看作一项政策，或者规章规定，其于 2016 年 1 月 8 日即行暂停，期间给市场带来的预期和冲击、对交易的影响等，显著可见。

的重要作用,以及它对于金融监管的积极促进”。[①] 而从金融审判的角度来看,我们欠缺的可能不是要去协助金融监管执法,事实上,金融监管机构有足够的专业、能力、权力和动力去推进监管执法,而未必需要以解决私权争议为重心的金融商事审判“助攻”。金融审判应保持对市场这只“看得见的手”的一种敬畏,与“看得见的手”保持一定距离,以包容审慎的金融审判理念发展金融私法,优化金融法治环境。

(3)清晰界定金融商事审判与金融监管执法、打击金融刑事犯罪的职责与边界

强调金融商事审判的克制和私法属性,并非否定司法对金融交易、金融市场的干预。所有行业的道德风险,同样也会在金融行业存在,而且因为金融机构涉及的金额巨大、传导迅猛,更容易引发系统性金融风险。所以,对金融业的管制,不仅不应当放松,而且应当加强。但是,这本身并不是金融商事审判的职责定位与使命,金融商事审判主要通过对微观金融交易行为的调整,特别是给予权利人及时、有效的私权救济,实现对金融交易秩序的矫正和保障。金融审判庭不是金融规章的执法机构,科学的现代国家治理也并非依靠金融商事审判执行规章实现金融法治,而是通过金融行政审判框定金融监管执法,实现对金融执法的行政相对人的司法保护。对于严重损害金融市场安全的行为,则通过依法追究市场主体和行为人的刑事责任来进行威慑和惩罚。三者各归其位,才能实现真正的金融法治。

3. 金融创新、法律供给与金融审判导向

“金融市场是通过创新获得繁荣发展的。并且,法律是创新的主要工具之一。”“19 世纪 70 年代,英国法院认可浮动押记是担保权益的合法形式,这成为英国‘金融法’发展的早期里程碑之一。”[②]

金融创新本身,并非仅仅是为了规避监管(规避监管的动机与需求背后,可能也存在某种被压制的供求),更多地是为了解决有限条件约束下复杂交易的风险管控。当然,由于金融创新总是领先于立法和法学理论,因此,在通过新的交易结

① 参见楼建波:《金融商法的逻辑:现代金融交易对商法的冲击与改造》,中国法制出版社 2017 年版,第 40 页;王保树:《金融法二元规范结构的协调与发展趋势——完善金融法体系的一个视点》,载《广东社会科学》2009 年第 1 期。

② [英]麦克罗米:《金融市场中的法律风险》,胡滨译,社会科学文献出版社 2009 年版,第130 ~ 131 页。

构管控商业风险的同时,其法律风险却可能与日俱增。"面对风险和不确定性,金融市场是不稳定的、易变的和高度敏感的。如果我们在立法者、法官和律师之间保持有效的沟通,法律风险极有可能被成功地管理。"①

由于成文法的制定和修改都需要经历一个长期的过程,因此,金融审判就成为连接二者的重要工具,并能有效推动金融法治的完善。《纪要》第70条有关保兑仓的规定、第71条有关让与担保的规定,都是这种连接和推进的重要体现。

4. 以金融的视角而不仅仅是借贷的视角来认识收益、风险与损失

金融业以银行业为发端,以金融借款合同为初级表现形式。但金融业不仅仅是存贷款,也不仅仅是按照贷款利率借本还息。市场经济语境下,随着交易链条的拉长、交易时空的跨越、交易主体的扩充,金融交易已经远远超越于以银行的存贷款业务来表达的简单交易模式。"只有了解各种交易的结构和流程,我们才能真正理解一个交易。"②但仅仅了解交易结构和流程还不够,只有真正理解了金融交易中的风险与收益向匹配的基本原理,我们才能更好地理解金融法背后的商业逻辑。

而在这一点上,金融审判的法官应特别注意"名为什么、实为借贷"、收益和责任都是年利率24%上限的思维惯性。一方面,确实存在名实不符的借贷行为,但此种行为的背后也有其商业理性和商业逻辑:用款人不具备商业银行放贷的风控条件,无法获得低息贷款,成本、收益及风险互相不匹配,二者无法达成有效的交易,这才有名实不符的借贷行为发生,实现了成本收益与风险的匹配。认定无效,只是从法律层面生硬地改变双方的交易预期,激励用款者从违约中获得额外收益。这种供求关系,不会因为认定合同无效而消灭,只会转化为新的博弈。另一方面,所有的金融交易都可以简化为资金的借款和还款,但那些不同于借款的细节,才是其不同于商业银行存贷款业务的交易本质。一个跨时空的交易,加入了股权、债权等多个时态的融资形式、回报形式与风控模式,在缔约时点,各方达成了对成本收益与风险匹配的平衡——这一时点的当事人约定,才是金融审判法官权利义务和责任的出发点和落脚点。

五、由《纪要》的解释方法看商事审判的法律适用方法

《纪要》皇皇言44,000余字,其并未采用立法语言的简洁干练模式,而是采用

---

① [英]麦克罗米:《金融市场中的法律风险》,胡滨译,社会科学文献出版社2009年版,第20页。

② 楼建波:《金融商法的逻辑:现代金融交易对商法的冲击与改造》,中国法制出版社2017年版,第9页。

了大段大段的说理模式。这种模式,一方面,有利于《纪要》的受众理解最高人民法院在争议问题上作出取向的原因;另一方面,也展示了最高人民法院在论证争议法律问题时的法律解释方法。这为我们认识和理解商事审判的裁判导向、寻求对《纪要》未涉及的争议问题的解决答案,提供了一个很好的参照样本。有必要作简要分析。

(一)跨部门法问题的法律适用

细细梳理,可知商事审判之难,不仅在于交易模式的反复,还在于其经常涉及多个部门法的交叉问题。比如,股权转让合同、对赌协议、股东出资的加速到期问题,是公司法问题还是合同法问题?公司对外担保的问题,是公司法问题、合同法问题,还是担保法问题?未办理抵押登记的抵押合同效力问题,是物权法问题还是合同法问题?营业信托的劣后级受益人责任承担问题,是信托法问题还是合同法问题?民刑交叉,是实体法问题还是程序法问题?

一旦我们提出这样的问题,我们可能已经进入了一个逻辑陷阱:一元论或者二元论思维。正如光可能既是粒子又是波一样,一个具体的商事审判中的实务问题,如法人刻了一个萝卜章对外担保,它可能既是公司法问题,又是合同法问题,本身可能还涉及程序法问题。

处理这类问题时,应当坚持的一个原则是:在一项交易涉及的多个主体和多个法律关系当中,我们需要明确这个具体的问题及争议,发生在谁和谁之间,是在哪一个部门法的语境下,来分析和解决双方之间的权利义务关系。以《纪要》第5条对赌协议的规定为例,合同效力本身的问题,是合同法问题。对合同效力的判断,应当回归到《合同法》第52条规定的法定无效情形。而投资方请求目标公司回购股权,涉及《公司法》规定的法定条件限制。这个请求在《合同法》上是合同的履行问题,但能否履行,还需要结合《公司法》的规定和个案情形作出具体的判断。如果符合《公司法》规定的法定条件,则其请求应予支持;如果不符合《公司法》规定的条件,属于履行不能,再回到《合同法》看履行不能的法律后果,不应将合同履行环节的公司法问题,跳转到合同效力本身的合法性判断。《纪要》第5条规定,即遵循了这一原则,否定了直接以后续履行问题否定对赌协议本身的合同效力的做法,值得称道。

这类问题在担保合同的区分原则上表现得更为典型。如《纪要》第60条有关未办理登记的抵押合同效力的规定,在区分了物权法问题与合同法问题之后,通过合同法的规则来解决合同的约束力及法律责任的问题,思路清晰。

需要注意的是,《纪要》对一项交易涉及多个法律主体的,可能只提及了部分法律关系和效力问题,没有涉及所有主体的法律关系和法律效力问题。对此类问题,我们仍有必要进一步厘清语境、主体、法律关系和各方责任。比如,《纪要》第71条就让与担保的问题作出了规定,明确让与担保的合同效力,并解决了其优先受偿的物权效力问题。但是,公司法与破产法语境下,股权让与担保的问题,则更为复杂。债权人通过让与担保登记为股东,此时,如果原股东出资不实,该债权人是否应当承担出资责任?如果此间目标公司破产,债权人是否基于其股东身份劣后清偿?对这两个问题,《纪要》第71条都未涉及。其主要解决的是合同法与物权法问题。而回答这两个问题,我们可能就不能立足于《合同法》,从合同的角度来看当事人的权属约定,而要回到《公司法》的规定,确定认定股东身份的标准;基于《企业破产法》的规定,在确定其身份角色的前提下,确定破产受偿顺位。

(二)法律解释与价值判断

法律解释是解释者将自己对法律文本意思的理解通过某种方式展示出来。[①]《纪要》本身不是立法,也不是司法解释,其目的是解决实践中的争议法律问题,体现出最高人民法院统合解决商事审判中的法律适用问题,而法官适用法律的过程,本身也是解释法律的过程。《纪要》中的若干规范条文,可以看作最高人民法院将自身对法律文本意思的理解以《纪要》的方式展示出来。以管窥豹,由此我们也可以看出当前商事审判中法律解释的一些重要思路和方法。

1. 价值判断的导向与运用

法律解释的过程,是否包含价值判断?这个问题看似简单,其实包含着非常深刻的法理争论。[②] 通说认为,法律解释的过程,不可避免地涉及价值判断。但应当通过"科学的制度和程序以调和个性、避免恣意,确保解释具有相当程度的客观性"。[③]

《纪要》在各部分规范条文之前都加了一个导语,导语主要论述该部分规定的背景和目的,导语部分的内容,较为集中体现了起草者的价值判断,是指导具体规范文本的方向性依据。此种导向和依据,不局限于《纪要》所规定的具体问题,实际上也是解释这一类问题的司法风向标,值得关注,并可以作为裁判文书、代理词

---

① 张志铭:《法律解释学》,中国人民大学出版社2015年版,第11页。

② 有关讨论和学术梳理,可参见梁慧星:《民法解释学》,中国政法大学出版社1995年版,第166~189页;[日]山本敬三:《日本民法解释方法论的变迁与其特质》,载《南京大学法律评论》2019年春季卷。

③ 梁慧星:《民法解释学》,中国政法大学出版社1995年版,第189页。

的说理依据。但值得注意的是,价值判断本身不能作为裁判依据,其只有融入法律解释的技术性路径,才更具正当性和说服力。

2. 法律解释的方法

法律解释的方法主要包括文义解释、体系解释、历史解释和目的解释。法律解释应当遵循基本的路径与顺序,否则,沦为恣意不可避免。比如,对争议的法律规定,上来就是目的解释,而不同解释者对该条文规定的目的认知又不同,争议将沦为口水战,无法达成共识,也无智识上的贡献。一般而言,法律解释应当遵循文义解释→体系解释→立法解释→目的解释的顺序,依次进行。

文义解释是法律解释的出发点,法官在解释法律条文时,首先应当了解规范文本所使用词句的文义。而且,任何法律解释都应当尊重法律条文的文义,不能超过可能的文义。① 比如,《纪要》第 31 条有关违反规章的合同效力的规定,在法律依据上,涉及对《民法总则》第 153 条的适用,核心是违反规章是否属于违反"公序良俗"。就此,应当首先就公序良俗的文义进行解释,以此为基础,来判断违反规章与"公序良俗"之间的关系。

体系解释,是根据法律条文在法律体系上的位置,即它所在编、章、节、条、款、项以及该法理条文前后的关联,来确定其意义、内容、适用范围、构成要件和法律效果。②《纪要》有关公司对外担保的合同效力问题,体现了在合同法的体系内解决法定代表人越权担保的解释思路。

立法解释又称为历史解释,是指探求立法者或者准立法者于制定法律时所作的价值判断及其所欲实现的目的,以推知立法者的意思。③ 立法过程中的一起草案、审议记录、立法理由等,均为立法解释的主要依据。从《纪要》解释的法律层次来看,全国人大法制工作委员会有关立法文献属于立法解释的主要依据。从法官解释《纪要》的层次来看,《〈全国法院民商事审判工作会议纪要〉理解与适用》一书所阐释的背景和理由,是我们理解《纪要》规范本意的主要依据。

目的解释是指"依可得认识的规整目的及根本思想而为之解释"④。解释者须考虑法律规定整体所追求的全部目的。解释者虽然以历史上的立法者所确定的目的为出发点,但已经超越了历史事实上的"立法者的意志",而以法律固有的

---

① 参见邹碧华等:《民商事审判方法》,法律出版社 2017 年版,第 86 页。

② 梁慧星:《裁判的方法》(第 2 版),法律出版社 2014 年版,第 122 页。

③ 梁慧星:《民法解释学》,中国政法大学出版社 1995 年版,第 219 页。

④ 参见[德]卡尔·拉伦茨:《法学方法论》,陈爱娥译,商务印书馆 2003 年版,第 210 页。

合理性来解释法律。① 根据目的解释的方向及结果，可将目的解释区分为目的性扩张解释与目的性限缩解释。前者是依条文的目的，将文义范围以外的案件包括进去；后者是依条文的目的，将文义范围以内的案件排除出去。《纪要》第125条有关案外人系商品房消费者的规定中，将“在案涉房屋同一设区的市或者县级市范围内商品房消费者名下没有用于居住的房屋”以及“商品房消费者名下虽然已有1套房屋，但购买的房屋在面积上仍然属于满足基本居住需要的”的情形都解释为符合“买受人名下无其他用于居住的房屋”的规定的“精神”，即属于突破了文义解释的范围，以满足基本居住需要的生存权为规范目的，进行了扩张解释。

以上四种解释方法，在《纪要》中运用最多。更为重要的是，这些解释方法在《纪要》中的运用，也为我们理解和预判商事审判中的其他争议问题的裁判观点，提供了必要的指引，值得细品。

（三）穿透式审判思维的运用

近年来，穿透式监管，成为金融监管领域的热词，并且深刻影响了金融监管的角度和力度。《纪要》在引言部分，借用了“穿透式”的概念，提出要“注意处理好民商事审判与行政监管的关系，通过穿透式审判思维，查明当事人的真实意思，探求真实法律关系”。从司法立场来看，体现出了一种主动向金融监管靠拢的倾向，从裁判方法上来看，体现出了行政执法思维向商事审判的导入。但是，行政监管与商事审判本身有不同的话语体系和思维模式，如果不能厘清各自的规范模式与内在规律，或将陷入南橘北枳的后果，此点尤其值得提醒。

试举一例：张三委托李四代持股权，公司股东名册及市场监管部门的登记股东均为李四，但取得股权的出资均系张三支付，股东会各类事项的表决，均由李四按照张三的指令行使，此时，谁是公司股东？从行政监管角度来看，遵循“穿透式监管”的思维，当然可以将张三作为实际股东予以管制，如果违反规章，还可以作出行政处罚。但是，李四能够直接向其他股东主张优先购买权吗？如果出资不到位，张三以其本人不是实际股东为由，否认出资责任，人民法院应当根据“穿透式审判思维”，予以支持吗？答案是否定的。因为行政执法考量的控制关系，与商事审判在不同法律关系中确定当事人的权利义务配置，完全是两个不同的概念，并不能直接移植或者混用，换句话说，法律非常重视各种各样的“形式主义”。在实体上，登记和未登记，在民事权利义务的归属上，就会有本质差异。在程序上，即

① 参见［德］卡尔·拉伦茨：《法学方法论》，陈爱娥译，商务印书馆2003年版，第210页。

使目击者看到甲当场砍死乙，法官也不能现场宣布对甲的“斩立决”，而要经过侦查、批捕、公诉、审判和死刑核准等一系列“冗长”的法律程序。司法与行政，在价值追求和导向、规则设置上，本来就有着巨大的差异性。不能因一句“穿透式思维”的套用，否定现行法律的既有规定。因为二者在规范对象、规范手段、规范目标、规范后果上均有着巨大的本质差异。商事审判不能轻易“移用”行政执法的概念与思维。即使在极其例外的情形下需要借用，也仍然要“左顾右盼”，在规范情境、法律规定、调整对象、适用结果上进行反复比较与检讨，在确保符合现行民商法律规定和法理的前提下，才能审慎地借用。如果以行政监管热词在商事审判中的移用作为创新和亮点，可能有违司法的定力、民商法和商事审判的规律。此点，是我们在学习和运用“穿透式审判”这一裁判方法时应予注意的。

理解了这一点，我们就可以发现，《纪要》强调“穿透式审判思维”，主要限定在交易形式和交易实质的角度，更确切地说，主要体现在《民法总则》第 146 条有关通谋虚伪表示的运用上，强调在审理融资租赁、保理、信托等涉及多方当事人的多个交易的案件中，“要在准确揭示交易模式的基础上，探究当事人真实交易目的，根据真实的权利义务关系认定交易的性质与效力”。① 与此同时，值得强调和关注的是，根据《民法总则》第 146 条有关“行为人与相对人以虚假的意思表示实施的民事法律行为无效。以虚假的意思表示隐藏的民事法律行为的效力，依照有关法律规定处理”的规定，即使虚假的意思表示无效，也并不意味着隐藏的民事法律行为无效，隐藏的民事法律行为的效力仍需依照有关法律规定进一步确定，体现出立法对民事法律行为效力干预非常克制的态度。此点，亦值得作为法律适用者的法官和律师予以重视。

(四)类型化审判思维的角度与限度

商事交易纷繁复杂，立法者的想象有限，成文法的规范文本体量也有限。故立法的过程，本身就是类型化的过程。最为典型的，就是《合同法》通过有名合同加无名合同的方式，实现典型交易方式的倡导性、补充性规范与无名合同的开放性规定相结合，满足所有商事合同的法律调整需要。

1. 类型化的难题及其表现

在司法层面，这一问题稍微复杂一些，因为商事纠纷在进入法院的第一道工

---

① 刘贵祥：《在全国法院民商事审判工作会议上的讲话》，参见最高人民法院民事审判第二庭编著：《〈全国法院民商事审判工作会议纪要〉理解与适用》，人民法院出版社 2019 年版，第 69 页。

序中,就要解决案由的确定问题,而案由不仅是定性,而且将直接影响后续的法律适用和裁判结果。事实上,这个案由确定的过程,就是"类型化"的过程。但在这一过程中,存在一些疑难问题和障碍。一是合同本身存在名实不符的问题,这种名实不符,既可能是因为当事人不熟悉法律所导致,也可能是因为当事人很熟悉法律而刻意为之;二是因为大量的商事合同本身就是非典型的合同,并非完全按照《合同法》有名合同的规定来配置双方之间的权利义务关系。比如,《纪要》第63条对流动质押交易中监管合同的定性问题,应当是委托合同,还是复合合同,或是无名合同?

学理上,德国学者梅迪库斯对商事交易的类型化,特别是商事合同的类型化难题作了进一步的细分。他认为,确定合同类型首先会遇到三个难题:非典型合同、混合合同和合同联立的问题。其中,混合合同又可分为类型结合合同(当事人负担数项给付,分别属于不同合同类型,在一个合同中作为整体而存在)、类型融合合同(只涉及单个给付,但该给付确实归入合同的不同类型,如混合赠与,本来应该以市价交易,但有赠与的意思,故以半价交易)和合同附加其他种类的对待给付(如使用租赁支付的对价不是租金而是劳务)。合同联立,则主要表现为存在多个合同,由不同当事人达成,基于当事人的意愿或者目的关联而联立。

2. 类型化的可能缺陷及其克服

上述难题的存在,早已为最高人民法院所关注,并在案由的问题上予以部分解决,即在下一级案由没有对应的选择时,可以按照上一级案由确定。① 据此,上述合同类型化的难题,虽然无法找到合适的合同类型案由,但均可通过以"合同纠纷"作为案由,予以解决。但实务中,更为重要的不仅是立案庭的案由确定问题,而是审判庭法官的思维定式问题。通常而言,比较多的法官倾向于基于类型化的思路,将上述难以类型化的合同,对应到《合同法》规定的有名合同章,并根据《合同法》有名合同章的规定作出裁判。但是,类型化的过程,本身是一个去除细节抓本质的过程,但是,"细节是魔鬼","只有了解各种交易的结构和流程,我们才能真正理解一个交易,从而从民商法角度对相关交易中的具体问题进行分析",技术和细节,恰恰是商事交易的一个最重要的特点。② 换句话说,类型化所剔除的,可能

① 最高人民法院民事案由课题组编著:《最高人民法院民事案由规定理解与适用》,人民法院出版社2011年版,第11页。

② 参见楼建波:《金融商法的逻辑:现代金融交易对商法的冲击与改造》,中国法制出版社2017年版,第9~10页。

正是反映个案交易特质的——类型化本身可能也是一个危险的过程。

在这一语境下,同案同判、类案同判,都是一个听起来非常正确,但操作起来非常具有技术性、非常具有危险性的过程。从哲学上说,从来就没有两片完全一样的叶子。从司法实践上说,无论是同案还是类案,都涉及选择和萃取哪些是案件所涉法律问题的核心要素,哪些是影响法律判断的要件事实。类型化、类案同判,都应当是一个小心翼翼的过程,而远不像听起来那么绝对正确。

更近一步,我们在精读《纪要》的过程中可以发现,《纪要》使用了"对赌协议""让与担保""增信措施""通道业务"这些既有民商法中并未出现过的概念。这些概念的提炼过程,本身也是类型化的过程。但商事交易实践中的各类安排,是否与《纪要》所描述的交易场景、权利义务约定一致?这是适用《纪要》规定的前提。如果不一致,是否能类推适用《纪要》的规定?那些被类型化掉的细节、类案,是否会对《纪要》规定的结果产生本质的改变?这一点,是所有法官、律师、公司法务人员在学习、理解和适用《纪要》的过程中,在运用类型化思维进行法律推理的过程中,都需要特别关注的。

3. 类型化思路的实践运用

回到法律适用问题本身,我们可以发现,类型化可能是保证法制统一的重要实现方式,也是法官造法的主要路径,但其本身仍有诸多缺陷,应予关注并予以克服。类型化思路,容易形成个案纠纷→类型化为有名合同→按照《合同法》有名合同章的相应规定作出裁判,甚或还有部分裁判因为没有相应的有名合同章规定而直接认定合同无效。如果我们能够认识到商事审判本质是一种私法的司法,《合同法》本身是任意法、补充法,或许应当遵循这样的裁判思路:按照合同约定确定当事人之间的权利义务关系,除非违反了《合同法》第52条的规定(而不是因为没有有名合同章与之对应)→合同约定不明,并且按照合同解释的方法,仍然找不到当事人的真意→按照《合同法》关于无名合同的法律适用规则,参照《合同法》与之最为相近的有名合同章的规定处理。比较二者,核心差别在于:类型化的定性,应当是合同纠纷法律适用的最后一步,而不是第一步。正是在这个意义上,在适用相应合同法律规范解决关联纠纷时,应以交易目的为基准,防止类型化思维定式超越目的范围而不当入侵当事人之间的交易安排,扭曲正当范围内的私法自治。

导论至此,期待我们在后续对《纪要》的学习与运用过程中,进一步结合《纪要》的具体规定,来理解、体会《纪要》本身所体现出的商事审判理念和方法,并将之运用到更广泛的商事审判实践当中。

公司法部分

专 题 一

公司法的规范适用

《纪要》第一部分是关于《民法总则》适用的法律衔接问题，主要讨论了《民法总则》与《民法通则》《合同法》《公司法》的关系以及《民法总则》的时间效力问题。其中，《民法总则》与《民法通则》《合同法》的关系，都是民法理论框架下的法律适用问题；而《民法总则》与《公司法》则涉及民法与商法的法律适用规则问题。就法理而言，《公司法》作为商法，其与《民法总则》，当然是特别法与一般法的关系，按照"特别法优先于一般法""特别法没有规定则适用一般法规定"的规则，确定相应的法律适用问题，但具体的法律适用规则要复杂得多，主要原因有二：一是我国《民法总则》出台的特定历史背景，是基于现行《合同法》《物权法》等部门法已基本完善的立法现状而进行的模块组装以回填基础夯实体系；二是在调整对象上，《民法总则》和《公司法》有交叉重叠，而不是完全的包含关系。因此，于一般法与特别法基础上，在具体法律适用中还需要通过两个方面进一步细化理解。本专题结合《纪要》第 3 条的规定，就公司法的规范适用问题，特别是与《民法总则》的关系问题，作一简要分析。

纪要原文

3.【民法总则与公司法的关系及其适用】民法总则与公司法的关系，是一般法与商事特别法的关系。民法总则第三章"法人"第一节"一般规定"和第二节"营利法人"基本上是根据公司法的有关规定提炼的，二者的精神大体一致。因此，涉及民法总则这一部分的内容，规定一致的，适用民法总则或者公司法皆可；规定不一致的，根据《民法总则》第 11 条有关"其他法律对民事关系有特别规定的，依照其规定"的规定，原则上应当适用公司法的规定。但应当注意也有例外情况，主要表现在两个方面：一是就同一事项，民法总则制定时有意修正公司法有关条款的，应当适用民法总则的规定。例如，《公司法》第32条第3款规定："公司应当将股东的姓名或者名称及其出资额向公司登记机关登记；登记事项发生变更的，应当办理变更登记。未经登记或者变更登记的，不得对抗第三人。"而《民法总则》第65条的规定则把"不得对抗第三人"修正为"不得对抗善意相对人"。经查询有关立法理由，可以认为，此种情况应当适用民法总则的规定。二是民法总则在公司法规定基础上增加了新内容的，如《公司法》第22条第2款就公司决议的撤销问题进行了规定，《民法总则》第85条在该条基础上增加规定："但是营利法人依据该决议与善意相对人形成的民事法律关系不受影响。"此时，也应当适用民法总则的规定。

规范精要

《纪要》第3条要解决《公司法》与《民法总则》的适用关系，主要明确了三点：

一、将《民法总则》与《公司法》的关系界定为一般法与特别法

该条明确两者系一般法与商事特别法的关系，故按照《民法总则》第11条"其他法律对民事关系有特别规定的，依照其规定"之要求，《公司法》作为商事特别法，应优先适用于作为一般法的《民法总则》。

二、明确作为特别法的《公司法》的优先适用法理及规则

通常情况下，即便采取民商合一的立法体例，民法典也不可能囊括所有的部门法的内容。《公司法》作为商事组织法的代表，两者就是一般法与特别法的关系。依照《立法法》第92条的规定，同一机关制定的法律，特别规定与一般规定不一致的适用特别规定，《公司法》作为特别规定是在一般规定的基础上，考虑到公司制度相对于营利法人的特殊需求制定的，如有限公司兼具资合与人合的属性，更符合它所要调整的社会关系的特点，像《公司法》第71条优先购买权的规定，既承认股权的流转，又保护同等条件下股东获得股权的优先性，它是量身定制适用于公司的制度，所以适用序位要在《民法总则》之前。

三、明确适用"新法优于旧法"的特殊情形

回到我国民法典编纂的现状，其回填式立法的属性，导致《民法总则》在制定

过程中,特别是在一般法人、营利法人内容上,出现了大量“复制”《公司法》条款的情况。于法人设立、决议、清算、人格否认以及社会责任等内容上直接援用,如《民法总则》第 78 条、第 83 条、第 86 条、第 74 条等,系对《公司法》第 7 条、第 20 条、第 5 条、第 14 条等的“复制”。在此情况下,不能再简单地从一般法与特别法的关系来解读,而要从事实上的新法与旧法间的关系予以审视。那么再从《立法法》第 92 条“新的规定与旧的规定不一致的,适用新的规定”出发,就有了《纪要》第 3 条《民法总则》制定时有意修正《公司法》有关条款的,或在《公司法》规定基础上增加了新内容的,应当适用《民法总则》的规定。这是《民法总则》在制定过程中,针对社会关系的变化、观点的变迁,对《公司法》规定内容的修改与更新,应适用“新的规定优于旧的规定”的规则。

法理基础

《公司法》与《民法总则》内容的交集,可以垂直切割为两大块“二纵”。《公司法》第 1 条开宗明义点出了,其立法目的是规范公司的组织和行为,体现在《民法总则》是民事主体与民事法律行为两部分,具体对应为纵向上法人的一般规定和营利法人的一般性规则(第 57 ~ 86 条),以及有关法律行为的一般性规则(第 133 ~ 160 条)。

《民法总则》与《公司法》内容的关系表现为呈水平分布,为两种主要类型“二横”。有些情况下是一个有规定一个没有规定,有些情况下是一个对另一个的规定进行了调整的两个横向关系。前者,如《民法总则》第 134 条第 2 款规定了决议作为法律行为的成立要件,《公司法》第 22 条提及了决议无效和可撤销事由,没有提到决议的成立要件。后者,如《纪要》第 3 条规定的两种情形。

裁判指引

一、总体而言,《公司法》应优先适用与《民法总则》补充适用①

此为《民法总则》第 11 条、《立法法》第 92 条“特别规定优先适用于一般规定”的体现。将要出台的民法典采取民商合一的立法模式,由民法总则统领、再由分则具体演绎的法律规范体系,统一适用于所有民商事关系,同时对民法典没有

① 此为因抽象概念所具有的丰富内涵并由此带来的牺牲外延的逻辑结果。

涉及的商事争议又由商事特别法调整。①

该立法结构上要遵循一般性到特殊性的规范制度体系逻辑,此与法官处理争议适用法律时从特殊到一般的找法逻辑恰好是相反的,后者在寻找裁判法源时,从最适当的法律部门当中对可据以确定的法律规范出发,逐级上溯至上位的法律部门,②遵循的是特殊性到一般性规范的思维逻辑。如关于公司的设立,应先适用《公司法》的规定(第6~8条、第二章第一节、第58~60条、第65条、第四章第一节),再适用《民法总则》关于营利法人的规定(第77~79条),最后适用《民法总则》关于法人的规定(第58条)。

具体法律适用过程中又有两种情况:一种情况下,公司作为营利法人的类型之一,《公司法》对公司制度具体事项的规定,作为特别法优先于《民法总则》对营利法人的一般规定适用。例如,《公司法》第20条、第63条人格否认规则,系对《民法总则》第83条出资人权利不当滥用规则的具体化,应优先于第83条适用。

另一种情况下,《公司法》没有明确规定的,应回溯至《民法总则》相关规定予以适用,此非法律漏洞,而是更为普适性的一般规定对具体内容的涵摄。如《民法总则》第61条对法定代表人以法人名义从事的民事活动对包括公司在内的法人是否有约束力,以及章程或法人权力机构对其代表权限制能否对抗善意相对人的一般规定,在《公司法》没有就公司法定代表人的法律行为的效力有明确规定的情况下,亦有适用余地。

二、局部而言,《民法总则》优先于《公司法》作为裁判法源,此系新法优先旧法之体现

《民法总则》主要在一般法人、营利法人部分对《公司法》的相关规定进行了调整。诚如上言,我们的民法典编纂是以之前部门法作为模块来组装民法典,边拆边建,既要回填地基又要新接管线,复杂艰难。就《公司法》与《民法总则》中法人、营利法人相关内容的关系上,《民法总则》是在吸收《公司法》内容作为其构建模块,并在此基础上进行调整,这也决定了两者之间该部分内容形成旧法与新法之关系。

《民法总则》的调整表现为对原有内容的"删""改""增"。按照《立法法》第

---

① 参见2016年6月27日全国人大常委会法制工作委员会主任李适时在第十二届全国人民代表大会常务委员会第二十一次会议上所作的《关于〈中华人民共和国民法总则(草案)〉的说明》。

② [德]奇佩利乌斯:《法学方法论》,金振豹译,法律出版社2009年版,第128页。

92 条的规定,新的规定与旧的规定不一致的,适用新的规定。对“改”和“增”,《纪要》第 3 条都已涉及,不再赘述。而《民法总则》对公司法原有内容的“删”也有出现,通常情况下应视为对既有内容的否定评价,故不再采纳。但也有考虑《民法总则》与《公司法》间一般法与特别法的差异,有意留待特别法进行规定的,此情况还需特别分析。例如,《民法总则》第 79 条就属于此情况,该条款没有纳入《公司法》第 11 条后半句“……章程对公司、股东、董事、监事、高级关联人员具有约束力”的内容,但法人章程是法人的行为准则,对法人具有约束力,法人的权力机构、执行机构和监督机构及其成员都要受到法人章程的制约。[①]《民法总则》对此没有明确,更多是考虑由特别法进行具体明确,除公司制度外还有其他法人制度,组织机构也不相同,不能直接采取与《公司法》相同的表述,而非对《公司法》规定的“章程法律约束力”的否定。

三、特别之处,涉及公司治理、公司融资等公司制度专有领域,《公司法》没有明确规定时,公司制度所形成的商事习惯宜优先于《民法典》的相关规定,作为裁判法源

总体方面已述及,公司纠纷法律适用上,一般情况是将争议事实先套入特殊规定“公司法”预设的行为模式,不行再套入一般规定“民法典”预设的行为模式。然而公司制度作为层级性的治理机制、产权决策等构成的组织性特征,[②]与规制一般民事法律行为的“民法典”规范区别明显。鉴于此,公司制度之专有领域,较妥当的调整方式是:《公司法》有规定的适用《公司法》;《公司法》没有规定的,民法规定与公司制度精神无矛盾的,可以适用民法相关规定;若民法规定与公司争议关系有抵触的,应回归公司制度,援用商事习惯予以妥善解决。[③] 指导案例第 67 号对此问题已开先河,相关立法例也有类似法律适用上的操作可控借鉴。[④]

虽然上述适用顺序与《民法总则》第 10 条规定的先法律后习惯、再公序良俗的序位有差异,但若将回购公司制度中商事惯例的方式理解为相应公司法规范的目的解释,即可解决此问题。

例如,《公司法》第 22 条对决议撤销事由没有涉及“重大误解、欺诈、胁迫”等

---

① 李适时主编:《中华人民共和国民法总则释义》,法律出版社 2017 年版,第 238 页。

② [美]威廉姆森:《治理机制》,石烁译,机械工业出版社 2016 年版,第 16 ~ 17 页。

③ 张谷:《从民商关系角度谈〈民法总则〉的理解与适用》,载《中国应用法学》2017 年第 4 期。

④ 参见《韩国商法典》第 376 条。

可撤销的情形,而《民法总则》第 147～150 条有明确规定。但决议作为组织行为,强调少数服从多数,强调程序公正,与以合意为建构基础的典型民事法律行为区别明显,故《民法总则》的上述规定并不适用于公司决议。又如,《民法总则》第 151 条规定,利用危困状态、缺乏判断能力等导致显失公平的,该法律行为可撤销,看似在控股股东利用决议来损害非控股股东时有适用余地,然而,此系公司运作中股东权利滥用之常见情形,通过类推适用《公司法》第 20 条的精神,即可得出系争决议为《公司法》第 22 条违反法律强制性规范的无效决议,更符合公司制度的本旨。

四、规范冲突协调方面,对于同一个事项,《民法总则》与《公司法》有不同规定的,属于新的一般规定与旧的特别规定的冲突,应结合具体问题进行判断

新法对旧法的“删”“改”“增”也是广义上的不同规定,但本部分仅限于两者对相同调整事项明确的差异规定。

《立法法》第 94 条第 1 款规定,“法律之间对同一事项的新的一般规定与旧的特别规定不一致,不能确定如何适用时,由全国人民代表大会常务委员会裁决”,确定了“规范冲突解决机制”,对该条释义时还提及该机制的实施要参照法律解释的程序。① 由于可操作性较弱,司法实践中裁判者因无法拒绝裁判,每个案件不可能都上提由全国人大法工委裁决,而主要由裁判者结合具体法律规定进行法律适用,解决法律间的冲突。

例如,《民法总则》第 70 条第 2 款规定:“法人的董事、理事等执行机构或者决策机构的成员为清算义务人。法律、行政法规另有规定的,依照其规定。”而《最高人民法院关于适用〈中华人民共和国公司法〉若干问题的规定(二)》(以下简称《公司法司法解释(二)》)第 18 条在对《公司法》第 183 条的解读中明确,清算义务人由有限责任公司的股东组成,股份有限公司的董事、控股股东组成。对上述两个条款需明确以下三个问题:首先,同一争议事项有不同的法律调整方案。从立法者态度来看,《公司法》及《公司法司法解释(二)》的规定不是《民法总则》第 70 条中的“另有规定”,全国人大法工委的释义中提到了《公司法司法解释(二)》的相关规定,但对两者关系闪烁其词,既没有明确《公司法》及其解释作为特别法

---

① 李适时主编:《中华人民共和国民法总则释义》,法律出版社 2017 年版,第 294～295 页。

的优先适用，也没有以《民法总则》作为新法来否定《公司法》及其解释的适用，看似对于清算义务人的范围出现了"法律之间对同一事项的新的一般规定与旧的特别规定不一致"，应按照《立法法》第 94 条第 1 款由人大法工委定夺。其次，最高人民法院曾认为，"有限责任公司的清算组由股东组成，即有限责任公司清算义务人为公司全体股东"，[①]但其并未阐释"清算组成员"等同于"清算义务人"的法理和逻辑。事实上，清算义务人是清算义务的启动者，而清算组成员是清算的实施者，二者是有身份差异的，并不能直接等同。最后，清算程序启动后，随着利益共同体重心从股东转向为债权人，清算组、债权人大会替代了董事会、股东会，但清算组成立之前董事会仍行管理职责，故《民法总则》第 70 条规定董事等执行机构为清算义务人具有妥当性，排除普通股东的清算义务人身份，即便某些股东能够左右清算程序的启动，是充当了"实质董事""影子董事"，系从职能行为与董事等机构具有同质性角度，认定其为清算义务人。

律师指引

一、"待调整的同一事项"的甄别

《民法总则》与《公司法》具体法条竞合的认定中，确定产生竞合的前提是"待调整的同一事项"，是诉讼攻防的轴心，需要仔细甄别。

以《纪要》涉及的公司对外担保为例，必须要明确该类争议的调整事项是"公司决策产生公司对外担保行为"。首先，公司对外担保是公司与担保权人间的民事法律行为，基础是调整平等主体间设立、变更、终止民事权利义务关系协议，应由《合同法》直接调整，不应由调整公司内部治理行为的《公司法》第 16 条直接调整。其次，判断为股东实际控制人提供的担保是否对于公司有拘束力，又关涉《合同法》第 50 条表见代表规定的适用。最后，《公司法》第 16 条"对法定代表人授权规定"为表见代表认定依据，《合同法》第 50 条为请求权规范，《公司法》第 16 条作为《合同法》第 50 条的辅助性规范，来判断法定代表人能否成立《合同法》第 50 条中相对方"知道或应当知道其超越权限"。[②]

可见，解决此类争议要回溯法定代表是否有拘束力的核心问题，从而确定精

---

① 最高人民法院民事审判第二庭编著：《最高人民法院关于公司法司法解释（二）、（三）理解与适用》，人民法院出版社 2008 年版，第 334 页。

② 参见［德］迪特尔·梅迪库斯：《请求权基础》，陈卫佐等译，法律出版社 2012 年版，第 11 ~ 12 页。

准的司法介入方向。其关键在于:《公司法》第16条调整的是公司作出对外担保决议的组织内程序安排,《合同法》第50条调整的是公司对外担保行为的法律判断,两者系针对公司担保内外两个面向的不同调整规范,应根据不同的调整对象选择匹配的法律依据进行调整,①并不存在针对同一事项的《公司法》与民法规范的竞合问题。

二、重视公司制度的组织架构理念在法律适用、法律解读上的落实

就《民法总则》与《公司法》之法律适用关系上,要重视公司制度的组织架构理念在法律适用、法律解读上的落实。此属于观念的线性贯彻,这里的观念是指某个规整总体与其他规整总体意义、规整目的及其背后的价值判断差异。② 特别是民商合一背景下《民法总则》涉及商事活动的相关内容,应强调于公司制度股东公司财产切割背景下的风险分担安排,而不宜过多凸显公平原则。

例如,《纪要》第3条提到的《民法总则》第65条,将《公司法》第32条第3款"公司……登记事项发生变更的,应当办理变更登记。③ 未经登记或者变更登记的,不得对抗第三人"的规定,调整为"……不得对抗善意相对人"。《民法总则》偏向于善意相对人,无论是第65条,还是第77条、第78条营利法人的设立登记,《公司法》第6条、第7条的公司设立登记,具有公示作用,由此产生信赖保护自然是以"信赖的存在"为前提,④为此相对于登记义务人,不知悉真实法律情况的相对人才值得保护。

对此问题进一步思考,登记义务人的可"归责性",是否为不得对抗善意相对人的要件?民法上的解读是对登记进行了不实陈述之人,相对于善意相对人更要受此内容的约束,即错误的公告必须归责于登记义务人。上述结论得出皆源于将登记定性为"对公众的意思表示",进而解释在登记同时也作出了责任意思表示,此系传统法律行为理论的变体。不过《公司法》的商事登记更强调登记义务人履

---

① 最高人民法院民二庭2017年12月2日第七次法官会议纪要认为,公司为他人提供担保并非法定代表人所能单独决定的事项,须以公司股东(大)会、董事会等公司机关决议作为授权的基础和来源,应根据表见代表规则,审查担保行为是否经过公司机关决议批准,并在此基础上确定担保合同的效力归属。

② 参见[德]卡尔·拉伦茨:《法学方法论》,陈爱娥译,商务印书馆2003年版,第147~149页。

③ 还需注意,除《公司法》第6条、第32条第3款仅对公司设立、股东的登记及其效力作出规定之外,对其他事项登记的效力未作规定。而《民法总则》第65条规定:"法人的实际情况与登记的事项不一致的,不得对抗善意相对人。"《民法总则》的该条规定对认定公司其他登记事项的效力当然可以补充适用。

④ 参见[德]卡纳里斯:《德国商法》,杨继译,法律出版社2006年版,第82页。

行登记义务并完成公示义务,是“证权登记”,不是“设权登记”;是宣布一项特定法律状态的存在,不存在意思表示,也没有据此产生法律行为的自我限制,作为“公共文本”,其公示的内容让与公司发生交易的主体产生合法的预期。这里的可归责性是对权利外观产生的可归责性,而不是意思表示的可归责性。由此产生《公司法》上“不实信息登记”三个后续责任后果:善意相对人对抗的是“在登记事项上应进行告知的人”;善意相对人对于错误登记导致对事实的不知悉并实施了行为;[①]善意相对人不应比登记情况假使为真实情况得到更好的利益。

三、《民法总则》第 65 条与《公司法》第 32 条第 3 款有关股东变更登记规定的关系

两者的差异首先表现为登记效力的差异。如《纪要》第 3 条所述,《公司法》第 32 条第 3 款“未经登记或者变更登记的,不得对抗第三人”,被修正为“不得对抗善意相对人”,增加“善意”一词,体现了绝对登记效力与相对登记效力之争,更表明了民商合一背景下“恶意不受法律保护”精神的体现。另外,导致细分善意相对人与恶意相对人之必要,将在一定程度上减损商事交易的效率,此也属必然。

两者的差异还表现为“不得对抗”的客体的差异。《民法总则》第 65 条明确不得对抗的对象是善意相对人。在《公司法》第 32 条中第三人通常是指与公司进行法律行为中的当事人,没有涉及公司组织的内部主体。从法人登记的内部效力与外部效力的两个面向而言,涵盖范围不够。故有观点认为,此为《民法总则》第 65 条对《公司法》第 32 条的规定进行了调整。若此,以上之明显差异,本质是商法注重效率与民法注重正义之登记效力目的取向上的区别,那是否一定就以《民法总则》的规定取代《公司法》之规定?还是存在一般规定与特别规定的区分适用?所谓未有定论,还是有商榷余地的。

四、《公司法》第 32 条登记事项“对抗第三人”与《物权法》第 106 条“善意取得”的差异

公司登记机关记载内容产生的对抗效力系公示对抗效力,属于权利本身的权能之一。该公示登记着眼于两个同等序位权利间的对抗,一般多运用于动产、权利变动中。就权利变动中利益享有的利害关系上,不得对抗的对象,多指不知道

---

① 参见[德]卡纳里斯:《德国商法》,杨继译,法律出版社 2006 年版,第 87 页、第 89 页。

或不应知道权利变动的物权关系之相对人。[①] 该相对人是享有同等权利的权利人。例如,发生的是股权转让合同关系,买受人没有满足交付条件,没有发生股权变动,就还是债权关系,不存在其与已获得股权的另一受让人之物权"对抗"问题。该买受人享有的是债权,针对股权所有人的对抗条件还没有,何来该条之适用?该项制度之目的在于反向激励"权利人"通过登记将权利完整化,防止对抗力缺失带来的风险。

《物权法》第106条规定的善意取得制度,关注权利公示产生的公信力。以公示公信产生的推定效力为落脚点,于该公示权利外观产生信赖保护,保障交易相对方的交易安全。该制度落实在权利取得上,使原权利人确定地丧失权利。例如,《最高人民法院关于适用〈中华人民共和国公司法〉若干问题的规定(三)》(以下简称《公司法司法解释(三)》)第25条、第27条,是名义股东的无权处分使交易相对方善意取得股权,履行股权转让合同受让人获得实际权利,确定产生了物权;排除的是实际出资人、其他受让人"给付股权"的债权,是物权产生的对债权的优先性,是排除债权向物权变动的可能,不是同等权利因登记产生的对抗性。

综上,善意取得是解决权利变动中的权利取得,以一个物权否定另一物权的取得,着眼于动的交易安全。"不得对抗"是两个同等、正当权利,加入"登记"变量之后,解决权利孰优孰劣的问题。只有同序位的两个权利并存之际,才有权利实现上的谁先谁后,着眼于静的权利安全。两者的交叉在于:登记产生的权利外观,既是善意取得的善意判断依据,也是权利间对抗的标准,但法律后果一个是取得权利,一个是既有权利对其他同等权利的排除。如果要在善意取得中强调"相对人的善意",一方面是循环论证,另一方面也是搞混了善意取得与"登记对抗"两个制度的调整范围,应予避免。

法务指引

一、关注《民法总则》的溯及调整

把握的原则是《民法总则》作为新法,对《公司法》没有涉及的,一般情况下不溯及既往,特别情况下例外适用。[②]

《民法总则》一般法人、营利法人部分,"删""改"了《公司法》原来就有的调整

---

① 参见王胜明主编:《中华人民共和国物权法解读》,中国法制出版社2007年版,第55页。

② 参见李适时主编:《中华人民共和国民法总则释义》,法律出版社2017年版,第293页。

规范，而新增内容《公司法》原本有对应规范。那么对《民法总则》实施前发生的事件和法律行为，《民法总则》没有溯及力，除非属于能够更好地保护公民、法人和其他组织的权利和利益而作的特别规定。

详言之：第一种情况"删""改"，虽然《民法总则》一般法人、营利法人部分对《公司法》原有内容的"删""改"，依体系可知，立法者认为此调整更有利于公司整体利益，而非对特定利害关系更有利，[①]是有意取代特别法的规定。但允许《民法总则》溯及过去行为，是对既有法律指导和警示作用的否定，不能要求人们遵守没有制定出来的新法，所以，依据《立法法》第 93 条的规定，不能溯及既往。第二种情况"增"，某一事项《公司法》原来没有规定，《民法总则》现有规定的，裁判者不得以法无明文规定为由拒绝裁判，[②]而且新法体现了立法者对社会整体利益的考量，可视为能够更好地保护公民、法人和其他组织的权利和利益而作的规定，这也是对"公序"尊重的体现，同样依据《立法法》第 93 条，可参照适用。

二、尽职调查重点关注九民纪要对现有司法实践做法的调整

依照《纪要》有关对赌协议、加速到期、股权转让、人格否认、清算人义务责任、股东代表诉讼、实际出资人显名条件、股东（大）会召集等各个方面规定，要特别关注裁判标准统一的取向。如与之前司法实践差异之处，像对赌协议的效力认定、清算义务人责任的诉讼时效起算等内容；如之前《公司法》及其解释没有明确规定之处，像股东代表诉讼中调解协议，按照章程规定确定同意机关，经由股东（大）会或董事会决议通过，法院才能出具调解书确认。

三、关注特定事项的法律调整空白与合同条款设置

鉴于《公司法》的全面修订工作已开始启动，相关公司类司法解释也会陆续出台，建议在于合同、章程中明确法律行为或事件发生于新规定没有出台之前时，可约定参照适用新公司法的有关规定。

同时，鉴于最高人民法院反复强调《纪要》不是司法解释，不能作为裁判依据引用，但不妨碍将其作为公司章程、公司决议、合同约定内容，以约定产生对公司利害关系人的约束力，进而成为确定各方权利义务的依据。

---

① 参见李适时主编：《中华人民共和国民法总则释义》，法律出版社 2017 年版，第 293 ~ 394 页。

② 该条没有提及法理可成为正式法源，裁判者可不参考法理直接驳回诉请，并不属于法律适用错误。

要案索引

[案例]海航集团有限公司与中信银行股份有限公司济南分行、中商财富融资担保有限公司案外人执行异议之诉纠纷案

[案号](2014)济民四初第4号(一审)

(2015)鲁商终字第307号(二审)

(2016)最高法民再360号(再审)

[裁判要旨]实际出资人与名义股东间代持之债权法律关系,不足以排除名义股东的债权人对"被代持股份及红利"之执行行为。

[案情概要]海航集团有限公司(以下简称海航集团)与中商财富融资担保有限公司(以下简称中商财富)签订《委托投资入股代理协议》,约定海航集团自愿委托中商财富作为海航集团对营口沿海银行股份有限公司(以下简称营口沿海银行)的出资入股代理人,并代为行使相关股东权利,期限为3年。委托资金为9360万元,其中,7200万元用于出资入股营口沿海银行,2160万元用于其他费用支出。

中商财富在该银行股东登记名册上具名,以股东身份参与相应活动、代为收取股息或红利、出席股东会并行使表决权以及行使《公司法》与该公司章程规定的其他权利。委托期间,海航集团应向中商财富支付100万元的代为持股费用。另外,营口沿海银行为未上市的股份有限公司,中商财富被登记为营口沿海银行的发起人股东,认缴出资额和实缴出资额均为7200万元,持股比例为4.8%。

济南市中级人民法院在执行(2013)济商初字第9号民事判决[中信银行股份有限公司济南分行(以下简称中信济南分行)与中商财富借款合同纠纷案]时,对被执行人中商财富持有的营口沿海银行上述股份启动了司法拍卖程序。海航集团提出案外人异议,要求确认其为该股份的实际权利人,并停止对上述股份的强制执行。济南市中级人民法院裁定驳回了海航集团的案外人异议,海航集团不服,向该院提起案外人异议之诉。

[裁判观点]1.关于实际出资人与名义股东系内部代持之债权法律关系。实际出资人就该债权仅得以向名义股东主张,对合同当事人以外的第三人不产生效力。按照《公司法》第32条的规定:公司应当将股东的姓名或者名称及出资额向公司登记机关登记,登记事项发生变更的,应当变更登记,未经登记或者变更登记的,不得对抗第三人。本案中,营口沿海银行的公司章程、股东名册、工商登记资料中,涉案股份均登记于中商财富名下,中商财富可据此主张行使股东权利。海

航集团不具有股东地位,不能以其与名义股东之间的约定为由对抗外部债权人对名义股东的正当权利,其要成为公司股东,则需经过半数股东同意。

2. 名义股东的债权人有需要保护的信赖利益。法定事项一经登记,即产生公信力,登记事项被推定为真实、准确、有效,善意第三人基于对登记的信赖而实施的行为,受到法律的保护。执行案件中的债权人与被执行人发生交易行为时,对被执行人的总体财产能力进行衡量后与之进行交易;进入强制执行程序后,为实现对某项特定财产的查封,必须放弃对其他财产的查封。两过程均应对登记事项产生信赖,亦有善意第三人制度适用,中信济南分行基于登记产生的权利外观对涉案股份申请强制执行应优先保护。

3. 实际出资人相较于债权人更需承担风险。首先,代持关系较难知悉,属于债权人无法预见的风险,风险分担上应向保护债权人倾斜。其次,即使名义股东代持的股权被法院强制执行,实际出资人仍可依据股权代持协议等,请求名义股东赔偿损失。最后,实际出资人选择隐名,固有其商业利益考虑,既然通过代持关系获得了这种利益,也必须承担由此带来的固有风险。

4. 保护实际出资人权利会鼓励规避监管行为。中国银监会办公厅《关于加强中小商业银行主要股东资格审核的通知》明确规定,"主要股东包括战略投资者持股比例一般不超过20%"。海航集团寻求中商财富代持营口沿海银行股份,主观上不排除为了规避上述通知中对于股东资格审核的监管要求。原银监会《商业银行股权管理暂行办法》第12条第1款规定:"商业银行股东不得委托他人或接受他人委托持有商业银行股权。"上述规定虽系部门规章,为了维护金融秩序安全,也为倒逼实际出资人在选择名义股东时更加谨慎,判决实际出资人海航集团不能对抗对涉案股权强制执行,有利于规范商业银行股权法律关系。

据此,三级法院均驳回了海航集团的诉请。

专 题 二

对赌协议的效力及履行

对赌协议横跨公司法与合同法，是公司融资过程中被大量采用的一种重要交易模式。但其并非《合同法》上的有名合同，且涉及部门法交叉，因此，其性质与效力始终存有较大争议。从最高人民法院审理的被称为“对赌协议第一案”的苏州工业园区海富投资有限公司与甘肃世恒有色资源再利用有限公司增资纠纷案［最高人民法院(2012)民提字第11号］确立的“与股东对赌有效、与公司对赌无效”规则，到江苏省高级人民法院审理的华工创业投资有限公司与扬州锻压机床股份有限公司等请求公司收购股份纠纷案［(2019)苏民再62号］认定“目标公司回购股权的对赌协议有效且可以履行”的规则，对赌协议的效力始终受到金融机构、投资人及法律界的高度关注。

《纪要》在公司纠纷案件的审理部分，第一个大问题就对对赌协议的效力及履行问题作出回应，足见最高人民法院商事审判庭对这一热点难点前沿问题的高度关注与回应。具体规范条文虽然只有1条，但该条用3款对其效力、履行及司法救济作出了规定，并用一段很长的导语，介绍了对赌协议的含义、背景及裁判价值取向。

纪要原文

（一）关于“对赌协议”的效力及履行

实践中俗称的“对赌协议”，又称估值调整协议，是指投资方与融资方在达成股权性融资协议时，为解决交易双方对目标公司未来发展的不确定性、信息不对称以及代理成本而设计的包含了股权回购、金钱补偿等对未来目标公司的估值进行调整的协议。从订立“对赌协议”的主体来看，有投资方与目标公司的股东或者实际控制人"对赌",投资方与目标公司"对赌",投资方与目标公司的股东、目标公司"对赌"等形式。人民法院在审理"对赌协议"纠纷案件时,不仅应当适用合同法的相关规定,还应当适用公司法的相关规定;既要坚持鼓励投资方对实体企业特别是科技创新企业投资原则,从而在一定程度上缓解企业融资难问题,又要贯彻资本维持原则和保护债权人合法权益原则,依法平衡投资方、公司债权人、公司之间的利益。对于投资方与目标公司的股东或者实际控制人订立的"对赌协议",如无其他无效事由,认定有效并支持实际履行,实践中并无争议。但投资方与目标公司订立的"对赌协议"是否有效以及能否实际履行,存在争议。对此,应当把握如下处理规则:

5.【与目标公司"对赌"】投资方与目标公司订立的"对赌协议"在不存在法定无效事由的情况下,目标公司仅以存在股权回购或者金钱补偿约定为由,主张"对赌协议"无效的,人民法院不予支持,但投资方主张实际履行的,人民法院应当审查是否符合公司法关于"股东不得抽逃出资"及股份回购的强制性规定,判决是否支持其诉讼请求。

投资方请求目标公司回购股权的,人民法院应当依据《公司法》第35条关于"股东不得抽逃出资"或者第142条关于股份回购的强制性规定进行审查。经审查,目标公司未完成减资程序的,人民法院应当驳回其诉讼请求。

投资方请求目标公司承担金钱补偿义务的,人民法院应当依据《公司法》第35条关于"股东不得抽逃出资"和第166条关于利润分配的强制性规定进行审查。经审查,目标公司没有利润或者虽有利润但不足以补偿投资方的,人民法院应当驳回或者部分支持其诉讼请求。今后目标公司有利润时,投资方还可以依据该事实另行提起诉讼。

规范精要

从订立"对赌协议"的主体来看,主要有投资方与目标公司的股东或者实际控制人"对赌"、投资方与目标公司"对赌"两种类型。司法实践中,前者通过著名的"对赌协议第一案"早已确立了"股东间对赌有效"原则,已无争议。后者是否有效,以及能否实际履行,还存在争议。对此,《纪要》第5条明确了以下规则:

一、坚持股权融资与债权融资的两分

要么是股,要么是债,两者不能混淆。如果选择了股权融资,股权回购、金钱

补偿条款就要考虑资本制度的强制性规定，若不符合公司减资抑或利润分配的规定，上述两类条款就属于不符合回购或补偿的法定条件，属于《合同法》第 110 条规定的法律上的履行不能，否定其可履行性。

二、坚持区分原则，界分对赌协议的效力与对赌协议的履行

最高人民法院从顺利履行的对赌协议不可能无效、不损害公司债权人利益的对赌协议不可能无效、不损害公共利益及效力性规范的对赌协议不属于无效三个角度，反向论证了投资人与目的公司对赌有效。区分原则最早见于《物权法》第 15 条，也被《民法典》第 215 条所延续，即合同的效力与合同义务可否履行无关联性。据此原则，即使股权回购、金钱补偿因违反《公司法》强制性规范而履行不能，也并不导致对对赌协议本身效力的否定。

三、梳理对赌协议类型确定资金返还方式

《纪要》将资金退出端区分为股权回购与现金补偿两种类型，前者以公司资金回购投资人股权，后者采取现金补偿方式对股权过高估值进行调整。

两者差异在于，前者获得现金，投资人就部分实现了预期的投资收益，投资风险敞口关闭；后者仍持有公司股权，获得现金是部分降低风险，对目标公司的投资风险的敞口还在，还是取决于目标公司今后的经营状况。另外，后者除现金补偿之外，还有可能是股权补偿，再额外地增加投资人的股份，这更是加大了投资人对标的公司的风险敞口，投资人在目标公司中的股权比例越高，其投资风险收益的波动性与目标公司经营表现的联系就越紧密。

四、区分不同类型对赌协议可履行性的法律依据

《纪要》第 5 条虽然把两类资金输出端都视为实质抽回出资，但又明确了法律依据的差异。股权回购是要先减资后回购，遵循的是减资的实质条件、程序条件是否具备；而金钱补偿是先利润分配决议后金钱补偿，按照的是“先弥补亏损后提起利润再实施分配”，且要在形成股东会分配决议的前提下，具备组织程序、资金运用步骤之安排。

法理基础

一、商业动机与交易结构

对赌合同是债权股权融资两分背景下的商业安排,融资方据此获得成本较小之投资,投资方保障己方资金安全,看似双赢的投资模式,但存在损害公司其他债权人之可能。对此投资模式的负外部性,以往都通过认定投资方与公司间对赌协议无效来解决。《纪要》从鼓励投资、解决融资难与保护债权人利益两者协调为立足点,通过细化对赌协议处理,既肯定其效力,又依资本维持原则界定履行能力,平衡投资方、融资方(公司)、债权人三方利益。

另外,对赌协议采取股权债权转换的模式,转换前是股权融资,转换后是债权融资;资金输入端是股权投资,资金退出端是债权返还。债股决然两分的实定法背景下,对此特定条件下的融资形式转换带来的不确定性,必须以实质性“股权融资”界定予以化解,亦是近阶段“穿透式”审理思维的体现,据此归入股权,进而转换后的资金退出也借助“资本维持原状”予以规制,也是当然之理。

二、对赌协议的范围界定

《纪要》第5条还是沿袭“对赌协议第一案”的概念逻辑,对对赌协议作了中等口径的定义。该“对赌协议”包括初始投资作价补偿条款(金钱补偿)以及投资者退出时的股份(股权)回购条款,后者除公司经营情况未符合约定条件,更通常发生在标的公司未能成功实现IPO上市的情形。

从《纪要》的规定来看,最高人民法院认为对赌协议与估值调整协议具有相似性,不过严格来说,其中将资金退出阶段的股权回购再解释为“估值调整”是比较勉强的。因为,此时实为投资者退出“投资”,并无对投资作价进行估值调整之必要。冠之以“对赌协议”之名,或无可厚非,但进一步解读为“估值调整机制”,又涉及对对赌协议合同结构的分析解读,将资金输入以及退出组织成权利义务之整体,然而资金退出端是否导致该合同整体的解除、违约责任的追究,又会产生诸多争议。

三、对赌协议的公司法视角解读

融资安排中,资金退出端的金钱补偿条款与回购条款通常结合在一起(如“对赌协议第一案”中两类条款并列存在),共同作为融资的增加信用安排。作为增信条款,其既保障投资方的资金安全,又可降低目标公司的融资成本。于《合同法》的视角,无论以整体型合同出现或是采取合同间组合,都是结合现实市场因素,把资金输入端融资便利和退出端资金安全整合起来,系一个交易的整体。虽然股权/债权融资工具组合会给公司带来财务压力,也会给公司管理层施加正面压力,但都抵不过目标公司对资金的需求。

由此带来的问题是:对赌协议约定的资金退出启动条件,本来就是作为约定条款的可预见事件,合乎理性的解读并不是免责风险,目标公司不能就此免除责任。[①] 若是违反股权回购、金钱补偿的约定导致违约,应承担违约或解除合同的法律后果。

再从《公司法》的角度来看,《纪要》第 5 条第 2 款、第 3 款明确将资本维持原则融入对赌协议中,作为现金补偿与股权回购可否履行的判断,并坚持"资金退出"都意味着"公司向股东无对价地支付"了公司财产的观点,现金补偿抑或股权回购都纳入公司法广义"分配"规则的适用范围,要接受资本维持原则的检验。[②] 理由在于,投资方的资金输入或者全部计入注册资本,或者部分进入注册资本部分成为资本公积。后一种情况中,注资资本金作为公示信息可能影响公司债权人的决策,资本公积金按照《公司法》第 168 条规定系发行股份所得溢价,与注册资本有对应关系,且不能弥补公司亏损,属于广义上的"公司资本"。[③] 前端既然进入公司资本,后端自然接受资本制度调整,逻辑自洽。资金输出若是违反公司资本维持原则,相关条款自然不产生拘束力。

从《合同法》与《公司法》的不同角度就对赌协议的解读似有矛盾,若将投资方与公司关系定位于股权融资关系,对赌协议又系有别于普通股权融资的特定投资方的合同安排。将合同嵌入公司融资中,作为该股权融资关系的载体,就应遵循《公司法》,用强制性规范来裁剪特别安排不符合资本维持制度之处,可形成两者的体系自洽。法律尊重私法自治下的融资安排,但安排也不得违反公司基本制度原则。保障合意之拘束力以及履行可能,而不是否定股权融资合同效力来减少制度摩擦,可谓妥善之选择。

---

① [法]弗朗索瓦·泰雷等:《法国债法:契约篇》,罗结珍译,中国法制出版社 2018 年版,第 1115 页。

② 参见[美]罗伯塔·罗曼诺编著:《公司法基础》,罗培新译,北京大学出版社 2013 年版,第 196 页。

③ 参见最高人民法院民事审判第二庭编著:《〈全国法院民商事审判工作会议纪要〉理解与适用》,人民法院出版社 2019 年版,第 119 页。

另外，既然将对赌协议整合于股权融资之下，股权回购与金钱补偿系特别规定的前提，就是符合《公司法》之分配事由，应为投资方、标的公司之隐藏合意。若实质分配条件（《纪要》的观点系理解为实质减资条件）没有成就，股权回购、金钱补偿就不能启动，对应的诉请也就不能获得支持。

四、对赌协议的组织性合同视角考察

组织性合同多见于融资贸易、信托安排等商事交易中，为实现组合资金融通、货物融通、交易资金安全等多种功能目的，以整体性合同、关联合同、阶段合同为主要表现形式。组织性合同系公司契约与市场交易契约的中间形态，考虑到现行《合同法》乃至将要出台的《民法典》合同编主要还是以即时买卖为立法模型，现把司法实践中组织性合同粗略区分为整体性合同、联立合同、阶段相继型合同三类，此为生活的概念，并非严格的法律概念。

组织性合同是将多项内容以特定因素（有时是交易目的、缔约目的，有时是主体因素，有时是标的因素）的关联关系而形成的合同网络或合同链。此处重点关系的是整体合同，此类都是多项合同内容集合，有助于实现同一经济操作或与同一财产（权益）相关的多个功能，或者聚合成一个合同，或者先后相继的合同链，或者经纬交错的合同网络。实践中多见于结构性资管契约群、融资租赁业的融资租赁契约群等。常见的结构化资管计划，前面是资金来源端，后面是资金输出端。前者如以商业银行为中心的融资契约群，银行是一方，对方是众多优先级受益人（理财产品的认购人）、劣后级受益人、提供补足义务的信用补偿者。后者如资管受托机构为中心的投资契约群，资产管理人为一方，另一方是接受投资、监管资金的相关主体。由此形成诸多主体之间的复杂法律关系。所有的契约群是大整体合同，不同的契约群又自生小整体合同。

以《纪要》第5条的小整体合同为例，对赌协议就是投资方与融资方达成股权融资协议。为实现资金安全保障，又包含了股权回购、金钱补偿等对目标公司的估值进行调整的协议。股权融资是资金输入端，回购、补偿是资金输出端。就此为分析模型：

第一，从投资方与目标公司的合意来看，聚合于一个合同中的股权回购、金钱补偿等，一方面是为解决融资保障的不确定性；另一方面是通过增信，为提升融资安全，降低融资成本服务。实现股权融资目标下，以股权融资为主要内容和以资金安全为辅助内容的结合。

第二,从合同表现形态来看,呈现为中心向边缘发散的网状结构。合同主体围绕某一核心目的"融资"形成市场交易关系,核心是股权融资,围绕其周围的除了股权回购、金钱补偿,可能还有其他担保合同,如控股股东提供的人保、股权质押,目标公司提供的物的担保。由此带来的稳定性,有助于抑制合同当事人的机会主义行为,来共同消除不确定的风险,保障资金安全。

第三,从法律适用来看,核心内容与辅助内容实质上是整体性合同的组织部分,相关权利义务的安排无非是以股权融资为中心展开。形式上表现为多个合同、合同链,实质上作为一个整体性合同处理更为适宜。即便《纪要》第 5 条已经就股权融资与对赌内容进行了区分,但不能否认,两者系为实施一项整体性操作而订立。

第四,从合同解释来看,当事人对合同条款的理解发生争议,除依照《民法总则》第 142 条第 1 款的规定确定争议条款的含义外,还应结合其他合同,根据该整体性操作的性质、目的以及诚信原则予以解释。要注重当事人彼此明知存在融资与对赌协议的整体操作,注重合同不同内容之间具有不可分割的关联关系。应当允许当事人基于整体性的信赖利益丧失、以合同外因素导致合同目的落空为由解除合同,或者作为己方不履行合同的违约抗辩事由。

篇幅所限,就联立合同、阶段相继型合同不作论述。

裁判指引

一、股权回购、金钱补偿的诉请未获支持,投资人主张解除合同或者违约责任的法律适用问题

《纪要》第 5 条虽然从未完成减资程序来否定股权回购、金钱补偿的履行,同时,该条第 3 款明确规定,利润不足以履行金钱补偿义务的,即便被驳回诉请后,后续公司有利润的,可另行起诉。那么,投资方是否可以解除合同或者主张违约责任呢?《纪要》对此问题语焉不详。

我们认为,上述两项诉请均不能获得支持。《纪要》第 5 条认为,减资应先于股权回购,如果减资条件没有成就,就是股权回购条件没有成就。《纪要》公布稿删除了征求意见稿中有关履行不能的认定,[①]也意在于此。但如此一来,又何来违约与解除主张之行使?现以股权回购为例,具体分析如下:

① 《民法典》第 580 条规定履行不能仅限于非金钱债务履行不能。

第一，股权回购系实质减资，应以《公司法》规定的减资条件成就为股权回购之条件。进一步解释，为目标公司履行“股权回购”义务的法定前提，亦为投资人与目标公司该对赌协议的当然默示合意之条件。不具备该条件的股权回购诉请，不获支持。

第二，减资不能导致的股权回购“履行”条件不具备，按此界定取得双方的责任风险，有停留原则适用余地。结合第一点中“隐含默示合意”推定，双方通过合同磋商已经分配了商业风险，双方风险承担就停留在“履行不能”的那个时刻，法院无须调整。《纪要》起草人在全国法院系统培训时所称的“投资方采取什么方式，他会有相应的方法，知道怎么做”，也应作此解释。

第三，减资为股权回购的先决条件，若该条件尚未发生，是回购条件的不具备，而不是违约，不符合《合同法》第 94 条规定的解除事由，也不能视为减资不能进而认定回购不能。鉴于涉公司类合同具有组织性，应关注公司法律关系稳定性，宜参照《纪要》第 40 条的规定，要求目标公司履行减资义务，并可强制执行。如目标公司恶意阻却条件成就的，则可依据《民法总则》第 159 条的规定，视为条件已经成就。

二、关于对赌协议中有限责任公司股权回购的合法性

《纪要》第 5 条明确股权回购的依据是《公司法》第 142 条与第 35 条。第 142 条规定的是股份有限公司的股权回购问题，第 35 条是将股权回购视为变相抽逃出资。据此，有观点认为，《公司法》第 73 条关于有限责任公司股权回购的三项事由，连续 5 年不分红、合并分立转让主要财产、解散事由出现等，均与股权回购无涉，也意味着有限责任公司对股权回购是否定的，对赌协议在此类公司无适用余地。我们认为，此种观点不正确的。其谬误在于，没有正确认识减资和股权回购之间的关系。

首先，只要不涉及抽逃出资，股权回购即为合法。虽然股权回购关涉资本制度，应为效力性强制性规定，[①]不能通过章程、股东之间协议或决议创设有限公司的回购事由，故股权回购于有限责任公司的适用存疑；但公司资本制度的核心在于保护债权人利益，公司通过合法资金回购股权，没有触及资本维持原则，其他股东也无异议，则股权回购应为正当。

---

① 参见安建主编：《中华人民共和国公司法释义》，法律出版社 2005 年版，第 113 页。

其次,《纪要》明确目标公司"先减资后回购"规则,目的在于解决回购资金的正当性,不是限制有限公司股权回购。有限责任公司没有适用于股权回购的法定事由,并不意味着其不可以减资。理由是,《公司法》第177条位于第九章有关公司合并分立、增资、减资的部分,故依体系解释,对有限公司与股份公司都应适用。既然可以减资,也就可对应于对赌协议中"融资款"定向减资,减资完成之后,自然也可以回购。减资后就不用公司的注册资金等原始资本来回购股份,即为可行。所以《纪要》以"先减资后回购"实现回购资金的正当性,通过减资程序消灭抽回出资损害债权人利益之可能。

还有观点提出:既然没有收入盈余,如减资程序中其他债权人同意,即意味着责任财产受损,故事实上也不可能实现减资。但这涉及对赌协议前期投资人的商业安排,而不是法律问题。故最高人民法院在对全国法院进行培训时,强调要从提供规则、提供预期的角度,来理解《纪要》第5条的规定,也是此意。

三、标的公司为股东间的对赌协议提供担保的法律效力

公司担保以符合《公司法》第16条规定的决议程序要求为前提。只要公司为股东回购义务提供担保的协议不存在其他影响合同效力的事由,应认定其有效。公司经决议程序提供担保,在后发生债权的债权人,以公司为股东提供担保属于恶意串通损害第三人利益为由主张合同无效的,应不予支持。因为,事实上,担保在先,债权在后,公司与股东串通损害尚未产生的债权人,无论从时间还是从逻辑来说,都难成立。

四、对赌协议中的股权回购与债权人保护标准选择

将股权回购的核心落脚于债权人保护,涉及破产标准、①收入盈余标准与经营标准三种选择。与收入盈余标准相比,破产标准强调支付当前负债的能力,且给债权人更切实的保护。② 不过,该标准没有在为满足债权人要求之外,给予公司任何的缓冲和安全限度。更直接地说,它放弃了我国现行的法定资本制原则,故不

---

① 近期有较大反响的江苏省高级人民法院(2019)苏民再62号案采此标准,认为"扬锻公司在持续正常经营,参考华工公司在扬锻公司所占股权比例及扬锻公司历年分红情况,案涉对赌协议约定的股份回购款项的支付不会导致扬锻公司资产的减损,亦不会损害扬锻公司对其他债务人的清偿能力,不会因该义务的履行构成对其他债权人债权实现的障碍"。

② 参见[美]罗伯特·C.克拉克:《公司法则》,胡平等译,工商出版社1999年版,第513页。

足取。相对而言，经营标准更具妥当性。在经营标准的具体操作上，可参照美国特拉华州法院的 Thought Works 案[①]，分四步：第一步，分析公司资产的真实经济价值，而非会计报表数据，债权人也系依赖此资产来获得保障。法院为利润分配（回购）之目的可对资产价值进行重估，从而使净资产并不等同于账面的"资产—负债"[②]。通常的路径是，法院依申请或依职权启动该专项资产审计。第二步，评估资产价值应强调着眼于当前的清偿能力。能用于清偿债务的，只能是公司的有形资产，而非公司的未来业绩预判。[③] 金融实务最常用的三种估值方法（现金流贴现法、可比公司法以及可比交易法）都偏重于对公司未来业绩的估计，应作必要调整。第三步，公司自身对"合法可用之资金"的裁量受商业判断原则的保护，即便是公司有现金或容易获得现金来回购股份，董事会仍有权审查该回购是否会危及公司的持续经营能力。第四步，当董事们已审慎考虑公司情况并作出决断后，原告要推翻董事会的结论，必须证明董事会行为不端或系所依据的方法和资料不可靠。

法务指引

一、在准确理解股权回购、金钱补偿与实质分配、减资的关系上，考虑商业安排与合同条款设计

《纪要》第 5 条区分了对赌协议中股权回购、金钱补偿两种资金退出方式，除共同的法律依据为《公司法》第 35 条规定的公司股东不得抽逃出资之外，还针对两种方式，分别明确适用《公司法》第 142 条有关股份公司股权回购的规定与第 166 条有关利润分配的规定。三者之间的关系是：无论是违反股权回购的规定，还是违反利润分配的规定，都导致股东抽逃出资。

那么，对赌协议中股权回购与利润分配是并列关系吗？两者与减资又是什么关系？

第一，投资方的资金退出要符合《公司法》第 177 条的规定。对赌协议中对特定投资方（股东）的股权回购抑或利润分配，也就是对特定股东返还出资，就是实

① 2010 年 11 月，特拉华州法院就 SV Investment Partners，LLC v. Thought Works，Inc. 案作出判决，这是美国 PE/VC 投资合同的赎回权条款首次遭遇司法检验。

② 特拉华州法院在 1997 年的 Klang v. Smith's Food & Drug Inc. 案。

③ 应注意到某些轻资产公司虽然有较高的估值和溢余，是因为其拥有可观的人力资本，但人力资本并不能被用于清偿贷款。

质分配,此种返还必须符合公司的分配合法化要求,这也决定了资金来源应当符合《公司法》第177条之规定。也就是说,躲在《纪要》第5条确定的两种资金退出方式背后的,是《公司法》第177条的资金要求,该要求对股份公司和有限公司而言,都可适用。

第二,可通过减资来弱化《公司法》第177条的影响。《纪要》第5条第2款明确目标公司未完成减资的,法院驳回股权回购的诉请。《公司法》对利润分配采取收入盈余标准,可分配利润 = 当年利润 - 弥补亏损 - 税 - 法定公积(- 任意公积),而亏损是指"资产 > 负债",由此无论怎么分配,分配之后"公司资产不能低于负债"的资本维持底线必须予以坚持。可操作的,就是减少公司资本,既实现公司的利润分配,又满足资本维持原则,以弱化《公司法》第177条的刚性。这也是《公司法》第142条第1款第1项明确减资系股权回购的合法事由之逻辑所在。

第三,可以为了股权回购减资,也可以为了利润分配减资。一方面,减资是落实实质分配的资金实现手段,也是避免抽逃出资认定的调整措施。无论是股权回购,还是金钱补偿,都要遵守资本维持原则。但可通过减资,柔化调整该规则的适用。另一方面,通常情况下公司不履行对赌协议,说明目标公司资金困难,再通过减资实现回购资金合法性,还需满足经《公司法》第166条规定的其他债权人同意等条件,较为困难。故实务中具体如何实施,还需要商业上的妥善安排。

二、对赌协议的条款公平性与整体交易结构设计

公司法的传统理论上,回购股权价格若高于市场公平价值,就会损害其他股东的利益。向投资方的金钱补偿即特定股东的定向利润分配,就可能产生对不同股东进行不公平对待的疑问。但事实上,应从合同条款的整体关联上对此予以解释和防范,避免割裂资金输入与资金退出的整体性。公司不可避免地支持原股东要多于投资方,但作为最大化原股东利益所进行的融资决策,股权回购正是公司股东同意之商业安排,是想要高收益股东获取资金的市场对价。

对此问题的实质审查,应关注两点:第一,管理层的忠实勤勉义务,关涉管理层与股东保护。事前,为公司利益最大化与公司状况之诚实理解,采取对赌协议进行融资;事后,基于对公司的忠实勤勉义务,对股权回购、金钱补偿约定是否履行进行诚信选择。第二,通过合同安排,与投资方、控股股东、非控股股东间确定公平的风险负担,至少以合意方式进行对赌协议事项的确认,不能因对一方有利,而过分损害其他各方的利益,以避免事后发生利益冲突质疑合同条款的公正性和

有效性。

三、对赌协议的会计选择

在履行对赌协议的会计安排上，也要注意为债权人提供最低法定水平的保护。若公司通过长期票据来履行资金退出义务，如公司采取票据给付投资方式，公司资产负债表显示 1000 万元以上的收入盈余，票据到期后，支付票据款项时，就可能产生盈余赤字，为避免法院的介入增加诉讼费用，于对赌协议订立时，宜采取股权回购与款项支付两个时间节点的两次标准判断。

公司在判断对赌协议资金退出义务履行时，除将公司资产作为考量标准时，还要以公司资产负债表为依据，并审查公司总净价值以及公司规模、经营范围、负债额与清偿期限等因素，避免履行过后，剩下的公司资金不能满足正常经营。

四、关注投资方启动破产程序

首先，投资方不能以债权人的身份申请破产。《企业破产法》第 2 条、第 7 条明确规定了破产原因，以及债务人、债权人、对债务人负清算责任的人三类破产申请主体。鉴于投资方属于公司登记股东，且无论是要求股权回购要符合《公司法》第 35 条、第 142 条的规定，还是要求金钱补偿要符合《公司法》第 35 条、第 177 条的规定，都是基于对赌协议的股权融资属性，因此投资方的定位是股东，而不是债权人，公司一般还正常存续，[①]故其不具备破产申请的主体资格。

其次，依据《企业破产法》第 7 条第 1 款的规定，投资人主张其代表债务人（公司）申请破产，必须具有公司的合法授权。但提出该申请的“债务人”，应先由股东（大会）产生“申请破产”的意思，再由公司的代表机构向法院提出。

要案索引

［案例］江苏华工创业投资有限公司（以下简称华工公司）与扬州锻压机床股份有限公司（以下简称扬锻公司）、潘云虎等请求公司收购股份纠纷案

［案号］（2016）苏 1003 民初 9455 号（一审）

（2017）苏 10 民终 2380 号（二审）

---

① 投资方即便是公司法定代表人，也只有在公司已解散但未清算或者未清算完毕阶段才能申请破产清算。

(2019)苏民再62号(再审)

[**裁判要旨**]若不存在《合同法》第52条规定的无效事由,能否实施股权回购协议属于对赌协议生效后的履行问题,并不对合同效力产生影响。

[**案情概要**]2011年7月6日,扬锻公司作为目标公司、华工公司作为投资人与潘云虎等原股东签订《增资协议》及《补充协议》约定,华工公司向扬锻公司增资扩股,其中扬锻公司及其所有原股东均在协议书签字。

《增资协议》约定:华工公司以现金2200万元人民币对公司增资,其中200万元作为注册资本,2000万元列为公司资本公积金。

《补充协议》约定:(1)若扬锻公司未能在2014年12月31日前上市,华工公司有权要求扬锻公司以现金方式回购全部股份;(2)回购款=投资额+(投资额×8%×实际投资月份数÷12)-累计分红;(3)目标公司及原股东应当在华工公司提出回购之日起30日内完成股权回购的文件签署、价款支付、变更登记等事项,否则每迟延1天按5‰计算违约金;(4)因目标公司违约给华工公司造成的违约责任,由目标公司、所有原股东承担连带责任。

此后,因扬锻公司未能在2014年12月31日前完成上市目标,华工公司要求扬锻公司以现金形式回购其所持有的全部股份,原股东承担连带责任,协商未果,遂成诉讼。

[**裁判观点**]一、案涉对赌协议并不违反公司的资本维持原则,且不违反《合同法》第52条关于合同无效的规定。《公司法》并不禁止有限责任公司回购本公司股份,有限责任公司回购本公司股份不当然违反我国《公司法》的强制性规定。案涉对赌协议中关于股份回购的条款内容,是当事人特别设立的保护投资人利益的条款,属于缔约过程中当事人对投资合作商业风险的安排,系各方当事人的真实意思表示。本案中,股权回购条款关于计算方式的约定,虽为相对固定收益,但约定的年回报率为8%,与同期企业融资成本相比并不明显过高,不存在脱离目标公司正常经营下所应负担的经营成本及能获得经营业绩的企业的正常经营规律。不属于《合同法》第52条规定的合同无效的情形,亦不属于《合同法》所规定的格式合同或者格式条款,不存在显失公平的问题。

二、涉案的对赌协议具有法律和事实上的可履行性。一方面,本案具有法律上履行的可能。《公司法》原则上禁止股份有限公司回购本公司股份,但同时亦规定了例外情形,即符合上述例外情形的,允许股份有限公司回购本公司股份。本案中,扬锻公司章程亦对回购本公司股份的例外情形作出了类似的规定,并经股东一致表决同意,对扬锻公司及全体股东均有法律上的约束力。《公司法》亦明确规定了股份有限公司可减少注册资本回购本公司股份的合法途径。扬锻公司履行法定程序,支付股份回购款项,并不违反公司法的强制性规定,亦不会损害公司股东及债权人的利益。

关于华工公司缴纳的2000万元资本问题。对赌协议投资方在对赌协议中是目标公司的债权人,在对赌协议约定的股权回购情形出现时,当然有权要求公司及原股东承担相应的合同责任。在投资方投入资金后,成为目标公司的股东,但并不能因此否认其仍是公司债权人的地位。投资方基于公司股东的身份,应当遵守《公司法》的强制性规定,非依法定程序履行减资手续后退出,不能违法抽逃出资。《公司法》亦未禁止公司回购股东对资本公积享有的份额。案涉对赌协议无论是针对列入注册资本的注资部分还是列入资本公积金的注资部分的回购约定,均具备法律上的履行可能。

另外,本案具备事实上的履行可能。扬锻公司在投资方注资后,其资产得以增长,而且在事实上持续对股东分红,其债务承担能力相较于投资方注资之前得到明显提高。扬锻公司在持续正常经营,参考华工公司在扬锻公司所占股权比例及扬锻公司历年分红情况,案涉对赌协议约定的股份回购款项的支付不会导致扬锻公司资产的减损,亦不会损害扬锻公司对其他债务人的清偿能力,不会因该义务的履行构成对其他债权人债权实现的障碍。

三、维持涉案对赌协议的效力是保护商事主体意思自治和诚实信用原则的体现。本案中,涉案的对赌协议签订时扬锻公司系有限责任公司,且该公司全体股东均在对赌协议中签字并承诺确保对赌协议内容的履行。该协议约定扬锻公司的违约行为导致华工公司发生任何损失,扬锻公司及其全体股东承担连带责任等。上述约定表明,扬锻公司及全部股东对股权回购应当履行的法律后果是清楚的,即扬锻公司及全部股东在约定的股权回购条款激活后,该公司应当履行法定程序办理工商变更登记,该公司全体股东负有履行过程中的协助义务及履行结果上的保证责任。

江苏省高级人民法院最终判决撤销一审、二审判决,并判令扬锻公司支付华工公司股份回购款及逾期付款利息,并由潘云虎、董宏斌、耿长明、赵宏卫、张惠生、何灿焜、钟捃、扬州淮左投资中心、扬州亚东投资中心、扬州吉安投资中心、扬州金锻投资中心对此承担连带清偿责任。

专 题 三

股东认缴出资

2013 年年底公司资本登记制度改革之后,股东出资加速到期及表决权问题成为实务界与理论界的热议焦点。公司不能清偿对外债务的情况下,未届出资期限股东出资义务是否加速到期,关涉股东期限利益的保护与债权人利益保护之间的冲突,也涉及特定公司债权人优先受偿与所有公司债权人平等受偿之间的冲突,立法问题要求司法解决,是于严格遵循法教义学背景之下,司法不可承受之重。

依据是否已届出资期限,能否对股东表决权作出限制,亦是公司资本登记制度改革后显性的新问题。限制表决权的正当理由仅仅因为“没有提前出资”,初始章程明确的股东出资期限,后续章程或公司决议就可为此否定该股东的表决权,同样有涉股东期限利益与公司债权人利益协调。

为解决上述问题的困扰,最高人民法院沿袭了之前倾向债权人保护的价值取向,通过《纪要》第 6 条、第 7 条规定进行了决断。

纪要原文

(二)关于股东出资加速到期及表决权

6.【股东出资应否加速到期】在注册资本认缴制下,股东依法享有期限利益。债权人以公司不能清偿到期债务为由,请求未届出资期限的股东在未出资范围内对公司不能清偿的债务承担补充赔偿责任的,人民法院不予支持。但是,下列情形除外:

(1)公司作为被执行人的案件,人民法院穷尽执行措施无财产可供执行,已具备破产原因,但不申请破产的;

(2)在公司债务产生后,公司股东(大)会决议或以其他方式延长股东出资期限的。

7.【表决权能否受限】股东认缴的出资未届履行期限，对未缴纳部分的出资是否享有以及如何行使表决权等问题，应当根据公司章程来确定。公司章程没有规定的，应当按照认缴出资的比例确定。如果股东（大）会作出不按认缴出资比例而按实际出资比例或者其他标准确定表决权的决议，股东请求确认决议无效的，人民法院应当审查该决议是否符合修改公司章程所要求的表决程序，即必须经代表三分之二以上表决权的股东通过。符合的，人民法院不予支持；反之，则依法予以支持。

规范精要

一、对认缴出资语境下，股权的出资责任是否加速到期问题，选择了原则不能加速到期，例外加速到期的方案

《纪要》第6条"但书"以前的规范内容，明确否定了非破产情形下的加速到期。但书下面列举的两种例外情形分别是穷尽执行而不申请破产以及新债产生之后另行延长。前者为执行阶段的加速到期提供了实体法链接，后者则旨在保护债权人的信赖与限制股东的恶意。

二、对认缴出资的股东表决权有无作了明确

《纪要》第7条就未届出资履行期限的股东对应的表决权行使问题，确定了三层次的规则：第一层次，股东表决权的行使应当根据公司章程来确定。第二层次，如果公司章程没有规定的，应当按照法律规定，即按《公司法》第42条"出资比例"即认缴出资的比例确定。第三层次，股东（大）会决议修改公司章程的，明确按实际出资比例或者其他标准确定表决权，按修改的公司章程规定确定表决权行使规则。

法理基础

一、关于认缴出资与加速到期

2013年年底公司资本登记制度改革之后，在非破产的语境下，认缴股东的出资义务能否加速到期，实务界与理论界存在激烈争论。

第一种观点认为，只能通过破产程序，才允许加速到期。理由是：（1）《公司

法》明确肯定认缴制下股东享有期限利益;(2)认缴制确实加大了债权不能即期实现的风险,但这种交易风险已通过登记的方式予以公示,债权人知道或者应当知道,如其自甘冒险或怠于注意,应风险自担;(3)通过破产程序的加速到期可以公平保护债权人利益,避免股东借认缴制开出事实上的"空头支票"。

第二种观点认为,应当允许在公司不能清偿到期债务时通过起诉股东而非必须启动破产程序实现加速到期。主要理由是:(1)《公司法》第3条第2款规定:"有限责任公司的股东以其认缴的出资额为限对公司承担责任;股份有限公司的股东以其认购的股份为限对公司承担责任。"此处的"股东以其认缴的出资额""股东以其认购的股份"并未区分届期与否。(2)《公司法司法解释(三)》第13条第2款规定:"公司债权人请求未履行或者未全面履行出资义务的股东在未出资本息范围内对公司债务不能清偿的部分承担补充赔偿责任的,人民法院予以支持……"在公司不能清偿到期债务的前提下,这里的"未履行或者未全面履行出资义务的股东"可以扩张解释为包括出资期限未届期并未实缴全部认缴出资义务的股东。(3)在《公司法》修正之前,因分期缴纳制有法定最长缴资期限、首期出资比例以及最低资本额的限制,故股东不会天价认缴出资,更不可能"合法地"长期不缴出资。但修正后,由于没有了最低资本、法定缴资比例与最长缴资期限的限制,犹有加速到期的必要。(4)诉讼加速程序是比破产程序成本更小的机制,应优先得到适用。①

在《纪要》出台之前,以最高人民法院为代表的实务界的观点变迁体现为三个阶段:

第一个阶段,坚持即便公司不能清偿到期债务,股东认缴出资的期限原则上也不应加速到期的原则。2015年12月,最高人民法院民二庭负责人在《关于当前商事审判工作中的若干具体问题》的讲话中倾向于认为,如果公司不能清偿单个债权人到期债权、该债权人请求股东提前履行出资义务以偿债的,法院应当注意向当事人释明,如债务人公司不能通过融资或其股东自行提前缴纳出资以清偿债务,债权人有权启动破产程序;只有进入破产程序,才能按照《企业破产法》第35条规定使股东出资义务加速到期。

第二个阶段,债权人高度确信主观标准下的加速到期。2017年12月2日,最

---

① 参见《认缴资本制度下的债权人诉讼救济——股东出资期限加速到期的条件与限制》,载李志刚主编:《民商审判前沿:争议、法理与实务——"民商法沙龙"微信群讨论实录》,人民法院出版社2019年版,第422页。

高人民法院民二庭第七次法官会议提到：公司不能清偿到期债务时，单个或部分债权人起诉请求股东以其认缴但未届出资期限的出资承担清偿责任的，人民法院一般不应支持。某项债权发生时，股东的相关行为已使该债权人对股东未届出资期限的出资额产生高度确信和依赖，在公司不能清偿该债权时，法院可以判令特定的股东以其尚未届出资期限的出资额向该债权人承担清偿责任。

第三个阶段，一般规则与例外规则并举的加速到期。在总结司法实践的基础上，《纪要》认为，债权人以公司不能清偿对其所负的到期债务为由，请求未届出资期限的股东在未出资范围内对公司不能清偿的债务承担补充责任的，人民法院不予支持。但是，存在下列情形的除外：(1)公司作为被执行人的案件，人民法院穷尽执行措施无财产可供执行，已具备破产原因，但不申请破产的；(2)在公司债务产生后，公司股东(大)会决议或以其他方式延长股东出资期限的。相较于《全国法院民商事审判工作会议纪要(征求意见稿)》的 3 种加速到期事由①已缩水。

以最高人民法院为中心的司法观点表明，针对恶意出资合意，司法介入力度加强，法院不再简单强调股东期限利益的保护，抑或公司债权人利益的保护，而是在尊重公司自主经营决策权同时，从公司整体利益出发，鼓励交易，强化交易公允性保护，鼓励通过破产这种规范的市场退出机制，实现交易安全，有序管理。如最高人民法院对此规定的表述，《纪要》“开口子”是在没有法律和司法解释规定时统一裁判思路，但更重要的是涉及司法与立法的关系兹事体大，未来应该通过修改公司法的方式解决。

二、认缴出资与表决权

《纪要》第 7 条有关认缴出资的股东表决权的规定，源头还是对《公司法》相关规定的解读。《公司法》第 34 条是关于股东分红权、优先认购权要按照“实缴”的出资比例确定的特别规定，而《公司法》第 43 条规定的表决权是“按照出资比例行使”。后者的“出资”是指实缴还是认缴，存有争议。从文义解释来看，此处未就实缴还是认缴作出区分；从体系解释来看，与《公司法》第 34 条将分红、优先认购的权利明确规定为实缴出资有显著不同。此外，表决权是一种共益权而非自益权。综上可得出表决权行使应当按认缴出资比例份额行使的结论。进而言之，认

---

① (1)股东恶意延长出资期限以逃避履行出资义务的；(2)股东作为被执行人的案件，因穷尽执行措施无财产可供执行，被人民法院裁定终结本次执行的；(3)人民法院受理公司破产申请的。

缴出资的股东的表决权与认缴出资的期限是否届至，甚至到期没有出资、出资后抽逃，都没有直接关系。

从章程与表决权的关系来看，《公司法》第 11 条规定章程系“公司宪章”，除《公司法》第 25 条规定的法定事项外，可对其他事项（如实缴出资与公司表决权行使）作出规定。据此，若是章程已就此问题作出特别规定，自应按章程规定的实际出资比例或者其他标准确定表决权；若是公司章程没有规定，仍要限制未届出资期限股东的表决权的行使，属于对章程内容的实质性修改。此时，股东请求确认该决议无效的，法院应当审查该决议是否符合修改公司章程所要求的表决程序，审查该决议是否由代表 2/3 以上表决权的股东通过。

三、认缴出资与股权平等

《纪要》第 6 条是对股东出资义务之时间限度上的扩张，第 7 条是基于出资实缴与否对股东表决权的限缩。无论是义务扩张，还是权利限缩，背后都体现了股东平等对待原则。相较于股份有限公司中股东权利义务程式化的纳入，有限公司人合结构借助契约主导使权利义务具有可伸缩性，不过股东平等对待原则还是贯彻始终的，主要体现在以下三个方面：

一是股东基本权利的绝对平等原则。对于不可剥夺的股东权利，如对公司基本事务的知情权、重大事由下的退出权、撤销股东会决议、主张股东会决议无效或不成立，以股东个体为单位，享有绝对平等之权利。与此同时，考虑股东投入与权利行使的平衡，以章程形式从出资角度对股东权利行使之限制，亦是股东平等对待原则的体现，《纪要》第 7 条即为适例。

二是禁止歧视原则。对多数决形成之股东会决议，如违反平等原则，应予禁止。每个股东除可平等地发表意见、参与决策过程之外，大股东、多数股东不能滥用股东权利，损害公司整体之利益。鉴于少数股东权益也结合于公司利益中，多数决对少数股东之损害，需要有公司整体利益之支撑，否则可因违背平等原则导致系争决议被作出否定性评价。例如，《纪要》第 6 条第 2 项规定股东会决议延长股东出资期限，属于对公司资本制度之违反，也是对包括公司债权人在内的相关利害关系人的公司整体利益之侵害，应予否定评价。

三是经济给付义务的比例平等原则。与公司资合属性相适应，原则上公司对股东履行的经济给付，应依据股东实缴出资，确定每个股东的应得比例。如《公司法》第 34 条关于分红权和优先认购权之规定，于投资收益一致性前提下，以平等对待股东财产权。与此同时,也应重视股东持股比例降低及股价稀释的风险,由此构成了对管理层自由决策权的限制。

四、《纪要》加速到期的两项例外规定与制度突破

《纪要》第 6 条以否定非破产加速到期为原则,但规定的两类情形,本质上是针对非破产或解散情况下,剥夺未届出资期限股东的期限利益,强化公司债权人保护的安排,并外化为公司注册登记制度背景下的两项制度突破:一是对章程约定的出资期限公示公信的突破;二是公司"类破产阶段"债权平等的突破。前者出于债权人与公司股东间的利益协调,在公司清偿能力出现问题的情况下,从股东诚信原则出发,可产生股东的出资补足义务,进而产生加速到期的正当性。虽然比较法理路径迂回,但在结论上仍可证成。后者产生的直接结果不能忽视,用加速到期股东的提前出资来直接清偿公司的个别到期债权,事实上造成出资加速到期制度与破产制度之间的竞争。

五、《纪要》第 6 条之法理基础与规范意旨

《纪要》第 6 条明确在公司不能清偿对外债务时,如属于不启动破产或恶意延长出资期限两种例外情形,可通过主张股东出资义务的加速到期,来清偿特定公司债权。该条规定回应的是公司认缴资本制度改革后,到底是以实缴资本还是以认缴资本对公司债权人提供保障的争议。在公司不能清偿到期债务的背景下,《纪要》拟制了"类"公司破产的制度,在淡化股东出资期限的同时,强化了股东的出资义务,在法理上可能混同了股东对公司的直接出资义务和股东为公司清偿债务的替代责任。

《公司法》第 3 条第 2 款提及股东于认缴出资范围内对公司债务承担责任的规定,于公司不能清偿到期债权之际,能否为股东出资义务"加速到期"提供合理解释?我们认为,关键还是在于公司责任财产的认识。公司责任财产对应公司债权人信赖的范围,认缴出资作为公司原始资本的框架,未届出资期限的股东出资义务作为到期债权,可以视为公司资产,但不宜作为产生信赖的实质的公司资本。

即便《纪要》第 6 条规定了股东出资义务加速到期,更多也是政策性考量,且未到达公序良俗地位,自然也无否定出资期限意思表示的足够正当性。且导致实质资不抵债情况下的债权偏颇清偿,故将《纪要》的该条规定理解为反向激励债务人公司、其他债权人申请破产的制度安排,才更具合理性。

裁判指引

一、执行程序中的加速到期与破产程序的衔接

《纪要》第 6 条第 1 款明确穷尽执行措施无财产可供执行,已具备破产原因又不申请破产的,可加速到期。该条指涉的是法院执行措施穷尽后被执行人仍不能清偿到期债权,公司实质上已涉及破产临界或事实破产。那么再强调该情况下对特定债权的清偿,不符合《企业破产法》第 113 条第 1 款规定的顺序清偿,看似造成公司债权人个别清偿的执行优先主义规则,与公司达到破产界限情况下债权按比例平等受偿产生冲突,即隐性破产与显性破产功能上的抵触。

大范畴下,破产属于公司存续中的特别阶段,《企业破产法》作为特别制度优先于《公司法》适用。而且,破产分配实现所有债权人的公平清偿,也许是最符合每个债权人利益的。不能仅仅因为破产程序的启动,债务人公司达到破产临界或者陷入事实破产,就改变当事人之间的权利义务关系,对于个人债权的优先清偿,必须存在破产法上的正当理由。

为此,《纪要》第 6 条的适用就应与《最高人民法院关于适用〈中华人民共和国民事诉讼法〉的解释》(以下简称《民诉法解释》)第 513 条规定的执行转破产制度衔接起来。执行案件符合《最高人民法院关于执行案件移送破产审查若干问题的指导意见》第 2 条“执行案件移送破产审查,应同时符合下列条件:(1)被执行人为企业法人;(2)被执行人或者有关被执行人的任何一个执行案件的申请执行人书面同意将执行案件移送破产审查;(3)被执行人不能清偿到期债务,并且资产不足以清偿全部债务或者明显缺乏清偿能力”的规定,应移送破产审查。该条第 2 项强调应向申请执行人(债权人)或被执行人(债务人公司)释明,询问其是否申请破产,若其表示同意,应当将执行案件移送至被执行人住所地法院启动破产程序,在级别管辖上,应以中级人民法院管辖为原则。

二、《纪要》第 7 条对未届出资期限股东按实缴出资比例等确定表决权,要求经代表 2/3 以上表决权的股东通过,该表决权是否包括未缴纳出资部分所对应的表决权

此问题涉及公司表决权行使规则。具体分析如下:

第一,一般情况下,股东按出资比例行使表决权,此系《公司法》第 42 条的明确规定。股东为自己正当利益行使表决权,应系保障股东权利之制度安排,公司

亦不能剥夺其表决权。例如,《公司法》第 34 条股东分红权与优先购买权按实际出资比例获取,必须要全体股东约定才能否定,就是适例。

第二,决议事项关涉公司与股东利益冲突,且属零和博弈,股东表决权行使必然有损公司整体利益之特定事项,应排除该股东表决权行使。此系股东基本权利限制,通常应由法律明定。例如,《公司法》第 16 条规定公司为股东提供担保,明确该股东不得参与该事项表决。理由在于,对外担保可能导致公司承担巨大风险,股东获利,利益博弈巨大,应避免因股东为自己利益行使表决权来损害公司利益。

在法无明文规定的情况下,主张限制股东之表决权行使,必须有足够充分且正当之理由,并同时具有实质上与形式上的正当性。例如,就免除控股股东损害公司利益责任承担的表决事项,公司利益与股东利益完全悖反,不能期待股东为公司利益行使表决权,其参与表决徒增公司利益保护障碍。在保障其参会权、解释权的前提下,才能通过排除其表决权行使,以杜绝程序正义带来的实质上的不正义。

第三,决议事项虽关涉公司与股东利益冲突,但涉及股东基本权利之保障,亦不能剥夺其表决权。一是在法律没有明确规定限制股东行使表决权,且无足够充分正当理由进行限制的情况下,[①]应适用《公司法》第 42 条,由股东按出资比例行使表决权。二是股东在不损害公司根本利益的前提下,为自己正当利益行使表决权,本系保障股东基本权利之公司制度安排。如表决权系股东的基础性权利,以所谓公司利益为名,限制特定股东的表决权行使,即便为满足程序上的正当性,亦不能剥夺该股东参与"限制表决权事项"的投票。

第四,针对特定股东在先的过错行为之决议事项,若事关公司与股东利益冲突,即便关涉股东重要权利之保障,就该事项仍可限制该股东行使表决权。理由在于,股东过错行为在先,事后给予其改正机会其仍未改正,决议本身系对应股东错误行为进行公司组织层面上权利分配的调整,符合程序上的正当性上要求。如《公司法司法解释(三)》第 17 条规定,股东未履行出资义务或抽逃全部股东,经催告仍不改正的,股东可通过股东会决议解除该股东的股东资格。该股东会决议就可限制拟被除名股东表决权的行使。

另外,对过错行为、错误事项做公司权利分配层面的调整是股东的基本权利还是重要权利,对股东权利是限制还是剥夺？此问题关涉股东的过错与责任的匹

---

① 王轶:《民法原理与民法学方法》,法律出版社 2009 年版,第 53 页。

配性。若达到了剥夺股东基本权利的行使的程度,应赋予相关利害关系人从股东会决议无效的角度予以救济的途径,否则不符合实质上的正当性。再回到《纪要》第7条的规定,明确按实缴还是认缴比例确定表决权行使之决议事项,事关公司重大决策之走向,也涉及股东基本权利,但并非股东与公司利益之博弈,该股东也非有过错行为在先,故宜赋予其对该决议事项之表决权,由此,既满足了实质正义的要求,也满足了形式正义的要求。

三、《纪要》第6条第1项中两个加速到期要素间的关系把握

《纪要》第6条第1项看似确定了加速到期情况的两个要素:"穷尽执行措施无财产可供执行+已具备破产原因但不申请破产"。

前一要素类似于"终结本次执行程序"(以下简称"终本")。依据《最高人民法院关于严格规范终结本次执行程序的规定(试行)》第1条的规定,应当穷尽强制执行措施、穷尽财产调查措施、穷尽执行制裁措施,仍无可供执行的财产或发现的财产不能处置时,才能"终本"。

后一要素中的破产原因,依据《企业破产法》第2条予以确定。即"公司不能清偿到期债务+公司资产不足以清偿全部债务",以及"公司不能清偿到期债务+公司明显缺乏清偿能力",大致已被前一要素"终本"。而在司法实践中,《纪要》提及的"穷尽执行措施无财产可供执行",必然要求一定的符号表征,只能是"终本"。那么,《纪要》该项加速到期的两个要素应当修正为"终本+不申请破产"。

随后的问题是,债权人希望启动加速到期,就必然要求执行部门给出"终本"的裁定。本来需要严格规范的执行案件"终本"结案方式,是不是会在执行部门与债权人之间达成某种默契,一个要快结案,一个要快加速到期,可能导致"终本""三穷尽"流于形式,这是值得进一步应予重视的地方。

律师指引

一、选择执行程序中的加速到期,还是申请破产

《纪要》第6条规定的第一种无财产可执行但不申请破产的加速到期情形,应从已经实质符合破产条件进行解读,并注意与破产程序的衔接。

若债权人选择向法院申请破产,法院受理破产申请,则依据《企业破产法》第20条的规定,加速到期的诉讼应当中止。破产管理人接管债务人公司财产后,应就所有的公司债权统一处理,加速到期诉讼应作为"对债权人利益有重大影响的

其他财产处分行为”，由破产管理人报债权人委员会决定，确定后续诉讼行为。

二、延长认缴出资期限情形下，债权人的诉讼救济

《纪要》第 6 条规定的第二种加速到期的情形，债务产生后的延长股东出资期限的股东（大）会决议，系滥用股东权利损害债权人利益，应为无效。虽然《最高人民法院关于适用〈中华人民共和国公司法〉若干问题的规定（四）》（以下简称《公司法司法解释（四）》）第 6 条规定决议无效与善意相对人形成的民事法律关系不受影响，循其精神而对章程出资期限延长，不能影响相对人对之前出资期限的判断，且不能止步于此。该股东滥用公司独立人格来规避出资义务，要求其对公司债务承担清偿责任，系惩罚性安排。《纪要》第 6 条第 2 项加速但不增量，仅规定在认缴期限内对特定公司债务承担补充赔偿责任，公司债权人可据此主张权利。

三、《纪要》第 6 条第 2 项加速到期事由中“公司债务产生”应如何界定

《纪要》第 6 条规定的第二种加速到期的事由是，公司债务产生后，决议或以其他方式延长股东出资期限。《民法总则》中民事法律行为或合同等都表述为成立，或者法律行为对被代理人发生效力，没有出现所谓“债务产生”，可见其应是生活概念而非法律概念，其外延和内涵都较模糊，应予明确。

我们将公司债务发生先理解为“对债务人公司发生约束力”，再分三步来进一步清晰。

首先采一般理解，债务关系产生就是给付义务对当事人产生约束力，以合同之债为例，《民法总则》第 119 条的表述就是“依法成立的合同，对当事人具有约束力”。

其次发生约束力是指发生实质约束力，即给付内容必须是确定的或至少是可以确定的，还要具备《民法总则》第 143 条规定的三个有效要件。以合同为例，其间有四个阶段：第一个阶段是合同依据意思表示一致而成立，其发生形式约束力，任何一方不能再恣意撤回；第二个阶段是合同成立后，意思不明是依据解释原则确定合同内容（确定给付内容）；第三个阶段是对确定内容之合同基于法律规定发生一定之法律效力，[1]具备《民法总则》第 143 条规定的有效要件，产生实质拘束

---

① 参见［德］迪尔克·罗歇尔德斯：《德国债法总论》，沈小军、张金海译，中国人民大学出版社 2014 年版，第 91 页。

力;第四个阶段是生效合同符合履行条件,产生即时履行请求权。①

最后从规范目的解读,加速到期是要防止规避“债务清偿”。在司法实践中,股东可能在债务到期前就发现公司偿债能力欠缺,通过延长出资期限来逃避债务。同时一般情况下合同成立即告生效,债权债务关系就产生实质约束力,然而有时合同成立并不当然生效,其亦产生形式约束力,且有可确定之给付内容,如缔约过失责任,也有保护之必要,故设定将债务产生理解为债务关系成立为宜。《纪要》第7条提及的“公司债务发生”,从保护周延的规范目的,应解读为第二个阶段可确定内容之形式拘束力。

法务指引

一、司法介入与争议类型之联系

明确争议类型与司法介入的关联性,是选择正确的救济路径之重要一环。按照代理成本假说,现代公司制度存在三类利益冲突:第一类是控股股东与非控股股东间的利益冲突;第二类是公司股东与管理层间的利益冲突;第三类是公司股东与债权人间的利益冲突;②三类利益冲突带来不同主体之间的紧张关系,《公司法》安排了或谦抑或平缓或积极介入的态度。

第一类毕竟是公司内部股东间的利益冲突,控股股东多拿了非控股股东就少拿了,两者间是多和少的关系,还是公司组织程序不健全,或者是健全公司组织程序不贯彻使然,内部事务内部治理,信息对称规制成本最低,更是组织成员意思自治的范畴。除非危及股东基本权利或公司基本制度,才有司法介入之必要,《纪要》第29条即为适例。

第二类是股东与管理层间的利益冲突,作为受托人的管理层应关注股东的利益,追求个人利益必然损害委托人股东利益,两者间是你有我无的关系,一旦损害公司利益就有司法介入的必要性;同时股东与管理层间并非仅是委托管理之契约关系,一定意义上又是公司最大局部利益与公司整体利益之关系,只有该局部利益对整体利益造成损害,股东将自己的利益完全置于超越其他公司利害管理人之上,替代公司整体利益时,才是另一种你有我无,也造就了司法介入的必要性。上

---

① 参见陈自强:《民法讲义Ⅰ:契约之成立与生效》,法律出版社2002年版,第348~349页。

② [美]莱纳·克拉克曼、[美]亨利·汉斯曼等:《公司法剖析:比较与功能的视角》,罗培新译,法律出版社2012年版,第37页。

述两种情况均可视为“附条件”的司法介入，如股东代表诉讼就明确了相应的前置程序，作为解决两者纠纷的诉讼要件。

第三类是股东与债权人间的利益冲突。追偿序位在后的股东若是控制公司来攫取公司利益，减少公司责任财产势必造成债权人清偿无门，股东的利益保障必然是通过牺牲债权人利益获得的，两者之间就是你死我活的关系。而且属性上是公司组织关系产生的负外部性使然，对此损害债权人较少具备防控制约之机会，由此公司制度应采取的是积极的，囊括“事前预防、事中止损、事后救济”全方位、全流程的司法介入。

二、不轻易介入公司股东间争议原则的贯彻之理解

对于公司股东间争议，最高人民法院一直秉持不轻易司法介入的原则，除非对股东基本权利与公司基本制度造成损害，与之相对的是对股东与债权人争议的强势介入。

《纪要》第29条规定，股东请求判令公司召开股东（大）会的，法院应当告知其按《公司法》相关规定自行召开后，股东仍坚持起诉的，法院应当裁定不予受理；已经受理的，裁定驳回起诉。此系对股东诉讼权的范围作出的限制，我国也继受了《德国公司法》上股东就自身权利的诉讼应以权利受到积极损害为前提，股东不可以提起义务责任之诉的原则，即不可针对股东会、董事会、监事会作出一定决定或者进行一定行为提起诉讼。此与《公司法司法解释（二）》第1条严格公司解散事由，以及《最高人民法院关于适用〈中华人民共和国公司法〉若干问题的规定（五）》（以下简称《公司法司法解释（五）》）第5条即便股东发生重大分歧仍强调注重调整之规定，就不轻易介入公司内部治理的本旨一致。

我国《公司法》以资本制度与债权人保护之紧密关系为出发点，有效出资与不得返还为债权人保护的“两翼”，司法实践中又凸显了资本保护不流于形式，一方面从公司资本保护扩张至公司利益的公允性保护；另一方面从资本确定审视延展至实质性资本不足的审查；再一方面出资义务的按期缴纳，也有向持续注资义务蔓延之势，相关案例对股东债权劣后原则的肯定就是征兆。

三、身份权不等于表决权及其外延解读

股权可分为财产权与身份权，身份权主要对应的是《公司法》第4条规定的参与重大决策和选择管理者的权利，表决权是实施身份权的重要路径，但并非完全

等同。以参加股东大会为例，只要章程或股东会决议没有否定性规定，即便明确无表决权，也不意味着没有咨询权、异议权。因此，身份权作为股东对公司进行有效控制的必备权利，只能限制不能完全剥夺。更广泛的说，股东的诉讼权也是身份权的组成部分。有学说将股东的身份权又区分为分享权和保护权，表决权、咨询权、异议权等为分享权，诉讼权为保护权有其合理性。

四、对以加速到期为由已获得的个别清偿，其他债权人能否通过破产程序予以否定

《纪要》第 6 条中“穷尽执行措施无财产可供执行，已具备破产原因，但不申请破产的”的加速到期类型，实质上对个别债权人进行了偏颇性清偿。

有观点提出若清偿发生后 6 个月内法院受理破产申请的，除非该个别清偿使债务人财产受益外，公司破产管理人可依据《企业破产法》第 32 条予以撤销。[①] 但也应注意到《最高人民法院关于适用〈中华人民共和国企业破产法〉若干问题的规定(二)》第 15 条的规定，该条明确债务人经诉讼、仲裁、执行程序对债权人进行的个别清偿，管理人依据《企业破产法》第 32 条的规定请求撤销的，人民法院不予支持，除非债务人与债权人恶意串通损害其他债权人利益。

五、《纪要》第 6 条第 2 项规定的加速到期事由，是否与人格否认发生竞合

该条款规定的情形，若存在未届出资期限股东支配公司，滥用股东权利和公司法人人格，也可能符合《公司法》第 20 条第 3 款规定的人格否认事由，此时公司人格否认与股东加速到期发生竞合。前者产生该股东对公司到期债权的连带清偿责任，后者产生在出资范围内对公司不能清偿的债务承担补充赔偿责任，公司债权人有权在一审事实辩论结束前选择诉讼请求。

六、股东之间可否通过协议来约定按实际出资比例确定表决权

股东之间通过协议约定按何种比例确定表决权，不违反法律的强制性规定，但其属于双方或多方法律行为，仅对参与该协议的股东产生拘束力，不对公司产

---

① 其理由是偏颇性清偿并不否定个别债权本身，因公司已进入破产程序，应强调债权平等清偿，依据《企业破产法》第 35 条规定将出资加速到期，归入债务人财产，实现对所有债权人的公平受偿。

生拘束力。此外,《公司法》第 42 条规定若要不按认缴出资比例行使表决权的,应由公司章程规定,故股东之间的协议只有符合《公司法》第 37 条第 2 款书面一致决定的,才符合公司章程的形式要件,才产生对公司、股东、董事高管等的拘束力。

要案索引

[案例]A 厂与 B 公司、马 D 股东会决议撤销纠纷案

[案号](2013)沪一中民四(商)终字第 1146 号

[裁判要旨]表决权是基于股东身份而取得,非经法律或章程规定,不得任意剥夺或限制,是否已经足额出资亦并不影响其表决权之行使。

[案情概要]B 公司是由 E 公司和 F 物业各投资 800 万元注册成立的有限责任公司。后经工商核准增资至 2400 万元,分别由 E 公司投资 816 万元,F 物业投资 784 万元,G 公司投资 800 万元。

在经营期间,B 公司各股东均有所变更,具体情况如下:(1)2002 年 E 公司注销,B 公司各股东遂一致同意 E 公司原持有 B 公司股权全部划归 H 公司持有。2003 年 H 公司又将上述股权转让给了马 D。两次股权变更均办理了工商变更登记。(2)2008 年 9 月 22 日,法院判决确认 G 公司名下 B 公司的股权为 I 公司所有。2009 年 8 月,I 公司经工商核准注销登记。同时,B 公司将 I 公司所持有的 B 公司的股权变更至其上级主管单位 A 厂名下,并办理了工商变更登记手续。(3)F 物业系全民所有制企业,L 公司为其上级投资公司。2010 年 2 月 5 日,L 公司发出《关于同意 F 物业歇业注销的批复》,同意 C 公司对下属 F 物业进行歇业清算,并由 C 公司承继 F 物业全部资产、负债及人员等相关事宜。2010 年 3 月 8 日,C 公司向工商局出具《企业法人注销保结书》,明确 F 物业承担保结责任。2010 年 6 月 15 日,B 公司召开临时股东会,并形成如下《股东会决议》:“一、F 物业的上级主管单位是 C 公司,经上级主管单位研究决定,注销 F 物业;二、F 物业在 B 公司的权利和义务全部由 C 公司承接等。”另根据 B 公司章程规定,股东会会议由股东按照出资比例行使表决权。

2012 年 9 月 23 日,马 D 向 B 公司各股东发出通知,决定于 2012 年 10 月 11 日召开公司临时股东大会,会议议程为“因本公司将进入清算程序,为减少公司成本以及公司与股东之间的累诉,讨论目前以公司名义对股东诉讼案件作撤诉处理的事项”。2012 年 10 月 11 日,公司临时股东会召开,A 厂、马 D 及 C 公司出席了股东会。会议作出如下《临时股东会决议》:“因 B 公司将进入清算程序,为减少公司成本以及公司与股东之间的累诉，故目前以B公司名义对股东诉讼案件作撤诉处理。"就决议事项，股东表决情况为同意2人（C公司、马D），占67%股权，不同意1人（A厂），占33%股权。后A厂与B公司诉至法院要求撤销该份公司决议。

[裁判观点]一审法院认为，马D及C公司股东身份合法有效，且经代表2/3以上表决权股东同意，所形成的股东会决议符合法律规定，并未损害公司的利益，判决驳回A厂和B公司的诉讼请求。二审法院认为，马D在发出临时股东会通知前，未向B公司董事会或监事会提出过要求召开临时股东会，即自行召集、主持，属于程序性瑕疵，依法不符合我国《公司法》第41条之规定，改判撤销了股东会决议。

虽二审法院以存在前置性程序瑕疵撤销了股东会决议，但一审法院就表决权是否应予否认或限制问题的认识并无不当，将其思路整理分析如下：

第一，从《公司法》的规定来看，《公司法》第42条明确了表决权行使不以实缴出资为基本原则，并进一步采用了"章程约定除外"原则。而B公司章程规定"股东会会议由股东按照出资比例行使表决权"，并未强调"实缴出资比例"，故C公司、马D是否足额出资并不影响其表决权之行使。

第二，从表决权定位来看，表决权之取得与行使系基于股东身份的取得，系股东的固有权，非经法律或章程规定，不得任意剥夺或限制。表决权又系共益权，区别于红利分配权、新股认购权等自益权，其设立旨在于促成公司的正常管理运作，其与股东是否出资到位无关，故C公司、马D的表决权不应受到否认或限制。

专 题 四

公司股权转让

随着社会主义市场经济的发展，股权转让作为一种集财产权流动、资本募集、资源优化配置等于一体的重要资本流转手段，日益频繁。随着股权交易数量的持续增多和参与主体的泛化，股权转让过程中的法律问题也不断涌现。据司法统计，股权转让纠纷案件已经成为商事审判中重要的案例类型之一。

从法律适用上看，股权转让是一种特殊标的的买卖合同。一方面，其具有一般合同的特点，常见的负担、处分问题，主要通过《合同法》《物权法》解决。《最高人民法院关于审理买卖合同纠纷案件适用法律问题的解释》（以下简称《买卖合同司法解释》）第45条第1款明确："法律或者行政法规对债权转让、股权转让等权利转让合同有规定的，依照其规定；没有规定的，人民法院可以根据合同法第一百二十四条和第一百七十四条的规定，参照适用买卖合同的相关规定。"另一方面，股权转让中的股权因素更体现此类纠纷的特性，并已成为审理股权转让纠纷中的变量与难点。股权转让合同的目的在于获得股权，而股权范围的广泛性，决定了股权转让目的的多元性，导致纠纷是在股权不同的内容层面上展开。最高人民法院注意到甄别合同指向的客体，区分纠纷事实的关涉类型，亦成为此类案件审理的关键所在，亦是裁判不统一的症结所在。故于《纪要》第8条、第9条对争议较大的股权变动效力、优先购买权对股权转让合同的影响这两大争议问题进行了明确。

纪要原文

（三）关于股权转让

8.【有限责任公司的股权变动】当事人之间转让有限责任公司股权，受让人以其姓名或者名称已记载于股东名册为由主张其已经取得股权的，人民法院依法予以支持，但法律、行政法规规定应当办理批准手续生效的股权转让除外。未向公司登记机关办理股权变更登记的，不得对抗善意相对人。

9.【侵犯优先购买权的股权转让合同的效力】审判实践中，部分人民法院对公司法司法解释（四）第21条规定的理解存在偏差，往往以保护其他股东的优先购买权为由认定股权转让合同无效。准确理解该条规定，既要注意保护其他股东的优先购买权，也要注意保护股东以外的股权受让人的合法权益，正确认定有限责任公司的股东与股东以外的股权受让人订立的股权转让合同的效力。一方面，其他股东依法享有优先购买权，在其主张按照股权转让合同约定的同等条件购买股权的情况下，应当支持其诉讼请求，除非出现该条第1款规定的情形。另一方面，为保护股东以外的股权受让人的合法权益，股权转让合同如无其他影响合同效力的事由，应当认定有效。其他股东行使优先购买权的，虽然股东以外的股权受让人关于继续履行股权转让合同的请求不能得到支持，但不影响其依约请求转让股东承担相应的违约责任。

规范精要

针对公司纠纷中数量最大的股权转让类纠纷，《纪要》第8条、第9条及第28条都在强调区分原则的基础上，就股权转让合同中负担行为与处分行为的关系，以及处分行为（股权变动）的复合性进行了明确规定。

一、《纪要》第8条明确了股东名册登记系股东取得股权的标志，以及公司登记机关对股东变更的登记产生对抗效力

此系《公司法》第32条第2款“记载股东名册的股东，可以依据股东名册主张股东权利”的规定，落实到股权转让协议的履行行为中。股东依据股东名册记载获得股东资格，向公司行使股东权利，最终完成股权转让的合同目的，也是由负担行为合同法上的对内效力、相对效力，扩张至处分行为对公司的拘束力。

同时，公司登记机关进行股东变更登记，无论是相关的公司登记簿记载，还是企业公示信息系统，都是由政府提供的股东资格的公示平台。该种公权力机构在职责范围内对事实的告知形成的权利外观，对不特定的第三人产生公示对抗的效力。公司登记机关的股东登记事项的完成，股权转让合同的合同目标才最终实现，完成了由合同法上相对效力，到对公司的拘束效力，再到对不特定第三人的对

抗效力，受让人才真正获得具备合同相对性、公司组织性、物权对世性完整意义上的股权。

二、《纪要》第9条是贯彻区分原则，对《公司法司法解释（四）》第21条规定的侵犯优先购买权的行为的法律后果再予重申

《公司法司法解释（四）》第21条源自《公司法》第71条的有关向股东以外的人转让股权情况下股东优先购买权的规定。此项制度的规范目的在于实现股权自由流转的前提下保护有限责任公司的人合性，是要保护特定主体的利益，而不是对股权转让行为整体的否定性评价。故《公司法司法解释（四）》第21条中，其他股东依法行使优先购买权的法律后果是，股东与股东之外的受让人之间的股权转让合同履行不能。

三、《纪要》第21条进一步明确了股权转让合同的效力评价

《公司法司法解释（四）》第21条第3款明确规定："股东以外的股权受让人，因股东行使优先购买权而不能实现合同目的的，可以依法请求转让股东承担相应民事责任。"该条规定中的民事责任，主要是指违约责任，也可以是合同解除后的赔偿责任。但无论选择哪种救济，都是以股权转让合同有效为前提的。也就是说，《公司法司法解释（四）》第21条已经包含了合同有效的确认，除非存在法定的合同效力瑕疵事由。

值得关注的还有《纪要》第28条的规定，涉及对《公司法司法解释（三）》第24条第3款"实际出资人未经公司其他股东半数以上同意"的解读。无论《纪要》还是《公司法司法解释（三）》，都是将股权中的财产权和身份权进行区分，其中的身份权是股东与公司之间的事，本身不涉及股权转让合同的效力。进言之，即便股权代持协议中约定了股权的返还，即便履行不能，也不应就此否定股权代持协议的效力。

法理基础

一、股权转让中的区分原则

负担行为性质的股权转让合同与处分行为性质的股东变动（包括但不限于股东名册的变更登记）是相互独立的法律行为。首先，股权变动通常是股权转让合同约定的履行内容，依据《物权法》第15条、《买卖合同司法解释》第3条确定的区

分原则,如因股东优先购买权等事由不能进行股权变动,属于履行不能,并不导致合同无效。其次,股东名册的变更登记是《公司法》第 73 条规定的公司法定义务,股权转让合同生效后,依据《公司法司法解释(三)》第 23 条,受让人可对公司主张签发出资证明、记载于股东名册等请求权,出让股东有变更股东名册的协助义务,但公司不实施该行为的,因公司不是股权转让合同相对人,故并不对受让方承担违约责任,仅产生法定或者章程规定义务的违反。最后,股权转让合同的瑕疵,并不当然对股权变动产生直接影响,理由并非一定是负担行为的无因性,善意取得也可产生此法律后果。

二、股权转让合同履行的三个阶段及其法律效力

股权转让合同履行可以分为三个阶段,不同阶段,有不同的法律效力。

第一个阶段是股权转让合同生效,合同对股权出让方与受让方产生法律拘束力。出让股东负有向受让人交付股权的义务,受让方负有向出让方支付股权转让款的义务。

第二个阶段是股东名册变更登记,产生公司组织层面的股权权属变更效力。该登记系设权性登记,其创设股东权利以及向公司行使股东权利之法律关系。对此,又有三方面理解:其一,股东名册变更是股权转让合同拘束力部分落实,合同生效不会导致受让人自动成为股东;其二,股东名册变更产生"局域网式"公示效果,并未产生全面的对世效力;其三,股东名册变更实质是公示对股权转让的认可。

第三个阶段是公司登记机关变更登记,产生对不特定多数人公示效力。依据《民法总则》第 64 条、第 65 条及《公司法》第 32 条第 3 款,未办理公司登记机关变更登记,不得对抗善意第三人。同时,股东名册登记与公司登记机关记载有不一致的,一方面,受让人应依据《公司法司法解释(三)》第 23 条的规定,及时主张变更公司登记机关记载;另一方面,出让股东将记载其名下股权再次出让,依据《公司法司法解释(三)》第 27 条,可能发生善意取得的法律后果,但由此造成的损失,受让方亦可主张赔偿责任或要求未及时履行变更登记义务的董事、高管、实际控制人承担过错责任。

三、股权的性质与股权变动的界定标准

股权既是法定的权利,又是章程规定的权利,其内容大致可以区分为身份性

(组织性)权利与财产性权利。前者包括参与公司管理、选举公司管理者等权利,后者主要是财产收益权,也包括增资优先购买权。统领上述权利的调整规则是平等对待原则,即同股同权、等股等权。若股东身份权与财产权受到损害,法律赋予股权的救济性权利,则属于股权的衍生性权利。①

股东权利内容的复合型,决定了其与不同民事主体间法律关系的多样性。股权变动因发生在不同民事主体之间而具有差异性:一是发生于出让股东与受让股东之间的股权变动。因股权系无形物,难以像普通的买卖合同中有形标的物那样有看得见的"交付"行为,由此在股权变动时点上产生了较多的争议。二是发生于公司与股东之间的股权变动。《公司法》"依股东名册主张行使股东权利"的表述,应理解为是"向公司主张行使股东权利",故记载于股东名册就是两主体间股权变动的节点。三是发生于股东与不特定第三人间的股权变动。同样根据《公司法》第 32 条第 3 款的规定,办理公司登记机关记载变更的,发生对抗第三人的效力。不特定的第三人与股东间并无股权变动。但股权要具备完全的权能,必须要具有对世性,也就是对不特定人发生对抗效力。就此意义上,所谓的"股权变动"时点,发生于公司登记机关的股权记载变更。

四、优先购买权的定位及体系保护

在价值取向上,股东优先购买权的司法保护应坚持两个基本原则:一是"强流通、弱人合"的原则,自由处分自己财产是股东的基本权利,应定位于保障股东自由转让权利基础下的,其他股东同等条件下的优先购买权。二是以主张购买为前提。既然是优先购买权,相关规定都是源自"购买"而确立的。以这两个基本原则为出发点,可见《公司法司法解释(四)》对优先购买权的体系性保护,主要体现为以下五个方面:(1)"购买"是适用前提。《公司法司法解释(四)》第 16 条否定了继承情况下优先购买权的行使,故赠与的情形亦应作相同处理,但恶意串通损害优先购买权者除外。(2)接受"同等条件"是优先购买权行使的条件,《公司法司法解释(四)》第 18 条明确了"同等条件"的认定标准。(3)提出"购买"请求是对优先购买权的诉请支持与否的条件。非欲购买,何来"优先购买权"?《公司法司法解释(四)》第 21 条第 2 款否定了不主张受让股权而仅主张确认股权转让合同及股权变动效力的诉请。第 20 条则规定,转让股东撤回转让情况下的,应否定其

① 参见[德]斯蒂芬·格伦德曼:《欧盟公司法》,法律出版社 2017 年版,第 259 ~261 页。

他股东行使优先购买权。(4)注重公司法律关系稳定性,明确了优先购买权行使期限。(5)关注相对方的权利保障。《公司法司法解释(四)》第20条明确规定,转让股东撤回转让,应按缔约过失责任赔偿其他股东的损失。第21条规定,其他股东无法行使优先购买权的,转让股东赔偿损失;因优先购买权行使导致受让方不能实现股权转让合同目的的,转让股东应承担违约责任。

裁判指引

一、"一股二卖"与股权归属

如存在"一股二卖"的情况,且另一受让人也未办理股东名册与公司登记机关记载变更,两个受让人均向法院起诉,要求实际履行股权转让合同的,参照《买卖合同司法解释》第10条的精神,应区分以下三种情况进行处理:已先行使股东权利的受让方请求办理公司登记机关记载、股东名册变更登记,法院应予支持;均未行使股东权利的,先支付股权转让款的受让方请求办理公司登记机关记载、股东名册变更登记,法院应予支持;股权转让合同均未履行的,成立在先的合同受让方请求履行合同的,法院应予支持。①

二、已付款未登记的受让人提起的执行异议之诉的处理

股权转让合同中,已支付股权转让价款但未办理股东名册登记的受让方提起的案外人执行异议之诉,是否应当予以支持?法院应驳回受让方提出的确认股东资格与排除出让股东债权人执行行为的诉讼请求。理由如下:第一,受让方依据《民事诉讼法》第227条提出案外人执行异议之诉,是以自己对被执行股权享有实体权益足以排除执行行为为前提,一般有确权与排除执行两项诉请。第二,即便受让方已履行股权转让合同项下的付款义务,但没有完成股东名册变更手续,其依据股权转让合同,仅享有要求公司、出让股东变更股东名册的请求权,对其确认股东资格的诉请,应不予支持。第三,受让人对系争股权享有的权利,与出让股东的债权人所享有的权利属性一样,同属债权,故前者并不能排除基于生效判决确定的债权启动的执行行为。第四,从某种意义上说,受让方得否排除执行的权利,取决于公司——若公司于查封前办理股东名册变更,即可排除执行;若公司怠于

① 相较于一般动产有形物的转让,股权与具备登记对抗效力的特殊动产转让有更多相似性,故参照《买卖合同司法解释》第10条,而非第9条。

变更导致系争股权被查封，受让人再行提起案外人执行异议之诉，将陷入被动。

三、有限责任公司章程限制股权转让的效力

《公司法》第71条第4款于前3款规定股东优先购买权之后，明确“公司章程对股权转让另有规定的，从其规定”，有观点认为，可通过章程规定来任意限制股东优先购买权，甚至直接剥夺股权转让之权利。对此问题，有以下4个原则可供借鉴：第一，股权转让可能影响有限责任公司控制结构，还会波及管理层任免，为维护公司组织架构稳定性，限制股权转让有其正当性，故《公司法》第71条从法定、约定两个层面予以赋权。第二，除法定限制外，章程对股权转让限制看似没有边界，但鉴于股权转让本系股东基本性权利，可以限制但不能绝对剥夺。“限制股权转让”范围有多大，应结合股权转让对公司的影响、股东持股情况等因素综合确定。第三，章程对股权转让限制作模糊表述的，从股东基本权利保障以及流转有利投资之角度考量，应借鉴《英国公司法》的做法，采取相对狭义的解释来确定。若是未明确限制股权转让，或未澄清限制范围，或表述为“股东希望、意图、打算向股东以外的人需经其他股东同意”等，限制条款只能作为摆设，不应视为实质性剥夺了股权对外转让的权利。[①] 第四，转让合同的内容，仅系转让股份期权、股权受益权，而并未产生股权变动之后果的，不能视为实质性转让股权，从而可激活公司法或章程中优先购买权条款。

律师指引

一、股东名册登记与公司登记机关记载的内容冲突及其诉讼救济

《公司法》第32条规定采取的是登记对抗模式，由此决定了公司登记机关记载内容的公信力、证明力高于股东名册，[②]善意第三人对此信赖产生善意取得的法律后果，《公司法司法解释（三）》第27条第1款即为适例。

受让人已经变更公司登记机关的股东信息记载，但未办理股东名册变更的，有权依据《公司法司法解释（三）》第23条，诉请公司变更股东名册，取得股东资格。

---

① ［英］保罗·戴维斯、［英］莎拉·沃辛顿：《现代公司法原理》，罗培新等译，法律出版社2016年版，第983页。

② 刘俊海：《现代公司法》，法律出版社2015年版，第472页。

受让人已经办理股东名册登记,甚至已行使股东权利的,善意第三人依据合法真实之股权转让协议,先行进行公司登记机关股权转让变更记载的,仍可要求公司变更股东名册登记。此为前一情况的反向投射。受让人无法有效获得完整的股权,可依据其与转让股东的股权转让合同,追究合同相对方的违约责任。

受让人既未办理股东名册登记,也未进行公司登记机关记载变更,其可依据《公司法司法解释(三)》第23条,诉请公司办理公司登记机关记载和股东名册变更登记。

二、股权转让中权利瑕疵与诉讼救济

股权转让合同的内容是权利的买卖,依据《合同法》第174条、《买卖合同司法解释》第45条的规定,股权转让合同中涉及股权本身的权利瑕疵的,可以买卖合同的相关规定为据,提起诉讼救济。

首先,《合同法》第150条规定的出卖人权利瑕疵担保责任的规定,在股权转让合同的语境下,可作为请求权基础,除非股权转让合同订立时作出了相应的事先约定,或者属于受让方知道或应当知道的情形。存在股权合同约定的股权回购条款无效、公司将进入清算或破产程序、《公司法》第4条规定的基本权利被排除等类似情形,属于转让标的"股权"存在权利瑕疵。

其次,《合同法》第148条规定的出卖人的质量瑕疵担保责任,在股权转让合同的语境下,原股东通常无须对转让股权的价值以及对应的公司资产质量承担责任,即使公司已经资不抵债,因为股权的价值与公司资产的价值并非完全对应。受让人据以收购的决定其成为控股股东的1%股权,与普通意义上1%股权,不可同日而语,此系公司制度的组织特性使然。如涉及股权转让合同当事人意思表示不真实的,可考虑选择缔约过失责任主张权利。

法务指引

一、受让方完成股东名册变更前之权利保护与风险防范

就公司而言,原则上仅于股东名册变更完成后,转让股东才失去股东资格,受让人才成为股东。股权转让合同订立至股东名册变更前又可细分为4个步骤:第一步,双方订立股权转让合同;第二步,排除优先购买权行使后,转让股东履行合同项下相关从义务,受让方支付股权转让款;第三步,转让股东、受让方向公司申请股权名册变更,转让方变更登记股东名册;第四步,办理股权变动的外部登记。

若合同未明确当事人间股权变动节点，涉受让方可能之争议及解决方案列举如下：

第一，于第二步相关股权收益权已转让至受让方，转让股东为受让方受托人，形成委托合同关系，其必须将收取的股权收益转交至受让方，同时必须代表受让方行使表决权。①

第二，即便股权转让合同采取分期付款方式，依据《民法典》第 633 条第 1 款之精神，未受到全部股权转让款的出让股东，于股权上保留相同比例的留置权，虽不影响股权于合同当事人间发生变动，但于股价付清前，转让股东可保管股权收益，并按最能保护自己的方式行使表决权。

鉴于办理完内部股东名册登记及外部市场监管机关登记手续前，受让方能否完全取得股权仍存有较多不确定性，故尤其有必要将不能按照前述步骤办理完股权内部及外部登记的各个时点的风险以特别违约金条款等违约责任方式落实到股权转让合同当中，越具体，越有可操作性，也就越有预防和威慑效果。如缔约地位较为强势，也可以按照先办理股权登记、变更手续，后支付股权转让价款的方式，降低风险，避免“钱权两空”。

二、关于股东名册登记、市场监管机关外部登记的义务主体与责任主体

在法律意义上，办理股东名册变更登记及市场监管部门外部登记的行为主体均为公司，而非出让股权的股东。但通常而言，公司并非股权转让合同的当事人，因此，无法直接通过股权转让合同追究公司的责任。不过，这并不妨碍将公司未及时办理股东变更手续列为股权出让方承担违约责任的事由。《合同法》规定承担违约责任的依据是出现违约情形，而非出让方有过错。故可以通过将公司未及时办理股权变更手续列为股权出让方的违约事由，并按日列出违约金计付方式，以督促股权出让方积极推动公司办理股权变更的内部和外部登记手续。

三、优先购买权对受让股权的影响及其风险防范

股权的组织性特质决定了股权转让交易并非股权出让方和受让方可以直接私相授受的事宜，其还涉及其他股东、目标公司等多个、多维主体的权利、义务，股

---

① 参见［英］保罗·戴维斯、［英］沙拉·沃辛顿：《现代公司法原理》，罗培新等译，法律出版社 2016 年版，第 985 ~986 页。

权转让合同的履行,有赖于法定相关主体的权利行使、放弃和义务履行。故一份“好”的股权转让合同,从起草到履行,均应当包括法务人员对各相关主体权利、义务和责任的必要关切。

就股权转让合同的起草而言,应当将标的股权的权利瑕疵(是实缴出资还是认缴出资),目标公司的既有债务及或有债务,合同的生效、付款、过户时点,需要目标公司配合完成的行为的督促机制及风险分配,优先购买权的前置程序完成、风险与结果安排,一股多卖的惩戒机制,都尽可能细致全面地落实到股权转让合同条款当中,并逐一设定相应的违约金条款,已确保交易风险的可见、可控、可执行。

在合同履行阶段,应当充分关注和审查相关法律文件的真实性、合法性及有效性。如涉及优先购买权问题,应当审查是否为现时股东出具;如其为法人,应当审查否具备合法有效的形式要件。虽然《纪要》明确优先购买权不直接影响合同效力,但股权并购本身就是一项重要的商业决策。如公司法务人员在审查阶段未尽审查之责、未有效揭示可能存在的履约风险,导致股权转让合同完整履约的目标未能实现,即使通过诉讼可能挽回部分损失,亦属法务人员失职,应当尽量予以克服和避免。

要案索引

[案例]中静实业(集团)有限公司与上海电力实业有限公司、中国水利电力物资有限公司、上海新能源环保工程有限公司、上海联合产权交易所股权转让纠纷案

[案号](2012)黄浦民二(商)初字第534号(一审)

(2014)沪二中民四(商)终字第1566号(二审)

[裁判要旨]优先购买权系有限责任公司股东法定权利,该权利的放弃应由公司股东作出明确之意思表示。

[案情概要]中静实业(集团)有限公司(以下简称中静公司)、国有企业上海电力实业有限公司(以下简称电力公司)系上海新能源环保工程有限公司(以下简称新能源公司)的股东,分别持股38.2%、61.8%。2012年2月15日,新能源公司通过股东大会决议:同意电力公司转让其所持股份,转让价以评估价为依据;中静公司不放弃优先购买权。5月25日,新能源公司将股权公开转让材料报送某产权交易所。6月1日,产权交易所公告新能源公司61.8%股权转让的信息。7月2

日,中静公司向产权交易所发函称,根据框架协议及补充协议,系争转让股权信息披露遗漏、权属存在争议,中静公司享有优先购买权,请求产权交易所暂停挂牌交易,重新披露信息。7 月 3 日,中国水利电力物资有限公司(以下简称水利公司)与电力公司通过产权交易所签订产权交易合同。9 月 11 日,新能源公司向水利公司出具出资证明书,并将其列入公司股东名册,但未能办理工商变更登记。中静公司诉至法院,认为电力公司擅自转让股份侵害了其优先购买权,请求判令中静公司对电力公司转让给水利公司的新能源公司 61.8% 股权享有优先购买权,并以转让价 48,691,000 元行使优先购买权。

[裁判观点]一、优先购买权系有限责任公司股东法定权利,权利的放弃需要明示,损害该项权利导致股权转让效力瑕疵。考虑到有限公司的人合性特征,《公司法》规定了股东向股东以外的人转让股权的,应当向其他股东充分履行通知义务。其他股东在同等条件下享有优先购买权。此处所涉通知的内容,应当包括拟转让的股权数量、价格、履行方式、拟受让人的有关情况等多项主要的转让条件。结合本案,首先,在电力公司于新能源公司股东会议中表示了股权转让的意愿后,中静公司已明确表示不放弃优先购买权。其次,电力公司确定将股权转让给上诉人水利公司后,也并未将明确的拟受让人的情况告知中静公司,故而对于中静公司及时、合法地行使权利造成了障碍。而权利的放弃需要明示,故不能当然地认定中静公司已经放弃或者丧失了该股东优先购买权。

二、产权交易所明知股东行使优先购买权的情况下,应及时停止挂牌交易。中静公司在产权交易所的挂牌公告期内向产权交易所提出了异议,并明确提出了股东优先购买权的问题,要求产权交易所暂停挂牌交易。但产权交易所未予及时反馈,而仍然促成电力公司与水利公司达成交易,并在交易完成之后,通知中静公司不予暂停交易,该做法明显欠妥。鉴于产权交易所为经市政府批准设立,不以营利为目的,仅为产权交易提供场所设施和市场服务的事业法人,并不具有处置法律纠纷的职能,其无权对于中静公司是否享有优先购买权等作出法律意义上的认定。故当中静公司作为新能源公司的股东在挂牌公告期内向产权交易所提出异议时,产权交易所即应当暂停挂牌交易,待新能源公司股东之间的纠纷依法解决后方恢复交易才更为合理、妥当。故其不应擅自判断标的公司其余股东提出的异议成立与否,其设定的交易规则也不应与法律规定相矛盾和冲突。

故一审、二审法院均支持了中静公司对电力公司转让给水利公司的 61.8% 新能源公司的股权享有优先购买权的诉请。

专题五

公司人格否认

公司人格独立和股东的有限责任，是公司法的两大基石。而公司人格否认制度，则是为保护债权人利益，被迫采取的一项原则之外的例外救济对策，也是一项缺少精确回答的救济。由于事后的惩罚性倾向及公平原则的运用，与人格否认制度的非精确性又有很大关系，所以，对人格否认制度的类型化，是一项非常有挑战性的立法技术。《纪要》在公司法部分的第四大点用4个条文，对该项制度进行了类型化区分，试图以股东的基本义务为出发点，对人格否认制度的司法适用作出逻辑严密且前后一致的阐述。

纪要原文

（四）关于公司人格否认

公司人格独立和股东有限责任是公司法的基本原则。否认公司独立人格，由滥用公司法人独立地位和股东有限责任的股东对公司债务承担连带责任，是股东有限责任的例外情形，旨在矫正有限责任制度在特定法律事实发生时对债权人保护的失衡现象。在审判实践中，要准确把握《公司法》第20条第3款规定的精神。一是只有在股东实施了滥用公司法人独立地位及股东有限责任的行为，且该行为严重损害了公司债权人利益的情况下，才能适用。损害债权人利益，主要是指股东滥用权利使公司财产不足以清偿公司债权人的债权。二是只有实施了滥用法人独立地位和股东有限责任行为的股东才对公司债务承担连带清偿责任，而其他股东不应承担此责任。三是公司人格否认不是全面、彻底、永久地否定公司的法人资格，而只是在具体案件中依据特定的法律事实、法律关系，突破股东对公司债务不承担责任的一般规则，例外地判令其承担连带责任。人民法院在个案中否认公司人格的判决的既判力仅仅约束该诉讼的各方当事人,不当然适用于涉及该公司的其他诉讼,不影响公司独立法人资格的存续。如果其他债权人提起公司人格否认诉讼,已生效判决认定的事实可以作为证据使用。四是《公司法》第20条第3款规定的滥用行为,实践中常见的情形有人格混同、过度支配与控制、资本显著不足等。在审理案件时,需要根据查明的案件事实进行综合判断,既审慎适用,又当用则用。实践中存在标准把握不严而滥用这一例外制度的现象,同时也存在因法律规定较为原则、抽象,适用难度大,而不善于适用、不敢于适用的现象,均应当引起高度重视。

10.【人格混同】认定公司人格与股东人格是否存在混同,最根本的判断标准是公司是否具有独立意思和独立财产,最主要的表现是公司的财产与股东的财产是否混同且无法区分。在认定是否构成人格混同时,应当综合考虑以下因素:

(1)股东无偿使用公司资金或者财产,不作财务记载的;

(2)股东用公司的资金偿还股东的债务,或者将公司的资金供关联公司无偿使用,不作财务记载的;

(3)公司账簿与股东账簿不分,致使公司财产与股东财产无法区分的;

(4)股东自身收益与公司盈利不加区分,致使双方利益不清的;

(5)公司的财产记载于股东名下,由股东占有、使用的;

(6)人格混同的其他情形。

在出现人格混同的情况下,往往同时出现以下混同:公司业务和股东业务混同;公司员工与股东员工混同,特别是财务人员混同;公司住所与股东住所混同。人民法院在审理案件时,关键要审查是否构成人格混同,而不要求同时具备其他方面的混同,其他方面的混同往往只是人格混同的补强。

11.【过度支配与控制】公司控制股东对公司过度支配与控制,操纵公司的决策过程,使公司完全丧失独立性,沦为控制股东的工具或躯壳,严重损害公司债权人利益,应当否认公司人格,由滥用控制权的股东对公司债务承担连带责任。实践中常见的情形包括:

(1)母子公司之间或者子公司之间进行利益输送的;

(2)母子公司或者子公司之间进行交易,收益归一方,损失却由另一方承担的;

(3)先从原公司抽走资金,然后再成立经营目的相同或者类似的公司,逃避原公司债务的;

(4)先解散公司,再以原公司场所、设备、人员及相同或者相似的经营目的另设公司,逃避原公司债务的;

(5)过度支配与控制的其他情形。

控制股东或实际控制人控制多个子公司或者关联公司,滥用控制权使多个子公司或者关联公司财产边界不清、财务混同,利益相互输送,丧失人格独立性,沦为控制股东逃避债务、非法经营,甚至违法犯罪工具的,可以综合案件事实,否认子公司或者关联公司法人人格,判令承担连带责任。

12.【资本显著不足】资本显著不足指的是,公司设立后在经营过程中,股东实际投入公司的资本数额与公司经营所隐含的风险相比明显不匹配。股东利用较少资本从事力所不及的经营,表明其没有从事公司经营的诚意,实质是恶意利用公司独立人格和股东有限责任把投资风险转嫁给债权人。由于资本显著不足的判断标准有很大的模糊性,特别是要与公司采取"以小博大"的正常经营方式相区分,因此在适用时要十分谨慎,应当与其他因素结合起来综合判断。

13.【诉讼地位】人民法院在审理公司人格否认纠纷案件时,应当根据不同情形确定当事人的诉讼地位:

(1)债权人对债务人公司享有的债权已经由生效裁判确认,其另行提起公司人格否认诉讼,请求股东对公司债务承担连带责任的,列股东为被告,公司为第三人;

(2)债权人对债务人公司享有的债权提起诉讼的同时,一并提起公司人格否认诉讼,请求股东对公司债务承担连带责任的,列公司和股东为共同被告;

(3)债权人对债务人公司享有的债权尚未经生效裁判确认,直接提起公司人格否认诉讼,请求公司股东对公司债务承担连带责任的,人民法院应当向债权人释明,告知其追加公司为共同被告。债权人拒绝追加的,人民法院应当裁定驳回起诉。

规范精要

一、《纪要》导语部分严格限定了适用公司人格否认的构成要件

与《纪要》的其他部分不同,公司人格否认的导语部分也有若干"干货",而不仅仅是过渡性的文字段落。导语部分明确,适用公司人格否认的行为要件是有滥用人格独立和有限责任的行为,结果要件是导致公司财产不足以清偿债权人的债权,主体要件是仅限于行为人而不涉及其他股东。《纪要》通过几个"只有……

才……”的要件排列，明确严格适用、限制适用、防止滥用人格否认原则的司法态度。

二、《纪要》明确判决人格否认事实认定的个案性

《纪要》在导语部分特别强调，公司人格否认是一案一否，既判力仅适用于个案诉讼的当事人，“不当然”适用于该公司的其他诉讼案件。对此，有两点需要重点关注，一是明确了人格否认的结论的个案性，不是全面地、持续地、普遍地否定公司人格；二是“不当然”的表述，为个案结论的延伸和拓展“预留了口子”，可能影响其他案件中公司人格独立性的结论。《纪要》预留的接口是本案的判决认定的事实，可以作为另案的证据。无疑，此证据是有足够法律效力的，将在很大程度上影响另案法官的事实认定及总体判断。

三、《纪要》体现出人民法院在“人格应当否认”和“人格慎重否认”的两难选择之间的小心翼翼

《纪要》导语部分先是强调要慎重适用，又强调“当用则用”；既批评了实践中存在对人格否认的标准把握不严而滥用的现象，又批评了“不善于适用、不敢于适用”的现象，似乎只有“精准”二字，才能把握人格否认制度适用的尺度。由此体现出在个案中，适用这一原则的“两面为难”，这给诉辩双方也带来了较大争夺空间。哪种倾向能够说服裁判者，就需要更多的事实、证据和论理来充实了。

四、《纪要》第10条明确了人格混同的具体认定标准，并强调了财产混同与人员混同、经营混同三者之间的事实认定层级差异

《纪要》第10条采用主观、客观和列举三种方式，来刻画人格混同的认定标准。主观标准是有无独立财产和独立意志，客观标准是财产是否混同，并列举了5种加兜底的财产混同表现形式。值得注意的是，以往的司法实践中，在人格否认的标准方面，经常强调要同时具备财产混同、人员混同、经营混同的“三个混同”同时具备。《纪要》第10条第2款区分了3个混同标准之间的权重和差异性，特别强调，关键是以财产混同为主要表现的人格混同，人员混同、业务混同、地点混同仅仅是补强因素，而不是必备因素。还需注意，财产混同是结果状态上的认定，此种类型下，股东的主观过错并非人格混同的必要条件。

五、《纪要》第 11 条发展和丰富了“过度支配与控制”公司的内涵，并列举了主要情形

《纪要》第 11 条对“过度支配与控制”的事实认定，从内涵和外延上作了进一步丰富。在内涵上，细化为操纵公司决策过程、沦为控制股东的工具并产生严重损害公司债权人利益的后果；在外延上，列举了母子公司之间、子公司之间、新旧公司之间利益输送的 4 种主要表现。在具体的认定标准上，则进一步强调要“综合案件事实”，体现出对该项事实认定的复合型要求。

六、《纪要》第 12 条对资本显著不足的标准进行了细化

一是以注册资本与经营风险显著不匹配的外观推定股东的恶意；二是将此种恶意与“以小博大”的正常经营相区分。然而，这两者之间的区分，在不同行业、对不同经营者而言，又何尝不是存在巨大的裁量空间？也正因如此，《纪要》在此强调，要“十分谨慎”且要与其他因素综合起来判断。

七、《纪要》第 13 条解决了人格否认案件中各方当事人的地位问题

与常规民法上的单线型诉讼不同，公司法上的诉讼涉及多重的、网状的主体的权利义务责任交集，因此，涉及公司法上的诉讼，往往基于主体的复合型和立体交叉，而呈现出多维、网状的法律关系重合、平行与交叉，给当事人的诉讼地位列置带来困难与争议。《纪要》第 13 条从公司债权人选择诉请的法律关系和责任对象出发，列出了 3 种典型的人格否认诉讼的当事人地位安排：一是既有判决确认债权另诉人格否认的连带责任的，列股东为被告、公司为第三人；二是基于人格否认同时诉请公司和股东承担连带责任的，列股东和公司为共同被告；三是公司债权未经诉讼单诉人格否认之连带责任的，应当追加公司为共同被告。由此为公司债权人在人格否认案件中被告的选择，提供了指引。

法理基础

人格否认纠纷案件的共性在于揭穿公司障眼法，要求股东之间控制的个人财产来承担公司债务，而不在于提供千篇一律普遍适用的统一路径。说得更直接一点，无非是突破公司独立人格与股东有限责任，追究资本化不足的公司的有控制权当事人的责任，结果导向性的救济必然配置像《公司法》第 20 条的一般性条款，

以加大威慑。此处《纪要》类型细化,有助于法律适用的清晰性,但可能带来的机械性,到底导致人格否认制度打击力的增强还是削弱,还有待观察。更应强调要避免法人人格否认制度适用的扩大化,防止作为现代公司制度奠基石的股东有限责任制度被破坏。公司人格否认制度不是常规救济手段,而是最后的补救措施,应尽量限定和缩小其适用范围。只有穷尽其他救济方式仍不能使债权人利益得到平衡时,才能考虑否认公司的法人人格,追究股东的责任。应避免矫枉过正,审慎发挥该制度应有价值的同时,也不应动摇整个公司制度的根本。

一、公司人格混同的界定基点是财产边界不清

《纪要》第 10 条于人格混同型法人人格否认中突出财产混同,该条列举的五种常见财产混同表现形式的任何一种,都属于公司财产与股东资产没有审慎的区分或者完全没有区分。那么,对于公司债务,股东的自身财产也要承担责任。其法理基础在于,主张享有法人责任限于法人自身,就必须以股东财产与法人财产分割为前提。否则,对财产混同负有责任的股东,或者从中获得利益的股东,就应当承担个人责任。

二、公司人格否认与股东有限责任的关系

人格否认是指公司因资力不足无法清偿其债务时,公司之债权人于特定情况下可以要求公司股东对公司债务负责。公司制度均以股东有限责任为原则,但在特殊情况下,仍坚持股东有限责任,可能会对公司债权人产生不公平,故《公司法》实践中发展出人格否认制度,使公司债权人于特定情况下,可以获得有效救济,法律依据集中体现在《公司法》第 20 条和第 63 条。

股东有限责任是公司制度之核心原则,不能随意和无限制的突破;而人格否认在法理上,则混合了法人理论、衡平理论、区分理论等不同的理论基础,背后还涉及有限责任正当运用的法律政策观念,这就决定了公司的人格否认,更多的是一种启发式的准则,而难以成为精准、具体的法律规则。更确切地说,价值评判和利益衡量对个案裁判结果,更具关键性作用。《纪要》对这一问题的规范思路,是通过类型化,来进行梳理、归纳、发展出三种人格否认的具体案件类型,即《纪要》第 10 条、第 11 条、第 12 条规定的人格混同、过度支配与控制、资本显著不足。从根本上来看,这三种类型共同的法理依据,仍是禁止权利滥用。

三、多重法律关系与多名当事人的诉讼地位

公司债权人起诉的目的，是通过人格否认制度实现股东对公司债务的连带清偿责任，其中包含了两个争议事实：一是公司债权人对公司的债权是否成立；二是股东与公司之间的人格否认关系是否成立。两个事实的关系，有两个层次：第一个层次，两个事实彼此具有独立性，前一个事实与后一事实前后相叠加，才能实现公司债权人的诉讼目的；第二个层次，后一个事实以前一个事实成立为其成就的前提，反之，则不成立。

就第一个层次的事实而言，确认债权人对公司享有债权，既独立于否定公司人格，又是否定公司人格要求股东承担连带之债的那个本债。于债权人对公司债务已被前诉裁判确认之后，债权人再以公司人格否认为由，主张股东对公司债务连带清偿，亦是一个独立的诉讼。

就第二个层次的事实而言，两个事实是前后相续的，没有前一个事实（对公司债权的确认），也就没有后一事实产生的对公司债务的连带清偿。副位的股东连带清偿诉请确立，是以主位请求对公司债权成立为条件的，故《纪要》第 13 条第 2 项允许一并提出对公司债权的确认与公司人格否认诉讼；第 3 项又明确债权未经生效判决确认，于公司人格否认诉讼中，除股东外，必须另行追加公司为共同被告。其法理基础在于：此类诉讼属于备位诉讼，主位的债权确认诉讼被否定，副位的人格否认诉讼就没有了继续进行的基础，整个诉讼即告终了。[①]

裁判指引

一、裁判理由阐释与规范依据

否认公司法人人格导致否定股东的有限责任，而股东有限责任是股东利用公司制度的重要动机，也是公司法明文规定的基本原则。频繁地运用人格否认，将会致使法律关系的不稳定。我国公司法在制定法上沿袭的是德国法，从权利滥用角度寻找公司人格否认的依据，才有《公司法》第 20 条的规定。

然而，在实践中，为资本集中、风险分散而设立公司的"初心"已然褪色，以小额资本和为享有有限责任利益而设立公司的动机则更为常见。在此背景下，不应

---

① 参见[日]高桥宏志：《重点讲义民事诉讼法》，张卫平等译，法律出版社 2007 年版，第 244 ~ 245 页。

放任公司沦为他人为逃避责任而使用的工具。[①] 现代公司法通过严格规制公司设立、监督公司运营、推行公司解散破产制度等，健全公司制度的发展。但上述制度尚不能解决全部问题。问题导向之下，公司人格否认制度应运而生。换言之，公司人格否认制度原本就不是公司制度中的先验原理，而是为了解决具体法律问题的积累中找出的共同方法。因此，法官也可以根据不同的法律关系，阐明相应的法理依据。《纪要》确定的三种类型，不是限制，而是触发；不是经纬封闭的区隔，而是可混合运用的考量因素。

二、人格否认与抽逃出资、挪用公司财产

人格否认制度是股东对公司债务承担责任的极端方式，仅仅是股东抽逃某确定数额的出资、挪用某个可确定公司财产，都不足以构成财产混同。后者的矫正路径是在该确定份额内对公司进行赔偿，或对公司债权人在公司不能清偿的部分承担补充赔偿责任，而不能扩张至人格混同下的连带清偿责任。

三、过度控制和支配型公司人格否认的界定

多数股东通过股东会、董事会对公司的支配和控制是常态，因此单纯支配与控制不足以否定公司人格。只有过度控制、达到支配程度，进而使公司丧失自己的意志，才有适用人格否认的余地。也就是说，“过度控制因素”导致公司由组织规则形成的意志被股东个人意志替代，公司被形骸化。此类人格否认，在构成要件上要注意两点：

一是股东对公司活动进行了长期的、严密的控制。可简单表述为，像一人公司那样由股东控制非一人公司。“长期”主要是指对公司控制的期限较长，并非偶发，有可能是 1 年，也可能是若干年，但不宜理解为固定的期限。“严密”主要表现为对公司人事权的控制，如支配董事监事产生、支配高管的聘用。控制的客体，主要是公司的业务与资产。前者如指示公司长期向关联公司高价采购原料；后者如将公司资产转移到关联公司名下等。

二是控制行为与公司及其债权人利益受损有关联性。虽然《公司法》不绝对否定股东对公司长期严密控制，但公司应有其独立的人格、独立的利益。不仅如此，《公司法》第 20 条第 1 款还明确规定了控股股东对公司有忠诚义务。若是股

---

① ［韩］李哲松：《韩国公司法》，吴日焕译，中国政法大学出版社 2000 年版，第 40 页。

东通过对公司的意志支配,随意调用公司资产、利益输送等,导致公司丧失清偿能力,损害公司债权人利益,就可以认定控制行为与债权人的利益受损有因果关系。

四、资本显著不足型公司人格否认的判断

《纪要》第12条有关“资本显著不足”的“资本”是指公司原始资本额,包括注册资本与资本公积金。如果股东对公司投入足够的资本,是以公司形式从事商事活动的先决条件,那就要在股东与公司债权人之间进行利益转换,由股东对公司债权承担连带清偿责任。就此,有三个具体问题,需进一步明确。

(一)认定资本显著不足的时间点选择

公司存续和经营是一个持续的、动态的过程。那么,判断资本显著不足,以哪一个具体的时间点为准?是公司成立阶段,还是公司经营中的某个时点?从市场准入分类来看,只有法律行政法规规定的特殊行业,基于规定或市场惯例可确知公司设立阶段有较为确定的资本要求,可能触发“资本显著不足”的事实认定;其他通过备案即可颁发营业执照并成立公司,在公司设立的那个时点,并没有基于资本显著不足而否定公司人格的正当理由。《全国法院民商事审判工作会议纪要(正式稿)》否定了《全国法院民商事审判工作会议纪要(征求意见稿)》中的此项规定,也正说明了这一点。故仅在公司经营阶段,才有资本显著不足型公司人格否认之适用。

(二)资本显著不足的量化标准

最高人民法院认为“资本显著不足”一定要达到滥用公司独立人格且严重损害公司债权人利益的程度。[①] 这两种程度,可细化为以下几个具体的要素予以把握:一是要考量具体的商事领域,区分是相对稳定的商业领域,还是充满危险的商业领域;二是债权人的风险防控要素,于风险较高的商业领域,债权人通常要求更高的利率,要求提供特定的担保,或者要求采取较高的注册资本以提供保障;三是公司的主观过错要素,公司是否营造了债权人确有理由相信其具备相应的交易实力的想象。例如,隐藏于公司注册资金背后的资产,是否常常比登记的多;又如,交易相对方的公司属于一个复杂的公司复合体。以上列举的三类考量要素,仅是较为常见的。“资本显著不足”,毕竟是个含糊的概念,原则上仍需要结合个案单

---

① 参见最高人民法院民事审判第二庭编著:《〈全国法院民商事审判工作会议纪要〉理解与适用》,人民法院出版社2019年版,第157页。

独确定。

(三)责任主体是全部股东还是部分股东

原始资本是全体股东投入公司的资本。按理说,是全体股东共同导致了公司原始资本的不足,进而导致债权保护的责任财产缺失。故表面上,只能得出全体股东都要对就资本显著不足型的人格否认承担责任的结论。然而,2013 年年底的公司资本登记制度改革,确定公司资本数额由股东通过章程确定。仅因资本显著不足,并不导致人格否认,只有加上后续的致使债权人利益受损的要件,才足以启动人格否认。而实质负责公司经营的股东,才能实施后一要件行为。因此,仅有该股东才应该对公司债务承担连带责任,没有参与公司经营的股东不应承担此项责任。

五、债之性质对公司人格否认的连带责任承担的影响

公司人格否认产生股东对公司债务承担连带责任的法律后果,但有观点认为,股东是否承担连带责任,应当基于公司债务是侵权之债还是合同之债而有所差异。原因在于,二者在债之形成的原因上,有自愿与否的不同,并且存在是否可以采取事前防范措施的差异。有观点强调,相较于非自愿发生的侵权之债,合同债权人可通过与公司讨价还价来获得对缺省规则的修改,以保护自己。[①] 但此观点不仅给债权人强加了更高的磋商成本负担,而且与公司人格否认制度的目的相悖。公司人格否认制度的目的是通过否认公司独立人格来实现股东个人对公司债务的承担,意旨在于通过审查是否存在与有限责任不匹配的"反公司人格"行为,来避免公司成为股东谋取不正当利益的工具,防范股东的滥权。因此,公司债务的性质是合同之债还是侵权之债,对公司人格否认制度的适用及法律后果没有影响。

六、公司人格否认中的举证责任分配与证明标准

《公司法》第 63 条对一人公司的股东和公司承担连带责任的举证责任问题,采取了法定的举证责任倒置的规定。那么,除了一人公司之外,其他公司的公司人格否认诉讼中,依据《民诉法解释》第 91 条第 1 项的规定,举证责任应由实体否

---

① 参见[美]斯蒂芬·M.班布里奇、[美]M.托德·亨德森:《有限责任:法律与经济分析》,李诗鸿译,上海人民出版社 2019 年版,第 79 页。

定公司人格的债权人承担，相关证明对象为《纪要》第 10 条、第 11 条、第 12 条列举的三种类型人格否认的构成要件。

由于债权人作为公司的外部主体，并不了解公司内部的经营及财务状况，故公司人格否认诉讼中，可通过举证责任转移的方式，为债权人向法院申请要求被告提交相关证据提供必要的接口。换言之，如公司债权人提供了初步证据证明可能存在人格混同、财产混同并向法院申请要求被告提供进一步的证据证明不存在滥用人格、不属于财产混同的，法院应当准许。法院应根据法律规定、经验法则，结合案件情况，责令被告提交必要的书证。被告拒绝提交且无正当理由的，法院可以依据《民事诉讼法》第 112 条、《最高人民法院关于民事诉讼证据的若干规定》(2019 年修正，以下简称《新证据规则》)第 95 条，认可债权人对证据内容，并作出不利于控制人的事实认定。

在具体的证明标准方面，应定位在达到“排除合理怀疑”的程度。其原因在于：第一，之所以要否定公司人格，是因为股东利用虚假的公司独立人格来获取对公司债务的有限责任，实为股东存有欺诈。故依《民诉法解释》第 109 条的规定，证明标准应为“排除合理怀疑”。第二，公司制度中，以推定公司是个独立的法律实体为强烈的事实前提，要否定该推定，必须是达到清晰且令人信服的程度，即超过优势证据标准的“排除合理怀疑”。

七、《纪要》第 11 条与公司人格否认的反向适用

根据《纪要》第 11 条第 2 款“控制股东或实际控制人控制多个子公司或者关联公司，滥用控制权使多个子公司或者关联公司财产边界不清、财务混同，利益相互输送，丧失人格独立性，沦为控制股东逃避债务、非法经营，甚至违法犯罪工具的，可以综合案件事实，否认子公司或者关联公司法人人格，判令承担连带责任”的规定，可以解读出正向的人格否认。那么，能否据此解读出反向的人格否认法理呢？

(一) 文义解释、类推适用与法理证成

笔者认为，该条提及的“子公司等成为控股股东的工具”，也可以是股东为逃避清偿，将其财产归入公司；后面表述的“连带责任”，可以是股东对公司债权的连带，也可以是公司对股东债权的连带。据此可以推论，承认反向人格否认，也不违反该条款之精神。

或有观点提出，既然股东将财产投入公司，也获得了对价，那么，执行公司股

份也就执行了对价。然而，不能排除该股东将自己的财产注入公司，但获得远小于对价的股份。因为其控制了公司，也就控制了资产，不成比例的股份恰恰能规避债权人的执行，这就产生了反向人格否认的必要性。

还有观点提出，允许反向人格否认，就是法院承认股东可以不遵守必要的公司形式规范。但反向人格否认本质上还是要保护股东债权人利益，因为再坚持公司独立人格，就违反了公平原则，否认公司独立人格是为了避免不公平的结果，而不是消除公司的形式。

申言之，在公司与股东不能保持独立性的情况下，既然公司债权人受到不公正对待时，可采取正向人格否认予以救济，要求公司与股东之间相互承担责任；同理，股东债权人受到同样对待时，采取反向人格否认，要求股东与公司之间相互承担责任，也是可以接受的。[①]

（二）反向人格否认的主要类型与裁判关注重点

反向人格否认主要包括内部反向人格否认和外部反向人格否认两种类型。

内部反向人格否认是指公司内部人或控股股东主张否定公司人格，使公司资产置于该内部人或控股股东的保护之下，免于第三人之请求，故此种情形又被称为自愿性人格否认。此种人格否认意在允许未遵守必要公司形式的内部人通过此方式获益。属于其“自不法行为中获益”，故不应得到支持。

外部反向人格否认指涉及第三人对公司内部人提起的诉讼，否认公司人格，主张以公司资产清偿内部人对第三人之债务。其与正向人格否认中维护债权人的合理期待之价值取向一致。外部反向人格否认中要重点关注两个考量因素：一是原告对被告利用控制该公司的方式，作为规避个人义务、欺诈或为获得不公利益的事实，负举证责任。此与正向人格否认一致。二是要注意考量公司人格否认对无辜股东、债权人的冲击。如果在具体案件中，反向人格否认的公司是股东和他的关联公司，且公司资产足以清偿其他公司债权人时，法院应允许反向人格否认。

律师指引

一、维权主体与案由选择

公司人格否认之诉的适格原告只能是公司的债权人，可以是公司合同之债的

---

① 参见[美]斯蒂芬·M. 班布里奇、[美]M. 托德·亨德森：《有限责任：法律与经济分析》，李诗鸿译，上海人民出版社2019年版，第176～178页。

债权人，也可以是公司侵权之债的债权人，但不能是股东。其他股东若因控制股东的滥用行为导致利益受损，可以通过股东的直接诉讼和代表诉讼加以救济，不应通过提起公司人格否认之诉来主张救济。公司人格否认制度设立的初衷是保护外部债权人的利益，而不是为其他股东提供救济。

二、股东责任与请求权基础

公司法中重要的特点是网状法律关系的交织。律师代理公司纠纷案件，特别是追究股东责任的案件，最重要的一点就是厘清不同的法律关系、明确不同情形下维权的不同请求权基础，特别要避免自身的请求权基础“昏昏”，使承办法官对审理的法律关系和法律依据“昭昭”。在公司的外部关系中，追究股东责任，要明晰公司人格否认制度与公司法其他制度各自不同的功能和相互之间的联系。

公司法中，就股东对公司债权的责任，有基于股东与股东间的关系，有源自股东与公司间的关系，也可溯及股东与公司债权人之间的关系。公司法人格否认制度只是解决公司及股东与公司债权人之间关系的规则，其他的法律关系则应由公司法中的其他相关制度处理。对此，就以下几点予以特别提示：

（一）区分公司内部关系与外部关系

公司法兼具组织法与行为法之特性。公司为客体发生之组织类法律关系，通常称为公司内部关系；公司为主体发生之行为法律关系，通常称为公司外部关系。此处关注因外部关系产生股东的责任体系，也考虑部分公司内部关系要素，确定股东对公司债务责任承担之内容范围。

《纪要》第11～13条规定的人格否认制度，打破了公司与股东之间的责任财产界限，是股东承担公司债务的最极端形式；再立足于公司的独立人格，《公司法》第3条明确已履行出资义务的股东不对公司债务承担责任；此为股东对公司债务之责任的光谱系两端，两端间还有诸多程度范围不同之责任。不同的损害客体、损害发生阶段、损害方式等，会导致股东对公司债务不同的责任承担方式。

（二）区分损害公司资本与损害公司一般财产权的股东责任

应严格区分公司资本与公司资产，公司资本不等同于公司资产，是指公司资产中的股东出资部分，包括注册资本与资本公积金；公司资产包括公司资本、公司对外债权、公司的资产收益和经营收益。以关联交易为例，通过区分侵害公司资本与资本外的其他公司财产权，可将《公司法》第21条规定的损害公司财产权的“关联交易”从“抽逃出资”中剥离出来，一定程度上限缩抽逃出资的情形。

首先,公司控股股东利用关联关系损害公司利益,给公司造成损失的,无论是损害公司资本,还是公司资产以外的其他公司资产,都应当承担赔偿责任。若是指向公司资本(包括注册资本与资本公积金)外的其他公司资产,则构成侵害公司财产权的行为。但因没有侵蚀到公司资本,故不构成抽逃出资。此属较弱程度的损害,公司可依据《公司法》第21条直接主张赔偿,要求股东承担相应的损害赔偿责任。

其次,根据《公司法司法解释(三)》第12条第3项,股东利用关联交易将出资转出损害公司权益的,构成抽逃出资。根据《公司法司法解释(三)》第13条第1款,股东未履行出资义务,应于抽逃、未履行出资的范围内,对公司债务不能清偿部分承担补充赔偿责任。协助抽逃出资的其他股东、董事高管承担连带责任;未履行出资义务的,发起股东承担连带责任。

(三)区分根本损害公司制度与损害公司资产的股东责任

就公司人格否认而言,公司制度空有其表,源于股东的虚假安排,公司成为股东的工具,本质上是对公司制度的根本否定。此时,法律不能让股东躲藏于公司制度确定的有限责任之后,应由股东对公司债务承担直接的连带责任。

而股东对公司资产的损害,主要表现为通过利益输送导致公司对债权人责任财产的减少,依托于"不入库"代位权,以是否触及"资本维持原则",导致对公司制度信赖缺失为限,分别产生对债权人的股东补充赔偿责任,以及对公司的股东赔偿责任。

至于公司正常经营过程中,为特定需要而减资或回购股权的,亦应遵循公司制度的程序安排,否则不对公司债权人发生效力。此时,公司债权人可类推适用抽逃出资的规定,直接向减资或回购股东主张获益范围内的补充赔偿责任。若是正常经营导致的资不抵债,属于公司资本制度的事前保护失陷,将直接影响债权人利益。此时,主导公司的不再是股东获利,而是债权人保护,《公司法》对公司制度的调整也应让位于《企业破产法》。

(四)区分股东身份责任与股东行为责任

以产生民事责任的依据是否仅仅因为其股东身份为据,可将股东责任区分为股东身份责任与股东行为责任。股东身份责任是指非因股东自身行为,而因其股东身份而产生的责任。例如,依《公司法司法解释(三)》第13条第3款的规定,发起人股东因其身份,对出资瑕疵股东就公司不能清偿的债务于未出资本息范围内之补充赔偿责任承担连带责任。股东行为责任是指因股东自身行为而导致的民事责任。例如,依《公司法司法解释(三)》第14条第2款的规定,协助抽逃出资的其他股东,在抽逃出资本息范围内对公司债务不能清偿部分承担补充赔偿责任。股东身份责任通常源于公司制度中发起人股东对其他股东的连带责任,股东行为责任是基于股东自身的违法行为而产生的、对直接或间接受害方的侵权责任。

在更广泛的意义上,股东作为公司组织体的成员,其权利虽有自己的独立性,但系从公司权利引申出来的,为实现公司利害关系人之共同利益,股东应当负有相应的忠诚义务:一是不得损害公司利益;二是要正当负责地行使股东权。如违反上述义务,无论表现为股东对资本制度之违反,还是表现为对公司财产权的侵害,乃至无视公司独立人格的股东权利滥用,都属于广义上的股东行为责任。

(五)区分公司设立阶段、经营阶段与清算阶段的股东责任

公司"生老病死"的各个阶段,因股东与公司联系之紧密程度不同导致的义务差异,对应的是不同的对外民事责任。

一是公司设立阶段的股东责任。《公司法司法解释(三)》第1~5条将此阶段公司理解为民事合伙,认为只能进行公司设立有关的事宜,因营业执照颁发之前,公司无商事主体资格,不应从事商事交易。但《公司法司法解释(三)》第3条又以"是否以设立中公司名义对外签订合同"为确认公司承担合同责任的主要依据,实质将设立中公司视为"独立的组织形式"对待,并肯定了公司的"前负担义务"。那么,设立中的公司具有临时权利能力,由发起人代理对外签订合同的,公司设立后由设立后的公司承担合同责任。只有在超越代理权限,即《公司法司法解释(三)》第3条规定的所谓"发起人为自己利益"的情况下,才由该发起人承担合同责任。

《公司法司法解释(三)》第4条、第5条第1款还就设立公司产生债务,明确公司设立失败时发起人两个层次的责任。第一个层次,无论是公司承担的合同之债还是侵权之债,发起人都负连带责任。就合同之债,基于发起人协议形成的"合伙体",发起人作为合伙人承担的是"连带清偿责任";就侵权之债,基于全体发起人对设立中公司的主导性,是替代无资产的设立中公司,承担发起人与发起人之间"连带"的"赔偿责任",而非发起人与设立中公司之间的连带责任。第二个层次,就公司的合同之债,按有无过错确定内部承担份额。无过错的,发起人之间按照约定责任比例或出资比例,或均等份额承担连带责任,系《民法典》第972条的贯彻。有过错的,按过错责任确定该发起人对公司合同之债的责任范围,系《民法

总则》第 178 条第 2 款连带责任人按责任大小确定承担责任份额的规定之落实。就公司的侵权之债,无过错发起人可向有过错发起人追偿,亦是第 178 条规定的体现。

二是公司经营阶段的股东责任。股东的主要义务是出资,股东不履行出资义务或履行出资义务后又抽逃损害公司资本制度的,将减损公司责任能力,进而对公司的经营能力产生影响。为此,首先,从资本确定原则出发,引入代位权制度,明确瑕疵出资、抽逃出资股东对公司债务的补充赔偿责任。其次,立足于资本维持原则,否定违法股权回购、违法利润分配等损及公司资本行为的法定效力,防止公司对股东利益输送。最后,坚守资本不变原则,强调遵循法定程序减资,否则不对相关债权人发生拘束力,该债权人亦可就减资范围主张受益股东对其承担赔偿责任。另在维护公司资本之外,明确公司其他财产权的保护,通过《公司法》第 21 条关联交易损害公司利益之赔偿责任,《公司法司法解释(五)》第 2 条关联交易法律行为之撤销与无效认定等,予以救济。更强调股东由其公司的股东地位资格产生的身份责任,除提及的发起人股东对瑕疵出资股东的连带责任外,还有因注意义务缺失导致受让股东对出让股东瑕疵出资的连带责任等,通过附加的股东责任,以增加公司债权的可清偿性。

三是公司清算阶段的股东。首先,强调股东作为清算义务人,基于其组织清算义务产生以下责任:第一,根据怠于清算程度的不同,产生的对公司债务的连带清偿责任和相应的赔偿责任;第二,依据其恶意处置、虚假清算,产生相应的赔偿责任;第三,违反法定清算后注销的法定程序,产生的对公司债务的清偿责任。其次,股东基于其与公司的特殊联系,产生的额外责任:第一,源于诚信义务,应启动破产程序而不启动,产生惩罚性的加速到期的出资义务,通过对特定公司债权的偏颇清偿,来激励启动破产程序实现公司债权的按比例清偿;第二,股东作为公司财产剩余价值的最后索取权人,确立的股东债权劣后清偿原则。

(六)区分组织法层面的股东责任与行为法层面的股东责任

组织法层面,是以公司为中介,基于股东之公司成员身份,因股东行为因素对公司责任财产变化之强弱,从资本制度保护向交易公允性保护,对公司债权清偿之影响,引发股东对公司债权责任承担范围之大小变化。

行为法层面,股东利用与其与公司的紧密关系,可能通过关联交易等方式进行利益输送,债权人亦可从传统民法上追究股东责任以获得救济。例如,债权人以股东诚信义务缺失为落脚点,以保障从属公司债权人的正当利益免受控股股东的不法侵害为由，主张股东债权劣后清偿的规则。[①] 又如，公司债权人以股东与公司恶意串通、低价转让公司资产损害债权为由，甚至通过虚构已全部付款的不当关联交易损害转让方公司利益的侵权事实成立的情况下，有权提起侵权之诉，向股东主张连带侵权责任。[②] 再如，公司将主要财产以明显不合理低价转让给其股东，股东明知公司存有欠付债务的情况下，未实际支付对价的，公司债权人可提起代位权、撤销权诉讼。[③] 以上诸项诉讼，皆为公司法之外，民法上的救济规则群。

三、对被告的选择

鉴于人民法院对公司人格否认的认定持非常慎重的态度，在是否存在滥用人格独立并造成财产混同的诉讼请求，以及诉请承担连带责任的具体股东选择上，就要作出审慎预判，以提升诉请得到支持的可能。具体而言，有以下几点需要注意：

（一）要注意积极股东与消极股东之间的差异，优先选择能控制公司的积极股东作为被告

相较于积极股东，消极股东不参与公司管理，也就谈不上对公司的控制、支配，不能具有直接滥用股东有限责任与公司独立人格的机会，损害债权人利益也就无从谈起，因此，通常应当优先选择积极股东作为公司债务连带责任的被告，即选择公司中具有支配地位的、积极参与公司事务并能够对公司的主要决策施加影响的股东。当然，为防止“挂一漏万”，有确切证据的，把全部股东作为被告，也是一种诉讼策略选择。

（二）要注意法人股东与自然人股东之间的差异

法人股东作为控股股东较经常的介入被控股公司的经营，或该标的公司本身就是法人股东主导的关联公司中的一环，如被控股的公司不遵守公司程式、利益输送频繁等，相较于自然人股东，由法人股东主导的公司更缺乏独立性，也更易于被人格否认。

---

① 该规则在最高人民法院2015年3月31日公布的典型案例“沙港公司诉开天公司执行分配方案异议案”中有所体现。

② 详见最高人民法院(2014)民提字第111号案，广州紫云山庄房地产有限公司(一审被告、二审上诉人)与被申诉人中国一拖集团有限公司(一审原告、二审被上诉人)、被申诉人广州罗兰德房地产有限公司(一审被告、二审被上诉人)担保合同纠纷案。

③ 详见最高人民法院指导案例33号瑞士嘉吉国际公司诉福建金石制油有限公司等确认合同无效纠纷案。

（三）不宜基于滥用人格独立而选择董事和高管作为人格否认的连带责任被告

公司人格否认之诉的主要被告是公司法人人格的滥用者，公司的董事和高管也可能滥用公司人格，但其行为另有公司法上的其他制度追究，不宜纳入法人人格否认制度的范围之中。

四、举证与申请调取证据的实务操作

证据是诉讼之王，此点在公司人格否认案件中体现更为突出。难点在于，法律规定的不确定性和较大的司法裁量权范围，甚至是左右摇摆、难以下判的司法态度。在此背景下，能否通过扎实具体、有说服力的证据，实现说服法官的目的，达致有利的“自由心证”结果，就成为对各方代理律师的重要考验和挑战。

作为原告，应当提供人员、经营范围、经营场所混同等可见事实，以及“财产”（包括债权、债务及清偿路径）混同的证据，勾勒出被告股东滥用公司人格的“故事梗概”，如股东和公司频繁的、无确切事由的往来款记录，在法官庭前阅卷及庭审调查中形成较为有利的价值（滥用人格独立）和事实（财产混同）判断，即“有初步证据证明可能存在滥用公司独立人格”的内心认知。对于后续存疑的、原告尚不足以勾勒出完整的事实的“故事”及事实，可通过向法院申请调取的方式，请求法院要求被告提供足够的财产、意志独立的证据。

应予强调的是，涉及申请法院调取、要求被告提供证据的请求，应当以书面方式在法定期限内向法院提出，向法院明确其要求对方提交的书证名称、证明对象事实及该事实的重要性，并明确对方控制书证的根据以及应当提交该书证的理由。实务中，常见部分律师及当事人口头一提，事后又以一审法院未依法支持为由，主张一审程序违法、遗漏重要事实，实不可取。申请法院调取或者要求被告提供的证据，应当尽可能明确、具体，才有可能形成有效的证据指向和有利的举证结果。

作为被告，如果事实上并非滥用公司人格，仅是存在正常的关联交易及往来款，则应当就每一笔资金往来的原因、合同依据、交易过程、交易结果、交易的公平性和正当性进行全面、细致的举证，通过交易的公平性、正当性和资金往来的合法性，来证明不存在滥用公司人格独立的事实。

法务指引

一、公司人格否认风险之防范

公司法务之职责在于维护公司开展合法合规的经营活动，并对不必要的涉诉法律风险予以尽职提示和防范。故股东如欲行滥用公司人格独立、转移公司财产、逃避债务之行为,法务应予必要提示,揭示可能存在的被诉风险和败诉责任。

股东与公司之间有千丝万缕的人员重合及财产关系,客观上,即使是正当的交易行为,也未必能够完全排除公司债权人以公司人格否认为由,主张连带责任。就法务人员的角度而言,应提示相应交易的对价公平性和正当性,对股东与公司之间的资金往来,应提示留存相应的原因性证据。为避免仅仅因为人员的重合而产生公司人格否认的被诉败诉风险,对相应的交易提议、公司内部决议讨论记录,亦有必要做完备留存,以作为公司意志独立、经由公司内部决议机关正式讨论而为,非控股股东滥用控股地位控制公司意志而为的证据,减少或者降低败诉风险。

二、关于收购标的公司股权之风险隔离

通过收购目标公司股权实现公司并购,已经是较为常见的公司并购模式了。而股权的洁净性,通常是此类交易中法律尽职调查的重要关注点。通常情况下,对目标公司的尽职调查,主要体现为对目标公司债务情况的尽职调查,但在公司人格否认的语境下,目标公司的关联主体,包括其股东、关联公司、全资或者控股子公司,也可能因为公司人格否认而产生连带责任。更为重要的是,近年来,关联公司的实质合并破产已经被越来越多的运用到企业破产法的审判实践。就此,《全国法院破产审判工作会议纪要》(法〔2018〕53 号)第六部分已就关联企业实质合并破产的适用原则与条件、对实质合并申请的审查和监督、关联企业破产的管辖原则以及法律后果等问题作了专题规定,应予关注。由于这一制度的存在,以往通过目标公司的股权收购以实现破产隔离的交易策略可能落空。故在项目和交易的法律尽调、法务审查中,对此问题应予以高度关注,如果存在关联公司基于人格否认而被实质合并破产可能的,应当对这一法律风险予以充分揭示。

要案索引

[案例]徐工集团工程机械股份有限公司诉成都川交工贸有限责任公司等买卖合同纠纷案

[案号](2009)徐民二初字第 0065 号(一审)

(2011)苏商终字第 0107 号(二审)

[裁判要旨]公司间人员、业务、财务等高度混同,导致各自财产无法区分,已丧失独立人格,构成人格混同。

[案情概要]原告徐工集团工程机械股份有限公司(以下简称徐工机械公司)诉称:成都川交工贸有限责任公司(以下简称川交工贸公司)拖欠其货款未付,而成都川交工程机械有限责任公司(以下简称川交机械公司)、四川瑞路建设工程有限公司(以下简称瑞路公司)与川交工贸公司人格混同,三个公司实际控制人王永礼以及川交工贸公司股东等人的个人资产与公司资产混同,均应承担连带清偿责任。故请求判令:川交工贸公司支付所欠相应货款10,916,405.71元及利息;川交机械公司、瑞路公司及王永礼等个人对上述债务承担连带清偿责任。被告川交工贸公司、川交机械公司、瑞路公司辩称:三个公司虽有关联,但并不混同,川交机械公司、瑞路公司不应对川交工贸公司的债务承担清偿责任。王永礼等人辩称:王永礼等人的个人财产与川交工贸公司的财产并不混同,不应为川交工贸公司的债务承担清偿责任。

法院经审理查明:在公司人员方面,川交机械公司、瑞路公司、川交工贸公司三个公司经理均为王永礼,财务负责人均为凌欣,出纳会计均为卢鑫,工商手续经办人均为张梦,且三个公司的管理人员存在交叉任职的情形。

在公司业务方面,三个公司在工商行政管理部门登记的经营范围均涉及工程机械,且部分重合。其中,川交工贸公司的经营范围被川交机械公司的经营范围完全覆盖;川交机械公司系徐工机械公司在四川地区(攀枝花除外)的唯一经销商,但三个公司均从事相关业务,且相互之间存在共用统一格式的《销售部业务手册》、《二级经销协议》、结算账户的情形。三个公司在对外宣传中区分不明。2008年12月4日重庆市公证处出具的《公证书》记载:通过因特网查询,川交工贸公司、瑞路公司在相关网站上共同招聘员工,所留电话号码、传真号码等联系方式相同;川交工贸公司、瑞路公司的招聘信息,包括大量关于川交机械公司的发展历程、主营业务、企业精神的宣传内容;部分川交工贸公司的招聘信息中,公司简介全部为对瑞路公司的介绍。

在公司财务方面,三个公司共用结算账户,凌欣、卢鑫、过胜利的银行卡中曾发生高达亿元的往来,资金的来源包括三个公司的款项,对外支付的依据仅为王永礼的签字;在川交工贸公司向其客户开具的收据中,有的加盖其财务专用章,有的则加盖瑞路公司财务专用章;在与徐工机械公司均签订合同、均有业务往来的情况下,三个公司于2005年8月共同向徐工机械公司出具《说明》,称因川交机械公司业务扩张而注册了另两个公司,要求所有债权债务、销售量均计算在川交工贸公司名下,并表示今后尽量以川交工贸公司名义进行业务往来;2006年12月,川交工贸公司、瑞路公司共同向徐工机械公司出具《申请》,以统一核算为由要求将2006年度的业绩、账务均计算至川交工贸公司名下。

另查明,2009年5月26日,卢鑫在徐州市公安局经侦支队对其进行询问时陈述:川交工贸公司目前已经经营困难,但未注销。又查明徐工机械公司未得到清偿的货款实为10,511,710.71元。

[**裁判观点**]二审法院认为,一、川交工贸公司与川交机械公司、瑞路公司人格混同成立。一是三个公司人员混同。三个公司的经理、财务负责人、出纳会计、工商手续经办人均相同,其他管理人员亦存在交叉任职的情形,川交工贸公司的人事任免存在由川交机械公司决定的情形。二是三个公司业务混同。三个公司实际经营中均涉及工程机械相关业务,经销过程中存在共用销售手册、经销协议的情形;对外进行宣传时信息混同。三是三个公司财务混同。三个公司使用共同账户,以王永礼的签字作为具体用款依据,对其中的资金及支配无法证明已作区分;三个公司与徐工机械公司之间的债权债务、业绩、账务及返利均计算在川交工贸公司名下。因此,三个公司之间表征人格的因素(人员、业务、财务等)高度混同,导致各自财产无法区分,已丧失独立人格,构成人格混同。

二、川交机械公司、瑞路公司应当对川交工贸公司的债务承担连带清偿责任。公司人格独立是其作为法人独立承担责任的前提。依据《公司法》第3条第1款规定,公司的独立财产是公司独立承担责任的物质保证,公司的独立人格也突出地表现在财产的独立上。当关联公司的财产无法区分,丧失独立人格时,就丧失了独立承担责任的基础。《公司法》第20条第3款规定:"公司股东滥用公司法人独立地位和股东有限责任,逃避债务,严重损害公司债权人利益的,应当对公司债务承担连带责任。"本案中,三个公司虽登记为彼此独立的企业法人,但实际上相互之间界限模糊、人格混同,其中川交工贸公司承担所有关联公司的债务却无力清偿,又使其他关联公司逃避巨额债务,严重损害了债权人的利益。上述行为违背了法人制度设立的宗旨,违背了诚实信用原则,其行为本质和危害结果与《公司法》第20条第3款规定的情形相当,故参照《公司法》第20条第3款的规定,川交机械公司、瑞路公司对川交工贸公司的债务应当承担连带清偿责任。

据此,一审、二审法院均判决就川交工贸公司对徐工机械公司支付货款债务,川交机械公司、瑞路公司承担连带清偿责任。

专 题 六

有限责任公司清算义务人的责任

近年来,清算责任类纠纷已经成为增长较快的公司法案件类型,虽然最高人民法院发布的指导性案例第9号对此问题也有涉及,但由于此类案件案情复杂,法律的规定又比较原则,不同法院具体审理中把握裁判标准也存在差异,加之各方利益博弈极为剧烈,也增加了案件审理难度。与此同时,《公司法司法解释(二)》中确立清算义务人的民事责任,除了事后救济的法律价值之外,更多的价值在于警示、引导,通过加大对清算义务的责任追究力度,反向规范法人退出机制。但司法实践中,存在对损失没有因果关系的小股东对公司债务承担远超过其出资数额的责任的情形,这在一定程度上存在利益失衡的问题。鉴于此,《纪要》在公司法部分的第五大点专门就有限责任公司清算义务人的问题作出了规定,对怠于履行清算义务的认定、因果关系抗辩、诉讼时效期间等问题进行了明确。本专题将就上述与清算责任有关的理论及实务问题展开分析。

纪要原文

(五)关于有限责任公司清算义务人的责任

关于有限责任公司股东清算责任的认定,一些案件的处理结果不适当地扩大了股东的清算责任。特别是实践中出现了一些职业债权人,从其他债权人处大批量超低价收购僵尸企业的"陈年旧账"后,对批量僵尸企业提起强制清算之诉,在获得人民法院对公司主要财产、账册、重要文件等灭失的认定后,根据公司法司法解释(二)第18条第2款的规定,请求有限责任公司的股东对公司债务承担连带清偿责任。有的人民法院没有准确把握上述规定的适用条件,判决没有"怠于履行义务"的小股东或者虽"怠于履行义务"但与公司主要财产、账册、重要文件等灭失没有因果关系的小股东对公司债务承担远远超过其出资数额的责任，导致出现利益明显失衡的现象。需要明确的是，上述司法解释关于有限责任公司股东清算责任的规定，其性质是因股东怠于履行清算义务致使公司无法清算所应当承担的侵权责任。在认定有限责任公司股东是否应当对债权人承担侵权赔偿责任时，应当注意以下问题：

14.【怠于履行清算义务的认定】公司法司法解释(二)第18条第2款规定的"怠于履行义务"，是指有限责任公司的股东在法定清算事由出现后，在能够履行清算义务的情况下，故意拖延、拒绝履行清算义务，或者因过失导致无法进行清算的消极行为。股东举证证明其已经为履行清算义务采取了积极措施，或者小股东举证证明其既不是公司董事会或者监事会成员，也没有选派人员担任该机关成员，且从未参与公司经营管理，以不构成"怠于履行义务"为由，主张其不应当对公司债务承担连带清偿责任的，人民法院依法予以支持。

15.【因果关系抗辩】有限责任公司的股东举证证明其"怠于履行义务"的消极不作为与"公司主要财产、账册、重要文件等灭失，无法进行清算"的结果之间没有因果关系，主张其不应对公司债务承担连带清偿责任的，人民法院依法予以支持。

16.【诉讼时效期间】公司债权人请求股东对公司债务承担连带清偿责任，股东以公司债权人对公司的债权已经超过诉讼时效期间为由抗辩，经查证属实的，人民法院依法予以支持。

公司债权人以公司法司法解释(二)第18条第2款为依据，请求有限责任公司的股东对公司债务承担连带清偿责任的，诉讼时效期间自公司债权人知道或者应当知道公司无法进行清算之日起计算。

规范精要

一、导语部分明确了清算责任案件的价值取向

对"不适当地扩大股东清算责任"的裁判予以纠偏，即严格适用——或者说是限缩适用——《公司法司法解释(二)》第18条第2款规定中对股东责任的追究。

二、导语部分明确了股东清算责任的性质是侵权责任

在此前提下，构建股东承担未履行清算义务的责任构成要件。

三、《纪要》第 14 条以正反两方面列举的方式限缩了“怠于履行清算义务”的事实认定

正面列举仅包括三种方式：故意拖延、拒绝履行和过失导致无法清算；反面排除方面，列举了两种类型：一是证明已为履行清算义务采取了积极措施，二是属于未参加管理的小股东。

四、《纪要》第 15 条从因果关系角度，为股东免责提供证据指引

股东可以通过举证证明消极不作为的行为与无法清算的结果之间没有因果关系，实现免责。

五、明确了清算责任的诉讼时效的起算点

以公司债权人知道或者应当知道公司无法进行清算之日作为诉讼时效起算时点。

法理基础

一、《纪要》规定的双重背景

对公司股东的清算义务及其法律责任问题的司法处理，实际上有两个背景。第一个背景是股东对《公司法》规定的清算义务不够重视，大量公司未经清算，人走楼空，被吊销执照而未依法退出，成为事实上的“僵尸企业”；第二个背景是部分市场主体从“陈年旧账”中借由股东的清算责任发现债权价值，将未清算的公司股东重新经由商事诉讼拉入到责任主体范围。对于第一个背景，《公司法司法解释(二)》第 18 条提供了法治化的解决渠道——通过股东责任倒逼及时清算。对于第二个背景，部分被追责的股东通过各种渠道反映，认为债权人的诉讼超出了股东有限责任的范围和权利主张时效，司法成了“恶人追债”的工具。在这两个背景下，《纪要》此部分的导语突出了限缩股东清算义务及责任范围的裁判价值导向。

二、关于法定清算义务

《公司法司法解释(二)》第 18 条第 2 款规定：“有限责任公司的股东、股份有限公司的董事和控股股东因怠于履行义务，导致公司主要财产、账册、重要文件等灭失，无法进行清算，债权人主张其对公司债务承担连带清偿责任的，人民法院应

依法予以支持。"其中,清算义务人怠于履行的"法定清算义务",是指《公司法》第183条规定要在解散事由出现之日起15日内成立清算组。

三、关于股东的细分

对能否及时成立清算组,应区分一般股东与小股东两种情况。前者举证证明其已经为履行清算义务采取了积极措施,如要求公司成立清算组,甚至依据《公司法司法解释(二)》第1条提起解散公司诉讼或者依据《最高人民法院关于审理公司强制清算案件工作座谈会纪要》(以下简称《清算纪要》)第7条的规定①,申请强制清算;小股东证明其没有参与公司经营管理,对公司强制清算或解散事务无能为力。

四、关于因果关系

怠于履行清算义务与导致无法清算有因果关系,此处是链式因果关系,是怠于履行清算义务导致公司财产、账册、重要文件等灭失,再导致无法清算。

裁判指引

一、清算义务人责任的来源与界定

清算义务人责任源自于对《公司法》第183条②启动清算义务主体、义务范围的澄清,并于《民法总则》第70条③的规定得以确定。《公司法司法解释(二)》第

---

① 《清算纪要》第7条规定:"公司债权人或者股东向人民法院申请强制清算应当提交清算申请书。申请书应当载明申请人、被申请人的基本情况和申请的事实和理由。同时,申请人应当向人民法院提交被申请人已经发生解散事由以及申请人对被申请人享有债权或者股权的有关证据。公司解散后已经自行成立清算组进行清算,但债权人或者股东以其故意拖延清算,或者存在其他违法清算可能严重损害债权人或者股东利益为由,申请人民法院强制清算的,申请人还应当向人民法院提交公司故意拖延清算,或者存在其他违法清算行为可能严重损害其利益的相应证据材料。"

② 《公司法》第183条规定:"公司因本法第一百八十条第(一)项、第(二)项、第(四)项、第(五)项规定而解散的,应当在解散事由出现之日起十五日内成立清算组,开始清算。有限责任公司的清算组由股东组成,股份有限公司的清算组由董事或者股东大会确定的人员组成。逾期不成立清算组进行清算的,债权人可以申请人民法院指定有关人员组成清算组进行清算。人民法院应当受理该申请,并及时组织清算组进行清算。"

③ 《民法总则》第70条规定:"法人解散的,除合并或者分立的情形外,清算义务人应当及时组成清算组进行清算。法人的董事、理事等执行机构或者决策机构的成员为清算义务人。法律、行政法规另有规定的,依照其规定。清算义务人未及时履行清算义务,造成损害的,应当承担民事责任;主管机关或者利害关系人可以申请人民法院指定有关人员组成清算组进行清算。"

18 条又把该责任按照过错行为、过错程度不同区分为对公司债务的相应赔偿责任与连带清偿责任，其背后分别是《侵权责任法》第 5 条规定的普通侵权责任、《公司法》第 20 条第 3 款的股东因公司人格否认导致的连带赔偿责任。对于后者，还应回归到公司法层面上的特别侵权责任进行解读。

二、股东清算义务人责任请求权的诉讼时效起算点

《民法总则》第 188 条第 2 款规定的“权利人知道或者应当知道权利受到损害以及义务人”，是诉讼时效的起算点。知道清算义务人之后，从债权人对“清算义务人不履行清算义务”与“不履行清算义务导致公司无法进行清算”两个事实知道和应当知道才启动诉讼时效的起算。对此，《最高人民法院民二庭关于债权人主张公司股东承担清算赔偿责任诉讼时效问题请示的答复》[（2014）民二他字第 16 号]中也有相同表述。[①]

《纪要》第 16 条第 2 款规定，自债权人知道或者应当知道公司无法进行清算之日起计算诉讼时效，对前一个事由不作要求的原因，在于怠于清算义务是因，公司无法进行清算是果。有因才有果，以后一个“果”对应的“公司无法进行清算”事由为诉讼时效起算点，具有正当性。

三、通过广义上清算义务人责任的类型梳理来确定审理方向

清算义务人在清算条件成就后应启动清算程序、组织清算和产生清算人，若不履行前述义务给公司或债权人造成损失的就应承担相应民事责任，此谓清算义务人责任。[②] 该责任包括组织清算义务人责任、清算赔偿责任、连带清偿责任三种类型。其中，清算义务人主要是指有限责任公司股东、股份有限公司的董事和控股股东。[③]

有权主张追究清算义务人责任的既有公司债权人，也有公司股东。对于股东

---

① 该答复称：“依据《最高人民法院关于适用〈中华人民共和国公司法〉若干问题的规定（二）》第十八条的规定，作为清算义务人的公司股东怠于履行清算义务导致公司债权人损失的，公司债权人有权请求公司股东承担赔偿责任。该赔偿请求权在性质上属于债权请求权，依据《最高人民法院关于审理民事案件适用诉讼时效制度若干问题的规定》第一条的规定，债权人行使该项权利，应受诉讼时效制度约束。依据《中华人民共和国民法通则》第一百三十七条的规定，该赔偿请求权的诉讼时效期间应从债权人知道或者应当知道因公司股东不履行清算义务而致其债权受到损害之日起计算。”

② 最高人民法院案例指导工作办公室：《上海存亮贸易有限公司诉蒋志东、王卫明等买卖合同纠纷案的理解与参照》，载《人民司法》2014 年第 6 期。

③ 《公司法司法解释（二）》第 18 条第 1 款规定了清算义务人的范围。

能否主张清算义务人责任,还有争议。

(一)组织清算义务人责任

该项责任的法律依据是《公司法》第183条、《公司法司法解释(二)》第7条。如果清算义务人怠于清算,公司股东、债权人可向法院申请强制清算,目的是替代公司自行清算,此系行为责任,产生两个后果:一是若无法清算裁定终结强制清算程序,法院依据《清算纪要》第29条,应明确股东可以向控股股东等实际控制公司的主体主张有关权利。① 二是明确无法进行清算的事实。②

(二)清算义务人清偿赔偿责任

该项责任的法律依据是《公司法司法解释(二)》第18条第1款、第3款和第19条。控股股东等清算义务人没有履行清算义务导致清算存在问题,就应对债权人承担损害赔偿责任,其责任以怠于清算造成损失的范围为限。③

(三)清算义务人连带清偿责任

控股股东等清算义务人没有履行清算义务,导致公司无法进行清算的,就公司债务承担连带清偿责任,其法律基础是《公司法》第20条第3款的法人人格否认制度。④

具体案件中,非控股股东为多获赔偿,多主张第三个连带清偿责任。然而连带清偿责任背后是人格否认,权利人只能是公司债权人不能是公司股东。第二个清偿赔偿责任也存在同样问题,一方面,《公司法司法解释(二)》第18条第1款、第3款和第19条文本表述上的权利人都是债权人;另一方面,股东为清算义务人,就产生了是不是"自己告自己",是不是可据此对抗债权人的问题。

然而,对公司没有支配力的非控股股东,如果对怠于清算也没过错,同时其他清算义务人怠于清算也造成了剩余财产分配请求权的损失,他也是债权人。受损害的剩余财产分配请求权的权利属性,是清偿公司对外债权后,就剩余财产进行分配,序位在公司债权人之后,即内部债权不得对抗公司的外部债权。而且,《清算纪要》第29条明确了股东可向控股股东等实际控制公司的主体主张权利。但

① 参见最高人民法院民事审判第二庭编著:《最高人民法院关于公司法解释(三)、清算纪要理解与适用》,人民法院出版社2011年版,第568~569页。

② 强制清算程序是完成对清算义务人有无过错、过错与无法清算、债权人损失有无因果关系的查明途径之一,但不是唯一程序。

③ 参见最高人民法院民事审判第二庭编著:《最高人民法院关于公司法解释(三)、清算纪要理解与适用》,人民法院出版社2011年版,第336页。

④ 制度目的在于减少实践中的"植物人公司",强化清算义务人之清算义务。

该条规定没有明确的法律后果,并非完全法条,[①]此项主张真正的请求权基础应当是《公司法》第 20 条第 2 款“公司股东滥用股东权利给公司或者其他股东造成损失的,应当依法承担赔偿责任”之规定。

综上,股东有清偿赔偿请求权,没有连带清偿请求权。如果诉讼中当事人主张后者,法院应依据《新证据规则》第 53 条,[②]认为当事人主张的法律关系性质与法院根据案件事实作出的认定不一致,将其作为焦点问题审查,并通过释明告知其可变更诉请。如其坚持主张连带清偿责任的,判决对其诉请不予支持。[③]

四、厘清组织清算请求权、清算赔偿请求权及连带清算请求权三者的关系

强制清算程序与后两个请求权间关系容易产生误读,组织清算请求权启动强制清算程序,前一个关系需回溯到权利源头予以厘清。

(一)实体法关系

组织清算请求权是要求股东作为清算义务人对公司进行清算,清算赔偿、连带清算请求权是就未履行或未全面履行清算义务造成的损害主张赔偿请求权。表面上,如果清算后,就没有后两类请求权适用的余地。虽然三者都是对没有完成“自主清算”的救济手段,但组织清算是对清算义务人不“自主清算”而要求启动“强制清算”,后两类是针对清算义务人怠于“自主清算”要求赔偿。可见,第一类请求权与后两类并列且独立,互不影响。无论你是否提起了组织清算请求权,都不会对后两类请求权造成影响。换言之,权利人申请启动强制清算是一回事,主张连带清偿请求权、清算赔偿请求权是另一回事,不会因前者导致诉讼时效的重新起算等问题。

(二)是否存在必需的前置程序

有观点提出,没有经过清算程序,不能确定公司财产不足以清偿债权,也不能确定是否属于无法清算,即使主张清算赔偿请求权、连带清算请求权,也没有依

① ［德］迪特尔·梅迪库斯:《请求权基础》,陈卫佐等译,法律出版社 2012 年版,第 11 ~ 12 页。

② 《新证据规则》第 53 条规定:“诉讼过程中,当事人主张的法律关系性质或者民事行为效力与人民法院根据案件事实作出的认定不一致的,人民法院应当将法律关系性质或者民事行为效力作为焦点问题进行审理。但法律关系性质对裁判理由及结果没有影响,或者有关问题已经当事人充分辩论的除外。存在前款情形,当事人根据法庭审理情况变更诉讼请求的,人民法院应当准许并可以根据案件的具体情况重新指定举证期限。”

③ 其诉讼请求没有事实与法律依据不予支持,不是缺乏诉讼要件的裁定驳回起诉或不予受理。

据,因此,强制清算程序是启动清算赔偿、连带清偿程序的前置程序。其实不然。理由有二:一是某程序是否系另一程序的前置程序,需法律明定。例如,《民事诉讼法》第227条规定,案外人的执行异议程序是执行异议之诉的前置程序,但法律并未就强制清算程序是后两类诉讼的前置程序问题进行规定。二是强制清算程序漫长,如此程序结束后才允许追及清算义务人的责任,对权利人不公平。强制清算程序无非为权利人提供精确的未实现权利的数额,若是权利人可通过其他方式获取,限制其直接提起诉请,欠缺正当性。故强制清算程序不是追究清算义务人清算赔偿责任、连带清偿责任的前置、必经程序。

五、《纪要》第14条中一般股东与小股东的区分

《纪要》第14条规定,一般股东须证明自身为履行清算义务采取了积极措施才免责,而小股东证明自己没有参与公司管理就免责。那么,如何区分一般股东与小股东?

《纪要》第14条明确前一类股东须已经采取了积极措施,该措施的“积极性”宜理解为可实质导致公司解散、清算,而《公司法司法解释(二)》第1条规定,持股单独或合计持有全部表决权10%以上的股东可提起公司解散诉讼。那么,单独的股东要采取积极的措施有所作为,至少要达到持股10%的要求,实践中可以此为标尺,区分前一类股东(一般股东)与后一类(小股东)。

小股东通常只是财务投资者,其主要关注公司投资收益,不作为公司管理层参与公司管理,了解公司状况并不为其法定的注意义务。即便申请强制清算没有股权比例的限制,但考虑到权利义务责任的三位一体,不宜要求此类小股东一定要履行积极措施,即便没有申请强制清算,也能免除清算义务人责任,即将其排除于清算义务人之外。

律师指引

一、清算义务人责任纠纷案件的原告诉讼策略

债权人主张清算义务人承担清算义务人责任的,其举证及论证重点应聚焦于“清算义务人怠于清算,导致公司无法清算”。

二、清算义务人的抗辩重点

就清算义务人的抗辩而言,可重点关注以下四个方面:第一,不是清算义务

人，属于不参与公司管理、不了解公司具体经营情况的小股东，与怠于清算义务无涉；第二，作为清算义务人的一般股东没有怠于清算，已经积极采取措施意图启动清算程序；第三，即便自己有怠于清算的事由，也与公司没有进行清算无因果关系，实质是控股股东拒绝清算；第四，清算义务人责任的请求权已过诉讼时效。

三、举证指引

《纪要》第 14 条明确了一般股东要举证证明自己为履行清算义务采取了积极措施，该积极措施要以实际推动清算程序启动为准，例如，不能仅限于只是向公司、其他股东发函主张成立清算组，应提供证据证明自身已经向法院起诉解散公司，或申请强制清算。

小股东意图免责，应重点提供证据证明自己不是公司董事会或者监事会成员，也没有选派人员担任该机关成员，且从未参与公司经营管理。此处没有参与公司经营管理仅指向对公司实质经营有实质控制、实施的权利，而非作为普通股东参与股东会特定事项的表决。

作为清算义务人的股东，根据《纪要》第 15 条的规定，应对怠于履行清算义务与公司无法进行清算之间没有因果关系承担举证责任，如公司账册因火灾毁损灭失等不可责难情形。

四、诉讼时效起算点争议及诉辩路径选择

《纪要》第 16 条第 2 款规定，诉讼时效的起算点“无法进行清算”。此时点如何认定，实践中存在争议。律师可选择不同的观点来支撑其诉讼目标。

一种观点认为，必须事先经过强制清算为前提。根据《清算纪要》第 29 条的规定，债权人申请强制清算，法院以无法清算或者无法全面清算为由裁定终结强制清算程序的，应当在终结裁定中载明，债权人可以另行依据《公司法司法解释（二）》第 18 条的规定，要求被申请人的股东、董事、实际控制人等清算义务人对其债务承担偿还责任。

另一种观点认为，法院要求清算义务人提供证据公司财产、账册、重要文件等灭失的具体情况，并要求清算义务人对上述情况导致公司无法清算进行举证证明，如果符合《民诉法解释》第 108 条规定的证明标准，法院可据此确定诉讼时效的起算点。

上述两种观点可能体现为诉与辩,为此,就清算义务人提出怠于履行清算之前公司资产已经不足以清偿公司债务,是否成为免除清算义务人责任的事由,可有正反两种诉讼策略。

正向策略:《公司法司法解释(二)》第18条第2款的规范目的,是要督促清算义务人推进公司及时清算,避免懈怠清算对公司债权人造成损害。若是公司资产在此之前已经不足以清偿公司债务,再追究清算义务人对公司债权的连带清偿责任是无本之木,该请求权的前提性条件就不成立,故对此抗辩理由应予支持。

反向策略:《公司法司法解释(二)》第18条第2款提及的股东应承担的公司债务责任,并不以公司解散时的实际财产为限;且司法解释规定的目的应是督促股东在公司解散后及时清理公司财产和债权债务,保障债权人债权的依法实现。故股东对外责任范围应是公司全部债务,其以公司解散时的实际财产已不能清偿全部债务为由提出免责抗辩的,不应支持。

法务指引

一、需准确理解几个有关清算的重要法律概念

就大部分公司法务人员而言,直接接触或者实际操作公司清算实务的并不多。故有必要在准确理解相关法律概念的基础上,针对不同的角色身份,采取必要的法律应对。

(一)关于清算

清算是指清理被解散法人的财产,了解其作为当事人的法律关系,从而使法人最终消灭的程序,是法人解散后的法定必须环节。我国采取广义的法人终止登记主义,往往涉及多方利益,清算作为厘清法人与各方法律关系、清理债权债务的途径,在保护债权人利益和善意第三人方面意义重大。

(二)关于清算义务人

清算义务人是指基于其与法人之间的特定法律关系,在法人解散时对其负有依法组织清算义务的民事主体。在《民法总则》颁行之前,正式的法律规范文本中并没有这个概念。《公司法》第183条、第184条使用的是清算组,《合伙企业法》第86条、第87条使用的是清算人;《民法总则》第70条规定,清算义务人是"法人的董事、理事等执行机构或者决策机构的成员",此与《公司法司法解释(二)》第18条规定的"有限责任公司的股东、股份有限公司的董事和控股股东"有别。从规范适用角度来看,《民法总则》为一般法,《公司法司法解释(二)》为商事特别

法。但由于我国立法者把《公司法》总则部分的一些规范内容，通过提升立法层级，变成了《民法总则》中有关法人及营利法人的一般性规定，因此，对这部分内容，就形成了旧法与新法的关系，故《民法总则》第 11 条应优先适用。

（三）关于清算组成员

《公司法》第 183 条规定：有限责任公司的清算组成员由股东组成，股份有限公司的清算组成员由董事或股东大会确定的人员组成。逾期不成立清算组的，债权人可以申请法院指定有关人员组成清算组。

法院指定清算组成员的，应当依据《清算纪要》第 22 条的规定执行，人民法院受理强制清算案件后，公司股东、董事、监事、高级管理人员能够而且愿意参加清算的，法院可优先考虑指定上述人员组成清算组；上述人员不能、不愿进行清算，或者由其负责清算不利于清算依法进行的，法院可以指定《人民法院中介机构管理人名册》和《人民法院个人管理人名册》中的中介机构或者个人组成清算组；法院也可根据实际需要，指定公司股东、董事、监事、高级管理人员，与管理人名册中的中介机构或者个人共同组成清算组。人民法院指定管理人名册中的中介机构或者个人组成清算组，或者担任清算组成员的，应当参照适用《最高人民法院关于审理企业破产案件指定管理人的规定》。

二、准确厘清义务主体与责任范围

有限责任公司的股东、股份有限公司的控股股东和董事为公司清算义务人。但持有股权低于全部表决权 10% 的非控股股东不是公司董事会或者监事会成员，也没有选派人员担任该机关成员，且从未参与公司经营管理的股东，不属于清算义务人。

清算事由发生的，持有全部表决权 10% 以上的非控股股东知道或应当知道该清算事由之日起，向公司发函要求依据《公司法》第 183 条规定成立清算组，如果公司董事、高管在合理期限内没有组成清算组进行清算的，该股东应当按《清算纪要》第 7 条申请强制清算，或依据《公司法司法解释（二）》第 1 条提起公司解散之诉。

作为进行清算程序的公司法务人员或者股东，应清晰梳理其法定的义务，及时履行相关义务，并保留必要的文字、视听证据，以尽可能避免因相关义务的未积极履行、未保留必要的证据，而导致承担相应的法律责任。

要案索引

[案例]厦门卓信成投资有限公司与东京物产株式会社、天津国际大厦有限公司、天津食为天食品发展有限公司清算义务纠纷案

[案号](2016)津01民初373号民事判决(一审)

(2017)津民终325号(二审)

(2018)最高法民申2137号(再审)

[裁判要旨]公司的债权人及该债权受让人若追究公司清算义务人的责任,应从其知道或应当知道,公司出现清算事由后清算义务人未进行清算之日起计算诉讼时效。

[案情概要]天津食为天食品发展有限公司(以下简称食为天公司)股东分别为东京物产株式会社和天津国际大厦有限公司(以下简称国际大厦公司),公司章程载明的经营终止日为2002年5月22日。2008年1月28日,天津市工商行政管理局以未参加年检为由,吊销其企业法人营业执照。

生效裁判确定食为天公司欠中行和平支行借款本金2520万元及逾期利息等。经多次执行截至2002年9月16日,尚有10,760,625.76元及相应利息未予清偿,一审法院裁定终结本次执行程序。

至2011年12月13日,上述债权经多次转让,现厦门卓信成投资有限公司(以下简称卓信成公司)为债权人。其以东京物产株式会社和国际大厦公司作为食为天公司的股东,怠于履行清算义务为由,起诉要求两股东承担清算义务人责任。

[裁判观点]该案主要争议焦点是卓信成公司的债权是否超过了诉讼时效期间。法院认为:

第一,《公司法司法解释(二)》第18条第2款规定的股东的清算义务人责任,性质上属于侵权责任,根据《民法通则》第135条应当适用诉讼时效的规定。

第二,根据《民法通则》第137条诉讼时效期间从知道或者应当知道权利被侵害时起计算。在本案中应从卓信成公司知道或者应当知道食为天公司的股东怠于履行清算义务之日起算。食为天公司的经营终止日为2002年5月22日,被吊销营业执照的时间为2008年1月28日。根据《公司法》第180条、第183条的规定,公司章程规定的营业期限届满或者依法被吊销营业执照的,有限责任公司的股东应当在15日之内组成清算组对公司进行清算。所以,食为天公司的股东,至迟应当于该公司被吊销营业执照后15日内即2008年2月12日以前进行清算。作为债权受让人,卓信成公司受让该债权时就应当对债权的情况进行核实,食为天公司被吊销营业执照亦属于公开信息。因此,应当认定卓信成公司于2008年2月13日就已经知道两股东未成立清算组进行清算。

第三,《公司法司法解释(二)》于2008年5月19日才施行,但之前债权人请求食为天公司的股东承担相应财产责任的请求权已存在,且债权人提出相应请求权亦不存在客观障碍,不应以该解释的施行日作为诉讼时效的起算日。

第四,因卓信成公司直至2016年7月27日才通过起诉的方式主张权利,已经超过诉讼时效期间。

据此,三级法院均驳回卓信成公司的诉请。

专 题 七

公司为他人提供担保

《纪要》第二部分“关于公司纠纷案件的审理”的第六大点，对争议已久的《公司法》第16条公司未经决议程序对外担保的法律效力问题，从解释路径、善意认定、例外情形、民事责任、权利救济、上市公司特别规定、债务加入的准用七个方面作出了具体的规定，可谓一锤定音，是整个《纪要》当中最值得关注的、与以往裁判观点变化最大的部分，也是对所有债权人，特别是金融机构影响最为重大的规范内容。

纪要原文

（六）关于公司为他人提供担保

关于公司为他人提供担保的合同效力问题，审判实践中裁判尺度不统一，严重影响了司法公信力，有必要予以规范。对此，应当把握以下几点：

17.【违反《公司法》第16条构成越权代表】为防止法定代表人随意代表公司为他人提供担保给公司造成损失，损害中小股东利益，《公司法》第16条对法定代表人的代表权进行了限制。根据该条规定，担保行为不是法定代表人所能单独决定的事项，而必须以公司股东（大）会、董事会等公司机关的决议作为授权的基础和来源。法定代表人未经授权擅自为他人提供担保的，构成越权代表，人民法院应当根据《合同法》第50条关于法定代表人越权代表的规定，区分订立合同时债权人是否善意分别认定合同效力：债权人善意的，合同有效；反之，合同无效。

18.【善意的认定】前条所称的善意，是指债权人不知道或者不应当知道法定代表人超越权限订立担保合同。《公司法》第16条对关联担保和非关联担保的决议机关作出了区别规定，相应地，在善意的判断标准上也应当有所区别。一种情形是,为公司股东或者实际控制人提供关联担保,《公司法》第 16 条明确规定必须由股东(大)会决议,未经股东(大)会决议,构成越权代表。在此情况下,债权人主张担保合同有效,应当提供证据证明其在订立合同时对股东(大)会决议进行了审查,决议的表决程序符合《公司法》第 16 条的规定,即在排除被担保股东表决权的情况下,该项表决由出席会议的其他股东所持表决权的过半数通过,签字人员也符合公司章程的规定。另一种情形是,公司为公司股东或者实际控制人以外的人提供非关联担保,根据《公司法》第 16 条的规定,此时由公司章程规定是由董事会决议还是股东(大)会决议。无论章程是否对决议机关作出规定,也无论章程规定决议机关为董事会还是股东(大)会,根据《民法总则》第 61 条第 3 款关于"法人章程或者法人权力机构对法定代表人代表权的限制,不得对抗善意相对人"的规定,只要债权人能够证明其在订立担保合同时对董事会决议或者股东(大)会决议进行了审查,同意决议的人数及签字人员符合公司章程的规定,就应当认定其构成善意,但公司能够证明债权人明知公司章程对决议机关有明确规定的除外。

债权人对公司机关决议内容的审查一般限于形式审查,只要求尽到必要的注意义务即可,标准不宜太过严苛。公司以机关决议系法定代表人伪造或者变造、决议程序违法、签章(名)不实、担保金额超过法定限额等事由抗辩债权人非善意的,人民法院一般不予支持。但是,公司有证据证明债权人明知决议系伪造或者变造的除外。

19.【无须机关决议的例外情况】存在下列情形的,即便债权人知道或者应当知道没有公司机关决议,也应当认定担保合同符合公司的真实意思表示,合同有效:

(1)公司是以为他人提供担保为主营业务的担保公司,或者是开展保函业务的银行或者非银行金融机构;

(2)公司为其直接或者间接控制的公司开展经营活动向债权人提供担保;

(3)公司与主债务人之间存在相互担保等商业合作关系;

(4)担保合同系由单独或者共同持有公司三分之二以上有表决权的股东签字同意。

20.【越权担保的民事责任】依据前述 3 条规定,担保合同有效,债权人请求公司承担担保责任的,人民法院依法予以支持;担保合同无效,债权人请求公司承担担保责任的,人民法院不予支持,但可以按照担保法及有关司法解释关于担保无效的规定处理。公司举证证明债权人明知法定代表人超越权限或者机关决议系伪造或者变造,债权人请求公司承担合同无效后的民事责任的,人民法院不予支持。

21.【权利救济】法定代表人的越权担保行为给公司造成损失,公司请求法定代表人承担赔偿责任的,人民法院依法予以支持。公司没有提起诉讼,股东依据《公司法》第151条的规定请求法定代表人承担赔偿责任的,人民法院依法予以支持。

22.【上市公司为他人提供担保】债权人根据上市公司公开披露的关于担保事项已经董事会或者股东大会决议通过的信息订立的担保合同,人民法院应当认定有效。

23.【债务加入准用担保规则】法定代表人以公司名义与债务人约定加入债务并通知债权人或者向债权人表示愿意加入债务,该约定的效力问题,参照本纪要关于公司为他人提供担保的有关规则处理。

规范精要

《纪要》此部分内容最大的转变,是脱离了基于对《公司法》第16条规范属性的判断(效力性还是管理性、调整内部关系还是外部关系)而认定担保合同效力的思路,转而从《合同法》第50条对公司法定代表人代表权法定限制的角度,将决议审查确定为债权人的法定义务,并以债权人是否尽到了必要的审查义务为据,确定担保合同的效力。

一、明确了认定公司对外担保的规范依据是《合同法》第50条有关越权代表的规定,而不是《合同法司法解释(二)》第14条有关效力性强制性规范的规定

对于效力性强制性规定还是管理性强制性规定的认定,可能是永无止境的争论,因为这本身可能就是一个循环论证,并且,在法理上,此种区分仅仅是关于行为性质的判断,并不涉及主体资格和意思表示的判断。[①] 换句话说,最高人民法院抛弃了对《公司法》第16条规范性质的定性与争议,转而向《合同法》第50条寻求裁判的法理基础和裁判结果的确定性。从此以后,再以《公司法》第16条的规范

① 参见李志刚主编:《民商审判前沿:争议、法理与实务——"民商法沙龙"微信群讨论实录》,人民法院出版社2019年版,第379页。

属性来讨论公司担保合同的效力,将不再有实务的意义。以此论理,属于歧途。

二、明确债权人的决议审查义务,是认定越权代表后果——公司担保合同效力的依据

在《公司法》对公司法定代表人的代表权进行了法定限制的情况下,作为商事交易主体的债权人,就不能以不知道《公司法》第16条的规定,而不审查决议。由于常态的公司担保是无偿的(担保公司及金融机构的营业性担保,《纪要》已作出特别规定),因此,赋予债权人这一法定的审查义务,作为平衡公司股东和债权人利益的中心点,从权利义务分配和交易风险防范成本最小的角度来看,是妥当的。

三、将公司担保有效的举证责任,特别是债权人属于"善意"的举证责任,明确分配给了债权人

在以往的审判实践中,债权人只要提交了公司签署的担保合同,即完成了担保合同成立并且有效的证明责任,公司需要另行提交其他证据证明担保合同无效。但根据《纪要》的规定,债权人不仅要提供公司签署的担保合同,还要提供公司内部机关有效的决议文件,才能证明其尽到了审查义务,构成善意,才能证明担保合同有效,能够约束公司。

四、区分了关联担保和非关联担保,赋予债权人不同的审查对象

对关联担保,也就是公司为股东或者实际控制人提供的担保,赋予更重的审查义务,债权人必须提供有效的股东(大)会决议,才能证明其为善意,担保合同才有效。对除此以外的非关联担保,债权人只要提供了董事会决议或者股东(大)会决议其中之一的即属于善意。

对非关联担保,《纪要》留了一个"尾巴":是否要审查公司章程?因为公司章程可能对此有内部分权的进一步规定。《纪要》援引了《民法总则》第61条第3款,认为章程限制不得对抗善意相对人。那么,债权人是否应当审查章程呢?这里面涉及第二层的善意认定。就此问题,《纪要》向后退了一步,将证明责任转移给了公司,即"公司能够证明债权人明知公司章程对决议机关有明确规定的除外"。这就给交易中债权人的审查义务带来麻烦:债权人是否应该主动去查公司章程呢?容后另述。

五、明确了债权人决议审查的内容

决议本身是程序,最终形成的是文本。从《纪要》的规定来看,债权人审查的是文本,审查的内容是同意决议的人数及签字人员,是否符合公司章程的规定。就此而言,并未就关联担保和非关联担保作出区分,可见,公司章程仍在债权人的关注范围之内。

六、对担保决议的审查以形式审查为原则

《纪要》第 18 条第 2 款规定不需要审查机关决议是否真实、决议程序是否违法、签章(名)是否真实、担保金额是否超过法定限额等事项,是符合实际的,否则交易成本无限大,等于从根本上遏制了公司担保行为。该款同时又规定,公司有证据证明债权人明知决议系伪造或者变造的除外,落脚点则在于债权人对决议文本真实性的"善意"。

七、对上市公司担保作出特殊规定

《纪要》第 22 条将上市公司担保的审查对象拓展到了上市公司公开披露的担保事项,在形式上一定程度上减轻了债权人的举证责任和负担。但实务中仍然存在较大裁量空间:一方面,公告担保事项的唯一性和针对性,需要提供证据证明;另一方面,债权人审查义务的范围,也并未实质减轻。其实践效果,仍待观察。

八、关于无须公司决议的例外情形

《纪要》第 19 条所列举的 4 种无须决议的情形,并不能从《公司法》第 16 条规定的文义解释中得出,《纪要》有创设规则之意。其中,营业担保行为本质上是一种有偿的主营业务,所有的股东都有明确的预期,不属于《公司法》第 16 条的规范保护(通过内部治理限权保护中小股东)范围,故无须内部决议约束。而《纪要》第 19 条第 2 ~4 项所规定的为其关联公司经营活动提供担保、存在商业合作关系的担保、由 2/3 有表决权的股东签字同意的,则更多的体现了一种司法上的利益衡量。考虑到三种担保存在利益交换,而非无偿承担担保风险及责任,而豁免了债权人的决议审查义务。

九、关于担保无效的责任

《纪要》第 20 条规定担保无效,公司不承担担保责任。但同时规定,可以按照

《担保法》及有关司法解释关于担保无效的规定处理。

十、为公司的权利救济提供指引

《纪要》第21条明确了公司可向法定代表人追偿，以及公司怠于主张权利时，公司股东可以通过股东代表权诉讼进行救济。

十一、关于类担保的法律适用

《纪要》第23条明确了债务加入准用公司对外担保规则，由此明确了债务加入的债权人，也应履行公司决议的审查义务。但值得注意的是，除了债务加入，还有差额补足、流动性支持等类担保行为，是否也应当准用《公司法》第16条的规定，《纪要》未予明确，需要进一步关注和讨论。

法理基础

公司为他人提供担保的效力问题，与民刑交叉问题、货币所有权问题、效力性强制性规范的识别问题，被并称为商事审判的"四大陷阱"，极具争议，由此导致矛盾判决频出，成为严重影响司法公信力，损害交易预期、裁判预期的一个重要疑难问题。此次《纪要》的规定，可谓一锤定音，明确了债权人形式审查义务对担保合同效力的影响。

一、最高人民法院的司法态度及变化

2007年全国民商事审判工作会议后，最高人民法院以民二庭负责人答记者问的形式明确：公司章程系调整公司内部法律关系，公司、公司股东以及公司之外的第三人以担保违反公司章程的规定为由主张担保关系无效的，除非涉及公司为内部人员提供担保，一般不应予以支持。《公司法》第16条第2款是公司为股东和实际控制人提供担保应当遵守的特殊规定，是担保协议生效的必要条件，若担保不符合公司章程规定，应认定担保协议未生效，公司应当承担缔约过失责任，债权人如果不能证明其已尽到充分注意义务的，亦应承担相应的过错责任。①

2010年全国法院商事审判工作会议上，最高人民法院民二庭负责人进一步明

---

① 参见《加强调查研究 探索解决之道——最高人民法院民二庭庭长宋晓明就在全国民商事审判工作会议中提出的若干疑难问题答记者问》，载最高人民法院民事审判第二庭编：《民商事审判指导》（2007年第1辑，总第11辑），人民法院出版社2007年版，第71页。

确,只有在公司为股东或实际控制人进行担保时,是否经过股东会决议同意才应成为公司担保效力的考量因素。公司为股东或实际控制人进行担保,即使未经股东会决议,也不宜笼统认定该担保无效。对封闭性公司,比如有限公司或未上市的股份公司,能否绝对地以未经股东会决议为由认定担保无效,值得商榷。但是如果是公众公司,比如,上市公司为股东或实际控制人提供担保,应当审查该担保是否经过股东大会决议同意,未经股东大会决议同意的担保,属于重大违规行为,侵害了众多投资者利益,扰乱了证券市场秩序,应当认定无效。[①]

2014 年,最高人民法院周伦军法官在《法律适用》发表了《公司对外提供担保的合同效力判断规则》[②]一文,对既有的论证路径进行了深度的反思和批判,认为《公司法》第 16 条、第 122 条等规定的内部决策程序,是对公司代表人或代理人对外提供担保的法定限制,违反这一法定限制所签订的担保合同应当认定为效力待定合同,除公司予以追认的之外,该担保合同对公司不生效力,应参照《合同法》关于无权代理的规定由行为人自行承担相应的法律责任。既往的学说讨论的主要缺陷在于未能正确地对法律规则进行体系解释,且在法律方法论上存在错误,应当加以纠正。

以此为先导,审查义务开始被引入公司对外担保的合同效力因素评价。一个重要体现是 2015 年最高人民法院公报刊登的(2012)民提字第 156 号招商银行股份有限公司大连东港支行与大连振邦氟涂料股份有限公司、大连振邦集团有限公司借款合同纠纷案。在该案例的裁判要旨中,认为"《公司法》第 16 条是关于公司内部控制管理的规定,不应以此作为评价合同效力的依据",但同时又认为"债权人以其对相关股东会决议履行了形式审查义务,主张担保人的法定代表人构成表见代表的,人民法院应予支持",将决议审查义务引入,作为担保合同效力的评判因素。

2017 年,周伦军法官发表的《公司担保纠纷案件的裁判方法》[③]一文对代表权法定限制论进行了进一步的强化。这一观点在 2018 年《最高人民法院民事审判第二庭法官会议纪要》[④]得以重申,由此成为最高人民法院和全国人民法院有关公

---

① 参见宋晓明:《关于商事审判若干疑难问题的思考》,载《人民法院报》2010 年 9 月 1 日,第 7 版。

② 参见周伦军:《公司对外提供担保的合同效力判断规则》,载《法律适用》2014 年第 8 期。

③ 参见周伦军:《公司担保纠纷案件的裁判方法》,载《人民司法·案例》2017 年第 35 期。

④ 参见贺小荣主编:《最高人民法院民事审判第二庭法官会议纪要:追寻裁判背后的法理》,人民法院出版社 2018 年版,第 190 ~ 192 页。此部分亦由周伦军法官执笔。

司对外担保效力问题的主流观点。

二、代表性观点与解释路径

在学理上，对未经决议的公司担保的合同效力问题，主要有内部关系说、规范性质识别说和代表权限制说。内部关系说强调内外有别，法定代表人对外代表公司，所签订的合同对公司具有法律效力；法定代表人是否取得相关决议授权，属于公司内部事务，相对人无法定审查义务，亦无审查能力；法定代表人越权对公司造成损害的，公司可依据《公司法》第 149 条之规定予以救济；对相对人课以审查义务，严重影响交易效率和交易安全。规范性质识别说立足该条规定是不是效力性强制性规定。从立法目的和提高交易效率、保障交易安全的角度考量，《公司法》第 16 条应认定为管理性强制性规范，故不影响对外担保合同的效力。内部关系说和规范性质识别说裁判便捷，更有利于统一裁判尺度。但客观上，内部关系说和规范性质识别说偏重于债权人利益的保护，忽视了股东、雇员、其他债权人等多元法益的保护，一定程度上强化了市场主体的滥权和机会主义心理，市场交易中公司违规担保现象日益突出，上市公司“暗保”体量巨大，任其发展抑或冲击金融安全。而代表权限制说从《合同法》第 50 条的法定代表人权利限制的角度，将《公司法》第 16 条导入影响合同效力的因素，完成了合同法→公司法→合同无效的逻辑自洽。①

值得注意的是，《纪要》虽然通过第 17 条、第 18 条对《公司法》第 16 条的法理进行了充实和丰富，但在规则续展上，加入了非常多的法外因素，作为利益衡量和裁量因素，可能使《公司法》第 16 条的适用变得更加复杂。这种衡量和裁量因素集中体现在审查的强度和无须决议也有效的几种情形上。其中，《纪要》第 18 条有关善意的认定标准、形式审查的标准，旨在防止课以债权人过重的义务，影响交易的效率，以实现一种效率选择上的折中和纠偏。而《纪要》第 19 条有关无须决议也有效的情形，则抛开了对《公司法》第 16 条规定的解释，直接进入实体利益的衡量。这种司法政策的选择，在体现出技术性路径的同时，也体现出对“实质公正”的一种结果追求。

---

① 内部关系说、规范性质识别说和代表权限制说的具体内容参见贺小荣主编：《最高人民法院民事审判第二庭法官会议纪要：追寻裁判背后的法理》，人民法院出版社 2018 年版，第 190 ~ 192 页。

裁判指引

《纪要》出台之前,公司为他人提供担保纠纷的核心争议在于《公司法》第 16 条的性质和是否要引入《合同法》第 50 条作为裁判依据问题,属于纯粹的法律适用问题。《纪要》出台后,该法律适用争议尘埃落定,公司为他人提供担保纠纷的主战场将转移至复杂的事实和证明问题。

一、庭审思路与要件事实

以公司担保的效力为争议焦点的案件,庭审重点关注的问题主要有两个:一是是否属于债权人必须提交相应的决议的情形;二是如果属于,债权人是否尽到了必要的审查义务,即是否属于"善意"。

鉴于《纪要》第 19 条规定了 4 种无须决议也应当认定担保有效的情形,则如果债权人提供证据证明符合此 4 种情形,即可认定担保有效。4 种情形中,第一种担保营业行为好判断,债权人只要提交担保人的营业执照,明确担保人的经营范围即可,此种情形通常也不会涉诉。第四种担保合同是否系 2/3 有表决权的股东签字同意,也容易判断。难点在于中间两项,即是否属于为直接或者间接控制的公司开展经营活动、公司与主债务人之间是否有商业合作关系。此二者,均需债权人提供更具体的证据证明担保背后的利益关涉与商业逻辑。在证据的关联性上,法官有自由心证的因素。

关于债权人善意的认定问题,涉及举证责任分配、身份识别、审查范围、审查对象等诸多事实问题,以下细述。

二、《合同法》第 50 条的举证证明责任分配问题

《纪要》将《合同法》第 50 条作为认定担保合同效力的请求权基础,但《纪要》对该规定中的举证证明责任分配问题语焉不详。《纪要》第 18 条要求债权人举证证明其在订立担保合同时对相关公司机关决议进行了审查,易使人理解为将《合同法》第 50 条的举证证明责任分配给了债权人。

《合同法》第 50 条规定:"法人或者其他组织的法定代表人、负责人超越权限订立的合同,除相对人知道或者应当知道其超越权限的以外,该代表行为有效。"根据文义解释,法人或者其他组织应当对"相对人知道或者应当知道其超越权限"这一事实承担举证证明责任。"知道"为故意,"应当知道"而不知道构成重大过

失，故意和重大过失通常统称为恶意，也就是说，法人或其他组织要证明相对人恶意。

适用《合同法》第50条进行认定，对于“知道”，毫无疑问，应完全由公司承担举证证明责任，债权人无法对“不知道”这一消极事实承担举证证明责任。对于“应当知道”，鉴于《纪要》第17条认定《公司法》第16条的性质为对法定代表人代表权的法定限制，根据“法律一经公布即推定所有人明知及不知法律不免责的法理”，《纪要》事实上采取了推定债权人应当知道的立场，从而实行举证证明责任的转换，由债权人举证证明其构成善意。

三、关联担保中作为债务人的股东或实际控制人身份的识别问题

由于《纪要》第18条对关联担保和非关联担保债权人审查决议的类型和审查决议的内容进行了区别规定，因此，股东和实际控制人的识别成为关键问题。公司应当对债权人知道该担保系关联担保承担举证证明责任。

《公司法》第216条规定，实际控制人，是指虽不是公司的股东，但通过投资关系、协议或者其他安排，能够实际支配公司行为的人。可见，实际控制人的识别较为复杂，且往往不能通过公司章程和工商登记信息获知，只能依赖公司披露。股东虽然可以通过公司章程和工商登记信息进行识别，但《纪要》并未课以债权人审查工商登记信息的义务，如公司未向相对人提供公司章程，不能认定债权人明知债务人为股东；如公司向相对人提供了公司章程，且债务人为章程记载的股东，可以推定债权人知道债务人为股东。

四、债权人的审查依据问题

除上市公司外，《纪要》将公司章程规定为债权人审查决议的依据，在实践中可能存在一定问题：第一，章程通常不规定董事的名单，董事的变更亦不会在章程中体现，如何依据章程识别董事会决议的签字人员是否为公司董事？第二，在公司未提供章程的情况下，债权人能否将公开途径查询到的信息（如工商登记或国家企业信用信息公示系统）作为审查依据？第三，公司提供的章程记载的信息与债权人公开途径查询到的信息不符时，债权人应以何种信息作为审查依据？既然《纪要》并未明确课以债权人主动索要并审查公司章程的义务，工商登记或国家企业信用信息公示系统具有公示效力，债权人有理由信赖，应当作为审查依据，即使公司事后提供的章程记载的信息与债权人公开途径查询到的信息不符，也不应认

定债权人恶意。但是,在公司提供章程的情况下,债权人没有通过公开途径查询相关信息的义务,可直接将章程作为审查依据。

对于上市公司,《纪要》第 22 条规定债权人可以将上市公司披露的关于担保事项已经董事会或者股东大会决议通过的信息作为审查依据,未区分关联担保和非关联担保。但是根据《公司法》第 16 条的规定,关联担保仍应审查是否由股东大会决议通过,非关联担保应审查是否由董事会或者股东大会决议通过。

五、关于类担保的决议审查问题

有观点认为,《纪要》第 23 条只规定债务加入准用公司担保的规定,并未将实务中大量使用的差额补足、流动性支持等类担保事项、增信措施列入准用公司担保的规定范围;而《纪要》第 91 条则明确,此类增信文件按照合同内容确定权利义务关系,并根据案件事实情况确定相应的民事责任,可见,差额补足、流动性支持等类担保事项无须经过公司内部决议程序。

我们认为,上述观点不能成立。理由:(1)《纪要》第 91 条仅涉及合同文本本身,未涉及公司内部决议问题,不代表无须经过决议,因为《纪要》第 91 条旨在为类合同定性,而非确定其效力;(2)《公司法》第 16 条的规范意旨是保护中小股东,防止利益输送,恶意侵害中小股东利益。无论是担保,还是类担保,如果未经决议程序,都将侵害中小股东利益,并不因为是否属于法定的担保方式而有差异。因此,应对《公司法》第 16 条进行扩张解释,通过目的性扩张,将类担保的决议要求纳入规制范围。

六、关于一人公司为股东提供担保的效力问题

对一人公司能否为其股东担保的问题,素有争议。一种观点认为不能,理由是:(1)根据《公司法》第 16 条第 2 款"公司为公司股东或者实际控制人提供担保的,必须经股东会或者股东大会决议"及第 3 款"前款规定的股东或者受前款规定的实际控制人支配的股东,不得参加前款规定事项的表决。该项表决由出席会议的其他股东所持表决权的过半数通过"的规定,公司为股东提供担保必须通过股东会决议,而一人公司不能形成有效的股东会决议;(2)一人公司涉及公司财产处分必须具有正当性,特别是流向股东的,否则无法证明公司财产与股东财产独立,导致人格混同。另一种观点认为,一人公司股东与公司的意志本来就是一体的,不存在需要通过回避表决方式保护的小股东,所以不适用《公司法》第 16 条。

2018 年 8 月 9 日发布的《最高人民法院关于审理公司为他人提供担保纠纷案件适用法律问题的解释(稿)》第 8 条规定:“一人有限责任公司为其股东、国有独资公司为其出资人提供担保,公司主张担保合同对其不发生效力的,人民法院应当予以支持。公司能够举证证明相对人在订立担保合同时,知道或者应当知道公司系为其实际控制人提供担保的,适用前款规定。”该规定从根本上否定了一人公司的担保能力。但在该司法解释稿的主要内容被并入《纪要》之后,有关一人公司为股东提供担保无效的内容,被删除了。由此可见,最高人民法院放弃了否定一人公司为其股东提供担保属于无法作出有效决议而导致担保无效的观点。

我们认为,以《公司法》第 16 条为据,否定一人公司为其股东提供担保的合同效力,法理上是不成立的。主要原因在于:(1)《公司法》第 16 条的决议回避程序旨在保护中小股东,而非禁止公司为股东提供担保,也不是为了保护公司债权人,因为任何公司为股东提供担保的行为都可能对公司债权人的利益产生负面影响。(2)由于一人公司的股东只有一人,故其公司治理并非通过会议体实现,更不应当就此否定一人公司在交易上的行为能力。(3)一人公司为股东提供担保,存在可能影响公司债权人利益实现的或然性,而不是必然性。在交易达成、按期还款的情况下,并不损害公司债权人的利益,是解决中小微企业融资难、融资贵的重要途径。(4)如一概否定一人公司为股东提供担保的能力,禁止一人公司为股东提供担保,则在根本上遏制了交易,限制了中小微企业及其投资者的融资能力,与鼓励投资、促进交易的商事审判价值取向不符。(5)一人公司为股东提供担保,如果损害公司债权人的利益,则公司债权人可以通过《公司法》第 20 条股东滥用权利、《公司法》第 63 条股东与一人公司对债权人承担连带责任及合同法上的撤销权制度,保护其正当权益。(6)国有独资公司为股东提供担保,是否涉及国有资产流失,尚有讨论余地,因为其股东本身也是国有性质的。而从制度上一概否定一人公司为股东提供担保,更是与立法对一人公司制度设置的便利价值相背离。(7)从立法论上看,可以通过设立一人公司为股东担保的强制备案制度、设立一人公司的双董事制度、公司秘书制度等方式,限制一人公司为股东提供担保可能存在的弊端,但这不等于从根本上否定一人公司为股东提供担保的能力。(8)在既有交易大量存在一人公司为股东提供担保的情形下,设定禁止一人公司为股东提供担保无效的规则,不仅没有坚实的法理基础,反而是鼓励反言,因为事先代表一人公司作出担保承诺的一人公司法定代表人与股东绝大部分是同一个人。事实上,《人民司法·案例》刊登的柯尼马公司保证合同纠纷案也支持了这一观点。[①]

七、代理人未经公司机关决议代理公司对外签订担保合同的效力问题

《纪要》对此未作明确规定。如果代理人未取得公司的授权,且不构成表见代理,根据《合同法》第48条或《民法总则》第171条的规定,其以公司名义对外签订的担保合同对公司不发生效力,由此产生的赔偿责任由行为人承担,自无进一步讨论是否经过公司机关决议之必要。

如果代理人取得了公司的授权,或者代理人构成表见代理,其代理行为的法律后果相当于得到了公司法定代表人的授权,故其以公司名义签订担保合同的效力可参照《纪要》关于法定代表人越权代表的规则进行判断。

律师指引

一、关于代理思路的选择

鉴于以往公司担保问题的巨大争议,律师代理此类案件时,往往通过案例检索,以公司担保有效或者无效的既有判决,特别是最高人民法院和高级人民法院的判决,作为说服法官支持本方代理意见的依据。由于存在矛盾判决,因此,双方也都能找到对己有利的在先判决,作为有利的背景案例材料。如果进一步细读判决,便可发现,《公司法》第16条的规范性质,是矛盾判决共同的论证思路,只不过对其规范属性本身,两者各执一词。这种裁判思路和代理思路,将在《纪要》发布实施后被完全抛弃。双方的攻防将围绕《纪要》确定的新思路展开:是否属于需要审查决议的情形;如果需要,债权人是否已经尽到了审查义务,属于善意?

二、举证重点

作为债权人的代理人,如果债权人事先没有审查决议,应当重点了解公司担保的商业动机本身,寻找是否属于《纪要》第19条所列的为其控制的公司开展经营活动而提供担保,或者公司与债务人之间有商业利益交换。换句话说,商事担保"没有无缘无故的爱",作为一种纯粹的担保债务负担,通常背后一定是有某种利益交换或者牵涉。这种背后的商业利益交换,如果符合《纪要》第19条所列的

---

① 参见《一人公司为股东担保的效力——常州中院判决卜邦干诉柯尼马公司保证合同纠纷案》,载《人民司法·案例》2010年第4期。

情形,可以去除脱保风险。需要注意的是,此类商业故事和逻辑,在庭审中以证据呈现时,应当简洁、清晰,通过关键证据梳理出交易动机和行为脉络,完成法庭的完整交易链条复原,才能说服法官,赢得诉讼。

值得各方代理律师注意的是,《纪要》虽然将决议审查的义务分配给了债权人,事实上也把其尽到了审查义务的举证责任分配给了债权人,但债权人是否属于善意,却仍然存在较大的事实争议空间。这里的争议点包括:(1)是否要审查章程,如果章程发生变动,在担保时点,审查哪一份章程?(2)是否要主动审查董事会议事规则和股东会议事规则?(3)如果签订担保合同时,公司股权发生变动,但未办理完工商变更登记,则公司股东会决议上的签名应该由新股东签名,还是老股东签名?(4)上市公司虽然公告公司提供担保情况,但仅仅是概括性的表述,案涉担保合同是否包括在公告范围之内?据以证明上述事实的证据,都将对诉讼的结果有重要影响,应当予以重点关注。

三、往来电话及邮件的证据意义

《纪要》第 18 条设定了多个公司有证据证明“债权人明知”的情形,如明知决议是伪造或者变造的。对于“明知”这一影响担保合同效力的重要要件事实的证明,其实有相当难度,因为“明知”是一种主观的心理状态,这种心理状态难以捕捉或者保存。因此,如果交易过程中,双方工作人员的电子邮件和电话显示了债权人明知的信息,则能清晰勾画出其“明知”、非“善意”的主观状态,进而直接影响担保合同效力的影响。因此,对此类交易过程中的往来邮件、短信、微信等电子通信工具中存有的上述相关证据,更有利于向法官清晰呈现上述事实。

四、关于上市公司担保问题

《纪要》第 22 条规定,根据上市公司披露的担保事项已经董事会或者股东大会决议通过的信息订立的担保合同,应当认定有效。但公告事项可能是概括性的授权或者描述,而并非专为案涉担保交易特别作出。此时,案涉担保是否能够直接包括在公告的期间、金额、主体范围之内,并非没有争议。就此问题,亦应当有更为明确的证据指向。

法务指引

关于公司为他人提供担保,《纪要》从法律适用、举证责任分配、效力认定、责任承担等方面，形成了一整套裁判规则，对定分止争、统一裁判结果具有重要意义。但是，该规则过于复杂，即使是有经验的商主体在接受公司对外担保时，也很难完全排除担保合同可能被事后认定无效的风险，合同效力不确定性增强。为防范风险，建议在签订担保合同时采取以下风险控制措施。

一、将《纪要》作为提供担保及接受担保的行为规则

从法律渊源上讲，《纪要》并非法律，亦非司法解释，应当属于司法政策，只具有裁判规则的意义。但是，产生纠纷后，《纪要》所确立的裁判规则对当事人的实体权利将产生重大影响，因此，当事人在签订合同时应严格根据《纪要》的内容评估风险。

二、尽可能对公司章程和机关决议进行实质审查

虽然《纪要》规定债权人对公司机关决议内容的审查一般限于形式审查，但对决议部分程序事项依然采取了实质审查立场，且所涉证明问题十分复杂，为降低风险，债权人应尽可能对公司章程和机关决议进行实质审查。对重大的担保事项，应要求全体股东或董事面签决议，并录音录像。

三、提高合同签订和履行过程中的证据意识

要做好公司章程、机关决议、股东、董事、实际控制人以及其他证明材料的确认工作。最佳方案是将章程、机关决议作为合同附件，并经公司签章（字）确认。

四、及时补正担保合同效力瑕疵

对欠缺公司机关决议的担保合同，在产生纠纷前，要求公司机关进行决议追认。

五、关于决议文本

值得注意的是，大量有限责任公司的运作并不非常规范，因此，其决议形式和文本，都未必有特别完备的形式。如果其有意为暂时性的交易达成提供便利，并伺机在事后的担保责任承担中进行抗辩和逃保，则更可能在决议文本上有意无意地作出遗漏。为确保决议的有效性，进而确保担保的有效性，建议由债权人事先提供规范的决议文本，将担保的主合同名称及编号、主体名称、金额等有关主债权

的各项要素，有关决议的机关、人员、身份、出席情形、表决情况、持股情况等各项要素，完整列入决议文本，后面应当附上完整的与会人员名单、证件、签名及盖章。

六、关于债权转让与债权估值

在债权转让的场合，还涉及原债权的估值问题。而原债权是否已有有效的担保，对债权的价值影响重大。在此环节，尽职调查及评估，就不仅仅要看是否有担保合同、是否办理了抵押登记，还要审查是否有有效的公司担保决议，并以此作为债权估值及回收的依据。

要案索引

[案例1]李晓光、李俊报民间借贷纠纷申请再审案

[案号](2019)最高法民申2313号

[裁判要旨]作为公司的法定代表人违反公司章程的规定进行担保属于超越权限，该行为也未经公司追认，所以其出具《担保承诺书》的行为对公司不发生效力。债权人依据《最高人民法院关于适用〈中华人民共和国担保法〉若干问题的解释》(以下简称《担保法司法解释》)第7条的规定主张"对其担保债务承担50%赔偿责任"的请求不能成立。

[案情概要]2012年8月6日李晓光通过股权受让的方式成为上海新大陆体育中心有限公司(以下简称新大陆公司)股东，2013年6月4日李晓光将股权转让。2014年4月1日，新大陆公司给李晓光出具了一份《担保承诺书》，内容为："本公司(新大陆公司)自愿为李俊报向李晓光借款贰仟万元整(20,000,000)元(还款日期另行约定为2014年9月8日)承担连带保证责任。担保范围包括借款本金及利息。担保期限至李俊报还清借款为止。"担保人新大陆公司加盖印章。2014年6月8日，李俊报向李晓光出具借条一份，内容为："今向李晓光借人民币大写贰仟万元，期限为叁个月，于2014年9月8日一次性还清。借款人李俊报。"

[裁判观点]李晓光提出其没有义务审查担保是否经过股东会同意，客观上也无法进行该项审查。该公司章程明确规定"为公司股东或实际控制人提供担保""公司对外担保、质押财产、借款等事项"属于股东会职权范围，同时还规定"董事、高级管理人员不得未经股东会同意，将公司资金借贷给他人或者以公司财产为他人提供担保"。李晓光作为新大陆公司的前法定代表人、股东，其对公司章程的内容应有清楚认知。虽《担保承诺书》出具时，李晓光已将股权转让，但其亦应知道

公司出具《担保承诺书》属于股东会决议事项，有义务和必要要求李俊报提供并查阅股东会决议，李晓光称其无义务也无法审查的理由不成立。

［案例2］安徽阜阳保利汉铭投资有限公司、邵轶群企业借贷纠纷申请再审案

［案号］（2018）最高法民申4686号

［裁判要旨］《公司法》第16条的规定属于管理性强制性规定，违反该规定的合同原则上不应认定无效。

［案情概要］2012年4月5日至2014年5月8日，邵轶群多次借钱给张继华，双方签订数份借条，邵轶群分别以不同的账号分数次转款及支付现金给张继华及安徽继华置业有限公司（以下简称继华公司）24,298,000元，并收取利息1,564,886元。2014年2月21日，张继华、安徽阜阳保利汉铭投资有限公司（以下简称保利公司）给邵轶群出具还款承诺书，载明："本公司承诺，对于继华公司、张继华欠邵轶群人民币贰仟伍佰万元整(25,000,000.00，最后以借据具实结算)，以上借款以我公司的全部资产及股权承担连带清偿责任。"张继华先在还款承诺书的承诺人处署名"法人代表张继华"，后在此处喷墨打印留有保利公司的印章。

经鉴定，还款承诺书上的"保利公司"印文不是印章加盖形成，而是扫描后彩色喷墨打印形成；先书写黑色字迹后喷墨打印印文，无法判断还款承诺书的形成时间。经查，借款时，张继华在保利公司占股49%，继华公司（唯一股东张继华）占股51%。

［裁判观点］本案中，张继华出具还款承诺书时，保利公司仅有张继华和继华公司两个股东，而继华公司亦是张继华控制，保利公司实际为张继华一人控制，保利公司资产即是张继华和继华公司投入财产。《还款承诺书》存在的印章是直接加盖抑或是扫描喷墨形成必须经过鉴定机关的鉴定方能识别，邵轶群和付军作为相对人，基于对保利公司工商登记的股东结构及张继华系保利公司法定代表人和公司财产实际控制人身份的信任，完全有理由相信该还款承诺书的真实性，无须也不可能进一步鉴别保利公司盖章的真伪。因此，邵轶群在接受作为保利公司为其股东提供担保过程中，已尽到合理的审查义务，主观上构成善意。

［案例3］杨为海与孙健房屋买卖合同纠纷申请再审案

［案号］（2019）最高法民申535号

［裁判要旨］公司为股东提供担保未经股东会决议，相对人未尽审查义务，该担保合同对公司不发生法律效力。

[案情概要]2013年3月6日,孙健与杨为海签订了《协议书》《房屋买卖合同》,以自有房屋抵偿其个人所欠杨为海款项,并以喀什三冠房地产开发有限公司(以下简称三冠公司)名义为其个人提供担保。签订《协议书》《房屋买卖合同》时孙健系三冠公司股东、法定代表人。

[裁判观点]孙健未经公司股东会决议即以公司名义为其个人提供担保,属于越权代表行为。杨为海在与孙健签订《协议书》《房屋买卖合同》时,本应审查孙健以三冠公司名义为其个人提供担保是否符合《公司法》第16条第2款的规定,是否已经该公司股东会决议同意,但其未要求孙健出示三冠公司同意担保的股东会决议,也未提供证据证明其有理由相信该担保行为已经三冠公司股东会决议同意,故其自身存在明显过错,其属于《合同法》第50条、《担保法司法解释》第11条规定的应当知道孙健的行为属于超越权限的相对人,不属于善意相对人。原审判决认定该行为对三冠公司不发生法律效力,并无不当。

[案例4]厦门元华资产管理有限公司、林瑛民间借贷纠纷申请再审案

[案号](2017)最高法民再210号

[裁判要旨]以决议前置的方式限制法定代表人担保权限的立法安排,其规范意旨在于确保该担保行为符合公司的意思,不损害公司、股东的利益。对法定代表人超越法律、章程规定实施的越权担保行为,只有在相对人善意无过失的情况下,该担保合同的效果才归属于公司。

[案情概要]2012年10月8日、2012年12月26日、2013年2月8日,林瑛分别与林昌华签订三份《借款担保协议》,林昌华分别向林瑛借款3000万元、1500万元及600万元,借款期限不等,三份借款合同中的担保人分别为福建泛华矿业股份有限公司(以下简称泛华公司)、福建标镍股份有限公司(以下简称标镍公司)和林翠妍。2014年3月26日,林瑛与林昌华、泛华公司、标镍公司、厦门元华资产管理有限公司(以下简称元华资产公司)、林翠妍签订了《债权债务确认书》,确认了林昌华欠款数额,增加了元华资产公司为连带保证人,保证期限至2016年3月26日止。《债权债务确认书》签订后,各方均未向林瑛支付借款本金、利息及相应逾期还款违约金。另查明,元华资产公司成立于2014年1月27日,法定代表人为洪辉煌。

[裁判观点]根据《民法通则》第38条、第43条,《公司法》第16条和《合同法》第50条的规定,在公司为他人提供担保这一可能影响股东利益的场合,法律规定了公司机关决议前置程序以限制法定代表人的代表权限。在公司内部,为他

人提供担保的事项并非法定代表人所能单独决定，其决定权限交由公司章程自治：要么是由公司股东决定，要么是委诸商业判断原则由董事会集体讨论决定。在为公司股东或实际控制人提供担保的场合，则必须交由公司其他股东决定。这种以决议前置的方式限制法定代表人担保权限的立法安排，其规范意旨在于确保该担保行为符合公司的意思，不损害公司、股东的利益。对法定代表人超越法律、章程规定实施的越权担保行为，只有在相对人善意无过失的情况下，该担保合同的效果才归属于公司。

元华资产公司所担保的债务本息源于签订日期为2012年10月8日、2012年12月26日、2013年2月8日的三份《借款担保协议》。在前述三份《借款担保协议》中，2012年10月8日、2012年12月26日签订的《借款担保协议》中特别约定将泛华公司、标镍公司的股东会决议作为该协议的附件。2013年2月8日签订的《借款担保协议》上虽然加盖了元华资产公司的印章，但根据本案已经查明的事实，元华资产公司系于2014年1月27日新设成立，故应当认定林瑛在接受担保之时，连保证人元华资产公司在当时是否存在都未做核实，根本未尽基本的核查义务。因该合同的首部载明的担保人仅为林翠妍一人，故林瑛关于元华资产公司在公司成立后追认担保，公章确系事后补盖的诉讼理由，明显不合常理，本院不予采信。本案的实际情况表明，林瑛作为债权人不仅实际知道《公司法》第16条关于公司为他人提供担保的程序性限制的法律规定，且在2012年10月8日、2012年12月26日签订的《借款担保协议》中，特别约定将泛华公司、标镍公司的股东会决议作为该协议的附件，但对于元华资产公司却未做同样的要求，这种区别对待的做法本身就有违一般的商业理性。在2014年3月26日《债权债务确认书》签订之时，洪仲海系持有元华资产公司90%的登记股东，林瑛并未向洪仲海核实元华资产公司是否愿意以自身资产为林昌华的债务提供担保，结合本案中实际债权人林宝明和债务人林昌华同为福清籍商人等其他背景事实，足以认定债权人林瑛在接受元华资产公司提供的担保时，对林翠妍实施的损害洪仲海利益的担保行为，至少存在应知而未知的重大过失。原审判决以印章真伪、法定代表人身份等形式要素来判断林翠妍代表权的有无和第三人信赖利益的范围，对法律的理解并不准确，本院予以纠正。

[案例5]卜邦干诉柯尼马公司保证合同纠纷案

[案号](2009)溧民二初字第0420号(一审)

(2009)常民二终字第0451号(二审)

[裁判要旨]在章程没有禁止性规定的前提下,应允许一人公司为其股东提供担保。至于是否损害公司债权人利益,则属于民法中撤销权的范畴,不属于公司法的调整范围。

[案情概要]卜邦干原系常州柯尼马电动车有限公司(以下简称柯尼马公司)独资股东,同时任该公司法定代表人。2008 年 4 月 15 日,卜邦干与谢贤初签订股权转让合同书,约定卜邦干将拥有的柯尼马公司 100% 的股权以 50 万元人民币转让给谢贤初,股权转让金于同年 11 月 20 日前全部付清。9 月 9 日,谢贤初向卜邦干出具欠条一张,言明已经支付 35 万元股权转让金,尚欠 15 万元,柯尼马公司在"此欠款由柯尼马公司担保"的意见上加盖了公章。此后谢贤初和柯尼马公司未予付款,卜邦干遂以谢贤初为被告提起诉讼,法院判决谢贤初向卜邦干支付股权转让金 15 万元并承担诉讼费。因谢贤初未履行上述债务,卜邦干遂起诉柯尼马公司,要求其承担连带清偿责任。另查明:出具欠条时,柯尼马公司系自然人独资有限公司,谢贤初系股东,公司章程对公司担保的问题未作规定,对本案所涉的担保事项亦未采取书面形式由股东签名后置备于公司。

[裁判观点]一审法院认为,柯尼马公司在谢贤初出具给卜邦干的欠条上明确欠款由其担保的行为属实。虽然柯尼马公司的股东谢贤初没有按照《公司法》的相关规定作出书面材料置备于公司,但卜邦干并无过错,也不属《担保法》规定的担保无效的情形,故卜邦干与柯尼马公司间保证合同关系应属合法、有效。柯尼马公司对保证方式没有明确,应按照连带保证责任承担责任。现债务人谢贤初在判决书规定的债务履行期届满后没有履行债务,卜邦干可以要求保证人柯尼马公司在其保证范围内承担保证责任。据此判决柯尼马公司承担连带清偿责任。

二审法院认为:本案争议焦点在于一人公司为股东担保的效力认定问题。

1. 关于《公司法》第 16 条的适用范围。在公司为无投资关系和无实际控制关系的其他法人、经济组织和个人提供一般担保时,应依据章程的授权由公司经营决策机构董事会或者公司所有者决策机构股东会行使;在公司为有投资关系的股东或者有实际控制力的其他主体提供特殊担保时,其决策权只能由公司所有者决策机构股东会行使。对于不设董事会或者股东会的一人公司而言,《公司法》第 16 条关于担保能力的规定无适用的必要,因为不设董事会或者股东会的一人公司在公司所有权和经营权上未分离,均由公司所有者即唯一的股东行使,而公司为他人担保的决策权属于公司所有者的权利。因此,该规定主要适用于大公司尤其是股份公司,对上市公司适用的意义更大。

2.考察《公司法》第16条的立法本意和立法目的。该条规定的特殊担保下股东回避表决旨在防止大股东(利害关系股东)滥用股东权利,保护公司和小股东(无利害关系股东)免遭公司作保的风险,确保公司更加客观、公正地决定是否为其股东提供担保,而并非禁止或限制该类特殊担保。实践中,一人公司不存在大股东与小股东之别,也不存在利害关系股东与无利害关系股东之别,唯一的股东同意提供担保,不仅体现股东意志,也体现公司意志,在没有其他利害关系股东存在的情形下,也就谈不上损害其他股东的利益。因此,一人公司的股东可以自行作出由一人公司为自己债务提供担保的决定。至于是否损害公司债权人利益,则属于民法中撤销权的范畴,不属于公司法调整范围。如果股东借公司担保损害资本维持原则,甚至抽逃出资,则可以援引《公司法》关于股东抽逃出资或者股东滥用公司法人地位等法律规定,追究股东的法律责任。

3.审查债权人的注意义务。一般担保的债权人有义务向公司索取公司章程规定的担保决策机构关于同意担保的决议;特殊担保的债权人有义务向公司索取公司股东会关于同意担保的决议。否则,一旦公司越权提供担保,债权人因未尽到必要的注意义务而存在过失,即无法获得《合同法》第49条规定的表见代理制度的保护,担保合同归于无效。实践中,一人公司因仅有一个股东,自然无法成立股东会并形成股东会决议。因此,只要公司章程不禁止,股东个人同意后公司对外担保的能力就具备了。只不过股东行使职权作出担保的决定时,法律上倡导的是采取书面形式并由股东签名备置于公司。这样做是为了更全面、更完整地记载一人公司的运营状况。但实践中一人公司的操作并非如此规范和明确,股东个人同意的意思表示往往体现在担保合同上加盖公司公章。因此作为债权人而言,只要审查一人公司的章程中有无对外担保的特殊规定,如果没有,则对担保的合理期待应当受到保护。

4.“法无禁止即自由”。既然《公司法》总则第16条作为一般规范而言对一人公司无适用的必要,而且《公司法》分则的特殊规范中亦未对一人公司为其股东提供担保作相应规定,根据私法中“法无禁止即自由”的理念,以及从适应市场主体的融资需求、尊重交易效率和减少交易成本出发,在章程没有禁止性规定的前提下,应当允许一人公司为其股东提供担保。

综上,因柯尼马公司的章程没有对公司担保的问题作出禁止性规定,故柯尼马公司的担保有效,其应承担连带保证责任。

[案例6]亿阳信通股份有限公司、安徽华地恒基房地产有限公司企业借贷纠纷案

[案号](2019)最高法民终451号

[裁判要旨]上市公司法定代表人虽然在担保合同上加盖了私章及公司印章，但相关董事违反《公司法》第16条第2款及公司章程的规定，就特定担保事项出具的董事会决议，所订立的担保合同无效。对于上市公司法定代表人及其董事对外实施损害公司利益的行为，上市公司未能及时发现和制止，存在管理不当的过错责任，其应就因担保合同无效导致债权人信赖利益受损承担赔偿责任。债权人对担保合同无效也负有审查不严的过错责任，故担保人承担赔偿责任的范围为债务人不能清偿债务部分的1/2。

[案情概要]安徽省高级人民法院一审查明:2016年9月20日，亿阳集团作出股东会决议，同意向安徽华地恒基房地产有限公司(以下简称华地公司)借款2亿元，期限12个月。2016年9月26日，华地公司(委托人)与北京银行朝阳北路支行(受托人)、亿阳集团(借款人)签订《委托贷款协议》，约定:华地公司委托北京银行朝阳北路支行向亿阳集团发放2亿元贷款，期限12个月。同日，华地公司与亿阳集团签订《借款合同》，约定该合同作为《委托贷款协议》的补充，不一致的，以该合同为准。

亿阳集团为亿阳信通股份有限公司(以下简称亿阳信通公司)的股东，2016年9月26日，亿阳信通公司向华地公司出具《不可撤销担保函》，称为《委托贷款协议》项下借款提供连带责任保证;如华地公司与亿阳集团协商一致对主合同修改、补充的，亿阳信通公司在本担保函项下所承担的义务不变。同日，华地公司与亿阳信通公司签订《最高额保证合同》，约定:亿阳信通公司所担保的主债权为自2016年9月28日至2017年9月28日(包括该期间起始日和届满日)，在2亿元的最高余额内，华地公司依据与亿阳集团签订的所有借款合同、典当合同、协议以及其他文件(以下称主合同)享有的对债务人的债权提供连带责任保证。

该份合同签订前，亿阳信通公司董事会于2016年9月20日作出董事会决议，同意为亿阳集团向华地公司的借款2亿元提供连带责任保证，该董事会决议董事签名处有宋某某、曲飞、张某某、王某甲、田某某、万某某、蔺某、鄢某某及方某签名，并加盖亿阳信通公司印章。

华地公司成立于2011年，股东为安徽华地置业有限公司，持股100%。安徽华地置业有限公司成立于2004年，股东信地置业(合肥)公司及新华控股集团分别持股30%、70%。新华控股集团成立于2009年，股东肖国庆及中安国际公司各持股50%。中安国际公司成立于2016年，股东肖国庆及吴某某分别持股99%、1%。华地公司、安徽华地置业有限公司、新华控股集团、中安国际公司的法定代表人均为肖国庆。

亿阳信通公司成立于1995年，注册资本631,052,069元，系上市公司，亿阳集团为亿阳信通公司控股股东。亿阳信通公司董事为宋某某、王某丙、曲飞、程某、王某甲、田某某、万某某、蔺某、鄢某某及方某，曲飞为公司董事长。亿阳信通公司章程规定：(1)本公司及本公司控股子公司的对外担保总额，达到或超过最近一期经审计净资产的50%以后提供的任何担保；公司对外担保总额，达到或超过最近一期经审计总资产的30%以后提供的任何担保；为资产负债率超过70%的担保对象提供担保；单笔担保额超过最近一期经审计净资产10%的担保；为股东、实际控制人及其关联方提供的担保须经股东大会审议通过。(2)董事会在股东大会授权范围内，决定公司的对外投资、收购出售资产、资产抵押、对外担保事项、委托理财、关联交易等事项。

最高人民法院二审查明：2016年2月亿阳信通公司修订公司章程规定："公司对外担保还应遵守以下规定：股东大会对董事会授权权限内的对外担保应经董事会全体成员三分之二以上同意，股东大会对董事会授权权限以外的担保应提交股东大会批准""董事与董事会会议决议事项所涉及的企业有关联关系的，不得对该项决议行使表决权，也不得代理其他董事行使表决权。该董事会议由过半数的无关联关系董事出席即可举行，董事会会议所作决议须无关联关系董事过半数通过。出席董事会的无关联董事人数不足三人的，应将该事项提交股东大会审议。"

华地公司在二审庭审中陈述："我们签合同时，他们自己提出来是说他们公司章程有这样一个授权，他是不需要召开股东会的，因为他们上市公司如果对外公告的话很麻烦，时间很长，而他们当时急需借这笔款。如果发布公告，他要到证监会办理相关事项是一个漫长过程，而且他主动提出来，他说他们这个是有公司章程授权的。所以我们当时一开始是要求他提供股东会决议，后来我们看到公司章程确实有这样一个授权性规定，所以要求他提供了一个董事会决议。"

案件争议焦点为亿阳信通公司应否对涉案借款承担连带保证责任。

[裁判观点]一审法院认为：该担保有效。理由是：(1)《公司法》第16条第2款的立法本意在于限制公司主体行为，防止公司的实际控制人或者高级管理人员损害公司、小股东或其他债权人的利益，故其实质是内部控制程序，不能以此约束

交易相对人,因此宜理解为管理性强制性规范。根据《合同法司法解释(二)》第14条的规定,违反管理性强制性规范不属于认定合同无效的情形。(2)《最高额保证合同》及《不可撤销担保函》均加盖亿阳信通公司印章及其法定代表人曲飞私章;亿阳信通公司2016年9月20日作出同意为亿阳集团提供担保的董事会决议,该决议董事签名处有宋某某、曲飞、张某某、王某甲、田某某、万某某、蔺某、鄢某某及方某签名,并加盖亿阳信通公司印章。亿阳信通公司章程虽规定公司为股东、实际控制人及其关联方提供担保须经股东大会审议通过,但该章程亦规定董事会在股东大会授权范围内,决定公司的对外担保等事项。故华地公司主张有充分理由相信该董事会决议足以代表公司的真实意思,主观上构成善意。(3)《最高额保证合同》及《不可撤销担保函》均加盖亿阳信通公司印章及其法定代表人曲飞私章,即使上述担保行为系亿阳信通公司法定代表人超越权限行为,根据《担保法司法解释》第11条"法人或者其他组织的法定代表人、负责人超越权限订立的担保合同,除相对人知道或者应当知道其超越权限的以外,该代表行为有效"的规定,《最高额保证合同》及《不可撤销担保函》对于亿阳信通公司发生法律效力。故亿阳信通公司应承担连带清偿责任。

亿阳信通公司在二审中提交以下证据:(1)亿阳集团企业信用信息,据以证明曲飞、田某某系亿阳集团董事兼股东,宋某某系亿阳集团股东,在涉案担保事项中,无表决权;(2)亿阳信通公司2016年第一次临时股东大会决议公告,据以证明涉案担保未经亿阳信通公司股东大会决议;(3)华地公司企业信用信息,据以证明华地公司系商事主体,在涉案担保事项办理过程中,未尽到审查义务;(4)亿阳信通公司2016年年报节选,拟证明亿阳信通公司系公众公司,涉案担保未经股东大会决议损害了中小股东利益。

最高人民法院二审认为:(1)担保无效。理由是:①根据《公司法》第16条的规定,担保行为,特别是对外提供关联担保,不是法定代表人所能单独决定的事项。因此,对于违反《公司法》第16条规定的公司对外担保的效力,应当引入《合同法》第50条关于越权代表的规定加以判断。公司担保相对人在接受担保时,对有关公司决议负有必要的形式审查义务,否则不构成善意相对人,该担保行为对公司不发生效力。②亿阳集团系亿阳信通公司股东,涉案担保系关联担保,亿阳信通公司又系上市公司,与一般有限责任公司或未上市的股份公司具有的"人合性""封闭性"特征不同,上市公司股东人数分布广、资合性强。同时,上市公司涉及众多股民利益保护、证券市场秩序维护等公共利益问题,若未经股东大会决议同意即为股东或实际控制人提供担保，将会给上市公司及众多股民甚至整个证券市场带来潜在风险，一旦债务人（股东）未按期清偿债务，上市公司作为担保人就必须以其资产代为履行清偿义务，势必会侵害了其他股东及投资者利益。上市公司属于公众性公司，又具有资合性的结构特性，决定了在对外担保的纠纷中应当倾向于保护股东特别是中小股东的利益。③亿阳信通公司虽作出了同意为亿阳集团就涉案债务提供担保的董事会决议，但该决议并不符合《公司法》第16条第2款的规定，且亿阳信通公司章程也规定为股东、实际控制人及其关联方提供担保须经股东大会审议通过，但涉案担保并未经过亿阳信通公司作出有效决议。④华地公司系商事主体，根据其在二审庭审中所作陈述，在涉案借款及担保合同磋商阶段，其明知涉案担保事项应经亿阳信通公司股东会作出决议，且亿阳信通公司章程虽规定董事会“在股东大会授权范围内，决定公司的对外担保等事项”，但华地公司也并未举证证明亿阳信通公司向其出示了股东大会授权董事会可以就向关联方提供担保作出决议的相关证据。在此情况下，华地公司未要求亿阳信通公司提交相关股东会决议，反而直接接受了亿阳信通公司提供的不符合《公司法》第16条第2款规定的董事会决议，未尽到必要的审查义务，主观上具有过错。故在亿阳信通公司对涉案担保不予追认的情况下，一审以涉案担保有效判决亿阳信通公司对涉案借款承担连带清偿责任理据不足，予以纠正。

（2）关于相关责任的承担。①《担保法》第5条第2款规定，担保合同被确认无效后，债务人、担保人、债权人有过错的，应当根据其过错各自承担相应的民事责任。《担保法司法解释》第7条规定，主合同有效而担保合同无效，担保人有过错的，担保人承担民事责任的部分，不应超过债务人不能清偿部分的1/2。②涉案担保行为虽系无效，但亿阳信通公司相关董事就涉案担保事项出具了董事会决议，曲飞作为亿阳信通公司时任法定代表人在涉案《不可撤销担保函》《最高额保证合同》上加盖了私章及公司印章，并在《不可撤销担保函》中承诺为债权本金2亿元及利息、违约金等承担保证责任，对于上述其对外实施的损害公司利益的行为，亿阳信通公司均未能及时发现和制止，存在管理不当的过错责任，其应就因担保合同无效导致华地公司信赖利益受损承担赔偿责任。③由于华地公司对担保合同无效也负有审查不严的过错责任，故亿阳信通公司承担赔偿责任的范围为亿阳集团不能清偿债务部分的50%。

民法典最新规定释评

一、《民法典》规范文本

第五百零四条　法人的法定代表人或者非法人组织的负责人超越权限订立的合同，除相对人知道或者应当知道其超越权限外，该代表行为有效，订立的合同对法人或者非法人组织发生效力。

二、规范释评

《纪要》关于公司为他人提供担保部分最核心的变化，在于摒弃了将《公司法》第16条直接作为认定合同效力的法律依据的裁判思路，转而引入《合同法》第50条作为认定合同效力的直接法律依据。《合同法》第50条规定："法人或者其他组织的法定代表人、负责人超越权限订立的合同，除相对人知道或者应当知道其超越权限的以外，该代表行为有效。"对于不能依据《合同法》第50条认定有效的合同，《纪要》将其认定为无效合同，并适用担保合同无效的法律后果。《民法典》第504的条规定相较于《合同法》第50条的规定，增加了"订立的合同对法人或者非法人组织发生效力"的表述，区分了代表行为的效力和合同的效力。对于不能依据表见代表规则认定对公司发生效力的合同，究竟是"无效合同"还是"效力待定的合同"，该修改可能重新引发争议。具体理由如下：

（1）按照反面解释原则，"订立的合同对法人或者非法人组织发生效力"的反面为"订立的合同对法人或者非法人组织不发生效力"。因此，将不能依据表见代表规则认定对公司发生效力的合同认定为"无效合同"不符合文义解释规则，与《民法典》第504条的规定不符。

（2）事实上，对于不能依据表见代表规则认定对公司发生效力的合同，《最高人民法院民二庭法官会议纪要》和《全国法院民商事审判工作会议纪要（征求意见稿）》一直采取类推适用《合同法》第48条或《民法总则》第171条规定的立场，认定为效力待定的合同，并依此处理法律后果，《纪要》第17条改变了立场，直接认定为无效。根据最高人民法院相关法官在全国法院系统的公开课所讲，作出这一重大转变主要是考虑到采取类推适用《合同法》第48条或《民法总则》第171条规定来认定合同效力并处理法律后果，公司将免责，与之前的司法实践相比，"转弯过大"。换言之，就是为了让公司在一定情形下部分担责，而认定合同无效。可见，《纪要》第17条立足于裁判的实用主义，未将法律解释逻辑的周延作为重要考量因素,《民法典》第 504 条对表见代表规则的修订,进一步放大了《纪要》第 17 条法律解释逻辑的不周延性。

(3)对于欠缺相关决议的公司担保,类推适用《民法典》171 条的规定进行处理,可以更好地指导民事主体从事民事行为,从而保障交易安全。首先,相对人可以要求公司出具决议予以追认,补正合同效力。其次,相对人可以利用撤销权,维护自身权利,例如,金融机构在借款发放之前即发现公司担保合同欠缺决议,可以撤销该担保合同并解除借款合同,从而免除借款合同项下的放款义务。最后,更有利于防范法定代表人的滥权。《纪要》对于《公司法》第 16 条采纳代表权限制说的一个核心理由在于,对于法定代表人滥用代表权问题,公司无法防范且事后追偿成本过高,对相对人适度课以审查义务,成本较低,有利于更好平衡公司与债权人之间的利益。但是,认定合同不生效力,法定代表人则成为缔约过失责任的直接承担者,显然是防范法定代表人滥权的最有力武器,更有利于保障交易安全;认定合同无效,则滥权的法定代表人并不直接担责,与前述防范法定代表人滥权的初衷相悖。

专 题 八

股权代持与实际出资人权利保护

为特定目的出资认购公司股权，但在公司章程、股东名册或者工商登记中记载他人为公司股东的行为中，真正向公司出资的人，因其出资的真实性和名义的隐蔽性而被称为实际出资人或隐名股东；虽未实际出资，但受实际出资人委托，在公司文件及工商登记中均载明为公司股东者，被称为名义股东。

《纪要》在公司法部分的第八大点单列了股权代持的问题，并就隐名股东的显名化问题作了进一步规定。实际出资人与名义股东之间系股权代持关系，联结二者的"股权"本身系对公司这一组织体的社员权，故，事实上存在实际出资人、名义股东与公司三者之间不同的法律关系。同时，因名义股东的原因，其对股权的主动处分或被动处分，往往又涉及对第三人利益的保护。因此，股权代持关系并非仅仅止步于实际出资人与名义股东之间的财产争议、与公司之间的显名争议，亦有关涉第三人利益保护的案外人执行异议之诉、第三人撤销之诉以及股权让与担保等纠纷。不过无论是何种诉讼表现形式，股权代持均系其背后的基础关系，[①]应认真对待。本专题将以《纪要》第28条的规定为基础，围绕上述问题展开。[②]

---

① 参见贺小荣主编：《最高人民法院民事审判第二庭法官会议纪要》，人民法院出版社2019年版，第23～26页。

② 我国《公司法》虽统领有限责任公司与股份有限公司，但股份有限公司特别是上市公司的诸多规则主要出自证券监督管理委员会规章，有两轨制之现实。而司法实务中股权代持多集中于有限责任公司，故本专题的讨论主要集中于有限责任公司。

纪要原文

（八）其他问题

28.【实际出资人显名的条件】实际出资人能够提供证据证明有限责任公司过半数的其他股东知道其实际出资的事实，且对其实际行使股东权利未曾提出异议的，对实际出资人提出的登记为公司股东的请求，人民法院依法予以支持。公司以实际出资人的请求不符合公司法司法解释（三）第24条的规定为由抗辩的，人民法院不予支持。

规范精要

《纪要》第28条是对隐名股东显名的条件进行的软化和扩充，是对《公司法司法解释（三）》第24条第3款“实际出资人未经公司其他股东半数以上同意”的解读，针对司法实践中将上述规定理解为实际出资人显名纠纷出现后，要经其他股东过半数同意，显名诉讼请求才能获得支持的倾向，《纪要》明确符合“有限责任公司过半数的其他股东知道其实际出资的事实，且对其实际行使股东权利未曾提出异议的”条件的，显名诉请法院就要予以支持。其中的“未曾提出异议”系针对争议出现前“实际出资人实际行使股东权利”而言。

该规定的核心是实际出资人与名义股东间的权利义务安排具有相对效力，应通过组织法意义上的认可才能对公司产生拘束力。该认可的表现形式可以是决议，也可以是股东间口头或书面协议，亦可是事实状态上意思表示。

《纪要》第28条对此采取实质性标准，只要其他股东对实际出资人身份有事前认可的，就确认其意思表示的真实性。且意思表示时间节点应以了解实际出资人与名义股东间关系安排确立开始，并不限于纠纷提交法院之后，从诚信原则出发，除非有法定无效、撤销事由，否则应排除对确认的事后反悔。

法理基础

单纯从文义解释来说，将《公司法司法解释（三）》第24条第3款的规定理解为实际出资人显名争议产生后的其他股东过半数同意的情况，并没有错。但《纪要》第28条对此问题进行了扩张解释，即过半数的其他股东知道实际出资的事实，且对其实际行使股东权利未曾提出异议的，也应确认其显名要求。其中包含三层意思：

首先,将公司过半数的其他股东知道实际出资情况且不反对其行使股东权利,拟制为公司之意思表示。因为实际出资人股东资格的确认,是公司对其与实际出资人关系的确认,其他过半数股东认可形成公司意志,是确认实际出资人股东资格的关键。

其次,在公司与实际出资人关系框架下来理解股东资格认定。该实际出资人已经实际出资,且已成为公司运作的组织部分,如行使股东权利、参与公司管理等,既履行了股东义务,又已被认可作为公司成员参与公司活动,前者是义务履行后者是权利行使,意味着股东资格已经实质获得。

最后,其他股东于显名纠纷发生时再拒绝认可,并不代表公司意志,不能成为否定实际出资人显名诉请的理由。即便现时不同意实际出资人的股东资格,也是对该既有股东资格的否定,也应遵循公司组织程序进行除名,但此系实施新的民事法律行为改变旧之法律关系"已获得之股东资格"。

裁判指引

一、股权代持纠纷的处理原则

股权代持作为一种投资方式,虽然可以满足投资者隐藏身份以获取某种投资收益的目的,且法律对有限责任公司的股权代持行为并未禁止,但毕竟公司登记的名义股东与实际投资人不一致,使在市场交易中会使交易对象对公司及股东的信息产生误判。一旦代持行为被披露,可能影响公司的商业信誉,也不利于市场诚信体系的建设。为此,从司法的裁判导向上来说,一般不鼓励股权代持行为。对涉股权代持关系中相关权利主张,通常采取以下两项原则。

第一,对于股权代持协议的效力采取内外区分原则。一是区分股权代持协议在协议当事人之间的效力和对公司其他股东的效力。对协议当事人有效的,对公司其他不知情股东不发生效力,对公司也不直接发生效力。二是区分股权代持协议中的财产关系与身份关系。财产关系外部性较小,法律通常不干涉其权利处置,主要注重合同的相对性;而身份关系影响协议主体之外的第三人,如公司、其他股东之权利行使,外部性强,故身份关系即股东资格仍应遵循《公司法》中有关组织体的规定。三是区分股权代持行为与股东的外部责任。即便股权代持协议约定名义股东对公司的债务不承担民事责任,公司的债权人仍可要求名义股东在出资不实的范围内承担民事责任。

第二,通过甄别所规避的法律规范的性质,来确定股权代持协议的效力范围。

对于刻意隐瞒自己的特殊身份,规避法律、法规乃至纪律规定,进行股权代持的行为,实务中主要表现为公务人员通过股权代持的形式参与经商办企业,特定行业监管人员、中介人员通过股权代持形式委托他人持有监管或服务对象的公司股份以规避有关身份隔离的法律法规及纪律规定,境外人员通过股权代持的形式持有境内属于外资限制准入领域的公司股份等不同形式。当然,也不排除仅仅是基于人合性因素,为避免无法合作而又希望实现投资目的,而委托他人"立于前台",事实上并不违反监管和纪律规定的情形。对于前面所列的涉及规避现行规范而委托持股的,应立足于其所规避的规范性质进行判断,即看其是否属于导致民事法律行为无效的效力性强制性规范,进而确定股权代持协议的效力。

二、对"其他股东对其实际行使股东权利未曾提出异议的"的理解

"实际行使股东权利"主要是指实际出资人依据《公司法》第 4 条行使的资产收益、参与重大决策和选择管理者等权利,也包括以实质股东身份获得董事、监事职务等。

"未曾提出异议"主要是指其他股东的异议未以明示意思表示作出。依据《民法总则》第 140 条"沉默只有在法律规定、当事人约定或者符合当事人之间的交易习惯时,才可视为意思表示"的规定,否定实际出资人的实质股东资格是对既有状态的明确反对,其他股东提出异议应以明示意思表示作出,明确否定实际出资人的股东资格。

三、涉股权代持的案外人执行异议之诉的纠纷处理

与股权代持相关的案外人执行异议之诉纠纷,主要涉及实际出资人、名义股东与公司之外的第三人之间的法律关系,需处理逾越合同的相对性、公司的独立性之后的第三人利益保护问题。如系争股权被执行时,实际出资人提出案外人执行异议之诉是否支持?实际出资人的债权人提起诉讼保全、执行名义股东名下股权,名义股东提起案外人执行异议之诉,应否支持?

解决上述问题,是仅强调按公司登记材料进行股权归属的形式表征判断,还是要从股权代持内核审查各类民事主体的实质权利分配?这其中虽然有价值判断的成分,但重点还是实际出资人、名义股东与第三人之间的法律关系在整个民法体系中的妥当定位。核心在于认定实际出资人是否足以成为排除针对"名义股东名下系争股权执行"的案外人。实践中常见的是以下两种情况:

情况一:实际出资人以股权代持协议明确其享有系争股权投资权益为由,提起执行异议之诉。股权代持协议是其与名义股东就系争股权的投资权益所作的约定,其约定的对象系股权上的财产权益,指向的客体与股权并非同一,在属性上是债权,故不构成排除名义股东之债权人启动执行行为的充分理由。

情况二:实际投资人以其已获其他股东过半数同意,有权请求公司变更其为股东为由,请求排除执行。对此问题,从程序法上看,"请求变更股东"与执行异议之诉的制度并不契合;从实体法上看,在股权属性、查封性质、信赖保护等诸多方面,均应得出公司内部法律关系事后变化不能对抗事前之公司外部善意的债权人的结论。

《公司法司法解释(三)》第 24 条第 3 款规定:"实际出资人未经公司其他股东半数以上同意,请求公司变更股东、签发出资证明书、记载于股东名册、记载于公司章程并办理公司登记机关登记的,人民法院不予支持。"首先,从执行程序中公权力的介入考虑,一旦启动执行,实际出资人主张变更股东记载,执行债权人与名义股东之生效债权已介入,不单纯是公司、名义股东、实际投资人之间的关系。其次,从交易相对方的合理信赖保护保护来看,实际出资人通过代持协议造成权利外观与实际不符,其有过错,优先保护实际出资人的妥当性存疑。最后,实际投资人在股权代持协议中,仅有股权代持意思没有变更意思,若经其他股东同意产生超越原代持之意思,是否可直接赋予"变更股东"之意思,还涉及公权力介入程度之正当性。

四、关于实际出资人是否为第三人撤销之诉的适格原告问题

《民事诉讼法》第 56 条[①]旨在统一解决同一争议事实的民事主体之间的纷争,又要保障受判决效力所及的第三人的权益,故规定事前应由法院依职权通知义务人参加诉讼之程序安排,事后又增设了第三人撤销之诉以利权利救济。

就第三人撤销之诉而言,第三人非因可归责的事由而未获得参讼机会,又要

① 《民事诉讼法》第 56 条规定:"对当事人双方的诉讼标的,第三人认为有独立请求权的,有权提起诉讼。对当事人双方的诉讼标的,第三人虽然没有独立请求权,但案件处理结果同他有法律上的利害关系的,可以申请参加诉讼,或者由人民法院通知他参加诉讼。人民法院判决承担民事责任的第三人,有当事人的诉讼权利义务。前两款规定的第三人,因不能归责于本人的事由未参加诉讼,但有证据证明发生法律效力的判决、裁定、调解书的部分或者全部内容错误,损害其民事权益的,可以自知道或者应当知道其民事权益受到损害之日起六个月内,向作出该判决、裁定、调解书的人民法院提起诉讼。人民法院经审理,诉讼请求成立的,应当改变或者撤销原判决、裁定、调解书;诉讼请求不成立的,驳回诉讼请求。"

接受对其不利的裁判结果拘束,无异于剥夺其诉讼权、财产权;又因有独立请求权的第三人有另行诉讼之机会,实定法背景下多出现无独立请求权的第三人,故实际出资人是否为第三人撤销之诉的适格主体,需落实于《民事诉讼法》第56条第2款"案件处理结果同他有法律上的利害关系的"界定标准上,再予以外延上的明确。①

在实际出资人能否参与第三人撤销之诉问题中,拟参加的"名义股东就系争股权与他人之争议"又可区分为名义出资人与公司、与股东间的纠纷,和名义出资人与公司、股东以外其他人的纠纷两大类。前者,纠纷本身是围绕"股权"为中心的,实际出资人与名义股东的争议就被该诉讼标的指向范围所覆盖,属于与该审理结果有法律上利害关系。若非因实际出资人本人原因未参加诉讼,其可提起第三人撤销之诉。后者因实际出资人与名义股东基于合意产生的代持,与名义股东与公司之外部人分属两个法律关系,也非同一争议事实,就裁判结果发生的是经济关系,而非法律关系,实际出资人不能提起第三人撤销之诉。

另外,我国的第三人撤销之诉还有防止诈害诉讼的制度目的,若实际出资人系该名义股东与公司、股东、其他人串通诈害的被害人,自应赋予其提起第三人撤销之诉的权利。

五、关于股权让与担保及其中的股东权利、义务与责任

(一)股权让与担保的性质

股权让与担保亦是股权代持另一种主要表现形式,股权让与担保是通过合同联立前后相续的多个合同而形成的担保方式,它由借款关系、股权转让关系等组合而成。通常有一前一后两个合同,前一个合同确定债权债务关系,一般为借款合同,后一合同以股权转让的方式,为前一合同的债权提供担保,并明确该债权获得清偿,受让人有返还股权的义务。作为股权让与担保交易结构的一个环节,股权转让合同和借款合同之间存在逻辑上的联系,不能与借款合同割裂而被孤立对待,应综合地进行考量,股权转让合同效力依存于借款合同的效力状态,即主从关

① 结合裁判结果拘束力扩张理论,可将该条款的射程界定在既判力扩张、效力扩张。前者又可区分为普通诉讼的扩张和共同诉讼的扩张两种类型。至于争点效、反射效产生的拘束力可通过另案诉讼予以排除,"弱拘束"不属于此类诉讼救济对象。后者,无论是诉讼担当的被担当者、实质上当事人,还是必然受拘束的共同诉讼当事人,抑或与争议事实有从属法律关系的辅助参与人,非因本人原因未参加诉讼的,可通过此类诉讼予以救济。既判力扩张、效力扩张的基础都是限于诉讼标的范围内之"法律上利害关系"。

系。对于股权让与合同(股权转让合同)效力状态的判断,不仅需要考量股权转让合同自身的有效性,也需结合借款合同的效力状态进行综合判定。

(二)股权让与担保的交易结构

司法实践中的股权让与担保通常表现为以下操作模式:第一,债务人或第三人(股权让与人)与债权人(股权受让人)签订股权转让合同(居多)或者让与担保合同,约定让与人将目标公司股权转让给受让人作为对债权人债权的担保,债权人支付股权转让对价或无须支付,或为配合公司登记机关登记虚构股权转让对价。第二,办理股权变更登记手续,主要是进行股东名册变更登记,并在公司登记机关变更股东登记,由受让人成为目标公司股东。第三,在债务人清偿债务后,可以无偿或以极低的价格回购让与的股权,抑或约定债务人在清偿债务后,以“主债务数额 + 附加利息”的价格回购股权,以便使股权在债务清偿后得以回转。

(三)股权的确定与股权的处分

让与担保权人系股东名册登记的股东,是公司法意义上的股东。当事人之间订立了有效的股权转让合同,并履行了股权转让的相关程序,无论是对内还是对外,让与担保权人均依法取得股权。

首先,让与担保权人与担保人的对内关系上,受到限制的仅是让与担保权人对股权的行使,而非股权享有。换言之,让与担保权人行使股权需要受到合同约定的限制,即在当事人对股权行使有约定场合,让与担保权人依据合同的约定行使股权。但从性质上看,此种限制为权利上的负担,并不对股东资格产生实质的影响。

其次,让与担保关系中对让与担保权人处分股权的限制,一般不产生对外效力。由于限制股权行使的让与担保合同具有相对性,并不产生约束第三人的效果,善意第三人可以依据外观主义主张信赖利益保护。

(四)股权让与担保权人处分股权的效力

让与担保权人对与第三人设立的债权债务关系,基于《公司法》第 32 条第 3 款,应负信赖利益保护义务。如让与担保权人将股权转让给第三人,除非让与担保权人与受让人恶意串通损害担保人利益,否则担保人不能以股权转让目的限于担保进行抗辩,阻却善意第三人取得股权。

(五)股权让与担保权人在公司法上的义务与责任

在第三人与公司建立债权债务关系场合,依照《公司法》第 28 条等,该善意第三人可以向让与担保权人主张,基于其股东身份而对公司承担各项义务和责任,进而承担第三人作为公司债权人的派生责任,如其作为清算义务人怠于清算,对公司债务的相应赔偿责任、连带清偿责任。

律师指引

一、纠纷类型与请求权基础选择

涉及股权代持争议的主要纠纷类型包括:(1)股东资格认定纠纷,主要表现为实际出资人请求显名,即《纪要》第28条指涉的情况;(2)股权代持相关协议的效力确认纠纷,即实际出资人或名义股东请求法院确认(或否认)股权代持协议的效力;(3)实际出资人主张行使股东权纠纷,如实际出资人作为实际投资人主张行使知情权等权利;(4)名义股东、实际出资人有关承担公司债务的纠纷,例如,公司债权人请求名义股东承担出资不实的责任,名义股东披露实际出资人,债权人进而追加或变更诉请,涉及名义股东、实际出资人双方之间以及与债权人之间的多方纠纷;(5)代持股权被转让的善意第三人保护纠纷,例如,名义股东将代持股权进行转让或者设定质押担保,实际出资人主张股权归其所有引发的有关善意第三人(受让人、质权人)保护的问题;(6)投资资金性质的纠纷,例如,一方主张其系实际出资人,经由名义股东投入公司的资金性质是股权出资,而名义股东主张该笔款项是借款;(7)名义股东或实际出资人作为案外人提出的执行异议之诉,或者作为第三人提起的第三人撤销之诉,例如,债权人针对名义股东执行系争股权,实际出资人以自己系真实权利人为由要求排除执行行为。律师应基于当事人的不同利益诉求,基于不同的法律关系和事实基础,选择诉请的法律关系、规范依据及证据事实。

二、名义股东的出资责任与公司债权人的诉讼救济

公司登记机关记载的公司股东信息、股权结构以及出资情况,系交易相对方获知公司信息的正当途径,并据以信赖而进行交易。根据《公司法司法解释(三)》第13条、第14条的规定,在公司需要对外承担债务而公司资产不足以偿还时,如果股东对公司有虚假出资或抽逃出资行为的,公司债权人可要求该股东在出资不实的范围内承担补充清偿责任;如果部分发起人股东在设立公司时出资不实的,债权人可要求发起人股东在出资不实范围内对公司债务相互承担连带清偿责任。

名义股东在对外的工商登记信息中登记为公司股东,如果该名义股东所持股

份存在出资不实情形的（实际可能是隐名投资人未真实出资或抽回出资），则公司债权人可根据工商登记记载的股东信息，要求名义股东在出资不实范围内对公司债务承担清偿责任。名义股东以其仅是代持人没有出资义务为由抗辩，法院不予支持。

法务指引

一、关于委托持股的法务风险提示

委托持股导致实际出资人与名义股东的名实不一，本身必然存在巨大的经济和法律风险。例如，对名义股东而言，因为其属于公司法意义上的股东，应当承担公司法上的股东义务，核心是出资义务。因此，其可能被牵涉要求承担出资责任、因抽逃出资承担连带责任的诉讼中。对于实际出资人而言，由于其并非公司法意义上的股东，故可能存在名义股东处置股权，第三人依据善意取得制度受让股权，导致股权无法回转的后果。如果委托持股行为本身涉及规避、违反效力性强制性规范，则委托代持协议本身亦属无效，由此带来诸多不可控的法律风险和交易风险。故，除了因为股东的人合性因素导致不便"真身出现"的情形外，不建议采取委托持股的交易方式。

二、关于委托持股协议的条款设定

在不涉及违反效力性强制性规范的前提下，如采用委托持股的交易模式，建议实际出资人与名义股东签订书面的、尽可能完备的委托持股协议，以便在涉诉争议时，就双方之间的内部关系提供有力的事实依据。

在合同条款的设定上，建议就名义股东可能从事的违背实际出资人利益的各种行为，逐一设定专门的违约责任条款，以便在名义股东侵害实际出资人利益时，可以通过内部关系实现必要救济，或者至少形成一定的威慑。当然，从名义股东的角度来看，无偿代持并且承担若干义务，可能得不偿失。为实现某种程度的交易对等，实际出资人可以按代持期限给予名义股东一定的代持报酬。

就名义股东而言，通过代持合同条款设定因为代持行为而产生的公司法上的股东义务及责任，也是非常必要的。

三、关于实际出资人显名后股东资格的获得时间

实际出资人应从股东名册、公司登记机关股东姓名或名称变更后，才取得合

法的股东资格,才可享有相应的股东权利。首先,就实际出资人与名义股东而言,实际出资人显名,系争股权于实际出资人与名义股东间发生法律意义上的股权转让。其次,就实际出资人与公司而言,实际出资人显名主张获得胜诉后,还需要公司进行股东名册、公司章程、公司登记机关记载事项的变更,此为《公司法司法解释(三)》第24条第3款之含义所在。最后,就实际出资人与第三人而言,《公司法》第32条第3款明确规定,自公司登记机关股东变更姓名或名称后,才产生对抗第三人的法律后果。

由此,公司登记事项与实际情况不一致的,不得对抗善意相对人,但不能据此反向推定知悉实际情况的相对人,就必然对实际出资人负有相应的义务,相关法律关系仍应依据法律的规定来确定。有观点提出股东资格应从实际出资之日享有,理由是股权归根结底是由出资取得的。[①] 但出资是股东向公司履行出资义务,并不必然获得股东资格,而且即便没有履行出资义务,也不必然就没有股东资格,公司依据《公司法司法解释(三)》第17条,还需催告后才能启动除名程序。

要案索引

[案例]黄德元与陆勇军、李兴祥、苏州华伦企业发展有限公司股东资格确认纠纷案

[案号](2014)吴江商初字第01230号(一审)

(2014)苏中商终字第01176号(二审)

[裁判要旨]实际出资人对系争股权的真实出资,以及经公司登记机关记载其他股东过半数的实际认可,是确定其能否显名的根本要件。

[案情概要]2005年4月5日,苏州华伦企业发展有限公司(以下简称华伦公司)设立,注册资本为1000万元,法定代表人为黄德元。初始股东为王某某、黄德元、黄某,出资额分别为420万元、360万元、220万元。2011年3月3日,陆勇军、李兴祥、张某分别受让王某某、黄德元、黄某各自持有的华伦公司42%、36%、22%的股权,转让价与出资额同,但未实际支付股权转让价款。随后登记股东完成变更,法定代表人也变更为陆勇军。2011年5月23日,华伦公司股东会达成增资决议,由登记股东按出资比例增资。其中,陆勇军增资420万元,增资后出资额为840万元;李兴祥增资360万元,增资后出资额为720万元;张某增资220万元,增

---

① 参见最高人民法院民事审判第二庭编:《公司案件审判指导》,法律出版社2018年版,第308页。

资后出资额为440万元。同日，由黄德元实际控制的同里油脂公司向陆勇军账户汇入420万元，后陆勇军将420万元汇入华伦公司账户；同里油脂公司出纳徐婷由其个人账户向李兴祥的账户汇入360万元，后李兴祥由其该账户将360万元汇入华伦公司账户；黄德元从其个人账户向张某账户汇入220万元，后张某将220万元汇入华伦公司账户。2011年5月31日，华伦公司在吴江市工商行政管理局作增资变更登记。

2013年1月29日，黄德元作为隐名投资人（实际股东，甲方），黄某作为保证人，分别与作为显名投资人（名义股东，乙方）的陆勇军、李兴祥签订《隐名股东投资协议书》。两份协议书分别约定：由甲方向华伦公司投资，乙方则作为名义股东登记于公司的章程、股东名册、工商登记或其他材料中，注册资本为2000万元，其中以陆勇军名义登记的出资额为840万元，以李兴祥名义登记的出资额为720万元，上述两项出资全部由甲方实际投入，包括以后以乙方名义增资部分。甲方享有完全的公司管理参与权、股息和其他股份财产权益，并承担投资风险。乙方不享有公司参与权，也不享有股息及其他股份财产权益的分配，不承担投资风险等。并明确乙方应积极配合办理公司登记设立及其他法定的相关手续，履行相应的义务等。

2011年8月、9月、10月及2012年12月，黄德元作为付款审批人在华伦公司的相关付款单、报销单、员工工资统计表上签字。2013年4月16日，华伦公司在太原市中级人民法院审理的（2013）并民初字第171号案件中，向该院出具证明，载明："黄德元是我公司的实际控制人，其以我公司名义对外的所有行为均视为我公司的行为，我公司承认其全部效力，并愿意承担相应的法律责任。"陆勇军、张某同时在该份证明上签字。

后黄德元诉请判令确认陆勇军、李兴祥为黄德元代持的华伦公司42%的股权为黄德元所有，并由华伦公司、陆勇军、李兴祥协助黄德元办理股东工商登记变更手续。

[裁判观点] 法院认为，本案争议焦点为：一、黄德元是否为华伦公司登记在陆勇军、李兴祥名下股份的实际出资人？二、若黄德元系实际出资人，其要求办理变更登记的主张能否成立？

关于争议焦点一，首先，各方当事人对于《隐名股东投资协议书》的真实性没有异议，故该份协议系各方当事人的真实意思表示，且不违反法律规定，应属合法有效。各方当事人已在协议书中确认陆勇军的名义出资840万元、李兴祥名义出资720万元全部系由黄德元实际出资。华伦公司、陆勇军、李兴祥认为《隐名股东投资协议书》系为黄德元融资需要而签订,实际并未履行,但对该主张并未提交相应证据予以证明,故其认为协议书未生效的理由不能成立。

其次,华伦公司增资时陆勇军的420万元、李兴祥的360万元增资款项均来自同里油脂公司,同里油脂公司一审中亦向法院出具《情况说明》,确认该部分转账款项均是为了支付由陆勇军、李兴祥代持的其法定代表人黄德元在华伦公司的增资股份款。华伦公司、陆勇军、李兴祥二审提交的银行转账凭证仅能证明华伦公司与同里油脂公司之间存在大量的经济往来,并无法据此认定陆勇军、李兴祥已对登记在名下的出资进行了实际支付。

关于争议焦点二,《公司法司法解释(三)》第24条第3款所规定的"实际出资人未经公司其他股东半数以上同意,请求公司变更股东、签发出资证明书、记载于股东名册、记载于公司章程并办理公司登记机关登记的,人民法院不予支持",涉及的是在公司及公司其他股东不知晓实际出资人与名义出资人之间的协议时,为保障有限责任公司的人合性不被破坏,维护公司内部关系的稳定,而要求参照股权外部转让的规则,经由公司其他股东过半数同意时,实际出资人才能取代名义出资人成为公司股东。而本案中,经工商登记的三位股东陆勇军、李兴祥、张某均与实际出资人黄德元签署了《隐名股东投资协议书》,结合黄德元在2011年、2012年华伦公司的相关财务资料中作为审批人签字以及华伦公司在相关案件中出具证明确认黄德元系公司实际控制人的具体情况,可以认定华伦公司以及公司的登记股东对于本案所涉《隐名股东投资协议书》均是知晓的,故黄德元要求将其股东身份显名化并不存在破坏公司人合性的情形。

据此,一审、二审法院均支持了黄德元的诉讼请求。

合同法部分

专 题 一

合同无效问题

公司是最主要的商主体，合同是最主要的商行为。继公司纠纷的内容之后，《纪要》第三个部分对合同纠纷中的三个主要问题作了规定。其中，第一点合同的效力问题，第二点《合同法》总则中的合同履行与救济，第三点《合同法》分则中的借款合同。

在合同效力问题中，又包括了判断合同无效的标准、合同无效（含合同不成立和被撤销）的后果、行政审批与合同生效、盖章与合同效力、合同撤销权行使等几个问题。鉴于合同无效、行政审批与合同生效、盖章与合同效力的问题在实务中涉及最多，笔者重点就这三个问题进行专题分析。

本专题集中讨论合同无效问题。《纪要》第30条至第36条，对合同无效的认定及处理，从强制性规定的识别、违反规章无效的认定、法律后果处理的基本原则、财产返还与折价补偿、价款返还、损害赔偿、合同无效时的法院释明七个方面作出了具体的规定。

纪要原文

30.【强制性规定的识别】合同法施行后，针对一些人民法院动辄以违反法律、行政法规的强制性规定为由认定合同无效，不当扩大无效合同范围的情形，合同法司法解释（二）第14条将《合同法》第52条第5项规定的“强制性规定”明确限于“效力性强制性规定”。此后，《最高人民法院关于当前形势下审理民商事合同纠纷案件若干问题的指导意见》进一步提出了“管理性强制性规定”的概念，指出违反管理性强制性规定的，人民法院应当根据具体情形认定合同效力。随着这一概念的提出，审判实践中又出现了另一种倾向，有的人民法院认为凡是行政管理性质的强制性规定都属于"管理性强制性规定",不影响合同效力。这种望文生义的认定方法,应予纠正。

人民法院在审理合同纠纷案件时,要依据《民法总则》第153条第1款和合同法司法解释(二)第14条的规定慎重判断"强制性规定"的性质,特别是要在考量强制性规定所保护的法益类型、违法行为的法律后果以及交易安全保护等因素的基础上认定其性质,并在裁判文书中充分说明理由。下列强制性规定,应当认定为"效力性强制性规定":强制性规定涉及金融安全、市场秩序、国家宏观政策等公序良俗的;交易标的禁止买卖的,如禁止人体器官、毒品、枪支等买卖;违反特许经营规定的,如场外配资合同;交易方式严重违法的,如违反招投标等竞争性缔约方式订立的合同;交易场所违法的,如在批准的交易场所之外进行期货交易。关于经营范围、交易时间、交易数量等行政管理性质的强制性规定,一般应当认定为"管理性强制性规定"。

31.【违反规章的合同效力】违反规章一般情况下不影响合同效力,但该规章的内容涉及金融安全、市场秩序、国家宏观政策等公序良俗的,应当认定合同无效。人民法院在认定规章是否涉及公序良俗时,要在考察规范对象基础上,兼顾监管强度、交易安全保护以及社会影响等方面进行慎重考量,并在裁判文书中进行充分说理。

32.【合同不成立、无效或者被撤销的法律后果】《合同法》第58条就合同无效或者被撤销时的财产返还责任和损害赔偿责任作了规定,但未规定合同不成立的法律后果。考虑到合同不成立时也可能发生财产返还和损害赔偿责任问题,故应当参照适用该条的规定。

在确定合同不成立、无效或者被撤销后财产返还或者折价补偿范围时,要根据诚实信用原则的要求,在当事人之间合理分配,不能使不诚信的当事人因合同不成立、无效或者被撤销而获益。合同不成立、无效或者被撤销情况下,当事人所承担的缔约过失责任不应超过合同履行利益。比如,依据《最高人民法院关于审理建设工程施工合同纠纷案件适用法律问题的解释》第2条规定,建设工程施工合同无效,在建设工程经竣工验收合格情况下,可以参照合同约定支付工程款,但除非增加了合同约定之外新的工程项目,一般不应超出合同约定支付工程款。

33.【财产返还与折价补偿】合同不成立、无效或者被撤销后,在确定财产返还时,要充分考虑财产增值或者贬值的因素。双务合同不成立、无效或者被撤销后,双方因该合同取得财产的,应当相互返还。应予返还的股权、房屋等财产相对于合同约定价款出现增值或者贬值的，人民法院要综合考虑市场因素、受让人的经营或者添附等行为与财产增值或者贬值之间的关联性，在当事人之间合理分配或者分担，避免一方因合同不成立、无效或者被撤销而获益。在标的物已经灭失、转售他人或者其他无法返还的情况下，当事人主张返还原物的，人民法院不予支持，但其主张折价补偿的，人民法院依法予以支持。折价时，应当以当事人交易时约定的价款为基础，同时考虑当事人在标的物灭失或者转售时的获益情况综合确定补偿标准。标的物灭失时当事人获得的保险金或者其他赔偿金，转售时取得的对价，均属于当事人因标的物而获得的利益。对获益高于或者低于价款的部分，也应当在当事人之间合理分配或者分担。

34.【价款返还】双务合同不成立、无效或者被撤销时，标的物返还与价款返还互为对待给付，双方应当同时返还。关于应否支付利息问题，只要一方对标的物有使用情形的，一般应当支付使用费，该费用可与占有价款一方应当支付的资金占用费相互抵销，故在一方返还原物前，另一方仅须支付本金，而无须支付利息。

35.【损害赔偿】合同不成立、无效或者被撤销时，仅返还财产或者折价补偿不足以弥补损失，一方还可以向有过错的另一方请求损害赔偿。在确定损害赔偿范围时，既要根据当事人的过错程度合理确定责任，又要考虑在确定财产返还范围时已经考虑过的财产增值或者贬值因素，避免双重获利或者双重受损的现象发生。

36.【合同无效时的释明问题】在双务合同中，原告起诉请求确认合同有效并请求继续履行合同，被告主张合同无效的，或者原告起诉请求确认合同无效并返还财产，而被告主张合同有效的，都要防止机械适用"不告不理"原则，仅就当事人的诉讼请求进行审理，而应向原告释明变更或者增加诉讼请求，或者向被告释明提出同时履行抗辩，尽可能一次性解决纠纷。例如，基于合同有给付行为的原告请求确认合同无效，但并未提出返还原物或者折价补偿、赔偿损失等请求的，人民法院应当向其释明，告知其一并提出相应诉讼请求；原告请求确认合同无效并要求被告返还原物或者赔偿损失，被告基于合同也有给付行为的，人民法院同样应当向被告释明，告知其也可以提出返还请求；人民法院经审理认定合同无效的，除了要在判决书"本院认为"部分对同时返还作出认定外，还应当在判项中作出明确表述，避免因判令单方返还而出现不公平的结果。

第一审人民法院未予释明，第二审人民法院认为应当对合同不成立、无效或者被撤销的法律后果作出判决的，可以直接释明并改判。当然，如果返还财产或者赔偿损失的范围确实难以确定或者双方争议较大的,也可以告知当事人通过另行起诉等方式解决,并在裁判文书中予以明确。

当事人按照释明变更诉讼请求或者提出抗辩的,人民法院应当将其归纳为案件争议焦点,组织当事人充分举证、质证、辩论。

规范精要

一、《纪要》第30条第1款体现出司法裁判对合同效力认定方向,由限缩无效到扩张无效

该条规定从历史演进的角度,指出《合同法》实行后,由扩大无效范围,到《合同法司法解释(二)》第14条、《最高人民法院关于当前形势下审理民商事合同纠纷案件若干问题的指导意见》(以下简称《民商事合同意见》),限缩无效范围的裁判导向;进而话锋一转,以一个"凡是"作为导语,对认定管理性强制性规定不影响合同效力的做法,提出批评,强调应予纠正。换言之,司法裁判的导向已经由通过剔除管理性规范来减少合同无效范围,转入通过扩大"行政管理性质的强制性规定"的内涵,来增加合同无效的情形。

二、《纪要》第30条第2款提出了区分效力性强制性规定和管理性强制性规定的新标准

一是明确了识别强制性规定的法律依据为《民法总则》第153条第1款和《合同法司法解释(二)》第14条。二是明确了识别强制性规定需考量的三个重要因素:强制性规定所保护的法益类型、违法行为的法律后果和交易安全保护。三是对二者进行了类型化的列举:将金融安全、市场秩序、国家宏观政策等公序良俗的,交易标的禁止买卖的,违反特许经营规定的,交易方式严重违法的,交易场所违法的五种情形界定为"效力性强制性规定";将经营范围、交易时间、交易数量三种情况,界定为"管理性强制性规定"。

但是,值得关注和强调的是,该条规定采用了"一般应当认定为"的表述方式,一方面,为法官在个案中的自由裁量权提供了空间;另一方面,将导致裁判结果的不确定性显著增加。在法院系统的培训中,有关人士提出,即使是同一个规定,也可能在不同情形下,产生不同的性质认定,由此给裁判结果的预判,带来较大的不确定性。当然,这也给双方律师带来了较大的论证空间。

三、《纪要》第 31 条将规章纳入合同效力考量范围，进一步体现出扩大合同无效范围的司法态度

在以往的司法实践中，法院严格按照《最高人民法院关于适用〈中华人民共和国合同法〉若干问题的解释(一)》(以下简称《合同法司法解释(一)》)第 4 条“合同法实施以后，人民法院确认合同无效，应当以全国人大及其常委会制定的法律和国务院制定的行政法规为依据，不得以地方性法规、行政规章为依据”的规定认定合同效力，未将规章纳入合同效力评价范围。但《纪要》第 31 条明确，虽然违反规章一般情况下不影响合同效力，但“该规章的内容涉及金融安全、市场秩序、国家宏观政策等公序良俗的”，应当认定合同无效。

四、基于规章认定合同无效的裁判路径及文书说理提出要求

《纪要》第 31 条要求法院在认定规章是否涉及公序良俗时，要在考察规范对象基础上，兼顾监管强度、交易安全保护以及社会影响等方面进行慎重考量。换言之，是借由公序良俗的通道，通过对规章规范对象的论理，实现违反规章产生合同无效的后果。从规范表述上看，“兼顾”和“慎重考量”显示出《纪要》对基于规章规定认定合同无效的慎重态度。但这扇大门一旦打开，“慎重”到什么程度，仍值得高度关注，也增加了对裁判结果预判的不确定性。

五、进一步细化了合同效力否定性评价的法律后果

《纪要》第 32 条明确：(1)合同不成立的法律后果参照适用《合同法》第 58 条关于合同无效或被撤销的法律后果规定。(2)明确了后果清理的两个基本原则：一是诚信原则，不诚信者不应因此而获益；二是以履行利益上限为责任上限原则，各方的缔约过失责任不应超过履行利益。

六、进一步细化了财产及价值动态变化下的返还规则和损失赔偿规则

合同不成立、无效和被撤销对应的法律后果是返还财产、赔偿损失。《纪要》第 33 条、第 34 条、第 35 条分别细化了财产返还、损失赔偿的具体规则。

《纪要》第 33 条明确了财产返还的四项规则：一是互相返还，二是损益分担，三是灭失折价，四是差价分担。

《纪要》第 34 条主要解决价款返还的规则：双务合同中可以和使用费抵销，不

用付利息。进一步分析，单纯的借款合同，没有抵销的问题，应当支付利息。对于计息标准，《纪要》未明确。但最高人民法院在《〈全国法院民商事审判工作会议纪要〉理解与适用》中进一步明确应当按照全国银行间同业拆借中心公布的贷款市场报价利率为准计息。

《纪要》第35条明确了损害赔偿的两项原则：一是过错责任，二是损益相抵。

七、法院在合同无效案件中的释明要求

《纪要》第36条明确以尽可能一次性解决纠纷为原则，通过法院释明指引诉请，防止机械适用"不告不理"带来的诉累：一是原告只请求确认合同无效，法院应当向其释明可变更或追加诉讼请求；二是原告请求确认合同无效，法院应当向被告释明其可就给付返还提出同时履行抗辩；三是同时返还应在判项中明确表述；四是第一审人民法院未予释明，第二审人民法院可以直接释明并改判。

法理基础

一、关于强制性规定的识别

（一）溯源

《合同法》第52条第5项规定，"违反法律、行政法规的强制性规定"的合同无效，相较《经济合同法》第7条第1项"违反法律和行政法规的合同"无效的规定，《合同法》第52条第5项大大限缩了合同无效的范围，彰显了合同自由和鼓励交易的立法精神。但是，《合同法》施行不久，司法实践中开始出现突破《合同法》第52条第5项规定的判例。例如，《最高人民法院关于信用社违反商业银行法有关规定所签借款合同是否有效的答复》（法经〔2000〕27号函）认为："《中华人民共和国商业银行法》第三十九条是关于商业银行资产负债比例管理方面的规定。它体现中国人民银行更有效地强化对商业银行（包括信用社）的审慎监管，商业银行（包括信用社）应当依据该条规定对自身的资产负债比例进行内部控制，以实现盈利性、安全性和流动性的经营原则。商业银行（包括信用社）所进行的民事活动如违反该条规定的，人民银行应按照商业银行法的规定进行处罚，但不影响其从事民事活动的主体资格，也不影响其所签订的借款合同的效力。"实务界和理论界意识到，违反法律、行政法规强制性规定的合同并非一定无效，"强制性规定"有进一步限缩解释之必要，该请示答复为"强制性规定"的限缩解释提供了最初的实证基础。

2007 年全国法院民商事审判工作会议上，时任最高人民法院分管副院长在讲话中首次提出“强制性规定”应区分为“效力性强制性规范”和“管理性强制性规范”。该讲话指出：“管理性规范是指法律及行政法规未明确规定违反此类规范将导致合同无效的规范。此类规范旨在管理和处罚违反规定的行为，但并不否认该行为在民商法上的效力。效力性规范是指法律及行政法规明确规定违反该类规定将导致合同无效的规范，或者虽未明确规定违反之后将导致合同无效，但若使合同继续有效将损害国家利益和社会公共利益的规范。此类规范不仅旨在处罚违法之行为，而且意在否定其在民商法上的效力。”“只有违反了效力性的强制规范的，才应当认定合同无效。”[①]2009 年 4 月 29 日颁布的《合同法司法解释（二）》第 14 条吸收了前述讲话精神，规定：“合同法第五十二条第（五）项规定的‘强制性规定’，是指效力性强制性规定。”

（二）标准

《民商事合同意见》第 15 条进一步明确，人民法院应当注意根据《合同法司法解释（二）》第 14 条之规定，注意区分效力性强制规定和管理性强制规定。违反效力性强制规定的，人民法院应当认定合同无效；违反管理性强制规定的，人民法院应当根据具体情形认定其效力。《民商事合同意见》第 16 条对强制性规定的识别进行了原则性规定，认为“人民法院应当综合法律法规的意旨，权衡相互冲突的权益，诸如权益的种类、交易安全以及其所规制的对象等，综合认定强制性规定的类型。如果强制性规范规制的是合同行为本身即只要该合同行为发生即绝对地损害国家利益或者社会公共利益的，人民法院应当认定合同无效。如果强制性规定规制的是当事人的‘市场准入’资格而非某种类型的合同行为，或者规制的是某种合同的履行行为而非某类合同行为，人民法院对于此类合同效力的认定，应当慎重把握，必要时应当征求相关立法部门的意见或者请示上级人民法院。”显然，强制性规定的识别对法官解释法律的能力提出了较高的要求。至此，“强制性规定”的识别成为实务界与理论界的热点问题，但并未找到更好的具有可操作性的识别方法。虽然《民商事合同意见》将违反管理性强制性规定的合同的后果从“不影响合同效力”，悄然转变为“合同未必无效”，但审判实践中大量判决依然习惯于简单化处理，论理模式通常为：因为该强制性规定属于效力性强制性规定，故合同无

---

① 参见《充分发挥民商事审判职能作用，为构建社会主义和谐社会提供司法保障——在全国民商事审判工作会议上的讲话》，载最高人民法院民事审判第二庭编：《民商事审判指导》（第 1 辑），人民法院出版社 2007 年版，第 55 页。

效;因为该强制性规定属于管理性强制性规定,故合同有效。

(三)《纪要》方案

事实上,将强制性规定区分为效力性规定和管理性规定远未达成理论共识,故《民法总则》第153条第1款未再采用《合同法司法解释(二)》第14条的表述,而是采用“违反法律、行政法规的强制性规定的民事法律行为无效,但是该强制性规定不导致该民事法律行为无效的除外”的表述。《民法总则》第153条第1款未明确强制性规定的区分标准,进一步加大了合同效力的认定难度。《纪要》第30条对强制性规定的识别作出了指引性规定,有较强的针对性。

二、关于违反规章的合同效力

《合同法》第52条第5项和《民法总则》第153条第1款将认定无效的直接依据限定为“法律、行政法规的强制性规定”,不包括规章,但根据《合同法》第52条第4项和《民法总则》第153条第2款的规定,违反规章的合同并非一定有效。在2007年全国法院民商事审判工作会议上,最高人民法院指出,“如果违反地方性法规或者行政规章将导致损害社会公共利益,则可以根据合同法第五十二条第(四)项的规定,以损害公共利益为由确认合同无效”。[①] 但是,“社会公共利益”或“公序良俗”的界定在个案中往往存在较大争议,考验裁判者的法律解释能力,法官在个案裁判中往往秉持司法保守主义,在缺乏上位法律或行政法规作出强制性规定的情况下,通常认定违反规章不影响合同效力。

2018年3月4日,最高人民法院作出(2017)最高法民终529号二审民事裁定,该案由最高人民法院江必新副院长担任审判长,且在发回重审裁定中对合同效力作出了认定,认为:当事人所签订的《信托持股协议》明显违反了《保险公司股权管理办法》(2010年5月4日)第8条关于“任何单位或者个人不得委托他人或者接受他人委托持有保险公司的股权”的规定,损害了社会公共利益,依法应认定为无效。该裁定在理论界及实务界引发重大反响,表明在当前金融强监管形势下,最高人民法院对违反金融规章行为的司法态度,且有强烈的风向标作用。

《纪要》第31条的规定具有宣示意义,但亦考虑到认定规章是否涉及公序良俗的难度,同时为防止以违反规章为由认定合同无效的泛化,强调“要在考察规范

---

① 参见《充分发挥民商事审判职能作用,为构建社会主义和谐社会提供司法保障——在全国民商事审判工作会议上的讲话》,载最高人民法院民事审判第二庭编:《民商事审判指导》(第1辑),人民法院出版社2007年版,第55页。

对象基础上，兼顾监管强度、交易安全保护以及社会影响等方面进行慎重考量，并在裁判文书中进行充分说理”。

三、关于返还财产和折价补偿的性质

关于返还财产的性质，法理上主要有两种观点：一种是不当得利请求权说。该观点以承认物权行为独立性与无因性为前提，认为合同无效、被撤销后，基于该合同所产生的债权债务关系归于消灭，但独立于债权行为的物权行为仍然发生效力，给付人只能依据不当得利的规则要求受领人返还财产，不当得利的返还请求权在性质上属于债权请求权。《德国民法典》和我国台湾地区“民法”采此说。另一种是物上请求权说。该观点不承认物权行为的无因性，认为合同无效、被撤销后，基于该民事法律行为所产生的物权变动当然丧失基础，应发生物权变动的回归，在这种情况下，返还财产的请求权属于物权性质上的物上请求权。如果原物不存在或不能返还，就转变为不当得利的返还，即折价补偿。《纪要》采纳了后一种观点。

四、合同无效之释明：权力还是义务

通说认为，释明是释明权，是法官的权力，不是法官的义务。《纪要》第 36 条将合同无效的法律后果作为法院的释明义务，有其实践原因。实务中往往存在以下情形：一是原告主张合同无效而未就合同无效的后果提出请求；二是原告主张合同无效并就合同无效的后果提出请求，但被告未就相应给付行为之返还提出反诉，如秉持“不告不理”原则，则该案的判决并不能完全解决当事人之间的纠纷，原告或被告需要启动一个甚至多个新的诉讼。结果是，程序上增加了当事人的诉累又浪费了司法资源，实体上亦造成当事人之间的利益失衡。因此，《纪要》本着一次性解决纠纷原则，对人民法院课以相应释明义务，以节约诉讼资源，并平衡当事人利益。

裁判指引

合同效力问题，是司法实践中最常见、最棘手、最考验法官能力、最容易产生分歧的问题。《纪要》第 30 条至第 36 条虽然用了较大篇幅予以细化，但也只是原则性的指引，有诸多实务问题，值得细化把握。

一、合同成立、生效、有效的区分

审判实践中经常存在将合同成立、有效、生效等相互混淆的问题，其根源产生于对这些法律概念之间的联系与区别认识不清。合同的生效与有效，皆以合同成立为前提，若合同根本不成立，则谈不上生效或无效的问题。合同成立和生效属于事实判断，合同有效则属法律价值判断，不能将“有效”和“生效”等同。

二、否定性用词与强制性规定的认定

不能机械地理解只有包含“必须”“禁止”“应当”“不得”字样的规定才可能是强制性规定。通常而言，采用“必须”“禁止”字样的规定，均为强制性规定；但采用“应当”“不得”的规定，可能为强制性规定，也可能属于裁判规范、倡导性规范或半强制规范。例如，《合同法》第 41 条规定：“对格式条款的理解发生争议的，应当按照通常理解予以解释。对格式条款有两种以上解释的，应当作出不利于提供格式条款一方的解释。格式条款和非格式条款不一致的，应当采用非格式条款。”该规定虽然三处使用“应当”，但显然属于裁判规范，不应认定为强制性规定。

三、认定合同无效的法律依据

《民法总则》第 143 条规定：“具备下列条件的民事法律行为有效：(一)行为人具有相应的民事行为能力；(二)意思表示真实；(三)不违反法律、行政法规的强制性规定，不违背公序良俗。”该条规定了民事法律行为有效所需要具备的三个要件，属于一般规定，可以作为认定合同有效的法律依据，但不能作为认定合同无效的法律依据。欠缺有效要件的合同不一定无效，也可能属于效力待定、可撤销的合同。《合同法》第 52 条和《民法总则》第 153 条属于合同无效的特别规定，应作为认定合同无效的直接法律依据。

四、认定违反规章的合同无效的法律依据

《合同法》第 52 条和《民法总则》第 153 条均将认定合同无效的法律位阶限定于法律和行政法规，故规章不能作为认定合同无效的法律依据。人民法院认为对规章的违反导致合同损害社会公共利益或违背公序良俗的，应当引用《合同法》第 52 条第 4 项“损害社会公共利益”或《民法总则》第 153 条第 2 款“违背公序良俗”的规定认定合同无效，规章只能作为裁判文书说理的依据。

五、《民法总则》第153条和《合同法司法解释(二)》第14条的关系

《民法总则》第153条第1款规定:"违反法律、行政法规的强制性规定的民事法律行为无效,但是该强制性规定不导致该民事法律行为无效的除外。"《民法总则(草案)》(一审稿、二审稿)关于民事法律行为无效的规定表述为"违反法律、行政法规的效力性强制性规定,违背公序良俗的民事法律行为无效"。有学者认为,根据历史解释的方法,《民法总则》施行后,《合同法司法解释(二)》第14条应当失效。但是,《民法总则》第153条第1款并未明确强制性规定的区分标准,仍旧留有法律解释或司法解释的空间。《纪要》第30条仍然对强制性规定采用"效力性强性规定"和"管理性强制规定"的区分方法,因此,在有权机关对《民法总则》第153条第1款作出新的解释之前,人民法院在审理合同纠纷时仍可适用《合同法司法解释(二)》第14条的规定对《民法总则》第153条第1款进行解释。

六、违反公序良俗无效的法律适用

违反公序良俗与违反法律之间不是并列关系,而应当是补充关系。违反公序良俗无效的规定意在弥补现行法律和行政法规规定之不足,为填补法律漏洞和法官的自由裁量预留必要的空间。因此,违反公序良俗不能泛化,只有在没有违反法律、行政法规而又确有必要认定合同无效的情况下才适用违反公序良俗无效的规定。同时,应当注意,公序良俗包括公共秩序和善良风俗两个方面,公共秩序可能由规章规定,也可能由地方性法规规定,还可能由国家政策规定;善良风俗可能并无任何规范规定。因此,虽然《纪要》第31条规定特定规章的违反可援引违反公序良俗无效的规定,但是不能理解为只有违反规章才有可能违反公序良俗。

七、强制性规定识别的裁判文书说理

《纪要》第30条强调对强制规定的识别要在裁判文书中充分说理,对法官解释法律的能力提出较高的要求,裁判文书说理时应注意以下几点:

(一)考量因素

说理要建立在考量强制性规定所保护的法益类型、违法行为的法律后果以及交易安全保护等因素之上。

(二)类型化与结论

不能简单对强制性规定类型化,得出"效力性规定"或"管理性规定"的结论。

《纪要》第30条虽然进行了一定类型化列举,认为强制性规定涉及金融安全、市场秩序、国家宏观政策等公序良俗的、交易标的禁止买卖的、违反特许经营规定的、交易方式严重违法的、交易场所违法的,应当认定为"效力性强制性规定";关于经营范围、交易时间、交易数量的强制性规定,一般应当认定为"管理性强制性规定"。但这只是在考量强制性规定所保护的法益类型、违法行为的法律后果以及交易安全保护等因素基础上识别的结果,个案说理仍应在综合考量前述因素基础上进行。

(三)要准确识别强制性规定所保护的法益类型

如该法益类型属于公序良俗,应当认定为效力性强制性规定。反之,应认定为管理性强制性规定。一是通过文义解释方法进行识别。例如,《担保法》第9条规定:"学校、幼儿园、医院等以公益为目的的事业单位、社会团体不得为保证人。"通过文义解释,即可得出保护的法益类型为社会公共利益。二是通过目的解释方法进行识别。例如,根据《建筑法》第1条"为了加强对建筑活动的监督管理,维护建筑市场秩序,保证建筑工程的质量和安全,促进建筑业健康发展,制定本法"的规定,可以认定《建筑法》第26条①所保护的法益为"建筑工程的质量和安全",亦属于公序良俗。

(四)应区分规范对象

如果违法行为影响的仅仅是合同的履行,不应当认定为效力性强制性规定。例如,《城市房地产管理法》第38条②、第39条③的规定属于强制性规定,虽然根据《城市房地产管理法》第1条,该规定的目的在于加强对城市房地产的管理,维护房地产市场秩序,似乎亦属于公序良俗范畴,但是违反该规定所签订的合同并

---

① 《建筑法》第26条规定:"承包建筑工程的单位应当持有依法取得的资质证书,并在其资质等级许可的业务范围内承揽工程。禁止建筑施工企业超越本企业资质等级许可的业务范围或者以任何形式用其他建筑施工企业的名义承揽工程。禁止建筑施工企业以任何形式允许其他单位或者个人使用本企业的资质证书、营业执照,以本企业的名义承揽工程。"

② 《城市房地产管理法》第38条规定:"下列房地产,不得转让:(一)以出让方式取得土地使用权的,不符合本法第三十九条规定的条件的;(二)司法机关和行政机关依法裁定、决定查封或者以其他形式限制房地产权利的;(三)依法收回土地使用权的;(四)共有房地产,未经其他共有人书面同意的;(五)权属有争议的;(六)未依法登记领取权属证书的;(七)法律、行政法规规定禁止转让的其他情形。"

③ 《城市房地产管理法》第39条规定:"以出让方式取得土地使用权的,转让房地产时,应当符合下列条件:(一)按照出让合同约定已经支付全部土地使用权出让金,并取得土地使用权证书;(二)按照出让合同约定进行投资开发,属于房屋建设工程的,完成开发投资总额的百分之二十五以上,属于成片开发土地的,形成工业用地或者其他建设用地条件。转让房地产时房屋已经建成的,还应当持有房屋所有权证书。"

不能导致权属的变动，该违法行为的法律后果仅是影响合同的履行，并不能导致公序良俗的实质损害。因此，前述规定不应当认定为效力性强制性规定。

（五）应将保护法益和交易安全进行比较

根据《公务员法》第59条第16项的规定，公务员不得违反有关规定从事或者参与营利性活动，在企业或者其他营利性组织中兼任职务。结合《公务员法》第1条的规定，《公务员法》第59条第16项所保护的法益为公务员队伍的廉洁。该规定规范的对象仅仅是公务员，对合同相对人并无约束力，并无法律规定要求相对人在订立合同时需对合同订立主体是否为公务员进行审查，如认定该规定为效力性强制规定将严重损害交易安全。因此，不应当将《公务员法》第59条第16项的规定认定为效力性强制性规定。

八、关注判断合同效力规范依据的时间节点

合同有效无效，本质上属于主观价值判断，深受经济社会发展阶段的影响。立法层面上，随着经济社会发展，经历了合同无效范围逐步限缩的过程。司法层面亦如此，大量曾经被认定无效的合同逐步被认定为有效合同，如企业间借贷合同；部分曾经被认定有效的合同亦存在被认定为无效的可能，如《纪要》第93条规定的通道业务。对于通道业务，根据《最高人民法院关于人民法院为防范化解金融风险和推进金融改革发展提供司法保障的指导意见》（法发〔2012〕3号）关于"人民法院在审查金融创新产品合法性时，对于法律、行政法规没有规定或者规定不明确的，应当遵循商事交易的特点、理念和惯例，坚持维护社会公共利益原则，充分听取金融监管机构的意见，不宜以法律法规没有明确规定为由，简单否定金融创新成果的合法性，为金融创新活动提供必要的成长空间"的精神，人民法院过去通常认定有效。随着金融监管强度加强，《最高人民法院关于进一步加强金融审判工作的若干意见》（法发〔2017〕22号）提出，"对以金融创新为名掩盖金融风险、规避金融监管、进行制度套利的金融违规行为，要以其实际构成的法律关系确定其效力和各方的权利义务"。根据《纪要》第93条的规定，在过渡期结束后发生的通道业务，存在以违背公序良俗为由被认定为无效的可能。因此，曾经有效的合同并非一定有效，曾经无效的合同并非一定无效，合同效力依然要根据《纪要》第30条、第31条确立的认定方法综合认定。

九、折价补偿的前提

根据《合同法》第58条、《民法总则》第157条的规定，当财产不能返还或者没

有必要返还时，应当折价补偿。也就是说，返还财产以恢复原状为原则，折价补偿为例外。在合同约定的财产具备返还条件时，当事人不能选择折价补偿。“不能返还”包括事实上的不能返还和法律上的不能返还，事实上的不能返还如原物灭失且无替代品，法律上的不能返还如财产已由第三人善意取得。“没有必要返还”，如一方当事人接受的财产是劳务，在性质上不能恢复原状。

十、折价补偿的释明

《纪要》第 33 条规定，“在标的物已经灭失、转售他人或者其他无法返还的情况下，当事人主张返还原物的，人民法院不予支持，但其主张折价补偿的，人民法院依法予以支持”。根据《纪要》第 36 条确立的“防止机械适用‘不告不理’原则”“尽可能一次性解决纠纷”的精神，标的物已经灭失、转售他人或者其他无法返还的情况下，当事人主张返还原物的，人民法院应当释明当事人可以变更诉讼请求，主张折价补偿。

十一、返还财产与第三人利益保护

关于返还财产的性质，《合同法》第 58 条、《民法总则》第 157 条均未明确规定，《纪要》亦未明确，理论上主要有两种观点：一种是不当得利请求权说，认为给付人只能依据不当得利的规则要求受领人返还财产，在性质要属于债权请求权；另一种是物上请求权说，认为合同无效、被撤销后，物权变动的基础丧失，自然发生物权变动的回归，故返还财产的请求权属于物权性质的物上请求权。物上请求权说是我国目前的通说，故合同无效、被撤销后的返还财产具有物权的效力，其效力优先于普通债权。因此，只有第三人对该财产根据《物权法》第 106 条善意取得的情形下，该财产才构成“不能返还”。

十二、赔偿损失的条件

赔偿损失应当满足三个条件：第一，损失实际发生。通常指信赖利益损失，不包括可得利益损失。第二，赔偿义务人有过错。第三，损失与过错之间有因果关系。如损失系一方过错造成的，由过错方赔偿；损失系双方过错造成的，由双方根据过错的程度分担。

十三、赔偿损失的限制

《纪要》确立了当事人所承担的缔约过失责任不应超过合同履行利益原则。

简言之，合同不成立、被撤销和无效所产生的损失赔偿不应当超过违约的损失赔偿，故《合同法》第 113 条所确立的违约赔偿的可预见规则可以类推适用。

十四、向被告释明的具体内容

原告请求确认合同无效并要求被告返还原物或者赔偿损失，被告基于合同有给付行为的，人民法院在向被告释明时，应当区分不同情形：如被告认可合同无效，主张返还财产的，应当告知其可以提出同时履行抗辩；主张折价补偿或者赔偿损失的，应当告知其提出反诉。如被告抗辩合同有效并主张继续履行，人民法院应当向其释明"假定在合同无效的情况下是否提出同时履行抗辩"。如果被告关于合同有效的抗辩成立，则驳回原告的诉讼请求；如果被告关于合同有效的抗辩不成立，仍应就被告的同时履行抗辩作出相应裁判。

律师指引

一、可能被认定为无效的合同纠纷中诉讼请求的选择

从违法无效到违法无效仅限于法律和行政法规，从违反法律和行政法规无效到只有违反了其中的效力性强制性规定才无效，体现出司法慎权、减少对商事干预的态度。但以最高人民法院第三巡回法庭保险公司股权代持案为重大转折，规章由公序良俗介入合同效力评价，体现出司法裁判价值取向朝着"强干预"转向。虽然《纪要》第 30 条、第 31 条文字表述上显示一定的折中，但以"望文生义""应予纠正"入手，以规章内容涉及公序良俗的"应当认定合同无效"落脚，将法律法规和规章中的"管理性强制性规定"都纳入了合同效力的考量范围。由此将给合同纠纷中的合同效力问题带来较大变数。

作为规则的承受者，市场主体和律师在选择诉讼请求和诉讼方案时，必然面临着是选择在主张合同有效的前提下，要求对方继续履行合同、解除合同、追究违约责任；还是选择主张合同无效的前提下，返还财产、赔偿损失、追究缔约过失责任的重大选择。前者可能导致全部败诉的后果，还有另诉；后者可能导致通过诉讼可能得到的利益大幅削减，或者遇到比较开明、倾向于市场派的法官，还可能认为合同有效。《纪要》第 30 条、第 31 条已经列出了若干考量因素，如果对照这些考量因素仍不能得出确定结论，建议可以考虑从以下三个方面入手，选择诉请。

（一）选择以合同有效为前提的诉请

如果《纪要》颁行之后有对同一规范依据认定为管理性强制性规定而非效力

性强制性规定,进而认定合同有效的最高人民法院判决或者裁定,且无相反的最高人民法院判决和裁定的,通常可以认为对特定的法律法规规章中的规范依据作出了比较明确的规范性质识别。此时,建议选择以合同有效为前提的诉请,以实现合同权利的最大限度保护。

(二)选择以合同无效为前提的诉请

如果《纪要》颁行之后对法律法规的同一规范依据认定为效力性强制性规定,进而认定合同无效的最高人民法院判决或者裁定,且无相反的最高人民法院判决和裁定的,应当认为对特定的法律法规中的规范依据作出了比较明确的规范性质识别。此时,建议选择以合同无效为前提的诉请。在合同无效的前提下,尽可能收集证明本身损失、对方违反诚信,应当承担完全的或者主要的缔约过错责任的证据,争取在合同无效的责任中求得最小的损失。

对于无效后请求返还资金的,建议同时主张占用资金期间的利息。此前对返还的资金按照存款利率还是贷款利率,抑或是不应当支付利息素有争议。《纪要》正文虽未涉及此问题,但《〈全国法院民商事审判工作会议纪要〉理解与适用》一书中明确"商事审判中原则上应当参照贷款利率支付",并且是"以全国银行间同业拆借中心公布的贷款市场报价利率为准"①。此点,在提出诉请时应予注意。

(三)选择备位诉讼或者在法院释明合同效力时及时变更诉讼请求

如果《纪要》颁行之后,最高人民法院包括各地高级人民法院、当地中级人民法院对法律法规规章中的特定规范性质认定不一致,存在对合同效力的矛盾判决,则说明对规范性质及合同效力的认定存在博弈空间。如果直接选择合同无效返还之诉,并不能实现诉讼中的最大利益。此时,建议:(1)优先选择合同有效之诉,并以此作为诉讼请求正式提出。(2)如果承办法官对民事诉讼法上的备位诉讼有一定认知,可在诉状中同时选择合同无效时的备位诉请。(3)无论选择(1)或者(2),都应当以就合同无效之诉的财产损失及责任承担问题作好充分证据准备和论证准备。如果合议庭当庭出现显著的无效认定倾向,或者已经明确释明为无效,及时在合同无效的前提下,通过证据和论证尽全力减少损失。

二、对效力性强制性规定的规范属性存在争议时的说理论证依据

坊间有句戏言:效力性强制性规定的识别、公司对外担保的效力、货币所有

① 参见最高人民法院民事审判第二庭编著:《〈全国法院民商事审判工作会议纪要〉理解与适用》,人民法院出版社 2019 年版,第 267 页。

权、民刑交叉，属于民商法领域的四大陷阱——谁掉进去，都很难出来。足见论证一条规范是效力性强制性规定还是管理性强制性规定的难度。其中理论和实务的交集，对所有法官和律师都是一项挑战。律师要在此类争议问题上说服法官，需尽可能站得比法官更高、理解得更深，掌握的论证“子弹”更足。

就此论理的问题，有几篇非常重要的文献，在此一并推荐，可作为丰富代理词中的论证意见使用。(1)《民商审判前沿：争议、法理与实务——“民商法沙龙”微信群讨论实录》(人民法院出版社 2019 年版)第 3 ~ 29 页有关“效力性强制性规范的识别”的专题讨论。推荐理由：该讨论集中了理论界及实务界一线的法官、学者和专家(包括我国台湾地区的民商法专家)，对部分具体的规范条文的性质识别进行了深度讨论，并就不同规范性质认定的后果做了集中的论辩，可提供诸多有价值的论据和论证。(2)王轶老师在《国家检察官学院学报》2010 年第 5 期上发表的《合同效力认定的若干问题》。推荐理由：该文为王轶老师在国家检察官学院授课的整理，深入浅出，集中论证了规范性质识别的方法、观点和依据。(3)王闯法官在《法律适用》2009 年第 9 期上发表的《当前人民法院审理商事合同案件适用法律若干问题》。推荐理由：王闯法官是《最高人民法院关于当前形势下审理民商事合同纠纷案件若干问题的指导意见》这一司法政策的起草人，其在民商法理论及审判领域内的影响力很大，该文从理论角度对这一问题作了进一步的阐释。

三、诉讼请求中返还财产与损害赔偿的区分

孳息属于财产返还范畴，不属于损害赔偿。《物权法》第 116 条规定：“天然孳息，由所有权人取得；既有所有权人又有用益物权人的，由用益物权人取得。当事人另有约定的，按照约定。法定孳息，当事人有约定的，按照约定取得；没有约定或者约定不明确的，按照交易习惯取得。”根据《纪要》第 33 条、第 34 条的规定，天然孳息和法定孳息均属于财产返还的范畴，不属于损害赔偿，不应根据当事人的过错分担。

财产增值或者贬值的分配或分担亦属于财产返还范畴，不属于损害赔偿。人民法院进行合理分配或分担时，要综合考虑市场因素、受让人的经营或者添附等行为与财产增值或者贬值之间的关联性，不应考虑当事人对合同无效的过错。一般来讲，如果增值或贬值仅仅是受市场因素影响，不应进行分配或分担。建议律师在相关文书及庭审中对相关诉请的具体内容性质是“返还财产”，还是“赔偿损失”有比较清晰的认知和区分。

法务指引

一、合法性审查与合规性审查

通常而言,公司法务在公司业务经营中的审查主要是合法性审查,在部分公司中,也有合法性审查与合规性审查合一操作的工作模式。在《纪要》颁行之前,鉴于规章通常不影响合同效力,故合法性审查主要关注合法性,合规性通常不影响合法性。法审对于合规性问题无须特别关注。但《纪要》颁行之后,合规性将显著影响合同的合法性,违反规章导致判定合同无效的概率大大提升,由此带来涉诉维权能获得的利益,也将限缩到缔约过失责任的范围。更需要注意的是,部分法院已经开始积极通过向相关行政机关发函的方式,提示其加强监管甚至进行行政处罚。在此背景下,公司法务应当将合同审查中可能涉及的合同无效风险予以必要、充分的提示。

二、证据的留存

合同无效涉及返还财产、赔偿损失和责任认定。财产返还和损失赔偿涉及财产标的价值、损失的计算依据问题。对涉及合同无效的案件,应当提示公司经营人员予以收集和保留。对于缔约过程中的责任是什么、过错的大小情况,法院通常也需要通过相应的证据来认定。故有关缔约过程中的电话、邮件、书面文件等证据,应当提示经营人员在产生时就注意保留,以便涉诉时提交。

要案索引

[案例1]四川金核矿业有限公司与新疆临钢资源投资股份有限公司特殊区域合作勘查合同纠纷案

[案例来源]《最高人民法院公报》2017年第4期

[案号](2015)民二终字第167号

[裁判要旨]合同违反环境资源法律法规中的禁止性规定,损害环境公共利益的,应当认定无效。

[案情概要]2011年10月10日,新疆临钢资源投资股份有限公司(以下简称临钢公司)(《合作勘查开发协议》甲方)与四川金核矿业有限公司(以下简称金核公司)(《合作勘查开发协议》乙方)签订《合作勘查开发协议》,双方约定,甲方补偿乙方3500万元后,乙方愿意依本协议之规定将其持有的矿权注入甲乙双方设

立的项目公司。乙方向甲方保证和承诺:标的矿权不在冰川保护区、自然保护区、风景区等可能影响矿山开发的区域范围内。2011 年 10 月 25 日,临钢公司通过银行转账方式向金核公司支付 3500 万元,金核公司向其出具了收据。

2013 年 11 月 22 日,临钢公司向金核公司出具《解除函》,主要内容为:临钢公司获悉案涉合作开发项目位于保护区中心区域,金核公司自合作至今未告知临钢公司,该行为已构成违约。临钢公司决定解除《合作勘查开发协议》,希望金核公司依约承担相应责任。

2013 年 12 月 30 日,金核公司向临钢公司出具《复函》,主要内容为:保护区的设立早在金核公司 2008 年 12 月 26 日首次取得矿权前。矿权自取得到年检、延续,此间无任何部门或机构就保护区事宜告知过金核公司,双方合作的矿权勘查工作也未受到任何影响。故不存在金核公司明知矿权位于保护区而隐瞒临钢公司,更不会在明知的情形下还作出不利约定。矿权位于保护区的非核心区域,对双方继续履行协议不构成实质性障碍,双方应继续友好合作。

2013 年 12 月 6 日,保护区管理局出具证明:标的矿权所属区域均在保护区范围内。

[裁判观点]当事人关于在自然保护区、风景名胜区、重点生态功能区、生态环境敏感区和脆弱区等区域内勘查开采矿产资源的合同约定,不得违反法律、行政法规的强制性规定或者损害环境公共利益,否则应依法认定无效。环境资源法律法规中的禁止性规定,即便未明确违反相关规定将导致合同无效,但若认定合同有效并继续履行将对自然环境和生态造成严重破坏、损害环境公共利益的,应当认定合同无效。

[案例 2]大连高金投资有限公司等与大连德享房地产开发有限公司企业借贷纠纷上诉案

[案号](2017)最高法民终 647 号

[裁判要旨]《银行业监督管理法》第 19 条属于效力性强制性规定,违反该规定的合同无效。

[案情概要]出借人大连高金投资有限公司(以下简称高金公司)向外出借款项,借款人存在众多不同的借款主体且不特定,除大连德享房地产开发有限公司(以下简称德享公司)外,高金公司于 2009 年至 2011 年分别向北京新纪元投资发展有限公司、大连金华电力燃料有限责任公司、大连茶铭实业发展有限公司、兴城市鼎锋矿业有限公司和顺天海川企业集团有限公司等出借资金,而且多数情况下

不约定利息，而是约定高额的逾期利息或违约金。高金公司的企业法人营业执照载明的经营范围为：项目投资（不含专项审批）、财务咨询、企业管理咨询。

[裁判观点] 当事人通过向社会不特定对象提供资金以赚取高额利息，出借行为具有反复性、经常性，借款目的具有营业性，未经批准擅自从事经常性的贷款业务，属于从事非法金融业务活动。《银行业监督管理法》第19条规定："未经国务院银行业监督管理机构批准，任何单位或者个人不得设立银行业金融机构或者从事银行业金融机构的业务活动。"该强制性规定直接关系国家金融管理秩序和社会资金安全，事关社会公共利益，属于效力性强制性规定，违反该规定的借款合同无效。当事人超出经营范围从事经常性放贷业务，其订立的合同不因超出经营范围当然无效，而因金融业务活动系国家特许经营业务，依照《合同法司法解释（一）》第10条的规定，违反禁止经营规定的合同应为无效。

[案例3] 中扶建设有限责任公司与德化金龙置业有限公司建设工程施工合同纠纷案

[案号]（2017）最高法民终766号

[裁判要旨] 建设工程必须进行招标而未招标，建设工程施工合同应认定无效。

[案情概要] 双方当事人经协商确定中扶建设有限责任公司（以下简称中扶公司）承包德化金龙置业有限公司（以下简称金龙公司）开发的德化县金龙中心城项目工程。相关文件载明，该项目用地性质为商服、住宅用地，要求用地竞得者应在相应楼盘开盘前优先提供总建筑面积71,793.34平方米安置房。中扶公司于2012年12月进场开始垫资施工。

2013年8月19日，金龙公司制作项目一标段二次招标《施工招标文件》《投标邀请书》。2013年9月6日，中扶公司向金龙公司发出《投标函》。2013年9月27日，金龙公司向中扶公司发出一标段《中标通知书》。2013年10月7日，双方签订一标段建设工程施工合同。

2014年1月19日，双方签订《关于"德化金龙·中心城工程"施工合同的会议纪要》，约定会议纪要为本工程施工合同不可分割的组成部分。2014年3月17日，金龙公司制作二标段《施工招标文件》，2014年3月12日发出《投标邀请书》。2014年4月3日，中扶公司向金龙公司发出《投标函》。2014年3月31日，双方签订二标段建设工程施工合同，2014年4月14日，金龙公司向中扶公司发出二标段《中标通知书》。

2014 年 4 月 6 日，中扶公司、金龙公司签订两份《协议书》，分别约定双方于 2013 年 10 月 7 日及 2014 年 3 月 31 日签订两份《建设工程施工合同》，金龙公司以该合同向德化县住建局备案，申领建筑工程施工许可证，经双方协商一致，该两份合同作废；双方确定于 2014 年 4 月 10 日前重新签订一标段的《建设工程施工合同》，于 2014 年 4 月 21 日前重新签订二标段的《建设工程施工合同》。

2015 年 5 月 19 日，金龙公司以中扶公司屡屡推迟各工期节点的完成时间为由，向中扶公司发出《责令中扶建设有限责任公司清退场函》。中扶公司 22 日回函认为金龙公司无权解除合同。同年 6 月 29 日，金龙公司向中扶公司发出《解除建设工程施工合同通知书》。中扶公司于 2015 年 7 月 2 日回函重申金龙公司无权解除合同。

[**裁判观点**]《招标投标法》第 3 条规定，在中华人民共和国境内的大型基础设施、公用事业等关系社会公共利益、公众安全的项目施工，必须进行招标。《工程建设项目招标范围和规模标准规定》（现已失效）第 7 条进一步明确了施工单项合同估算价 200 万元以上或者施工单项合同估算价虽低于 200 万元，但项目总投资额在 3000 万元以上关系社会公共利益、公众安全的公用事业项目进行施工，必须进行招标。德化县金龙中心城项目包括了总建筑面积 71,793.34 平方米的安置房，工程总造价超过 2 亿元，属于关系社会公共利益、公众安全的重大项目，依据上述法律规定，必须进行招标。但金龙公司在未履行公开招标程序的情况下，即确定由中扶公司进场开始垫资施工。后金龙公司虽补办了招标手续，中扶公司中标，但双方均确认该招标投标程序仅是为办理相关证件而进行的形式意义上的招投标。因此，依据《最高人民法院关于审理建设工程施工合同纠纷案件适用法律问题的解释》第 1 条关于建设工程必须进行招标而未招标或者中标无效的，建设工程施工合同应认定无效的规定，双方当事人就案涉工程签订的建设工程施工合同及补充协议均属无效。

[案例 4]南宁桂馨源房地产有限公司诉柳州市全威电器有限责任公司等土地使用权转让合同纠纷案

[**案例来源**]《最高人民法院公报》2005 年第 7 期

[**案号**]（2004）民一终字第 46 号

[**裁判要旨**]当事人取得国有土地使用权证后未足额缴纳土地出让金或对转让土地的投资开发未达到投资总额 25% 以上的，属转让标的瑕疵，不影响转让合同的效力。

[**案情概要**]2003年9月18日，柳州市全威电器有限责任公司（以下简称全威公司）、柳州超凡房地产开发有限责任公司（以下简称超凡公司）与南宁桂馨源房地产有限公司（以下简称桂馨源公司）签订《土地开发合同》，约定：全威公司、超凡公司同意将全威公司位于柳州市柳石路153号51.9979亩土地以2860万元转让给桂馨源公司。桂馨源公司同意于2003年9月30日前将200万元定金转入全威公司账户，逾期视为桂馨源公司违约，全威公司、超凡公司有权单方解除合同；全威公司、超凡公司必须在2个月内办理完成市政府同意该宗土地转让给桂馨源公司控股或桂馨源公司法定代表人控股的、在柳州新成立的公司，并给予2003年或2004年上半年土地开发计划指标。2004年1月13日，桂馨源公司向一审法院提起诉讼称，全威公司已逾期40日仍不向土地管理部门办理过户手续，且于2003年12月29日函告桂馨源公司终止《土地开发合同》，使合同无法履行，给桂馨源公司造成和即将继续造成巨大的损失。

[**裁判观点**]转让人在签订国有土地使用权转让合同时尚未取得国有土地使用权证，但在起诉前已取得该证的，该土地即具备了进入市场进行依法转让的条件，应认定该转让合同有效。当事人在取得国有土地使用权证后未足额缴纳土地出让金，属于土地出让合同当事人双方之间的权利义务内容，其是否得到完全履行不影响土地使用权转让合同的效力。《城市房地产管理法》第38条关于土地转让时投资应达到开发投资总额25%的规定，不是认定土地使用权转让合同效力的法律强制性规定，是对土地使用权转让合同的标的物设定的于物权变动时的限制性条件，转让的土地未达到25%以上的投资，属于合同标的物的瑕疵，并不直接影响土地使用权转让合同的效力。

[案例5]海南康力元药业有限公司、海南通用康力制药有限公司与海口奇力制药股份有限公司技术转让合同纠纷申请再审案

[**案例来源**]《最高人民法院公报》2013年第2期

[**案号**]（2011）民提字第307号

[**裁判要旨**]在合同效力的认定中，应该以合同是否违反法律、行政法规的强制性规定为判断标准，而不宜以合同违反行政规章的规定为由认定合同无效。在技术合同纠纷案件中，如果技术合同涉及的生产产品或提供服务依法须经行政部门审批或者许可而未经审批或者许可的，不影响当事人订立的相关技术合同的效力。

[**案情概要**]2004年6月12日，海口奇力制药股份有限公司（以下简称奇力

制药公司)与海南康力元药业有限公司(以下简称康力元公司)、海南通用康力制药有限公司(以下简称康力制药公司)签订《转让合同》,约定:奇力制药公司(《转让合同》甲方)在涉案新药获得批准后,将规格为1.125g/瓶的产品转让给康力元公司和康力制药公司(《转让合同》乙方),但该产品的生产批文上所载的生产单位仍为甲方,由甲方委托乙方生产;乙方付清全部转让款之日为转让完成之日,转让完成后,该规格产品所有权归乙方;转让价款为300万元,取得生产批文之日起7日内乙方付240万元,办好委托加工手续之日起7日内乙方付60万元。

[**裁判观点**]在合同效力的认定中,应该以合同是否违反法律、行政法规的强制性规定为判断标准,而不宜以合同违反行政规章的规定为由认定合同无效。关于新药技术转让问题,《药品管理法》及其实施条例均没有具体的规定,此问题一直是由国家药监局以行政规章及规范性文件的方式来加以规范的。法律和行政法规没有关于新药技术转让的强制性规定,虽然行政规章对于新药技术转让有具体规定,但依据《合同法》第52条第5项的规定,双方当事人签订的新药技术转让合同内容违反行政规章规定的,并不属于违反法律、行政法规的强制性规定而归于合同无效的情形。

[案例6]福州天策实业有限公司诉福建伟杰投资有限公司、君康人寿保险股份有限公司营业信托纠纷上诉案

[**案号**](2017)最高法民终529号

[**裁判要旨**]违反《保险公司股权管理办法》有关禁止代持保险公司股权规定的行为,在一定程度上具有与直接违反《保险法》等法律、行政法规一样的法律后果,同时还将出现破坏国家金融管理秩序、损害包括众多保险法律关系主体在内的社会公共利益的危害后果,依照《合同法》第52条第4项等规定,应认定为无效。

[**案情概要**]2011年11月3日,福州天策实业有限公司(以下简称天策公司)与福建伟杰投资有限公司(以下简称伟杰公司)签订《信托持股协议》,协议约定:鉴于委托人天策公司拥有君康人寿保险股份有限公司2亿股的股份(占20%)的实益权利,现通过信托的方式委托受托人伟杰公司持股。受托人伟杰公司同意接受委托人的委托。《信托持股协议》还对信托股份的交付方式、信托期限、信托股份的管理方式、费用承担、委托人和受托人的权利义务、信托收益的分配和信托股份的归属等作了约定。2014年10月30日,天策公司向伟杰公司发出《关于终止信托的通知》,要求伟杰公司依据《信托持股协议》终止信托,将信托股份过户到天

策公司名下,并结清天策公司与伟杰公司之间的信托报酬。

[裁判观点]本案《信托持股协议》的内容明显违反中国保险监督管理委员会制定的《保险公司股权管理办法》(2014年版,现已失效,最新版为2018年版)第8条关于"任何单位或者个人不得委托他人或者接受他人委托持有保险公司的股权"的规定,对该《信托持股协议》的效力审查,应从《保险公司股权管理办法》禁止代持保险公司股权规定的规范目的、内容实质,以及实践中允许代持保险公司股权可能出现的危害后果进行综合分析认定。

首先,从《保险公司股权管理办法》禁止代持保险公司股权的制定依据和目的来看,尽管《保险公司股权管理办法》在法律规范的效力位阶上属于部门规章,并非法律、行政法规,但中国保险监督管理委员会是依据《保险法》第134条关于"国务院保险监督管理机构依照法律、行政法规制定并发布有关保险业监督管理的规章"的明确授权,为保持保险公司经营稳定,保护投资人和被保险人的合法权益,加强保险公司股权监管而制定。据此可以看出,该管理办法关于禁止代持保险公司股权的规定与《保险法》的立法目的一致,都是为了加强对保险业的监督管理,维护社会经济秩序和社会公共利益,促进保险事业的健康发展。

其次,从《保险公司股权管理办法》禁止代持保险公司股权规定的内容来看,该规定系中国保险监督管理委员会在本部门的职责权限范围内,根据加强保险业监督管理的实际需要具体制定,该内容不与更高层级的相关法律、行政法规的规定相抵触,也未与具有同层级效力的其他规范相冲突,同时其制定和发布亦未违反法定程序,因此《保险公司股权管理办法》关于禁止代持保险公司股权的规定具有实质上的正当性与合法性。

最后,从代持保险公司股权的危害后果来看,允许隐名持有保险公司股权,将使真正的保险公司投资人游离于国家有关职能部门的监管之外,如此势必加大保险公司的经营风险,妨害保险行业的健康有序发展。同时由于保险行业涉及众多不特定被保险人的切身利益,保险公司这种潜在的经营风险在一定情况下还将危及金融秩序和社会稳定,进而直接损害社会公共利益。

综上可见,违反中国保险监督管理委员会《保险公司股权管理办法》有关禁止代持保险公司股权规定的行为,在一定程度上具有与直接违反《保险法》等法律、行政法规一样的法律后果,同时还将出现破坏国家金融管理秩序、损害包括众多保险法律关系主体在内的社会公共利益的危害后果。故依照《合同法》第52条第4项等规定,本案《信托持股协议》应认定为无效。

[案例7]莫志华、深圳市东深工程有限公司与东莞市长富广场房地产开发有限公司建设工程合同纠纷案

[案件来源]《最高人民法院公报》2013年第11期

[案号](2011)民提字第235号

[裁判要旨]建设工程合同无效,但建设工程经竣工验收合格,承包人请求参照有效合同处理的,应当参照合同约定来计算涉案工程价款,承包人不应获得比合同有效时更多的利益。

[案情概要]2003年4月30日,莫志华与深圳市东深工程有限公司(以下简称东深公司)订立《长富商贸广场工程合作协议书》,协议由莫志华以东深公司的名义与建设单位签订大朗商贸广场工程施工合同,东深公司的权利义务由莫志华实际享有和承担,莫志华向东深公司缴纳工程造价的1.5%的费用作为东深公司工程管理费。2003年5月,东深公司与东莞市长富广场房地产开发有限公司(以下简称长富广场公司)先后签订《长富广场工程初步协议》《东莞市建设工程施工合同》《大朗长富商贸广场工程施工合同》。合同约定,如果东深公司将工程转包给其他单位和个人,长富广场公司有权立即解除合同并没收履约保证金,由东深公司承担长富广场公司因此产生的所有损失。

[裁判观点]尽管合同被确认无效,但已经履行的内容不能适用财产返还的方式使合同恢复到签约前的状态的,应当按照折价补偿的方式处理,无效合同的当事人不应因由其过错而导致合同无效反而获得比如期履行有效合同还要多的利益。鉴于建设工程的特殊性,虽然合同无效,但施工人的劳动和建筑材料已经物化在建筑工程中,依据《最高人民法院关于审理建设工程施工合同纠纷案件适用法律的解释》第2条的规定,建设工程合同无效,但建设工程经竣工验收合格,承包人请求参照有效合同处理的,应当参照合同约定来计算涉案工程价款,承包人不应获得比合同有效时更多的利益。

[案例8]海南昌旺达置业顾问有限公司与海南宇昌房地产开发有限公司商品房预售合同纠纷

[案号](2014)民抗字第75号

[裁判要旨]商品房预售合同因无预售许可无效,该商品房价格上涨部分属于购房者因合同无效受到的损失。就该损失,根据房地产开发企业与购房者在合同无效中的过错,由双方按过错比例分担。

[案情概要]2009年12月30日和2010年1月13日,海南昌旺达置业顾问有

限公司(以下简称昌旺达公司)与海南宇昌房地产开发有限公司(以下简称宇昌公司)分别签订两份《房产买卖合同》。两合同均约定,如宇昌公司在两年内未能如期完成施工并验收成功取得房产证,在一个月内昌旺达公司有权单方面终止合同,宇昌公司必须赔偿昌旺达公司所支付的双倍款项并承担昌旺达公司所受损失。昌旺达公司按合同约定的时间向宇昌公司支付了两笔总计1570万元的购房款。2011年1月22日,宇昌公司向昌旺达公司借款1000万元并出具《借条》,并承诺将其两块土地作为借款的抵押物。

[**裁判观点**]根据《合同法》第58条的规定,“合同无效或者被撤销后,因该合同取得的财产,应当予以返还;不能返还或者没有必要返还的,应当折价补偿。有过错的一方应当赔偿对方因此所受到的损失,双方都有过错的,应当各自承担相应的责任”。因合同无效,出卖人应返还买受人所付购房款。国家将海南确定为国际旅游岛后,海南房价明显上涨,司法鉴定结论亦证实涉案房屋的市场价格已明显上涨,在此情况下,买受人已无法用原价购得相应地段、相应面积的房屋,该损失是客观存在和已经发生的事实,非将来预期可能要发生的事实。一审、二审法院依据司法鉴定结论,以涉案房屋的市场溢价作为无效合同损失认定的基础,由出卖人承担因其主要过错给买受人造成的该部分损失60%的赔偿责任并无不当。该认定符合《合同法》第58条关于无效合同损失的规定。买受人对合同无效造成的损失亦有过错,一审、二审法院判令其承担40%的责任已充分地考虑了双方的利益平衡问题,符合法律公平原则。

专 题 二

行政审批与合同效力

《纪要》第三部分第一点用了4个条文明确了行政审批与行政合同的效力问题。核心观点是:未经行政审批的合同,属于未生效合同。同时特别明确和强调,虽然合同未生效,但报批条款已经生效。此时,合同的效力限于请求履行报批义务,违反该义务,承担违反该义务的违约责任。行政机关批准的,合同发生完全的法律效力;行政机关未予批准,属于履行不能,当事人可以请求解除合同。

本专题的重点和难点在于:合同未生效与合同无效问题的区分、识别哪些合同属于"须经行政机关审批的合同"。这些问题经常是裁判中的争议焦点,其中,既有基本的合同法法理问题,也涉及其他部门法引致条款的解释问题。与此相关,在非诉法律业务的合同起草中,如何通过特别的合同条款锁定漫长的行政审批期间的交易风险,则是需要重点关注和解决的。本专题聚焦于以上难点问题,并致力于提供可供参考的解决方案。

纪要原文

37.【未经批准合同的效力】法律、行政法规规定某类合同应当办理批准手续生效的,如商业银行法、证券法、保险法等法律规定购买商业银行、证券公司、保险公司5%以上股权须经相关主管部门批准,依据《合同法》第44条第2款的规定,批准是合同的法定生效条件,未经批准的合同因欠缺法律规定的特别生效条件而未生效。实践中的一个突出问题是,把未生效合同认定为无效合同,或者虽认定为未生效,却按无效合同处理。无效合同从本质上来说是欠缺合同的有效要件,或者具有合同无效的法定事由,自始不发生法律效力。而未生效合同已具备合同的有效要件,对双方具有一定的拘束力,任何一方不得擅自撤回、解除、变更,但因欠缺法律、行政法规规定或当事人约定的特别生效条件，在该生效条件成就前，不能产生请求对方履行合同主要权利义务的法律效力。

38.【报批义务及相关违约条款独立生效】须经行政机关批准生效的合同，对报批义务及未履行报批义务的违约责任等相关内容作出专门约定的，该约定独立生效。一方因另一方不履行报批义务，请求解除合同并请求其承担合同约定的相应违约责任的，人民法院依法予以支持。

39.【报批义务的释明】须经行政机关批准生效的合同，一方请求另一方履行合同主要权利义务的，人民法院应当向其释明，将诉讼请求变更为请求履行报批义务。一方变更诉讼请求的，人民法院依法予以支持；经释明后当事人拒绝变更的，应当驳回其诉讼请求，但不影响其另行提起诉讼。

40.【判决履行报批义务后的处理】人民法院判决一方履行报批义务后，该当事人拒绝履行，经人民法院强制执行仍未履行，对方请求其承担合同违约责任的，人民法院依法予以支持。一方依据判决履行报批义务，行政机关予以批准，合同发生完全的法律效力，其请求对方履行合同的，人民法院依法予以支持；行政机关没有批准，合同不具有法律上的可履行性，一方请求解除合同的，人民法院依法予以支持。

规范精要

一、将金融法中的股权变动审批纳入"合同报批生效"的调整范围

《纪要》出台之前，仅有《最高人民法院关于审理外商投资企业纠纷案件若干问题的规定（一）》将行政机关审批纳入合同的法定生效条件。而对金融机构股权变动的审批，通说认为是股权变动的审批，而不是对合同本身的审批。《纪要》第37条将外资企业设立变更的合同审批扩大到更大的范围，特别是将银行、证券、保险等金融机构的股权变动审批界定为合同审批，将对金融机构股权转让合同的生效时间、责任性质、责任范围、合同条款拟定产生重大影响，值得高度关注，并需要在交易中设定更为细致的特别条款予以防范漫长的交易和审批过程中的法律风险。

二、强调合同未生效与合同无效的区别

未生效、无效、有无法律约束力，这几个概念极具混同性。《纪要》第37条明确区分合同无效和合同未生效，提出合同无效是欠缺有效要件或者具备无效要

件，而合同未生效是欠缺合同约定或者法定的生效要件，差别在于无效合同自始无约束力，而未生效合同仅仅是生效条件成就前不能请求履行合同约定的主要权利义务。

三、明确人民法院对报批合同中诉讼请求的释明义务

通说认为，释明是指释明权，是法官的权力，不是法官的义务。但对报批条款的性质及效力而言，理论界和实务界的见解并非完全一致，甚至在人民法院内部也有不同认识。在此前提下，要当事人明确界分是否属于报批生效的合同、能否请求履行、能请求履行哪些义务，可能造成当事人的诉累。《纪要》第 39 条明确了法官就此问题的释明义务，有利于减少诉累。此条规定值得法官和律师高度重视。对于法官而言，应当释明，构成了法定义务，也体现出法官对这个问题的认知是否专业。对于当事人而言，如果法官已经明确释明诉讼请求仅限于报批义务，当事人及其代理人还坚持主张履行合同中的其他义务，等于主动索取一个败诉判决。虽然《纪要》第 39 条明确此种情形可以另诉，但枉费时间及经济成本，得不偿失。

四、解决报批条款涉诉后的履行问题

《纪要》将报批条款明确为独立生效的条款，并支持针对此义务的设定的违约责任，但由于报批本身是行为，而行为的执行问题在实务中能否强制执行、如何强制执行，争议较多。故判决履行报批义务以后能否得以实际履行及执行，仍存疑问。《纪要》第 40 条指明了可以申请执行以及执行后仍不履行的后果是追究违约责任，可以说，在争议解决的路上给当事人以较为明确的指引。

值得注意的是，报批和批准是两码事。即使报批，行政机关仍可能不批。报批而不批，是行政机关行政审批权行使的结果，而不是当事人义务履行的问题。对此，《纪要》进一步指明了解决途径是合同解除，体现出了显著的行为指引导向。

法理基础

一、合同效力体系中的合同成立、合同生效与合同有效

就合同的成立、生效及有效与无效问题，有几组概念应当予以明晰。

（一）合同成立与未成立

《合同法》第 8 条第 1 款第 1 句规定，依法成立的合同，对当事人具有法律约

束力。可见,合同的约束力不是来自合同生效,自成立时即已有约束力。

合同的成立是事实判断,经由要约和承诺两个阶段。《合同法》第25条规定,承诺生效时合同成立。但此处的“承诺生效时合同成立”是合同成立时点的一般情形。除此之外,《合同法》还规定了另外两种成立时点:一是签字或盖章时成立。《合同法》第32条规定,当事人采用合同书形式订立合同的,自双方当事人签字或者盖章时合同成立。二是基于接受履行而成立。《合同法》第36条规定,法律、行政法规规定或者当事人约定采用书面形式订立合同,当事人未采用书面形式但一方已经履行主要义务,对方接受的,该合同成立。《合同法》第37条规定,采用合同书形式订立合同,在签字或者盖章之前,当事人一方已经履行主要义务,对方接受的,该合同成立。

可见,判断合同是否成立,应当以《合同法》第25条、第32条、第36条、第37条的规定为依据,成立即具有约束力,而不是以《合同法》第52条为据。

(二)生效与未生效

《合同法》规定了合同生效的三种情形:一是成立即生效;二是审批才生效;三是约定的生效条件成就时生效。判断依据是《合同法》第44条、第45条,而不是《合同法》第52条。《合同法》第44条规定:“依法成立的合同,自成立时生效。法律、行政法规规定应当办理批准、登记等手续生效的,依照其规定。”第45条第1款规定:“当事人对合同的效力可以约定附条件。附生效条件的合同,自条件成就时生效。附解除条件的合同,自条件成就时失效。”

从以上分析可以看出,合同的成立与未成立,生效与未生效,有效与无效是三组对称的概念,区分的标准各有不同。合同未生效不等于无效,可以通过补办手续成就生效要件。未生效的合同,系生效条件未成就,而非违反了《合同法》第52条。

(三)有效与无效

合同的有效与无效是一个法律判断。《合同法》第52条规定了合同无效的五种情形。如具备该条规定的五种情形之一的,应当认定合同无效。除此之外,当事人主体合格,意思表示真实,不具备此五种无效情形的,应当认定合同有效。

二、合同未生效与无效的区别

就合同未生效与无效的关系问题,最早的规范依据是《合同法司法解释(一)》。该解释第9条规定:“依照合同法第四十四条第二款的规定,法律、行政法规规定合同应当办理批准手续，或者办理批准、登记等手续才生效，在一审法庭辩论终结前当事人仍未办理批准手续的，或者仍未办理批准、登记等手续的，人民法院应当认定该合同未生效；法律、行政法规规定合同应当办理登记手续，但未规定登记后生效的，当事人未办理登记手续不影响合同的效力，合同标的物所有权及其他物权不能转移。"根据该条规定，法定报批生效的合同未报批的，属于未生效；同时明确未规定合同应当办理审批手续的，但未规定登记生效的，不影响合同效力。这里的不影响合同效力，是指不导致合同无效。

《最高人民法院关于审理外商投资企业纠纷案件若干问题的规定（一）》第1条就外商投资企业设立、变更等过程中订立的合同效力问题，作了进一步规定：法定批准生效而未经批准的，应当认定该合同未生效；当事人请求确认该合同无效的，人民法院不予支持。从司法解释的角度，强调了未生效与无效的区分。

三、最高人民法院关于行政审批与合同效力问题的主要观点

最高人民法院民二庭曾以法官会议纪要的形式对违反《商业银行法》第28条规定，未经行政监管部门批准的股权转让合同效力进行了研讨，并主张采用"未生效说"。理由是：依据《合同法》第44条的规定，法律、行政法规规定应当办理批准、登记等手续生效的，依照其规定。该条仅规定应当办理批准、登记手续，但并未明确批准的对象究竟是合同本身，还是基于合同产生的权利变动，抑或是特定主体资格的准入。如果批准的对象是合同本身，则批准是合同的法定生效条件，未经批准的合同因其不具备法定生效条件而属于未生效合同。当然，如果确定不能获得批准的，则法定条件确定不成就，合同确定不生效。此外，如果批准的对象不是合同，而是权利变动，则此时批准不影响合同的效力，仅影响合同的履行。换言之，未获批准的合同有效，但嗣后履行不能，属于合同应予解除的情形。《商业银行法》第28条批准的对象是股权"购买"行为，即股权转让行为，故批准是合同的法定生效条件，未经批准的股权转让合同属于未生效合同。[1]

四、报批义务、合同解除与违约责任的关系

一方因另一方不履行报批义务，请求解除合同或一并请求其承担合同约定的

---

[1] 参见贺小荣主编：《最高人民法院民事审判第二庭法官会议纪要》，人民法院出版社2018年版，第88～89页。

相应违约责任的,如何处理?《纪要》第38条后段对此作出了"人民法院应予以支持"的规定,但对合同解除的法律后果与违约责任的范围如何确定并没有明确。对于合同解除的法律后果,原则上应按照《合同法》第97条的规范进行处理,而这里的违约责任则专指未履行报批义务的违约责任。对于因合同解除而有其他损失的或另行约定了违约责任的(非报批义务的),由于须行政机关批准生效的合同在未获批准前属于欠缺特别生效条件的合同,尚不具备履行力,此时可以参照《合同法》第58条的规定处理其他损失问题,而对于履行阶段的违约责任应不予支持。

裁判指引

一、司法裁判对合同效力审查的要点及顺序

合同效力问题,是司法机关或者仲裁机构依法对该合同作出的事实判断与价值判断。完整法律行为的效力包括确定力、拘束力和实现力。不同的效力内容发生效力的时点并不一定是同时的,不同的效力内容以及同一属性的效力内容,效力可逐步"释放"、分步产生。[①] 由此,在根据《纪要》第37的规定进行说理并就合同效力问题进行评判时,一定要明晰案涉合同的效力"释放"状态。评价的基准是:第一,合同成立与否的事实判断,以意思表示一致为满足条件。第二,案涉合同类型是否属于法律、行政法规规定应当办理批准等手续生效的合同。第三,不存在效力尚未发生的抗辩;诸如意定生效要件成就与否,主要看当事人是否附条件和附期限,对于所附条件还要评判是否为纯粹随意条件[②];效力待定且未经补正的事由。第四,不存在效力阻却事由,即导致法律行为无效的情形,诸如违反强制性规定、违背公序良俗(侵害社会公共利益);效力嗣后消灭的抗辩,诸如意思表示错误、意思表示不自由等各类可撤销事由。在对上述基准锁定的基础上,才可根据《纪要》第37条的规定进行说理,并依法(《合同法》第44条第2款系引致规范,规定批准生效的具体法律、行政法规为基础规范)作出"案涉合同因欠缺法律规定的特别生效条件而未生效"的认定,即《纪要》所规范的"须经行政机关批准生效的合同"的效力释放状态已经锁定,特指仅欠缺特别生效条件的合同,而不是仅仅

---

① 参见江必新:《法律行为效力制度的重构》,载《法学》2013年第4期。

② 参见江必新:《矿业权法律关系调整中的国家干预和私人自治——兼论法律行为效力理论之重构》,载《法学评论》2018年第1期。

对合同类型的锁定。

二、法定报批生效的合同类型辨识

依《合同法》第44条第2款的文义和规范意旨,该条仅限于适用中外合资经营企业合同、中外合作经营企业合同、涉外股权转让合同,以及中外合作勘探、开采石油、天然气合同,并不适用于行政划拨的土地使用权转让合同。在未将行政划拨的土地使用权变性为出让土地使用权的场合,转让土地使用权合同应为无效,而不是未生效。主要理由为:从《合同法》第44条第2款的文义和确定其适用范围的思考路径来看,《合同法》第44条第2款中的所谓"法律、行政法规",并非《合同法》第44条第2款本身,而是指除此而外的法律、行政法规的规定。欲知某类合同是否以行政主管部门的批准或登记为法定的特别生效要件,必须找出《合同法》第44条第2款以外的法律、行政法规关于某类合同应以行政主管部门的批准或登记为法定的特别生效要件的具体规定。换个表述,《合同法》第44条第2款的规定属于引致规范、解释规范或概括规范,它与某部法律、行政法规关于某类合同应当/必须经过行政主管部门批准或登记的规定相结合,适用到该类合同,法律人才会得知该类合同是否已经生效或者仍然尚未生效。[①] 实践中应以国务院关于历批次取消和调整行政审批项目的决定内容及精神来认定相关合同是否为以行政主管部门的批准为法定的特别生效要件。

三、行政审批对象的区分

对案涉合同类型是否属于须经行政批准生效合同的辨识过程中,应区分行政审批的对象是合同行为本身、主体资质还是履行行为(权利变动)。如果审批的对象是交易或合同本身的事项审批,则未经审批的效果是合同未生效;如果是权利变动的事后审批,未经审批影响的是合同履行及权利变动,未经审批不影响合同的生效。[②] 同时,还要区分是事前审批还是事后审批。

四、合同变更与行政审批

当事人就相关事项事后达成的补充协议对已获批准的合同构成变更的效力

---

① 参见崔建远:《不得盲目扩张〈合同法〉第44条第2款的适用范围》,载《中外法学》2013年第6期。

② 参见贺小荣主编:《最高人民法院民事审判第二庭法官会议纪要》,人民法院出版社2018年版,第92~93页。

问题，在外商投资领域，《最高人民法院关于审理外商投资企业纠纷案件若干问题的规定(一)》第2条作出了不构成重大或实质性变更的，人民法院不应以未经审批机关批准为由认定该补充协议未生效，前款规定的重大或实质性变更包括注册资本、公司类型、经营范围、营业期限、股东认缴的出资额、出资方式的变更以及公司合并、公司分立、股权转让等的规定。

司法实践中，对其他类型合同中涉及此类问题的，仍应秉持人民法院关于合同效力的裁量不受行政审批结论拘束的立场，如果当事人在批准后通过补充协议或变更协议对原合同构成实质性变更且关涉原审批事项的，原则上案涉合同认定为待批准生效合同，即法律、行政法规规定合同的变更、转让、解除等情形应当办理批准等手续生效的，应当予以一体适用。

五、有关报批义务的事实查明

在对案涉合同类型属于须经行政机关批准生效的合同锁定的基础上，对于报批义务及未履行报批义务的违约责任等相关内容的处理仍须遵循下述逻辑。《纪要》第38条的规定立基于报批义务条款独立生效。司法实践中，仍需验证如下问题：第一，报批义务的履行条件是否具备；第二，对方当事人是否负有协助义务；第三，是否存在履行抗辩的情形；第四，履行辅助人不履行问题。只要在报批条款独立生效且得履行的情形下，一方因另一方不履行报批义务，请求解除合同或一并请求承担合同约定的相应违约责任的，人民法院才应予支持。此外，《纪要》第38条的要件事实为当事人对报批义务及未履行报批义务的违约责任等相关内容作出专门约定的情形。问题是，如果合同对上述内容未作出专门约定，一方为相同请求时，如何处理？此时，人民法院应将诉请内容作为没有约定或约定不明的情形进行处理。根据《合同法》第125条或《民法总则》第142条的相关规定，通过合同解释能否确定哪一方主体负有报批义务；关于报批义务能否达成补充协议；按照交易惯例的举证责任分配规则来确定是否负有报批义务；仍不能确定的，按照诚信原则，依法评判是否负有报批义务，而不应以未作专门约定为由，驳回当事人的该项诉讼请求。

六、法院释明报批义务的具体情境

人民法院对于一方请求另一方履行合同主要权利义务的，《纪要》第39条作出了应当向其释明，将诉讼请求变更为请求履行报批义务的规定。人民法院是否应予释明,应立基于前述“评价基准”的基础上。换言之,案涉合同即使属于法律、行政法规规定应当办理批准等手续生效的合同类型,一方请求另一方履行合同主要权利义务的,人民法院也不能径行向其释明变更诉讼请求为请求履行报批义务。如果欠缺合同成立或存在无效等情形的其他事实基础,人民法院应当按照相关的释明规范进行其他事项的释明。之所以采取上述处理方案,如前所述,是对《纪要》所规范的“须经行政机关批准生效的合同”的效力释放状态的锁定,仅指欠缺特别生效条件的合同,而不是仅仅对合同类型的锁定。

七、当事人既诉请履行报批义务又请求对方承担违约责任的处理

《纪要》第40条前段规定,人民法院判决一方履行报批义务后,该当事人拒绝履行,经人民法院强制执行仍未履行,对方请求其承担合同违约责任的,人民法院依法予以支持。问题是,如果选择请求一方履行报批义务的同时,为了减少诉累,能否将诉请履行报批义务与承担违约责任一并请求或做备位诉讼处理?

笔者认为,基于《纪要》采纳的报批义务及相关违约条款独立生效的主张,《纪要》第40条所指违约责任与《纪要》第38条所指合同约定的相应违约责任系同一属性的违约责任。该违约责任成立的前提是当事人未选择解除合同而选择诉请一方履行报批义务,获得人民法院支持后,当事人拒绝履行且经强制执行仍未履行。换言之,这里的违约责任以是否最终履行报批义务而定,而无论主动还是被动。因此,应允许当事人一并请求如果一方最终不履行报批义务而承担合同约定的相应违约责任,既减少诉累,也是对当事人履行报批义务的威慑。

八、行政审批结果与合同履行的关系

《纪要》第40条中段规定,一方依据判决履行报批义务,行政机关予以批准,合同发生完全的法律效力,其请求对方履行合同的,人民法院依法予以支持。按照《纪要》所采纳的合同效力“释放”状态理论,特别生效条件满足后,合同效力将全部获得释放。原则上,当事人请求履行合同的,应予支持。问题是,《纪要》关于“行政机关予以批准,合同发生完全的法律效力”的表述,应如何正确理解?

实际上,合同不会因批准而当然有效或因批准被撤销而当然失效。因为合同效力的评价是法院司法衡量事项,行政机关无权对合同效力作出评价,仅能在授权范围内对合同效力进行规制。行政过程中对合同的审查旨在确定合同是否应予规制,而人民法院对合同效力的审查才是效力性评价。二者不具有互代关系,

人民法院的裁量也不受审批结论的拘束。所以,《纪要》该条关于合同发生完全的法律效力的规定,应系以合同成立、满足一般生效要件且不存在效力阻却事由为前提。

行政机关批准与否和合同是否应予履行并无必然逻辑关联,二者系不同属性的问题。前者是行政机关按照相关法规的行政许可行为,后者则是司法裁决事项。特别生效条件已获满足的"须经行政机关批准生效的合同"得否履行,仍应具体案件具体分析,尚需事实上及法律上可履行性的检验,而不能机械地以行政机关已经批准为由替代可履行性的司法裁量。

九、行政机关未予批准与报批条款对应的违约责任之间的关系

《纪要》第40条后段规定,行政机关没有批准,合同不具有法律上的可履行性,一方请求解除合同的,人民法院依法予以支持。这里需要注意的是:当事人因合同关系发生争议时是否就行政审批提前进行行政复议或行政诉讼;以及是否请求解除合同时,一并请求承担合同约定的相应违约责任?就前一问题,笔者同意吴光荣教授关于"因合同或财产权属发生的争议应通过民事诉讼解决,当事人不得就批准行为本身提起行政复议或行政诉讼"①的见解。对于后一问题,笔者认为,报批义务人履行报批义务而行政机关未予批准,原则上不存在针对报批义务的专项违约责任承担问题。但如果系因义务人怠于履行报批义务且与未予批准具有因果关系的,仍可以主张相应的违约责任。

律师指引

一、应当清晰判断合同的效力状态,围绕效力争议的具体情形组织证据、论证说理,特别是避免将未生效与无效混同

合同的有效与无效、已生效与未生效、成立与未成立,这几组概念不仅在法官群体当中有一些混淆,在律师群体当中也是如此。在代理的案件涉及合同效力问题时,应当准确区分是有效无效,还是已生效未生效。如果是无效,围绕《合同法》第52条所列举的情形,组织证据,归纳要件事实,进行说理。如果是未生效,则主要从案涉合同的生效条件是否成就,组织证据,进行论证。如果涉及行政审批的,还要准确界定批准的是合同本身,还是具体的履行行为。特别要避免前后不一,

① 吴光荣:《行政审批对合同效力的影响:理论与实践》,载《法学家》2013年第1期。

在未生效和无效的概念上来回切换,引发法官对律师专业性的质疑。

二、准确选择责任类型和责任范围

《纪要》在报批义务和违约责任的问题上,实际上实行的是三分法:(1)违反报批义务,可以就合同中针对报批义务设定的违约责任,提出违约责任主张,但不能请求履行合同中的其他主要义务;(2)违反报批义务,判决履行报批义务,仍未履行,请求承担违约责任的,应当支持;(3)履行了报批义务,但行政机关没有批准,且未批准并非合同相对方的原因,这种情形通常不属于报批义务人违反报批义务的违约行为,可通过合同解除解决后续利益返还、损失赔偿的问题。

三、关于是否属于法定报批生效情形的诉讼攻防

《纪要》所列举的金融法中有关金融机构股权变动应当进行行政审批的规定,审批的对象是合同生效,还是股权变动,实际上极具争议。以《商业银行法》第28条规定为例:"任何单位和个人购买商业银行股份总额百分之五以上的,应当事先经国务院银行业监督管理机构批准。"从文义上看,这里虽然提到了批准,但并未提及"合同"二字。从审批内容上看,并未将合同内容,如价格、数量、付款时间、付款方式、违约责任等纳入审批范围。从立法目的上来看,此种审批更多关注的是新股东持股后对金融机构本身的经营带来的影响。因此,严格意义上说,此类规定,审批的到底是合同,还是股权变动,仍有较大争议。如果涉及此类纠纷,在法理上的论证,仍是一个维权的重点。

法务指引

一、通过设定合同中的结算清理条款控制报批义务前的交易风险

对于一个复杂的交易而言,特别是金融机构的股权交易而言,从内部机关决议转让,到在产权交易机构挂牌转让,再到摘牌签订合同,向主管机构报批,到最后批准、交割、过户,实际上是一个非常复杂而又漫长的过程。在以往的语境下,通说认为合同签字盖章生效,报批是履行合同义务的行为,而不是促使合同生效的前期行为,因此,在这个漫长的交易环节中存在的各种风险,都可以通过合同的违约责任设定,予以锁定及防范。但此次《纪要》将金融机构的股权转让合同,纳入行政审批才生效的范围,将合同的生效时点大大推后至行政审批机关作出审批决定,由此在审批前将导致诸多交易环节的非诚信履行行为,无法通过违约责任

条款予以防范,给交易过程和结果带来了很大的不确定性。对于守约的权利人维权,将带来很大不利影响;对期间随时准备抽身走人的一方,可能形成很大的便利。因此,有必要重新审视和设计此类合同中的责任条款,否则,所有的违约责任条款,都因为合同尚未生效而无法主张,沦为空谈。

鉴于此,笔者建议,将此间的风险和责任,不在放入合同的"违约责任"部分,而是依据《合同法》第98条有关合同的权利义务终止,不影响合同结算和清理条款的效力的规定中,单列一条合同的"结算和清理条款"。这样,即使合同尚未生效,但并非没有法律约束力。如果因为一方非诚信履行,而导致交易根本就未推动至报批环节,诚信履行方不得不终止该合同时,可以依据此部分的"结算和清理条款",向对方主张权利。

在起草合同时,特别值得强调的是,此条款应当是与合同的违约责任条款平级并且是单列的部分,以免被作为违约责任条款导致被判定为未生效,无法作为主张权利与责任的依据,从而影响整个交易的风险防控和权利救济。

二、针对报批义务和其他合同义务设定不同的违约责任条款

鉴于《纪要》规定,在批准前,合同未生效,无法向相对方主张各项违约责任而只限于针对报批义务设定的专门的违约责任,且报批义务亦为交易中的重要环节,为增强报批义务履行的确定性,可就报批义务与其他合同义务各自设定独立的违约责任条款,以便能够及时有效地就报批义务的违约行为实现有效的法律风险防范。

三、高度关注各类合同的行政审批程序要求,严格履行前期的报批程序,避免因为缺乏报批手续而影响整个交易的稳定性

虽然《合同法》仅仅将法律和行政法规规定的审批纳入了合同的生效影响规范层级,但在整个行政机关的规范性文件体系中,涉及的审批事项是非常繁多的。与诉讼律师不同,公司法务的责任在于必要的法律风险的揭示和防范。从这个意义上说,公司法务应当熟悉公司所在领域经常涉及和可能涉及的行政审批规范。在合同草拟、产权交易等各个环节,充分考虑行政审批对合同效力及合同责任所带来的影响,并通过合同条款及实务操作,尽可能地减少或者避免涉诉法律风险。应当注意类型辨识和对象辨识,明确知晓相关合同是否属于须经行政批准生效的合同;行政审批的对象是合同行为本身、主体资质还是履行行为(权利变动),是事

前审批还是事后审批。报批义务的履行条件或期限的条款设计时,应注意事前审批还是事后审批以及期限的合理性;附条件时,是否为纯粹随意条件。

四、关于违反报批义务的证据

在合同履行过程中,应注意证据的固定和存档,如通知或请求向对方履行报批义务的函件;涉及协力义务的情形下,附属相关证明材料、为履行合同所作必要准备、投入情况等相应的证据。

要案索引

[案例1]宽甸满族自治县盛海硫化铁有限公司、陈永波等采矿权纠纷申请再审案

[案号](2016)最高法民再254号

[裁判要旨]对于采矿权的转让进行审批,是国家规范采矿权有序流转,实现矿产资源科学保护、合理开发的重要制度。根据《矿产资源法》和《国务院探矿权采矿权转让管理办法》规定,是否准许转让采矿权,应当由政府地质矿产行政主管部门审批,"批准转让的,转让合同自批准之日起生效"。反之可以得出结论,未经批准的,采矿权转让合同不生效。

[裁判观点]明确合同性质是确认合同效力以及明确合同双方当事人权利义务的前提,当各方当事人对合同性质发生争议时,应从合同内容、特征及主要条款等加以理解和判断。

案涉《租赁经营合同》中约定了矿山租赁的期限、租金、经营方式以及双方各自的权利义务,并约定租赁期内对矿山不准转租、转让、转卖,保证当事人的正常经营、生产活动。从合同的文字表述来看,确实没有关于"采矿权"或"矿业权"租赁的字样,只是约定盛海公司是将其拥有采矿权的原硫化铁矿山的一部分即案涉的坑口租赁给陈永波经营开采,但从合同的具体内容看,盛海公司除收取固定租金外,在租赁期内对于矿山不再享有任何权益,亦不对矿山进行管理,目的就是要让陈永波在案涉坑口实施全面、独立的经营管理,开采、销售硫化铁矿石,该合同明显属于采矿权租赁的性质。虽然陈永波租赁经营的只是硫化铁矿的一个坑口,但不能因此改变案涉合同属于采矿权租赁合同的性质。

由于矿产资源属于国家所有,决定了矿山企业的租赁经营不同于一般的企业生产经营权的租赁,因此法律行政法规和规章才对采矿权转让和租赁作出了严格的限制性规定。

关于案涉《租赁经营合同》的效力。根据《合同法》第44条第2款和《合同法司法解释(一)》第9条规定,案涉合同是否需要经过有关行政主管部门审批,是合同是否生效的前提条件。对于采矿权的转让进行审批,是国家规范采矿权有序流转,实现矿产资源科学保护、合理开发的重要制度。根据《矿产资源法》和《国务院探矿权采矿权转让管理办法》的规定,是否准许转让采矿权,应当由政府地质矿产行政主管部门审批,“批准转让的,转让合同自批准之日起生效”。反之可以得出结论,未经批准的,采矿权转让合同不生效。

对于采矿权租赁,《国土资源部矿业权出让转让管理暂行规定》(国土资发〔2000〕309号)第36条第2款规定,“矿业权的出租、抵押,按照矿业权转让的条件和程序进行管理,由原发证机关审查批准”。该规定是对前述《矿产资源法》和《探矿权采矿权转让管理办法》的进一步细化,上述法律、行政法规和行政规章的精神是完全一致的,体现了国家对矿产资源的保护利用以及对于探矿权、采矿权转让和出租的严格管理和限制。根据上述规定,采矿权的出租按照矿业权转让的条件和程序进行管理,需要原发证机关审查批准方可生效。

由于本案中双方合同的性质属于采矿权租赁合同,陈永波作为个人,不具备开采矿山的资质和条件,且该采矿权租赁合同也未经政府主管部门批准,因此,应当认定本案的《租赁经营合同》因未经政府主管部门批准而未生效。当事人因履行未生效的《租赁经营合同》而造成的相关经济损失,可以另行主张。

[案例2]广州市仙源房地产股份有限公司与广东中大中鑫投资策划有限公司、广州远兴房产有限公司、中国投资集团国际理财有限公司股权转让纠纷申请再审案

[案号](2009)民申字第1068号

[裁判要旨]合同未生效的原因是未经批准,而批准的前提是当事人报批,促成合同生效的报批义务在合同成立时即应产生,否则,当事人可肆意通过不办理或不协助办理报批手续而恶意阻止合同生效,显然违背诚实信用原则。根据《合同法司法解释(二)》第8条的规定,人民法院可以判决相对人自己办理有关手续;对方当事人对由此产生的费用和给相对人造成的实际损失,应当承担损害赔偿责任。

[裁判观点]《中外合作经营企业法》(现已失效)第10条规定:“中外合作者的一方转让其在合作企业合同中的全部或者部分权利、义务的,必须经他方同意,

并报审查批准机关批准。"对于未经批准的,效力如何,该法没有明确规定。但根据《合同法》第 44 条和《合同法司法解释(一)》第 9 条的规定,二审判决认定《股权转让及项目合作合同》成立未生效是正确的。

由于该合同未生效的原因是未经批准,而批准的前提是当事人报批,促成合同生效的报批义务在合同成立时即应产生,否则,当事人可肆意通过不办理或不协助办理报批手续而恶意阻止合同生效,显然违背诚实信用原则。根据《合同法司法解释(二)》第 8 条的规定,人民法院可以判决相对人自己办理有关手续;对方当事人对由此产生的费用和给相对人造成的实际损失,应当承担损害赔偿责任。既然"相对人"可以自己办理有关手续,而"对方当事人"应对由此产生损失给予赔偿,那么,"相对人"自然也可以要求"对方当事人"办理申请批准手续。

[案例 3]大连油脂化学厂与王军等物权确认纠纷再审申请案

[案号](2013)西审民初字第 17 号(一审)

(2014)大民二终字第 15 号(二审)

(2015)辽审四民申字第 1634 号

[裁判要旨]以划拨方式取得土地使用权的,转让房地产时,应当按照国务院规定,报有批准权的人民政府审批。未经有批准权的人民政府审批,拍卖划拨土地上的房屋的合同行为,依法成立但尚未生效。合同报批义务是合同中的法定义务,不受合同是否生效的限制,报批义务独立于合同的生效。对于一方当事人怠于履行报有批准权的人民政府审批行为,相对方可以自行履行,必要时可以诉请其协助履行。同时,还要考虑到合同的特殊性,对于那些不适宜继续履行的合同,不予支持办理报批手续。①

[裁判观点]依照《合同法司法解释(一)》第 9 条的规定,大连油脂化学厂(以下简称油化厂)通过委托拍卖的方式转让案涉房屋及其附着国有划拨土地使用权的合同行为,因未经有批准权的人民政府审批,应当确认依法成立但尚未生效,不涉及认定合同无效的问题。所以,油化厂关于拍卖行为及拍卖成交确认书应属无效的主张,依据不足,法院不予支持。

根据《拍卖法》第 6 条的规定,拍卖标的物应当是委托人所有或依法可以处分的物品或者财产权利。本案拍卖标的物虽由油化厂委托拍卖且处于西岗区人民法院查封状态,但只要经过西岗区人民法院同意,油化厂按照合理的价格在指定

---

① 参见李钢、刘冬艳、陈晨:《合同报批义务的性质与履行》,载《人民司法·案例》2017 年第 23 期。

的期限内处分查封财产,并用处分查封财产的价款清偿申请执行人债权的,该处分行为应属合法有效。油化厂将其作为认定本案拍卖房屋及土地行为无效的主张,于法无据,应不予采纳。

根据《合同法司法解释(二)》第8条规定,既然相对人可以自己办理有关审批手续,那么要求对方当事人实施必不可少的协助行为完全符合司法解释本意。由此,一审法院判令油化厂履行协助王军办理审批过户手续的义务并无不妥,拍卖人也应负有协助办理有关审批过户手续的义务。

民法典最新规定释评

一、《民法典》规范文本

第五百零二条　依法成立的合同,自成立时生效,但是法律另有规定或者当事人另有约定的除外。

依照法律、行政法规的规定,合同应当办理批准等手续的,依照其规定。未办理批准等手续影响合同生效的,不影响合同中履行报批等义务条款以及相关条款的效力。应当办理申请批准等手续的当事人未履行义务的,对方可以请求其承担违反该义务的责任。

依照法律、行政法规的规定,合同的变更、转让、解除等情形应当办理批准等手续的,适用前款规定。

二、规范释评

司法解释在立法的延长线上发挥着造法的功能,与立法、学说相互协力构筑着(合同)法秩序的形成,是《民法典》编纂本土资源路向中最为重要的智识积累,报批义务与救济手段即为著例。[①] 司法解释以报批义务违反情形下合同相对人的救济为旨趣,发展了合同法的相关学说。《合同法司法解释(二)》通过对《合同法》第42条的具体解释,确立了违反报批义务应承担缔约过失的损害赔偿责任特

---

① 韩世远:《司法经验与民法典编纂:合同编的视角》,载《人民司法》2019年第28期。

殊形态，[1]进而在《最高人民法院关于审理外商投资企业纠纷案件若干问题的规定（一）》中转向合同解释，将合同条款区分为未生效和已生效两部分，由此实现了从缔约过失责任到违约责任的转型，将违反报批义务的法律救济构筑在违约责任上，从根本上改变了原有的抗辩体系。上述经由司法解释的司法经验与智慧，为民法典所吸收。

本条第二款前段“依照法律、行政法规的规定，合同应当办理批准等手续的，依照其规定”是对原《合同法》第44条的修改。依据《合同法》第44条的规定，法律、行政法规规定应当办理批准、登记等手续生效的，依照其规定。该条仅规定应当办理批准、登记手续，但并未明确批准的对象究竟是合同本身，还是基于合同产生的权利变动，抑或是特定主体资格的准入。如果批准的对象是合同本身，则批准是合同的法定生效条件，未经批准的合同因其不具备法定生效条件而属于未生效合同。当然，如果确定不能获得批准的，则法定条件确定不成就，合同确定不生效。此外，如果批准的对象不是合同，而是权利变动，则此时批准不影响合同的效力，仅影响合同的履行。换言之，未获批准的合同有效，但嗣后履行不能，属于合同应予解除的情形。[2] 由此，“依照法律、行政法规的规定，合同应当办理批准等手续的”实际包括两种情形，即未办理批准等手续影响合同生效的情形与无涉合同效力仅影响合同履行的情形。前者系合同生效的法定特别生效条件，后者可作为当事人约定的特别生效条件或纯粹随意条件。

本条第二款中段“未办理批准等手续影响合同生效的，不影响合同中履行报批等义务条款以及相关条款的效力”以及后段“应当办理申请批准等手续的当事人未履行义务的，对方可以请求其承担违反该义务的责任”容括了《纪要》第37条、第40条的内容，但又不完全相同。“履行报批等义务条款以及相关条款的效力”重述了《纪要》第37条报批义务及相关违约条款的独立性，这里的相关条款应仅限于与报批等义务、责任承担相关的条款，而不包括争议解决条款。

实践中，可能引发争议的是“应当办理申请批准等手续的当事人未履行义务

---

① 《合同法司法解释（二）》第8条规定：“依照法律、行政法规的规定经批准或者登记才能生效的合同成立后，有义务办理申请批准或者申请登记手续的一方当事人未按照法律规定或者合同约定办理申请批准或者申请登记的，属于合同法第四十二条第（三）项规定的‘其他违背诚实信用原则的行为’，人民法院可以根据案件的具体情况和相对人的请求，判决相对人自己办理有关手续；对方当事人对由此产生的费用和给相对人造成的实际损失，应当承担损害赔偿责任。”

② 参见贺小荣主编：《最高人民法院民事审判第二庭法官会议纪要》，人民法院出版社2018年版，第88～89页。

的，对方可以请求其承担违反该义务的责任”的解释适用问题。对于违反报批等义务的责任，《纪要》采违约责任说，《民法典》对此未予明确。负有报批义务的当事人违反报批义务时应承担责任的性质和范围见解不一，有学者认为可发生违约责任与缔约过失责任的竞合，[①]也有学者认为系违反协作义务的损害赔偿责任，性质应为缔约过失责任，赔偿范围可为履行利益。[②] 笔者认为，《民法典》之所以未如《纪要》明确为违约责任，正是直面这种争议和认识不一。按体系解释，本条第二款后段的报批等义务应系影响合同生效的义务，报批义务人违反该义务所应承担的责任可能是违约责任，也可能是缔约过失责任，还可能是《民法典》第 581 条的替代履行责任。实践中，应视合同履行情况、报批等义务对于合同命运与收益预期的影响程度、得否由己方与第三方替代履行情况等进行综合判断责任成立的相当性；责任范围上，也应以经上述综合判断所形成的原因力进行框定。

---

① 吴光荣：《行政审批对合同效力的影响：理论与实践》，载《法学家》2013 年第 1 期。吴光荣教授的核心理由是：行政审批有别于不动产登记，不动产登记并非国家基于公共利益而对合同效力的控制，但行政审批不只在合同履行环节发挥作用，更是公法授权审批机关对于交易行为的控制，倘若完全隔绝行政审批对于合同效力的影响，则会导致国家管制目的落空。

② 王文胜：《论合同生效前当事人的协作义务——以批准或登记后生效的合同为例》，载《私法研究》第 12 卷。

专题三

盖章的效力

法人的书面意思表示主要通过加盖公司印章体现。加之我国严格的公章管理制度,因此,在既往的商事审判实践中,根据印章判断公司的意思,是一项非常重要的裁判标准。但过于看重印章,可能走向"印章崇拜"的极端。特别是有人通过假章、"萝卜章"、一个公司多个章等方式,刻意隐藏公司意思、虚拟公司意思、逃避合同责任,在这种情形下,将导致以印章拟制的公司意志完全取代真实的公司意思,产生裁判结果的混乱和不公。在此背景下,《纪要》在合同法部分的第一大点合同效力部分,专门以第 41 条,对盖章行为的法律效力问题作出了具体的规定。本专题将围绕公司印章的理论和实务问题展开分析。

纪要原文

41.【盖章行为的法律效力】司法实践中,有些公司有意刻制两套甚至多套公章,有的法定代表人或者代理人甚至私刻公章,订立合同时恶意加盖非备案的公章或者假公章,发生纠纷后法人以加盖的是假公章为由否定合同效力的情形并不鲜见。人民法院在审理案件时,应当主要审查签约人于盖章之时有无代表权或者代理权,从而根据代表或者代理的相关规则来确定合同的效力。

法定代表人或者其授权之人在合同上加盖法人公章的行为,表明其是以法人名义签订合同,除《公司法》第 16 条等法律对其职权有特别规定的情形外,应当由法人承担相应的法律后果。法人以法定代表人事后已无代表权、加盖的是假章、所盖之章与备案公章不一致等为由否定合同效力的,法院不予支持。

代理人以被代理人名义签订合同,要取得合法授权。代理人取得合法授权后,以被代理人名义签订的合同,应当由被代理人承担责任。被代理人以代理人事后已无代理权、加盖的是假章、所盖之章与备案公章不一致等为由否定合同效力的,法院不予支持。

规范精要

本条共3款,主要明确了4个问题。

一、明确《纪要》重点解决的是真人假章的问题

过度的“印章崇拜”,导致“认章不认人”,本末倒置。《纪要》第41条第1款明确了该条规定要解决的是真人以假章逃避合同责任的问题,并列举了几种主要的真人假章表现形式:公司故意刻制多套公章,法定代表人或者代理人私刻公章、恶意加盖非备案的公章或者假公章的情形。

二、明确认定效力的主要依据是认“人”,而不是认章

认“人”,即审理的重点是签约人盖章时有无代表权或代理权,而不是将审理重点放在公章的真伪问题上,迷失裁判方向。

三、特别强调了法定代表人盖公章的当然效力和例外情形

《纪要》第41条第2款特别明确了法定代表人及授权代表人的行为效力,以当然代表公司为原则,以法律特别限制其代表权的为例外。就此,对“人”的因素的查明,相对比较简单。

四、明确了代理人盖假章的审理重点

与法定代表人或者授权代表人不同,代理人本身是否有代理权,是有权代理,还是表见代理,抑或是完全的无权代理,这本身就是要审理的重要事实问题。这个事实问题的查明,要比法定代表人的身份查明复杂一些。《纪要》第41条第3款对此予以进一步明确。如果“人”是有代理权的,那么,即使章是假的,公司也要担责。

法理基础

法人不是生物体,而是法律拟制的主体。因此,法人的意思表示主要通过法人机关实现。法人的书面意思表示,主要通过公司印章实现。在商事交易中,印

章因便捷高效的特点亦得以广泛使用，其效力得到立法认可。《合同法》第 32 条规定：“当事人采用合同书形式订立合同的，自双方当事人签字或者盖章时合同成立。”该规定正式赋予盖章与签字在订立合同时具有同等效力。

但是，我国关于法人印章的法律法规并不健全。1999 年《国务院关于国家行政机关和企业事业单位社会团体印章管理的规定》是我国目前对法人印章规定最为全面的规范，该规定第 14 条第 2 句规定：“制发办法由公安部会同有关部门另行制定。”2002 年 9 月，《公安部、治安管理局印章治安管理办法（草案）》公开向社会征求意见，但该办法未正式发布。因此，实践中法人印章的使用和管理亦不规范，有些法人存在两枚甚至多枚公章，有的法定代表人或者代理人甚至私刻公章签订合同，产生纠纷后法人往往以加盖的是假公章为由进行抗辩，此类案件中合同效力的认定在司法实践中争议较大。

一种观点认为，真章等于法人的真实意思表示，假章不是法人意思表示。盖公司公章的合同能否约束公司，取决于通过鉴定确定章的真假。合同书上加盖公章的意义在于该意思表示系公章显示的主体所为，加盖的真公章合同应认定有效；加盖的是假公章合同应认定无效，案件审理的重点在于查明加盖公章的真实性。

另一种观点认为，章为人所盖，故核心要看盖章的人是否有代表权或者代理权。此观点为《最高人民法院民事审判第二庭法官会议纪要》[①]所确认，最高人民法院专职审判委员会委员刘贵祥在 2019 全国法院民商事审判工作会议上的讲话进一步重申，并为《纪要》第 41 条予以明确规定。其主要理由是：法人是拟制的人，其意思表示需通过自然人进行传达。合同书上加盖公章的意义在于，该自然人系以法人名义作出意思表示，该意思表示是否对法人发生效力，取决于该自然人是否具有代表权或代理权。盖章之人为法定代表人或有权代理人的，即便其未在合同上加盖假章，仍应认定为公司行为。反之，盖章之人如超越代表权或无权代理，即便加盖的是真公章，该合同仍然可能会因为无权代表或无权代理而最终归于无效。因此，案件审理的重点不在于公章的真假，而在于签约人代表权或代理权的认定。

---

① 参见贺小荣主编：《最高人民法院民事审判第二庭法官会议纪要》，法院出版社 2018 年版，第 308 ~ 315 页。

裁判指引

一、对签约人、盖章人的身份及权限的事实查明

对于盖章行为的法律效力,《纪要》第 41 条提出,“应当主要审查签约人于盖章之时有无代表权或者代理权,从而根据代表或者代理的相关规则来确定合同的效力”,从而确立了“看人不看章”的裁判规则。简言之,加盖假章的合同未必对法人无效,加盖真章的合同未必对法人有效,关键在于签约人于盖章之时有无代表权或者代理权。因此,签约人的身份及权限是案件应予重点查明的事实。

签约人可以按照以下规则进行认定:(1)原则上,在合同法定代表人或委托代理人处签名(章)的人应当认定为签约人,法人或被代理人举证证明实际签约人与合同上载明的签约人不一致的,应当认定实际签约人为合同的签约人;(2)合同上只加盖法人印章,无签约人签名(章)时,应由相对人对谁为签约人承担举证责任,法人亦可提供证据证明;(3)签约人无法确定时,应当根据印章的真假、印章的种类、签约的过程等其他事实综合认定。各方提供的证据均不足以认定签约、盖章人是谁的,通常应由相对人承担不利后果。

二、法定代表人签约、印章真假与合同效力

法定代表人是法人的表意机关,除法律规定的特殊情形外,有当然的代表权,故在“认人重于认章”的规则下,应注意以下几点:

(一)法定代表人授权的公司管章人盖章

公章是由法定代表人或者其本人及公司授权的人在合同上加盖的,应当认定公司为签约人。实践中,法人公章通常由法定代表人之外的人(如办公室工作人员)保管,加盖公章需要法定代表人审批授权,不能把签约人等同于实际加盖公章之人,此属授权代表人盖章,应认定公司为签约人,合同对公司有效。

(二)法定代表人签约但盖了假章

法定代表人本人盖章,但盖的是假章的,诉讼中,公司以所盖印章是假章、非备案公章为由进行抗辩,并申请对公章的真实性进行鉴定的,法院应不予准许。《民法总则》第 61 条第 2 款规定:“法定代表人以法人名义从事的民事活动,其法律后果由法人承受。”根据该规定,公章的真假对案件的处理结果无影响,启动鉴定程序不仅影响诉讼进程,而且恰恰为不诚信的法定代表人及其所代表的公司提供了逃避合同责任的通道,故只要是法定代表人签字或加盖公司公章的,应当认

定能够代表公司意志，仅《公司法》第16条规定的对公司法定代表人的代表权进行法定限制的除外。

（三）公司对外担保与公司公章真假

公司以法定代表人对外签订的担保合同违反《公司法》第16条规定为由进行抗辩的，法院应当按照《纪要》第17条至第22条的规定进行审查，公章的真假不是担保效力的决定性因素，本身不作为案件事实查明的重点。

（四）法定代表人超越内部限权对外签订合同并盖公司公章

法人以法定代表人超越法人章程或法人权力机构对其代表权的限制为由进行抗辩的，根据《民法总则》第61条第3款关于“法人章程或者法人机构对法定代表人代表权的限制，不得对抗善意相对人”和《合同法》第50条关于“法人或者其他组织的法定代表人、负责人超越权限订立的合同，除相对人知道或者应当知道其超越权限的以外，该代表行为有效”的规定，应由法人对法定代表人“超越权限”和“相对人知道或者应当知道其超越权限”承担举证责任。如公章的真假对“相对人知道或者应当知道其超越权限”具有证明意义时，应当将公章的真假作为审理的重点。

（五）法定代表人免职与盖章合同效力

法人以法定代表人在签订合同时已被免职为由进行抗辩时，应重点审查是否办理了变更登记。(1)如未办理变更登记，根据《民法总则》第64条关于“法人存续期间登记事项发生变化的，应当依法向登记机关申请变更登记”和《民法总则》第65条关于“法人的实际情况与登记事项不一致的，不得对抗善意相对人”的规定，除法人举证证明相对人知道或应当知道法定代表人已被免职以外，应按代表权规则认定合同效力。(2)如已办理变更登记，不能依据代表权规则进行审查。如相对人另行主张其具有代理权的，则应按有关代理权的法律规则认定合同效力。

三、职务代理与合同效力

《民法总则》第170条第1款规定：“执行法人或者非法人组织工作任务的人员，就其职权范围内的事项，以法人或者非法人组织的名义实施民事法律行为，对法人或者非法人组织发生法律效力。”认定职务代理，需要注意以下几点：

（一）职务代理的构成要件

认定职务代理，须同时满足以下三个构成要件：(1)代理人是法人或者非法人组织的工作人员；(2)代理人实施的必须是其职权范围内的事项；(3)须以该法人或者非法人组织的名义实施民事法律行为。以上三个要件应由相对人承担举证责任。

(二)职务代理与越权代理

职务代理人越权的，除相对人知道或应当知道执行工作任务的人员越权以外，对法人或者非法人组织发生效力。《民法总则》第 170 条第 2 款规定："法人或者非法人组织对执行其工作任务的人员职权范围的限制，不得对抗善意相对人。"因此，法人或者非法人组织主张越权职务代理对其不发生效力时，应当承担举证责任。需要注意的是，越权职务代理亦属于无权代理情形，在符合《民法总则》第 172 条和《合同法》第 49 条规定的情形，也可以构成表见代理。此时，对于相对人而言，应当构成请求权竞合，其有权选择适用不同的请求权基础维护其合法权益。

(三)职务代理与公章真假

职务代理的认定不以公章真假作为构成要件，故在相对人所提供的证据能够证明构成职务代理的情形下，法人或者非法人组织以合同上加盖的是假章、所盖之章与备案公章不一致等为由进行抗辩，并申请对公章进行鉴定的，法院应不予支持。

四、委托代理与合同效力

除职务代理以外，一般委托代理均需单独进行授权。《民法总则》第 165 条规定："委托代理授权采用书面形式的，授权委托书应当载明代理人的姓名或者名称、代理事项、权限和期间，并由被代理人签名或者盖章。"一般委托代理的认定需要注意以下几点：(1)相对人对签约人为一般委托代理人的事实，承担举证责任。(2)在相对人所提供的证据能够证明构成一般委托代理的情形下，法人或者非法人组织以合同上加盖的是假章、所盖之章与备案公章不一致等为由进行抗辩，并申请对公章进行鉴定的，法院应不予支持。(3)委托代理授权书的真实性是此类案件审理的重点。如授权书中法定代表人或负责人的签名真实，公章的真假不影响授权书的真实性。若授权书只加盖了公章，法人或者非法人组织以委托代理授权书上加盖的是假章、所盖之章与备案公章不一致等为由主张委托代理不成立，并申请对公章进行鉴定的，除相对人能够举证证明法人或其他组织曾经使用该盖从事过其他民事行为以外，法院应予以准许。(4)相对人主张构成表见代理的，应当按照表见代理的规则进行审查。

五、真章与表见代理

在涉及合同上加盖印章的真实性的案件中，是否构成表见代理，往往是案件审理的重点。

（一）表见代理的常见类型

实践中，表见代理主要有以下常见类型：(1)因表示行为而产生授权表象，比如，本人以书面或口头方式直接或间接向特定的或不特定的第三人表示以他人为代理人，但事实上并未授权；本人将其有代理权证明意义的文书印鉴交与他人，他人凭此证明以被代理人的名义从事民事活动；被代理人知道他人以自己的名义实施民事行为而不作否认表示的；允许他人挂靠经营，以自己的名义从事民事活动；允许他人作为自己的分支机构进行民事活动。(2)因越权行为而产生授权表象。比如，本人授权不明，被代理人应对授权不明的后果承担责任；本人对代理人的真实代理权加以限制，却未在授权书中说明。(3)因行为延续而产生的授权表象。比如，代理人权利消灭后代理人仍实施代理的行为；直接向特定的第三人表示授权的，代理权消灭后未直接通知第三人；以公告方式向不特定的第三人授权时，未以同样的方式公告代理权的消灭。

（二）不构成表见代理的可能情形

考虑到立法无法穷尽列举实践中的所有表见代理情形，《民法总则》第 172 条规定了表见代理的构成。《民法总则（草案）》曾在该条规定中另设一款对不适用表见代理的情形作了列举，(1)伪造他人的公章、营业执照、合同书或者授权委托书等，假冒他人的名义实施法律行为的；(2)被代理人的公章、营业执照、合同书或者授权委托书等遗失、被盗，或者与行为人特定的职务关系已经终止，并且已经以合理方式公告或者通知，相对人应当知悉的；(3)法律规定的其他情形。应当说，上述列举对于厘清表见代理的适用范围具有积极意义，也在一定程度上反映了当前理论和实务上的成果。但是由于社会生活的复杂性，上述情形中是否一概不构成表见代理，可能还需在个案中结合其他事实进一步推敲，甚至会涉及“民刑交叉”等复杂问题，故为避免法律适用中出现不必要争议，民法总则最终删除了上述内容。但是，上述列举无疑为将来审判实践中如何认定或者排除表见代理的适用提供了有益参考，可以作为案件审理中的重要参照。

（三）表见代理中的举证责任

代表人与代理人的权利来源与外在表现不同，故在举证责任分担上，二者也有区别。依照《民法总则》第172条、《合同法》第49条关于“相对人有理由相信行为人有代理权”的规定,在涉及表见代理的民事诉讼中,举证责任的分配应遵循以下原则:

(1)由被代理人承担对行为人确系无权代理的举证责任。比如,行为人不是本单位工作人员、公章系盗用或私刻,或者行为人违反公司章程关于授权限制的明确规定等。

(2)由相对人承担证明信赖行为人有代理权且信赖是有理由的举证责任。比如,行为人所持公章、介绍信、合同书系真实的,或者行为人确曾做过被代理人的代理人等。

(3)由被代理人承担对相对人主观上是否为恶意或在缔约过程中是否存在重大过失进行举证。

以上三点的举证责任分配顺序是依次递进的,即只有当前一个举证充分后,才能进入下一个环节的举证。例如,被代理人如果无法举证证明行为人越权,则不能进行下一个环节的举证,行为人的行为将被认为是授权行为。再如,被代理人举出充分证据证明了行为人越权,则相对人必须举证证明“有理由相信行为人有代理权”,如果举证不充分,则无须进行下一环节的举证,表见代理即被否认。

在法院认为“相对人有理由相信行为人有代理权”时,还要允许被代理人进行反驳举证,对相对人主观恶意或重大过失进行证明。通常,相对人为自己“有理由相信行为人有代理权”进行举证和被代理人反驳举证是交叉进行的,是一个举证和质证交叉进行的过程,法院则根据双方举证情况综合判断,系统认证。一旦相对人证明了自己“有理由相信行为人有代理权”,则其主观上也就当然属于善意,反之亦然,一旦被代理人证明了相对人主观存在恶意或重大过失,则相对人就“没有理由相信行为人有代理权”,表见代理不成立。

相比代表人责任制度中的举证责任分配,表见代理中相对人的举证义务明显沉重,这也是构成表见代理比成立代表人责任更加困难的关键所在。

六、公司印章的具体类型差异与合同效力

法人印章种类繁多,常见的有公章、财务专用章、合同专用章、发票专用章、项目专用章、项目部章、资料专用章、现金收讫章、内设机构章等。顾名思义,合同专用章应当用于签订合同,实务中亦认可公章可以用于签订合同。故通常而言,公司公章和合同专用章,可以作为订立合同时盖章所用。

那么，合同上加盖了除合同专用章和公章以外的其他印章，合同是否有效？通说认为超出特定用途的盖章行为无效，例如，在陈晓兵与国本建设有限公司、中太建设集团股份有限公司（以下简称中太公司）民间借贷纠纷案中，最高人民法院（2014）民申字第1号民事裁定认为，“在借款协议上加盖中太公司项目部资料专用章超越了该公章的使用范围，在未经中太公司追认的情况下，不能认定借款协议是中太公司的意思表示”。该案结论足以赞同，但论理不臻完善。之所以不应认可超出特定用途的盖章行为的效力，本质上是因为盖章之人缺乏代理权，且因印章超出特定用途而不构成表见代理，而非该印章本身代表了某种意思表示。因此，在印章种类与文书种类不相匹配时，不能简单认定盖章行为无效，仍应根据《纪要》精神，审查签约人有无代表权或代理权，如无代表权、代理权需进一步审查是否构成表见代表或表见代理，从而对合同效力作出准确判断。

七、加盖真章的空白合同书的效力

通常情况下，签订合同时应当先确定合同条款后加盖印章，故加盖印章的行为具有双重意义：一是表明缔约行为是法人行为；二是表明对合同条款进行了最终确认。但是，为了交易便捷，在某些特定交易中，法人工作人员持加盖印章的空白合同书签订合同的情况比较常见，甚至成为交易惯例。因此，不能仅仅凭借印章加盖与合同条款填写的先后顺序，对合同效力进行判断。此时，应当根据《纪要》精神，重点审查签约人与法人之间是否具有代理关系（职务代理与一般委托代理），而非印章加盖与合同条款填写的先后顺序。签约人具有代理权，或足以使交易相对人相信其具有代理权的，该合同效力及于法人。反之，签约人不具有代理权且不构成表见代理的，该合同对法人不产生效力，应按无权代理规则进行处理。

律师指引

在《纪要》出台之前，涉及盖章行为法律效力案件的争议焦点往往集中在印章的真实性之上，并由此引发对印章进行鉴定、刑事报案、申请中止审理等程序。《纪要》出台后，代理律师必须调整诉讼策略、评估案件风险。

一、被告律师应把签约人不具有代表权或代理权作为抗辩重点

《纪要》确立了“看人不看章”的精神，被告律师应当调整诉讼策略，把签约人不具有代表权或代理权作为抗辩重点，而不是把印章虚假作为抗辩重点。当签约

人为法定代表人时，应重点收集原告明知或应当知道法定代表人超越权限的证据；当签约人为法定代表人以外的人时，应重点收集该签约人不具有代理权的证据。

二、原告律师应围绕签约人具有代表权或代理权收集并组织证据

原告律师在提起诉讼时应当收集签约人是法定代表人或者构成职务代理、一般委托代理的证据。当被告举证证明签约人不具有代理权时，应当进一步收集提供签约人构成表见代理的证据。当被告抗辩印章不真实并申请对印章真实性进行鉴定时，应当主张签约人具有代表权，或具有代理权，或构成表见代理，印章是否真实不影响合同效力的认定，法院不应当对印章的真伪进行鉴定。

三、被告律师应谨慎评估印章鉴定申请被法院准许的可能性

从《纪要》的规定来看，在以下几种情形下，被告申请对印章的真实性进行鉴定，法院通常不会予以准许：(1)签约人为被告的法定代表人或负责人；(2)现有证据能够认定被告方签约人构成职务代理；(3)现有证据能够认定被告方签约人构成一般委托代理；(4)假定印章不真实的情况下，现有证据也能够认定签约人构成表见代理。

在以下情形下，被告申请对印章的真实性进行鉴定，法院通常会予以准许：(1)合同书只加盖印章无签约人签名，且无法确定签约人；(2)签约人无权代理，原告主张签约人构成表见代理，印章的真伪对表见代理的认定具有重要证据意义。

四、被告律师应谨慎评估刑事案件对涉盖章行为效力案件的影响

法院审理涉盖章行为效力案件，往往会涉及刑事案件与民事案件交叉问题，被告通常会申请法院中止民事诉讼程序，或要求法院将案件移送公安机关，或要求法院驳回起诉。如被告主张印章的真实性需通过刑事案件才能查明，并申请法院中止诉讼，法院通常会区别不同情形决定是否中止诉讼，具体情形可参考前述第三点关于印章鉴定申请的情形。除此之外的其他刑民交叉情况的处理结果，应当根据《纪要》第 128 条至第 130 条的规定进行评估。

法务指引

从公司法务角度来看，需要在经营效率和交易安全之间寻求一个妥当的平

衡。具体而言,应重点把握对外签约中的签约过程和对内印章管理中的操作风险。

一、关于对外缔约中的风险防范

对于大部分公司而言,签约过程主要由公司前台经营人员完成,法务通常不直接参与。但如果前台经营人员未能关注到相关风险点,必然会给后续公司法务维权带来麻烦和被动。因此,公司法务应当向公司前台经营人员,包括公司高管,反复强调签约过程的审查要点和证据留存的重要性,实现公司合同管理风险的前置。具体而言,应当特别关注以下几点:

(一)选择签字还是盖章

最优选择是法定代表人签字加上加盖公司公章。从证据留存的角度,以双人面签加视频录像留存为最优。签字的意义在于确定签约人,盖章的意义在于确定合同是以法人名义签订。除即时清结的合同或者己方后付费的合同外,尽量不采取只盖章的方式签订合同,防止产生纠纷后,无法举证证明签约人。重要合同采取上门面签方式,防止签字和盖章不真实。

(二)对签约人的身份审查

应认真审查签约人的身份,优先选择与公司的法定代表人签约。法定代表人的身份,应当与市场监管部门登记、营业执照、章程列明的一致。

与公司其他工作人员(即使是公司高级管理人员)签订合同时,要审查其职权范围和介绍信,与其他委托代理人签订合同时要审查授权委托书,并应向法人的法定代表人核实签约人的身份,核实的过程最好通过视频录像留存。

(三)谨慎与仅持有空白合同书、空白介绍信,或仅持有印章的人签订合同

如果有足够证据证明其为有权签约人,必须把这些证据、包括可能构成表见代表、表见代理等事实进行逐一查明,并将查证过程制作成证据留存。

(四)关于印章的审查

首先,文书性质与印章的种类应当相符。合同上必须加盖合同专用章或公章,对账、结算等可以加盖财务专用章。其次,对印章本身应当进行严格审查,包括名称是否与营业执照、市场监管部门的登记一致、是否与备案公章一致。最后,对公章的来路要进行必要审查。管章之人和盖章之人是否为公司法定代表人、公司专门管理印章的人员、实际经营人员,是否存在盖章的人、场所、时间不明或故意隐藏、隐匿等非常规操作。

二、关于公司内部的公章管理

虽然《纪要》确立了“看人不看章”的原则，但是印章的真实与否在个案中，特别是对于表见代理的构成仍具有重要的证据意义，法人或其他组织应当加强印章管理。建议采取以下措施：(1)印章要由专人管理，并加强对印章管理人员法律风险防范培训；(2)建立印章管理制度和统一的印章使用台账；(3)印章遗失必须在第一时间向公安机关报案，并取得报案证明，同时在当地或项目所在地报纸上刊登遗失声明；(4)禁止在空白介绍信、空白纸张、空白单据等空白文件上盖公章，如遇特殊情况，需在空白文件上盖公章，必须做好审批和登记；(5)法人分支机构、下属部门发生变更或被撤销后，相关印章必须及时收缴并作废；(6)离职人员承诺书中设定后续赔偿责任条款，防范其利用曾经的公司职务身份对外订立合同，给公司带来不必要的诉讼风险。

三、关于个人名章的使用

虽然《合同法》第32条规定，“当事人采用合同书形式订立合同的，自双方当事人签字或者盖章时合同成立”，但从公司法务的角度来说，任何时候都不建议采用加盖个人名章的方式订立合同或者出具凭证。主要原因在于：一是个人名章不唯一，任何人可以在任何时候为自己或者他人刻制个人名章；二是个人名章缺乏法定的备案和公示方式，公司名章有市场监管机关备案可以进行核实，在一定程度上可以增加公信力，但个人名章没有；三是个人名章缺乏鉴定和比对样本。虽然有当事人在个别案件中以其他文书的印章证明涉诉印章的真实性，但该结论具有或然性，不是必然性，没有唯一性。

对合同主体为个人的，如果金额较大或者合同本身非常重要，为证明缔约过程的真实性，视频录像签约过程加本人现场亲笔签名是最优选择。单有书面签名，仍不能排除其恶意用左手签出与正常字体不一致的签名，导致鉴定结论偏离客观事实。另一种选择是个人签名加按指印，因为指纹具有唯一性。当然，如商业人士本人忌讳此种传统的、似乎是初级的签约模式，采用视频录像加签字的模式，仍然是好的选择。

对于合同主体为公司的，法定代表人签名一栏如果用的是个人名章，则应就公司公章进行审查和比对，并对授权代表人和委托代理人的授权书的真实性进行严格的审查核实，确保形成完整有效的证据链。

要案索引

[案例1]中国银行股份有限公司太原并州支行与太原市大复盛房地产开发有限公司借款担保合同纠纷再审案

[案号](2011)民提字第316号

[裁判要旨]原公司法定代表人变更登记后仍以公司名义及法定代表人身份对外签订抵押合同,并加盖其在担任法定代表人期间私刻且经对外公示公信效力的公章,在无证据证明相对人对此明知或应知的情况下,不应否定相对人因信赖对该行为人民事行为效力的认可。

[案情概要]王力民是被告太原市大复盛房地产开发有限公司(以下简称大复盛公司)原法定代表人,其以大复盛公司名义在2003年12月25日与中国银行股份有限公司太原并州支行(以下简称中行并州支行)签订抵押合同,并签字盖章。但该公司已于合同签订前将法定代表人进行了工商登记的变更,中行并州支行认为被告大复盛公司应当对抵押合同承担责任,而被告认为王力民已非公司法定代表人,其行为并不代表公司,因此认为自己不应当承担责任。

[裁判观点]公司对王力民掌控其自行刻制公章的情况是明知的,而大复盛公司对此不采取积极措施要求王力民交回并销毁其自行刻制的公章,对王力民可能利用其掌控的公章继续对外从事民事活动采取漠视态度,对本案抵押合同的签订有放任之嫌。因此,大复盛公司不能以王力民对外从事民事活动所加盖的公章为私刻公章,与大复盛公司原始公章以及在其他公司受让股权后新刻制公章不同为由,从而否定相对人因信赖对其民事行为效力的认可。

[案例2]邯郸市华大药业发展公司与烟台银行股份有限公司、烟台华大药业有限公司、山东烟台淼森生物科技产业有限公司借款担保合同纠纷申请再审案

[案号](2013)民申字第332号

[裁判要旨]合同中加盖的公司印章虽然与备案印章不符,但是在其他场合中使用过,应认定该合同系该公司的真实意思表示。

[案情概要]2006年4月4日,烟台银行股份有限公司(以下简称烟台银行)与烟台华大药业有限公司(以下简称烟台华大公司)签订借款合同,约定借款金额为1100万元,借款期限自2006年4月4日至2007年10月4日,约定月利率为6.24‰,逾期利率为8.112‰。同日,烟台银行与邯郸市华大药业发展公司(以下简称邯郸华大公司)签订最高额抵押合同,约定邯郸华大公司自愿为其自2006年

4月4日起至2011年4月4日止，在烟台银行处办理约定的各类业务提供抵押担保，实际形成的债务的最高余额折合人民币1100万元。因邯郸华大公司在外有多套公章，因此否认其与烟台银行签订的保证合同，双方因此产生纠纷。

[裁判观点]虽然山东衡信司法鉴定中心接受一审法院委托出具(2010)技鉴字第28号鉴定意见书，该意见书的鉴定结论否定了案涉两份《最高额保证合同》上邯郸华大公司印章与该公司工商年检报告书中的印章系同一枚，但该鉴定中心作出的(2010)技鉴字第60号鉴定意见书认定案涉两份《最高额保证合同》上邯郸华大公司印章印文与2005年8月23日《同意协议》中邯郸华大公司的印章印文同一，证明邯郸华大公司除在工商行政管理部门注册备案的公司印章外，还有其他的公司印章在实际使用。而案涉两份《最高额保证合同》显示，代表邯郸华大公司签章的系王钧仕，当时办理最高额担保所提供的邯郸华大公司营业执照中法定代表人亦为王钧仕。据此，烟台银行有理由相信两份《最高额保证合同》系邯郸华大公司的真实意愿。因此，案涉两份《最高额保证合同》系当事人真实意思表示，合同内容不违反法律、行政法规的禁止性规定，二审判决认定该两份《最高额保证合同》合法有效并无不当，邯郸华大公司应当受两份《最高额保证合同》的约束，承担相应的保证责任。

[案例3]中国工商银行股份有限公司景德镇分行与中国航空技术珠海有限公司、上海中皇置业投资有限公司等金融借款合同纠纷申请再审案

[案号](2013)民提字第248号

[裁判要旨]公司只要认可其非备案公章的使用效力，便具有公示性，从而必须为其行为承担责任。

[案情概要]景德镇市鑫桥公路开发有限公司(以下简称鑫桥公司)因景德镇环城高速(南环段)公路建设项目，向中国工商银行股份有限公司景德镇分行(以下简称景德镇工行)申请贷款3亿元，双方于2004年3月12日签订"2004年工银景字0001号"《人民币固定资产借款合同》和《关于景德镇市鑫桥公司分期归还景德镇工行贷款的协议》。后中国航空技术珠海有限公司(以下简称中航技公司)为该笔债权提供保证担保。现中航技公司否认该合同，认为该合同上签章并非自己公司的签章，以此否认合同效力。法院另查明，中航技公司曾为其他借款提供过保证，保证合同上的签章与其目前否认的签章一致。

[裁判观点]中航技公司对于衡阳案和广州案保证合同中其非备案公章使用效力的认可，其效力不应该仅仅限于衡阳案和广州案，同样也应当延展到本案。

企业使用或者认可使用其非备案公章,其行为效力同样具有公示效力。对于使用或者认可使用非备案公章效力的企业,无权对其非备案公章的使用效力作出选择性认可。原审判决认定中航技公司对涉案公章的效力认可只是限于特定交易行为,不涉及其他交易行为,以及景德镇工行并未将衡阳案和广州案中航技公司非备案公章作为签订本案02号保证合同的依据,与公章的公示力相违背,本院不予支持。无论本案02号保证合同与衡阳案、广州案加盖中航技公司非备案公章是否为中航技公司所有或者使用,中航技公司只要认可其非备案公章的使用效力,便具有公示性,从而必须为其行为承担责任。《合同法》第32条规定:“当事人采用合同书形式订立合同的,自双方当事人签字或者盖章时合同成立。”第44条第1款规定:“依法成立的合同,自成立时生效。”合同经当事人签字或者盖章,均能使合同成立生效。

[案例4]游斌琼与福建省万翔房地产开发有限公司、翁炎金等民间借贷纠纷申请再审民事裁定书

[案号](2016)最高法民申733号

[裁判要旨]未担任公司法定代表人的公司董事长,私刻公司印章对外签订合同,构成表见代理。

[案情概要]2009年8月至2010年2月,翁炎金陆续向游斌琼借款人民币245万元并立下借条和协议书。2014年下半年,翁炎金因资金周转困难,无法按时归还上述借款,又无法按照对方要求找到公司担保,便私自伪造了一枚“福建省万翔房地产开发有限公司”(以下简称万翔公司)的印章,并在向游斌琼出具的上述借条、协议书、借款担保协议上盖此印章,作为担保使用。

[裁判观点]《合同法》第49条规定:“行为人没有代理权、超越代理权或者代理权终止后以被代理人名义订立合同,相对人有理由相信行为人有代理权的,该代理行为有效。”根据上述规定,构成表见代理必须符合两个条件:一是代理人表现出了其具有代理权的外观;二是相对人相信其具有代理权且善意无过失。经查明,翁炎金在借条、协议书、借款担保协议书上加盖万翔公司印章时系该公司的董事长,但并非公司法定代表人。《公司法》第13条规定公司法定代表人可以由董事长、执行董事或者经理担任,但从实践情况看,在公司设有董事长的情况下,由董事长担任公司法定代表人的情况是普遍现象。董事长虽不一定同时担任公司法定代表人,但根据《公司法》的有关规定,其相较于公司其他管理人员显然享有更大的权利,故其对外实施的行为更能引起交易相对人的合理信赖。因此,翁炎金的行为构成表见代理,万翔公司应对游斌琼承担担保责任。

专 题 四

以 物 抵 债

以物抵债协议是指债务人与债权人约定,以债务人的财产或经第三人同意的第三人财产折价归债权人所有,用以清偿债务。以物抵债协议并非精确的法律概念,其概括的表述了债权人债务人之间以他种给付"抵"原债务的合意。但是这个"抵"到底指的是什么?一旦进入诉讼,当事人常各说各话。除了替代的他种给付之外,还产生了若干近似的并列的他种给付、为担保的他种给付。若以他种给付为上位概念,裁判者必须通过意思解释,来探究当初当事人之间的真实合意。换言之,以物抵债的核心,是要解决后一个"以物抵债"产生的"他种给付"与前一个债权债务协议中的"原定给付"是何种关系。

最高人民法院先后就此问题的解决,作出多种尝试,如 2015 年 9 月 1 日正式实施的《最高人民法院关于审理民间借贷案件适用法律若干问题的规定》(以下简称《民间借贷司法解释》)的第 24 条、2014 年第 12 期《最高人民法院公报》刊载"朱俊芳与山西嘉和泰房地产开发有限公司商品房买卖合同纠纷案",以及 2017 年颁布的指导案例第 72 号汤龙、刘新龙、马忠太、王洪刚诉新疆鄂尔多斯彦海房地产开发有限公司商品房买卖合同纠纷案。鉴于此,《纪要》特别用第 44 条、第 45 条两个条文来阐明最高人民法院对此问题的基本立场。本专题的分析将不拘泥于对这两个条文的阐释,还将在实定法的背景下,以他项给付为视角,从当事人的合意出发,就相关实务问题作出进一步的分析。

纪要原文

44.【履行期届满后达成的以物抵债协议】当事人在债务履行期限届满后达成以物抵债协议,抵债物尚未交付债权人,债权人请求债务人交付的,人民法院要着重审查以物抵债协议是否存在恶意损害第三人合法权益等情形，避免虚假诉讼的发生。经审查，不存在以上情况，且无其他无效事由的，人民法院依法予以支持。

当事人在一审程序中因达成以物抵债协议申请撤回起诉的，人民法院可予准许。当事人在二审程序中申请撤回上诉的，人民法院应当告知其申请撤回起诉。当事人申请撤回起诉，经审查不损害国家利益、社会公共利益、他人合法权益的，人民法院可予准许。当事人不申请撤回起诉，请求人民法院出具调解书对以物抵债协议予以确认的，因债务人完全可以立即履行该协议，没有必要由人民法院出具调解书，故人民法院不应准许，同时应当继续对原债权债务关系进行审理。

45.【履行期届满前达成的以物抵债协议】当事人在债务履行期届满前达成以物抵债协议，抵债物尚未交付债权人，债权人请求债务人交付的，因此种情况不同于本纪要第71条规定的让与担保，人民法院应当向其释明，其应当根据原债权债务关系提起诉讼。经释明后当事人仍拒绝变更诉讼请求的，应当驳回其诉讼请求，但不影响其根据原债权债务关系另行提起诉讼。

规范精要

一、对诉讼前达成的以物抵债，《纪要》以原债务履行期限是否到期为标准，区分是否就以物抵债协议的履行请求进行审理

《纪要》第45条明确原债务履行期限届满前的达成的以物抵债协议，对以物抵债协议以及基于以物抵债协议而提出的履行请求，不予支持。所审理的法律关系，仅限于原债务，而不是以物抵债协议。

《纪要》第44条明确规定，只有原债务履行期限届满后达成的以物抵债协议，法院才对以物抵债协议纠纷及其履行问题进行审理。

二、明确对诉讼中达成的以物抵债协议，不予审理

《纪要》第44条明确，诉讼中达成的以物抵债，当事人要么选择撤诉，要么选择由法院仍然审理原债权债务关系。对申请撤诉的方式，《纪要》进一步就一审和二审作了细化：一审直接撤回起诉；二审也是撤回起诉，而不是撤回上诉。因为二审中撤回上诉产生的结果是一审判决生效，而一审判决仍然是针对原债权债务关系的，此判决不是以物抵债当事人意图达到的目的，故《纪要》第44条第2款进一步明确二审中生成撤回的是起诉，而不仅仅是上诉。

三、明确法院审理以物抵债协议纠纷时,重点是审查和防范虚假诉讼

鉴于以物抵债纠纷中,经常存在通过以物抵债的判决书或者调解书,损害第三人利益的情形,因此,《纪要》特别强调,要防范虚假诉讼。主要表现为两点:

1. 通过《纪要》第 44 条第 1 款强调,就以物抵债协议作出判决时,应当就虚假诉讼、可能存在的损害第三人利益的问题进行重点审查;

2. 通过《纪要》第 44 条第 2 款强调,因以物抵债进行撤诉的,就撤诉的事由、动机、原因,也要重点审查,确定是否存在损害国家、社会公共利益和第三人利益的情形。

法理基础

一、以意思自治为主导,对他种给付的类型化梳理

合同及允诺,允诺又是透过各方意思自治形成的,故意思自治是整个合同制度的"统帅"。而以物抵债协议是债务人以特定财产或权利折价归债权人所有,用以清偿债务之概括约定,属于他种给付之下位概念之一。其给付内容、方式及法律后果均处于不明状态,与其他他种给付之间类型界限模糊,需要澄清,需要依裁判者对当事人的他种给付进行法律解释。其关键,是透析当事人于具体情形,奉行何种合意目的。

实践中以他种给付的意思表示之核心,是给付原定物以外其他物或权利,来履行"原定给付"。[①] 若以他种给付协议为后债,待履行合同(原定给付)为前债,两者之间关系主要有三种可能:

第一种可能是合同内容的变化。可能是债之更改,用其他标的物替代原定给付而为代物交付,原债归于消灭;也可能是债之变更,即仅为部分内容发生变更,不失去债之内容的同一性。[②] 具体属于何者,需依据变更的具体内容确定。

第二种可能是债之担保。其他标的物为担保而交付,前债权不受影响,亦应得到继续清偿;仅于前债届期未获清偿时,该为担保而确定的他项给付之变价款,债权人得主张优先受偿。

第三种可能是新债清偿,其他标的物为清偿原该给付而交付。前债权保持不

---

① 参见[德]梅迪库斯:《德国债法总论》,杜景林等译,法律出版社 2004 年版,第 194 ~ 195 页。

② 参见[日]我妻荣:《新订债权总论》,王燚译,中国法制出版社 2008 年版,第 319 ~ 320 页。

变,与后债确定的他项给付并列,但债权人应尝试请求序位在先之他项给付而受偿。①

从域外法规定看,对于上述可能,德国法通过特殊解释原则明确:债务人为清偿债权人的债权而对其承担一项新的债务,则在发生疑义时,应做新债清偿解释,更有利于债权之保护。我国台湾地区"民法"第320条也规定:"因清偿债务而对于债权人负担新债务者,除当事人另有意思表示,若新债务不履行时,其旧债务仍不消灭。"

二、三类他种给付类型的法律构造

虽然他项给付的意思表示不明,应作有利于债权人作新债清偿之解释,但更宜从法律构造角度分析三种常见的"他种给付",以确定当事人间权利义务关系。

(一)代替原定给付的他种给付

代替原定给付的他种给付,属于债之更改、债之内容变动的下位概念。合同内容的变动可以区分为债的要素变动与非要素变动。债的要素变动是指给付发生重大变化。按照一般交易观念或当事人的意思,认为给付的变化已使合同关系失去同一性的,即为债的更改。如原来因借款而要还给债权人的钱没有还,双方结清之后,成为债权人购买债务人房产的购房款。《纪要》第44条规定的原债期限届满后的以物抵债,应作此解。而债的非要素的变化,则是指当事人协商对原有合同的内容进行变动,一般并不使合同关系失去同一性。如履行期限、履行地点的变更。对于债之给付方式的变化,到底是属于债之更改,还是债之变更,应侧重考察合同缔结时当事人的目的。

因新债成立之时即为旧债消灭之日,故债之更改影响重大,而债之变更,除变更的内容外原合同内容仍存续,故法律对二者的调整,通常有显著不同。如《法国民法典》第1273条明确规定,"债的更新②不得推定;进行债的更新的意思,应在文书中有明白表示"。

(二)原定给付与他种给付并存

原定给付与他种给付并存,属于新债清偿。新债与旧债并存,旧债不因新债的成立而归于消灭,两者为有履行序位的不真正连带之债。鉴于双方当事人就他

① 参见[意]扎卡利亚:《债是法锁——债法要义》,陆青译,法律出版社2017年版,第145页。

② 此处的债的更新,即为债之更改。

种给付的合意在后，且有新债履行序位在先之安排，故债权人不能择一行使。新债履行后，旧债即告于消灭；如新债不能履行，或后债存在履行瑕疵，可主张原债履行而排除他项给付，旧债履行完毕，则两债一并消灭。

(三)他种给付担保原定给付

他种给付担保原定给付，属于非典型担保协议。当事人之间通过签订确定他种给付之协议，明确表达当事人之间转移所有权设定担保的意思。简言之，若具备让与形式、担保目的、赎回安排等三要素，即产生让与担保协议于当事人之间的债权性担保之拘束力。如果已经通过对形式上所有权的转移予以公示，实现了实质上对所有权的控制，则产生让与担保的物权性担保效力。

三、为担保之“他项给付”，属于债权让与担保

以他种给付为原定给付的担保之约定，于两项债权之间产生结合关系。如前债没有履行，依据《纪要》第 71 条第 2 款“是否完成为权利变动的公示方式”之规定，可以将后债之他种给付对前债之原定给付区分为债权性担保和物权性的担保。

(一)债权性担保

没有完成权利变动公示的，参照《纪要》第 67 条的规定，不发生物权效力，但不影响系争“担保合意”于债权债务人之间就特定标的物折价、变卖或者拍卖所得价格等方式清偿债务。除属于《民法典》第 447 条、第 448 条规定的法定留置的情形外，不具有扩大责任财产或提升受偿序位的功能，不属于传统意义上的担保。

(二)物权性担保

已完成权利变动公示的，系前债清偿期限到来时发生所有权变动意思表示之公示，[①]产生对世性，让与担保设立完成。至于该公示到底是采取不动产预告登记，还是移转登记、账款登记等何种模式，只要结合他项给付协议可得出担保之意思，则应理解为担保之登记。

在法理上，也可将为原定给付担保的他项给付协议，理解为“当事人履行方式的锁定”与“优先序位经公示后的让与担保物权效力”两个阶段。前一阶段既没有扩大债务人责任财产，也没有提升受偿序位，不具有担保效力，故只能视为让与担

① [日]我妻荣：《新订债权总论》，王燚译，中国法制出版社 2008 年版，第 267 页。

保的准阶段,在当事人之间具有债权性的担保效力,唯有经公示之后让与担保才成为对世性之非典型担保。

如果从增加信用的角度来理解,即便没有为担保之他种给付进行权利变动公示,不产生担保效力,但该协议已订立,实质上在前债务原定给付以外,又明确增加了另一确定之标的物或权利的给付。该物或权利的得失是与债务履行与否联系在一起,使当事人双方产生心理压力,促其为避免自己的金钱损失而积极履行债务,保障债权切实实现的制度,亦可理解为债之担保方式之一种,和定金、押金类似,可统称为增加压力型担保。

四、《纪要》对以物抵债问题的解决方案

《纪要》主要从实体(抵债义务的履行)和程序(审理对象与程序进行)两方面来解决以物抵债的争议的。

(一)实体方面,《纪要》将以物抵债协议区分为履行期限届满前与届满后达成的两种情况

前债履行期限届满后,被抵之债权内容确定,违反流质、流押规定导致权利失衡的可能性较小,故若无损害第三人权益情形的,法院应当支持债权人主张的履行以物抵债协议的请求权,以他种给付替代原定给付。

从法理上看,前债履行期限届满前达成以物抵债协议的,又可区分三种类型:(1)债务人有明确放弃期限利益之意思表示的,视为届满后达成的以物抵债协议,应当按照《纪要》第44条的规定处理。(2)有明确的后债他种给付担保原定给付之意思表示,进行了权利变动登记的,根据《纪要》第71条有关让与担保的规定,产生对抗第三人、优先受偿的效力,属于物权性让与担保权。(3)没有上述两种情形的,法院释明当事人应按原债权债务提起诉讼。否则,可以以诉讼要件不具备为由,裁定驳回起诉,但不影响债权人另行就前债再行起诉。

(二)程序方面,根据以物抵债协议达成的阶段明确后续的程序处理

1. 诉讼前达成的,当事人依据协议中他项给付的真实合意,或是债之更改,或是债之担保,或是新债清偿等,选择相应法律关系进行诉讼。

2. 诉讼中达成的,鉴于以物抵债协议履行完毕自然了结了原债权债务关系,且没有涉及不确定第三人权益,法院不对以物抵债进行调解书的确认。以物抵债协议的目的是解决系争债权的清偿,若二审中仅撤回上诉,一审裁判生效,与此以物抵债协议目的不符,当事人撤诉的,应一并撤回起诉,否则法院依据系争债权关

系继续审理。

五、涉以物抵债诉讼中的处分原则与诉讼指挥权指导的协调

《纪要》第44条规定，如果二审程序当事人以届满后达成以物抵债协议申请撤回起诉，或者要求法院出具调解书，对于前者，法院应要求一并撤回起诉，否则继续审理；对于后者，法院不予允许。上述处理看似法院是从债之更改的他种给付协议实质出发，其背后为处分原则与法院诉讼指导权之间的协调。当事人用后面的协议来阻却案件继续审理，自然是其对攻击的防御和防范。但案件审理的终结目的在于解决纠纷，若由当事人选择，虽然暂时阻却争讼持续化，但可能会引发后续性争议。如后面协议再起争议，将导致各方讼累增加。比如，法院出具调解书后并未履行，将导致一审裁判败诉方丧失二审的程序保障，有违诉讼制度终结目的之实现。还不如发挥法院诉讼指挥权，或通过要求当事人直接撤回起诉，由其权衡风险后作出妥当之选择后，终局性地解决纠纷；或通过二审审理，在穷尽各方程序权利基础上，清晰双方的权利义务关系。这样既能实现一次性解决全部纠纷的诉讼目的，也能防范中断诉讼对当事人关系的重大影响。

可见，诉讼指挥权是裁判推进诉讼程序进行而实施诉讼行为之源头，上述对调解书申请权之否定，对撤诉范围之调整，并非对以事实主张及证据提出为中心等当事主义规则的违反，而是根据具体的审理专题采取的推进审理的措施，属于法律认可之诉讼指挥权行使中“整序审理的行为”。①

六、现行担保制度的再体系化建构

《纪要》第45条规定的未经权利变动公示的，是不是担保？《纪要》第71条规定的让与担保，到底是什么类型的担保？这些都涉及实定法与经济生活中对担保认识的差异，此也与准确认识第45条的规范目的、调整范围相关，故就担保问题谈一下认识。

在现代社会债权的优越地位毋庸置疑的背景下，担保可视作合同制度中的治理机制，于跨期交易中。通过履行约束来增加信用，进而激励缔约，该增加信用应成为担保的主导因素。可依据不同激励约束方式，将担保制度扩张分类，在功能

---

① 参见[日]伊藤真：《民事诉讼法》（第4版补订版），曹云吉译，北京大学出版社2019年版，第160～161页。

层面上来统合担保、类担保。除实定法下的典型担保、优先权之外的,都是应强调合意的私人安排。

增信措施可以分为4类(见表1):赋予超级优先权、扩张责任财产范围、增加清偿压力、提升受偿序位。第一种是法律从阶段性的政策考量,给予的特殊主体的特殊照顾;后三种是通过各方合意基础上,以附加的信用措施赋予相对方更优势的受偿地位,加大债务人清偿压力,促其积极履约。[①]

表1 增信措施

<table>
<tr><td rowspan="10">增加信用</td><td rowspan="3">赋予超级优先权</td><td rowspan="2">一般优先权</td><td>破产费用等共益费用</td></tr>
<tr><td>工程优先款优先权等生存费用</td></tr>
<tr><td>特别优先权</td><td>价金优先权等</td></tr>
<tr><td rowspan="2">扩张责任财产范围</td><td>增加责任主体</td><td>保证、债务加入</td></tr>
<tr><td>扩大财产范围</td><td>抵销、以物抵债、债的保全等</td></tr>
<tr><td rowspan="2">增加清偿压力</td><td>惩罚型压力</td><td>定金</td></tr>
<tr><td>添付型压力</td><td>以物抵债、押金、回购</td></tr>
<tr><td rowspan="3">提升受偿序位</td><td rowspan="2">意定动产担保</td><td>典型动产担保:抵押、质押</td></tr>
<tr><td>非典型动产担保:让与担保等</td></tr>
<tr><td>不动产担保</td><td>不动产抵押、非典型不动产担保</td></tr>
</table>

(一)赋予超级优先权型

不以占有或登记等公示为要件,为公共利益或特别私利益之考量,法律赋予其超级优先受偿地位。进一步可区分为一般优先权与特别优先权。前者是基于共同利益与基本生活保障,对债务人全部财产为标的的共益费用与涉基本生存雇员工资之优先权。[②]《民法典》第807条规定的工程款特别优先权就是其典型代表。后者是基于对担保财产的增益或者特别利益考量,如法定留置权、价金优先权,以及海商法、航空法中的特别规定。

(二)扩张责任财产范围型

除常见的保证外,还包括债务加入、抵销、债的保全制度等。以债务加入为

---

① 我妻荣教授对价金优先权的作用有所怀疑,并认为可能阻止担保制度的发展,参见[日]我妻荣:《新订担保物权论》,申政武等译,中国法制出版社2008年版,第2页、第64页。

② 参见王利明等编著:《中国民法典学者建议稿及立法理由——物权编》,法律出版社2005年,第549~550页。

例,类似于保证,系以民事主体加入债务承担,增加了担保债权实现的责任财产的数量,属于担保的范围。且相较于保证,直接发生债之关系,并无主从关系且已剥离了保证的从属性,担保强度上更高于保证。同理,债权人撤销权、奉行“入库规则”的债权人代位权、抵销等,都或采取增加积极财产,或减少消极财产等措施,实现了责任财产扩大,具有明显的增加清偿信用作用。

(三)增加清偿压力型

在原债务以外增加其他履行方式,或多交付一定数额的金钱,履行方式变更,或金钱得失与债务履行与否联系在一起,强化债务人清偿压力,从而促其积极履行债务。以定金为例,对于接受定金的一方当事人来说,其债权的实现或变相实现的可能性较强,因为他已经受领了一定数额的金钱。在交付定金的一方当事人不履行债务时,他能够全部或部分地得到救济。可是对于交付定金一方当事人而言,其是寄希望于定金罚则的威力能迫使接受定金的一方当事人履行债务。

(四)提升受偿序位型

主要是包括抵押、质押等典型担保,以及涉及动产、不动产的非典型担保等,此处,笔者不再展开。

裁判指引

一、《纪要》第 45 条中以物抵债协议的属性认定及后续处理

债权人以届满前达成的他种给付协议为由,主张债务人交付标的物的,《纪要》第 45 条明确要求按照原债权债务关系进行处理,此系对《民间借贷司法解释》第 24 条精神之贯彻,故后续处理也应依据第 24 条第 2 款之“标的物变价款按实受偿”规定进行处理,该条款由于《纪要》第 67 条被扩充重申。就《纪要》第 45 条的解读重点,是该他种给付协议的实体法定性,并据此产生的程序法上的安排。

第一,先将需“被抵”之债视为前债,原定给付;将届满前达成的他种给付协议确定的后债,作为“以物抵债”之中的“物”,他种给付;同时确定了后债来“担保”前债之安排。但属于附生效条件的债权让与担保协议,条件就是前债到期未履行。

第二,若前债到期没有履行,被担保债权确定,导致让与担保实现条件成就,债权人要求实现该债权性的让与担保协议。因该协议没有进行《纪要》第 71 条有关“让与担保”规定的权利变动公示,故依据《纪要》第 67 条有关“约定担保物权的效力”的规定,协议确定的是合同当事人之间的债权性担保的拘束力,没有物权

效力。

第三,前债未履行是启动后债的条件,同时,前债的履行情况也是确定他种给付协议的权利义务的基础。即便是债权性担保,也仍受担保从属性原则的规制。因此,无论是按照《纪要》第45条,还是按照《民间借贷司法解释》第24条,都是等待对前债法律关系明确后,确定担保债权的具体内容,后续的他种给付协议的履行内容才确定,由此为后债权利义务关系界定之依据。

第四,即便是当事人之间的债权性担保,按"举重以明轻"之法理,担保制度中流质、流押的禁止规则亦有适用余地,可进行清算型受偿。当事人请求按照让与担保型他种给付合同的约定,就该财产折价、变卖或者拍卖所得价款等方式清偿债务的,法院应依法予以支持,但对其他权利人不具有对抗效力和优先性。

二、债之担保型他项给付中的担保人清算义务履行

为担保而实施的他项给付,即具备让与担保属性,自应适用清算规则。但实践中,应采取归属型清算还是处分型清算,存有争议。具体分析如下:

(一)两类清算之比较

归属型清算是指由债权人取得标的物之所有权,并对标的物价值进行评估,将其超过债权额部分返还给债务人的方法。处分型清算是指债权人将标的物处分给第三人,从其变价款中优先受偿的方法。

归属型清算的优点在于重视债权人的选择,且具有便利性。债权人主张移转所有权的同时,履行清算义务,并将超过债务金额的部分返还给债务人,即取得标的物所有权。处分型清算的优点在于可以将标的物放入交易市场中,所出价格会更公允。

(二)按债之担保型他种给付之属性,宜选择归属型清算

主要理由有三:(1)如当事人未就归属清算还是处分清算作出约定或者约定不明的,按处分型清算须将标的物变价,虽然更能反映物之市场价值,但也不能回避其拍卖成本较高、程序较烦琐等弊端。为使清算程序更有效率,应以归属型清算为原则。(2)此类他种给付的协议安排,本旨是通过后债确定的他种给付,由债权人取得标的物的所有权,故归属型清算更符合此类协议之合意目的。(3)归属型清算实践中较为常见,且已获最高人民法院认可。例如,最高人民法院第72号指导性案例提及:该他种给付可以按照自治的方式进行,当事人已经就借款本息

与购房款进行“对账清算”的，人民法院应予认可。①

三、以物抵债与《执行异议复议规定》第28条、第29条的适用

房屋买受人满足《最高人民法院关于人民法院办理执行和复议案件若干问题的规定》(以下简称《执行异议复议规定》)第28条、第29条规定情形的，可以排除金钱债权人对系争房产的执行，其中已支付全部价款，或已支付的价款超过合同约定总价款的50%系法定事由之一，司法实践中对于“以物抵债”形式支付价款是否符合该法定事由存在争议。

对此，最高人民法院明确基于以物抵债作为替代性他项给付，不能对抗金钱债权的执行。理由是：一是该协议恶意串通及倒签抵债时间，导致偏颇受偿的问题突出；二是《执行异议复议规定》第28条、第29条排除执行，是因为买受人对系争房产享有物权期待权。以物抵债是作为原来金钱债权的履行手段，不属于物权期待权。② 但笔者对此持不同意见，认为应当区别对待。主要理由是：(1)是否恶意串通、是否倒签抵债时间，法院应依据证据进行判断，查明困难，不能成为拒绝当事人行使权利的理由。(2)《执行异议复议规定》第28条、第29条既有对物权期待权的保护，也有对买受人生存权的保护。对于后一种规范目的，宜落实到买受人名下无其他可用于居住的房屋，无论是涉及向房地产开发企业购买的商品房，还是向其他被执行人购买用于居住房产的，不能仅仅因为支付房屋价格方式是“以物抵债”，就否定其排除执行的权利。至于何为买受人名下无其他用于居住的房屋，可依据《纪要》第125条的规定予以确定。

律师指引

一、严格按照《纪要》第44条、第45条的规定，选择以原债权债务关系，还是以物抵债协议主张权利

《纪要》第44条、第45条规定从实体权利救济和诉讼请求选择与程序安排方面，为债权人的救济提供了明确的指引，代理律师应当严格依据涉诉案情所处的时间点、当事人的主要利益诉求和《纪要》的具体规定，选择主张权利的合同依据

① 参见最高人民法院案例指导工作办公室：《汤龙、刘新龙、马忠太、王洪刚诉新疆鄂尔多斯彦海房地产开发有限公司商品房买卖合同纠纷案的理解与参照》，载《人民司法》2018年第23期。

② 参见最高人民法院民事审判第二庭编著：《〈全国法院民商事审判工作会议纪要〉理解与适用》，人民法院出版社2019年版，第304页。

和诉讼请求。

二、执行中达成的以物抵债协议未履行的救济

执行中达成的以物抵债协议，依据《最高人民法院关于执行和解若干问题的规定》（以下简称《执行和解规定》）第9条规定处理，如被执行人（债务人）一方不履行执行和解协议的，申请执行人（债权人）可以申请恢复执行原生效法律文书，也可以就履行执行和解协议向执行法院提起诉讼。

三、虚假诉讼的防范

既往实践反映，法院对以物抵债案件中的虚假诉讼、恶意串通损害第三人利益问题，持有高度的戒心，事实上也确实有不少以物抵债案件涉嫌虚假诉讼。鉴于虚假诉讼已入刑，且此类记录必然影响律师本人的声誉，建议律师在选择代理涉及以物抵债类的案件时，务必先行全面了解事件的来龙去脉、当事人的利益诉求与真实动机，避免选择性了解案件事实，有意无意参与到，或者被卷入虚假诉讼当中，引发不必要的声誉风险乃至涉刑风险。

四、对他种给付关涉的诉讼时效问题的关注

他种给付之债与原定给付之债各自诉讼时效之间关系，亦应回到两者之间关系进行处理：

（一）并列型的新债清偿

当事人间两个给付之债的履行先后序位的合意，决定他种给付请求权行使在先，于该行使期间原定给付之请求权存在障碍，为《民法总则》第194条第1款第5项“其他导致权利人不能行使请求权的障碍”，原定给付诉讼时效中止。

（二）替代型的债之更改

新债务所生导致旧债务消灭，既然原定给付已经转化他种给付，原定给付的诉讼时效也告消灭，从债之更改约定的履行时间，确定他种给付的诉讼时效起算点。

（三）担保型的债权之担保

《民法典》第419条规定，抵押权人应当在主债权诉讼时效期间行使抵押权，又按照《民法典》第386条从属性原则，原定给付到期不能履行或出现约定实现担保条件的情形，当事人就可行使担保型的他种给付请求权，其诉讼时效开始起算。

法务指引

一、《纪要》第45条涉及的合同安排形式

无论是该条明示的以他种给付担保原定给付的债权让与担保协议,还是已经办理了权利变动公示的债权让与担保,通常都采取一前一后的原定给付协议与他种给付协议的形式,属于组织性合同中的合同联立,是为了实现同一项整体活动而订立的若干个合同。其与之前提及的整体性合同区别在于,合同联立可被归入一个整体的合同目标之下,但各个合同保持各自地位,有各自的具体原因;而整体性合同虽然也是若干合同结合在一起的,但被统领于一个原因之下。两者之间的区别比较微妙,对于合同联立,人们更多看到的是组成一个整体目标下的各项合同部件,先有合同部件才有整体联系,如他种给付作为原定给付的担保,其订立是为了提供原定给付的履行约束,是为了降低原定给付损失风险;而对于整体性合同,人们看到的只是一个合同的整体,比如,就原定给付的"股权转让""股权回购"构成的股权回购协议,或由买卖、租赁、买卖预约构成的融资租赁合同等,就不仅是各个合同要素的简单相加,而是要遵守自身的整体规制。①

当合同之间存在真正的功能上的统一性时就是整体性合同,所有单个合同就关闭在合同内部,一个合同的终止、撤销或无效,引发其他合同也发生相同之法律后果,其整体与部分关系参照《民法典》第156条进行处理。而合同联立,就合同中联系是否导致法律后果上的穿透,必须于法律中予以明确,或通过结合具体案件进行解释。如《最高人民法院关于审理商品房买卖合同纠纷案件适用法律若干问题的解释》(以下简称《商品房买卖合同司法解释》)第23条、第24条的规定,因不可归责于当事人双方的事由未能订立商品房担保贷款合同并导致商品房买卖合同不能继续履行的,当事人可以请求解除合同。因商品房买卖合同被确认无效或者被撤销、解除,致使商品房担保贷款合同的目的无法实现,当事人请求解除商品房担保贷款合同的,法院应予支持。从中亦可看出,前后两者若存在前一合同系后一合同履行之条件的,构成该种强联系的,可作为强穿透式原因,联立性合同应作一并处理。

在原定给付缔约之初即安排了担保型、替代型、并列型他种给付的情况下,前

---

① 参见[法]泰雷等:《法国债法契约编》(上册),罗结珍译,中国法制出版社2018年版,第394~396页。

者为后者之自然前提,毋庸置疑。但反向他种给付的效力瑕疵是否影响原定给付之效力问题,值得讨论。担保型他种给付,是责任范围增强的同时,更有缔约激励的因素添加;替代型即债之更改,他种给付是对原定之债发生履行困难后的替代方案;并列型即新债清偿,是对原定给付对应责任范围的增强。三个他种给付与原定给付的紧密联系呈“担保型→并列型→替代型”递减。若当事人能够证明没有担保型他种给付其就不会有原定给付之安排,两者应作一并处理;并列型他种给付与原定给系类似于《民法典》第515条中规定的意定选择之债关系,具有各自独立性,不宜一并处理;而替代型他种给付是后续的补强安排,整体性更弱,不应一并处理。

二、从裁判思路看以物抵债协议之交易结构选择与合同条款设计

以物抵债的背景是前债后债并存,他项给付与原定给付共处,且实践中多见于借贷合同与买卖合同同时存在,就此,司法实践中又多见以下四类常见论证路径:

(一)附履行生效条件的买卖合同说

该说认为,买卖合同与借款合同是两个并立而又有联系的法律关系,借款合同为买卖合同履行附设了解除条件,借款到期借款人不能偿还借款的,即应履行买卖合同。[①]

(二)非典型担保说

该说认为,双方的真实意思是借款而非买卖,双方之间成立借贷关系,签订买卖合同并办理标的物备案登记的行为,实质是一种非典型担保。债权人请求直接取得买卖标的物的主张,违反了禁止流押原则,法院不予支持。[②]

(三)名为买卖实为借贷说

该说认为,买卖合同的真实目不是取得标的物的所有权,而是为了获取所需资金后再回购系争标的物。出卖方并未准备实际出卖标的物,买受人也不关心取得该标的物所有权。双方当事人关注点集于“回购”安排及其相应的违约金。该实质借贷关系否定了当事人之间买卖关系的真实性,作为外形的买卖合同属于通

---

① 参见最高人民法院(2011)民提字第344号民事判决书。

② 参见最高人民法院(2013)民提字第135号民事判决书。

谋虚伪表示,应属无效。[①]

(四)新债清偿旧债说

该说认为,借款合同双方当事人经协商一致,终止借款合同关系,并建立买卖合同关系,将借款本金及利息转化为已付买卖合同标的物的价款并经对账清算的,不属于流质、流押禁止的情形,也无担保目的,买卖合同实质要充当借款合同债务履行的途径,具有法律效力。[②]

四种裁判的论证方式所采取的论理基础不同,在他项给付合同进行交易结构设计时,可按照具体商业安排目的,进行选择。就其中弊端,特别是第三种情况,应予规避。

三、设立担保型的他种给付时的权利变动公示方式选择

《纪要》第45条明确规定,抵债物尚未交付债权人,债权人请求债务人交付的,此种情况不同于《纪要》第71条规定的让与担保。《纪要》第71条规定,设定让与担保的,应已经完成财产权利变动的公示方式转让至债权人名下。最高人民法院强调:仅签订合同而未完成财产权利变动公示的,不具备物权性的担保效力。[③] 故特别是涉及不动产的争议的,无论是采取网签备案尚未办理变更登记的,还是采取预告登记之后,与符合《民法典》第221条登记条件后没有正式登记的,[④] 均不属于履行了财产权利变动的公示手续,只在当事人之间产生债权性让与担保协议的拘束力。

总体而言,让与担保系非典型担保,要产生物权性的让与担保效力,应比照较近似的公示登记方式,动产、不动产的让与担保应参照动产质押、不动产抵押的规定,权利型让与担保还要区分有载体的权利与无载体的权利,有载体的权利可准用权利质押的规定。

特别对于债权型让与担保而言,要强调准用《民法典》第768条[⑤],于担保权人

---

① 参见最高人民法院民一庭:《是民间借贷还是商品房买卖》,载最高人民法院民事审判第一庭编:《民事审判指导与参考》(总第58辑),人民法院出版社2014年版,第103页。

② 参见最高人民法院(2013)民提字第135号民事判决。

③ 参见最高人民法院民事审判第二庭编著:《〈全国法院民商事审判工作会议纪要〉理解与适用》,人民法院出版社2019年版,第405页。

④ 《民法典》第221条规定:"……预告登记后,债权消灭或者自能够进行不动产登记之日起九十日内未申请登记的,预告登记失效。"

⑤ 《民法典》第768条规定:"应收账款债权人就同一应收账款订立多个保理合同,致使多个保理人主张权利的,已登记的先于未登记的受偿;均已登记的,按照登记的先后顺序受偿……"

（债权人）与其他债权人间，债权转让登记视为对其他债权人的公示对抗要件。都没有登记的，到达次债务人的债权转让通知视为公示对抗要件。而且，系争债权本身禁止转让的特约，不具对外对抗效力。同时，依据《民法典》第546条债权转让一般规则之规定[①]，该债权转让通知或次债务人承诺，视为对债务人的拘束要件。

值得思考的是，鉴于让与担保属于秘密质权，其隐秘性是其根本属性，强求其作出与实定法典型担保一致的权利变动公示，不符合其制度本旨，也会促使当事人寻找更为隐秘的担保形式，徒增社会成本。还不如承认"通常的事实构成"[②]，认可预告登记、网签备案等亦属于让与担保的公示形式，仍有探讨余地。

但就是公司法务而言，其属于规则的承受者，如试图产生公示效力、外部对抗效力，仍应坚持通过法定的登记公示方式办理登记手续，以减少权利的不确定性。

要案索引

［案例］汤龙、刘新龙、马忠太、王洪刚诉新疆鄂尔多斯彦海房地产开发有限公司商品房买卖合同纠纷案

［案号］（2015）新民一初字第2号

（2015）民一终字第180号

［裁判要旨］借款合同双方当事人经协商一致，终止借款合同关系，建立商品房买卖合同关系，属于以他种给付替代原定给付的债之更新。

［案情概要］2013年，新疆鄂尔多斯彦海房地产开发有限公司（以下简称彦海公司）与汤龙、刘新龙、马忠太、王洪刚4人先后签订数份借款合同，通过双方提交的银行转账凭证可知汤龙等4人已向彦海公司实际支付借款。2014年3月18日和2014年3月27日，彦海公司与汤龙等4人分别签订了15份《商品房预售合同》并办理了备案登记手续。2014年6月18日，彦海公司又与汤龙等人签订《商品房买卖合同》，该合同具体约定了以汤龙等4人购买商品房的类型、面积大小、总价款数目等条款。同日，双方还签订了《预售商品房补充协议》，在该协议中双方明确约定由于彦海公司无力偿还拖欠汤龙等4人的借款本金及利息，彦海公司同意以物抵债并确认本协议为双方2014年6月18日所签《商品房买卖合同》的补充

---

① 《民法典》第546条规定："债权人转让债权的，应当通知债务人。未经通知，该转让对债务人不发生效力……"

② 参见［德］施蒂尔纳：《德国物权法》（下册），申卫星等译，法律出版社2006年版，第603页。

协议。而后彦海公司与汤龙等4人经过对账确认了彦海公司拖欠借款的具体本息数目。因彦海公司逾期未能履行房屋交付义务,汤龙等4人诉至新疆维吾尔自治区高级人民法院请求判令彦海公司违约并支付违约金赔偿损失。

一审法院认定双方之间的房屋买卖合同合法有效,前期基于借贷合同产生的债权债务关系因此消灭,双方之间成立新的商品房买卖合同法律关系,判决彦海公司构成违约并支付相应的违约金。彦海公司不服一审判决,上诉至最高人民法院。

[裁判思路]二审中,最高人民法院认为本案有两个争议焦点:

第一,双方签订的《商品房买卖合同》和《预售商品房补充协议》的法律效力。本案争议的商品房买卖合同签订前,彦海公司与汤龙等4人之间存在借款合同关系,且为履行借款合同签订了相应的商品房预售合同,并办理了预购商品房预告登记。但双方系争商品房买卖合同是在彦海公司未偿还借款本息的情况下,经重新协商并对账,将借款合同关系转变为商品房买卖合同关系,将借款本息转为已付购房款,并就后续权利义务作出了约定。本案中双方经协商一致终止借款合同关系,建立商品房买卖合同关系,并非为双方之间的借款合同履行提供担保,而是借款合同到期彦海公司难以清偿债务时,通过将彦海公司所有的商品房出售给汤龙等4位债权人的方式,实现双方权利义务平衡的一种交易安排。该交易安排并未违反法律、行政法规的强制性规定,不属于《物权法》第186条规定禁止的情形,亦不适用《民间借贷司法解释》第24条的规定。尊重当事人嗣后形成的变更法律关系性质的一致意思表示,是贯彻合同自由原则的题中应有之义。彦海公司所持本案商品房买卖合同无效的主张,不予采信。

第二,彦海公司是否应当支付违约金及律师费。二审经审查确认超出法定保护范畴的高额利息,不确认其能够转为购房款,实际上汤龙等原债权人作为购房者,应认为其没有依法履行支付相应购房款的义务,尚存在部分差额未支付,那么彦海公司作为房屋销售方的原债务人,可以根据《合同法》行使先履行抗辩权,其拒绝继续履行合同义务的行为不应视为违约,而是合法行使抗辩权。

据此,最高人民法院虽然就当事人之间法律关系的性质认定为商品房买卖合同关系,但由于在剔除非法高息之后,彦海公司的违约事实不能被认定,所以没有支持汤龙4人提出的违约损失赔偿请求。故撤销一审判决,驳回汤龙等4人的诉讼请求。

专题五

借款合同

《纪要》在合同纠纷的第三大点中，以导语加三个条文的方式对借款合同中的争议问题进行了进一步的明确。其中，导语部分突出了降低融资成本，服务实体经济的价值取向。《纪要》针对当前借款实际利率居高不下、民间借贷牟利突出的现象，明确区分了不同借款合同，并树立了不同的裁判指导意见。《纪要》根据出借主体的不同，将借款合同分为金融借款合同和民间借贷。对获得从事金融业务行政许可的，纳入金融借款；对没有获得从事金融业务行政许可的，纳入民间借贷。以否定或者酌减变相利息、否定高利转贷合同效力、否定职业放贷人的放贷合同效力的方式，大幅压缩了民间借贷的生存空间。此部分的条文虽然不多，但对民间借贷市场影响重大，加之《最高人民法院、最高人民检察院、公安部、司法部关于办理非法放贷刑事案件若干问题的意见》（法发〔2019〕24 号）的发布，已将部分职业放贷行为纳入刑法评价范畴。故此部分虽然条文不多，但影响深远，值得法官、律师及法务人士高度重视，在裁判文书的利率表达、诉讼结果的预期、利息合同条款的设置等方面，都有必要作相应的调整与应对。

纪要原文

人民法院在审理借款合同纠纷案件过程中，要根据防范化解重大金融风险、金融服务实体经济、降低融资成本的精神，区别对待金融借贷与民间借贷，并适用不同规则与利率标准。要依法否定高利转贷行为、职业放贷行为的效力，充分发挥司法的示范、引导作用，促进金融服务实体经济。要注意到，为深化利率市场化改革，推动降低实体利率水平，自 2019 年 8 月 20 日起，中国人民银行已经授权全国银行间同业拆借中心于每月 20 日（遇节假日顺延）9 时 30 分公布贷款市场报价利率(LPR),中国人民银行贷款基准利率这一标准已经取消。因此,自此之后人民法院裁判贷款利息的基本标准应改为全国银行间同业拆借中心公布的贷款市场报价利率。应予注意的是,贷款利率标准尽管发生了变化,但存款基准利率并未发生相应变化,相关标准仍可适用。

51.【变相利息的认定】金融借款合同纠纷中,借款人认为金融机构以服务费、咨询费、顾问费、管理费等为名变相收取利息,金融机构或者由其指定的人收取的相关费用不合理的,人民法院可以根据提供服务的实际情况确定借款人应否支付或者酌减相关费用。

52.【高利转贷】民间借贷中,出借人的资金必须是自有资金。出借人套取金融机构信贷资金又高利转贷给借款人的民间借贷行为,既增加了融资成本,又扰乱了信贷秩序,根据民间借贷司法解释第14条第1项的规定,应当认定此类民间借贷行为无效。人民法院在适用该条规定时,应当注意把握以下几点:一是要审查出借人的资金来源。借款人能够举证证明在签订借款合同时出借人尚欠银行贷款未还的,一般可以推定为出借人套取信贷资金,但出借人能够举反证予以推翻的除外;二是从宽认定"高利"转贷行为的标准,只要出借人通过转贷行为牟利的,就可以认定为是"高利"转贷行为;三是对该条规定的"借款人事先知道或者应当知道的"要件,不宜把握过苛。实践中,只要出借人在签订借款合同时存在尚欠银行贷款未还事实的,一般可以认为满足了该条规定的"借款人事先知道或者应当知道"这一要件。

53.【职业放贷人】未依法取得放贷资格的以民间借贷为业的法人,以及以民间借贷为业的非法人组织或者自然人从事的民间借贷行为,应当依法认定无效。同一出借人在一定期间内多次反复从事有偿民间借贷行为的,一般可以认定为是职业放贷人。民间借贷比较活跃的地方的高级人民法院或者经其授权的中级人民法院,可以根据本地区的实际情况制定具体的认定标准。

规范精要

一、以降低融资成本为价值导向

《纪要》在该部分的导语中明确在司法裁判的价值取向上,以降低实体经济的融资成本为导向,通过遏制金融借款的变相高息、高利转贷和职业放贷,促进金融服务实体经济的价值取向。

二、明确了金融借款合同的贷款利率适用标准及表述方式

《纪要》在该部分的导语中明确，在金融借款合同的利息裁判标准上，不再适用原来采用的“中国人民银行基准贷款利率的表述”，而采用“全国银行间同业拆借中心公布的贷款市场报价利率”（LPR）的表述方式。

三、赋权调减及免除金融借款合同中的费用

对于金融借款中的各种费用一直是事实认定中的争议问题，但即使是变相利息，是否就可以免除或者酌减，法律依据是什么？特别是在利率市场化、中国人民银行未规定金融借款利率上限的情况下，否定变相利息的法律依据并不充分。《纪要》第 51 条就此明确可根据提供服务的情况确定是否支付或者酌减，为司法调减费用提供了一个支撑。

四、变相利息的认定及其效力

何谓变相利息，《纪要》并未直接给出定义。从《纪要》第 51 条的内容来看，变相利息应当是指金融机构或者由其指定的人，在金融借款合同约定的利息之外，以服务费、咨询费、顾问费、管理费等为名向借款人收取的利息或者费用。这里需要注意的有三点。一是只适用于金融借款合同纠纷中。二是收取的主体不只限于金融机构，也包括金融机构指定的人。三是变相利息的名目，除《纪要》列举的以外，实践中还可能体现为其他名目的相关费用，是“敞口”，范围比较广。

《纪要》对变相利息并非全不支持，而是要根据提供服务的实际情况来确定。《纪要》确立的原则就是额外收取的利息或费用必须确为借款人提供了相应的服务，必须质价相符，否则不予支持。

五、通过从宽认定高利转贷行为，否定部分民间借贷合同的效力

《纪要》第 52 条以出借人有贷款未还作为转贷的界分，以牟利作为高利的标准，大大拓宽了“高利转贷”的外延，将相当大的一部分民间借贷行为纳入“高利转贷”的无效合同司法评价结果。

六、通过扩张界定职业放贷人的主体身份，否定部分民间借贷合同的效力

民间借贷本身是单个合同的效力评价，但一个主体多次放贷，就可能涉及“以

放贷为业”的特殊行业市场准入问题。以往各地法院未将此种情形纳入必须进行审查的范围,或者即使纳入,也未必直接作为无效的认定因素。《纪要》第53条为此提供了“职业放贷人”的定义,并明确了借款合同无效的后果。由此也将影响一大部分或明或暗以民间借贷为业的主体及合同效力。同时《纪要》考虑到了地区之间的差异性,将具体的界定职业放贷人的标准授权给了地方高级人民法院及中级人民法院,说明最高人民法院已充分认识到了地区间的差异性,避免了“一刀切”,是符合实际的。

法理基础

一、金融借款合同与民间借贷的区分

《合同法》第十二章借款合同并未将借款合同区分为金融借款合同和民间借贷合同,从立法原型上看,《合同法》第196条至第209条,是以金融借款合同为原型,第210条至第211条规定的自然人之间的借款,接近于以传统自然人之间的民事借款为原型。但随着经济社会生活的发展和市场经济资金市场的活跃,一方面银行牌照管制影响贷款供给,另一方面各类市场主体融资需求旺盛但风险与银行放贷标准不匹配,由此产生了巨量的民间借贷市场,主要体现为企业和企业之间、企业和个人之间的民间借贷。而传统的基于生活需要的民事借贷,在数量和体量上已经退到了非常小的比例。即使是自然人之间的民间借贷,由于主要和购房相挂钩,也体现出一定的投资性特质。所以,现实生活中的借款合同和《合同法》立法原型中的借款合同已经发生了重大的偏离。在此背景下,法院对民间借贷合同的效力问题,也经历了完全无效到部分有效,乃至大部分有效的司法态度转变。

但是,由于民间借贷游离于金融监管之外,有野蛮生长的因素,在利率、催收、营业性等方面引发了较多的社会问题,加上实体经济巨大的资金成本压力,在此背景下,对民间借贷进一步规制就成了必然之势。

比较而言,金融借款为商业银行专营,具有法定的吸储功能,因此成本较低。但基于其安全性问题,在放贷对象的安全性选择上,则要求较高,由此形成了低风险低利率的特质。而民间借贷没有吸储功能,其资金成本必然高于银行贷款利率,与之相匹配的,则是那些无法以低成本从商业银行获得贷款的市场主体,不能取得银行贷款的原因主要是担保物和风控达不到商业银行的要求,此类主体的高风险与民间借贷的高利率相匹配,二者共同构成了一个相对完整的资金市场。民

间借贷没有市场准入，没有金融监管，高利率高风险，其机理与金融借贷不同。其差异从现象上看是市场准入、利率规范的不同，本质上是资金来源、风险匹配不同。

二、金融借款合同中的费用与变相高息

低利率的金融贷款，无疑具有更旺盛的资金需求。加之牌照资源的稀缺，供不应求的银行贷款，在利率管制比较严格的金融政策下，通过收费等方式变相收取高息，本身也是一种矫正的均衡，背后有其深刻的经济原理。

但是金融借贷利率上限放宽后，是否还有变相利息的问题？《纪要》所规制的变相利息产生的原因，主要是由于以前金融借贷的名义利率的上下限是受到金融主管部门的管制的，金融借贷的名义利率不得超出其限制的上下限标准，但市场实际利率超过了管制的上限标准，金融机构为了收取市场实际利率超出名义利率上限部分的利息，就迂回绕道采取收取额外费用的方法来实现。但自从金融监管部门放开了对金融借贷利率上下限的管制后，金融借贷的利率没有上下限，可以自由浮动，完全由借贷双方自行确认，照理说，金融借贷利率就应当是市场实际利率，那么，就不存在被管制的利息部分，金融机构就不存在迂回绕道收取管制部分的利息的前提条件，此条似无用武之地。但这只是事情的一个方面，事情的另一个方面是无论银行信贷利率高低，银行信贷额度毕竟是个稀缺资源，借款人会主动或者被迫向出借人或其指定的人支付额度占用费、介绍费等各种名目的费用，以获取信贷额度，这些费用也构成借贷的成本，也是变相利息，应属在禁之列。因此，在金融借贷利率上下限放宽后，关于变相利息的规定仍然有其存在的价值，有其适用的机会，只是适用的场景可能非常少。

但在降低融资成本、服务实体经济的语境下，这种实质上的合理性，难以成为正确性和正当性的理由，司法的强势介入，成为突破“私法自治”的司法政策选择。

然而，如果单独从法理上看，这种强势介入调整金融借款合同费用及变相费用的司法政策，也有其基础：如果没有实际费用，仍然收取费用，显示出权利义务不对等，在法律行为的表现上看可能是通谋虚伪表示，从合同条款上看可能是不公平的格式条款。因此，《纪要》第 51 条为法官赋权，通过查明费用的实质与构成，来调减或者否定非正当的费用，属于一个司法矫正的实例。

金融借款合同纠纷中变相利息的处理规则，与民间借贷中关于利息的处理规则是相一致的。《民间借贷司法解释》和最高人民法院的答复中，不但划出了最高

利率的红线，而且将借款人支付的所有成本，包括各种利息、违约金、服务费、中介费、保证金、延期费等均纳入了利息的计算范围，只要突破或变相突破法定利率红线的，均不予支持。实践中的难点，主要在于向出借人指定的第三人支付的费用，其关联性不易得到证明和支持。但这一点在金融借款合同纠纷中相对比较容易证明。

三、禁止利用金融信贷资金转贷牟利的内在逻辑

按照《纪要》第 52 条的规定，只要将金融信贷资金转用于民间借贷并牟利的，就认为是高利转贷行为，所转贷的借贷行为就要认定无效。而转贷行为无效，借款人只需要返还本金和按 LPR 计算的利息。但是出借人获取信贷资金本身就有利息成本，这个利息成本即使只按 LPR 计算，出借人获得的收益也只能填补其获取信贷资金的成本。这就意味着，利用信贷资金转借他人，从理论上来看不可能获得任何利益。既然如此，作为理性经济人，就不可能先去借信贷资金然后向他出借了。至于实际上，民间借贷的借款人自愿给予出借人利益，或者双方通过绕道曲折的方式给付和收回利益而又无争议的，那么《纪要》的规定似乎无能为力。如果此种情形也在规制之列，就要看出借人是否以此为业，是否获得很多利益，需要另行通过高利转贷罪、非法经营罪或者职业放贷规则的路径予以治理。

《纪要》关于禁止高利转贷的规则将引起连锁反应，对利用民间资金进行的生产经营乃至生活产生颠覆性的影响。比如，建设工程中建设单位或施工单位、实际施工人之间普遍存在的借贷关系，外贸企业或龙头企业对供应链商家的订单融资或供应链融资。如果按照《纪要》的标准，要证明其为高利转贷并不困难，因为这些主体，负债经营是正常状态，很少有不从银行贷款的。因此，这些民间借贷关系将很可能遭遇高利转贷的“暗礁”，不仅相关领域资金融通的传统模式将被葬送，而且其整体交易模式也可能被彻底颠覆，其影响将会是根本性的。又如，现在的居民普遍背有房贷，而按照《纪要》的意旨，有房贷的人就不能再借钱给他人，这对民间借贷合同的履行及诉讼将产生重要影响。但从长远看，可能主要表现为民间借贷的大面积萎缩。

四、关于职业放贷人的借款合同无效问题

《民间借贷司法解释》将企业间为生产经营活动而进行的临时性资金拆借纳入合同有效的范围，体现出在一定程度上放开民间借贷市场，缓解融资难融资贵

的现状。但职业放贷人的行为,属于一种营业行为。虽然《合同法司法解释(一)》第10条已不再将超经营范围的合同纳入无效合同范围,但是该条的但书仍保留了特殊的市场准入资质对合同效力的影响。鉴于资金市场本身的特殊性,无论是商业银行还是小贷公司,都具有一定的准入要求和监管体系,而职业放贷人游离于监管之外,加之高利率高风险带来的暴力催收甚至和黑社会组织挂钩,导致其超越了借款合同的民事法律有效性评价范畴。在此背景下,明确职业放贷人的借款合同无效的《纪要》和《最高人民法院、最高人民检察院、公安部、司法部关于办理非法放贷刑事案件若干问题的意见》构成了民事、刑事双重否定职业放贷人的两把"利剑",实现了对此类营业性放贷行为的完全的否定性评价。

裁判指引

一、《纪要》作为司法规范适用的结构完整性问题

司法的完整裁判规范,应当包括假设条件即场景描述,诉辩观点,定性归类,法律推理和具体处理。虽然司法在适用法律时,应当认为法律规范是完整的,但是由于立法时多数不是按照这样的模式来构造的,构成规范的要素往往散落在不同法律或者同一法律的不同条款中,因此,司法要从中检索出规范的构成要素并予以整合才能适用。由于《纪要》并非按照裁判的完整规范的方式提出意见,只是就司法审判中的一些问题提出具体要点、细节或原则,因此,《纪要》还需要进一步的梳理、解释和整合,并假设具体的诉讼请求与抗辩的场景,进一步明了其在司法裁判中的具体适用状况。

二、高利转贷的举证责任分配

利用金融机构信贷资金转贷的具体情境是,当出借人主张民间借贷的债权时,借款人以民间借贷的资金来自金融机构的信贷资金为由进行抗辩,此时,人民法院就要审查出借人的资金来源。其中值得注意的问题是:

(一)法院是否应主动审查

从具体情境可知,对借贷资金来源人民法院不应当主动审查,而是应依据借款人的抗辩进行审查。否则,有违审判中立的原则,也有违事实认定和举证责任的规则。即只有当借款人提出借贷资金来源不合法的主张时,才应当进行审查,而不能不管有没有人主张,案件一上来就要求出借人就借贷资金来源的合法性进行举证。

（二）证明责任的分配与转化

借款人的抗辩主张不能是凭空的，而是要有一定的证据或证据线索，能够令人对借贷资金系来自信贷资金产生合理怀疑，即借款人负有初步的证明责任。如果其没有履行初步的证明责任，其抗辩主张就不能成立。根据《纪要》的规定，借款人需要证明出借人尚欠银行贷款未还这一事实，借款人要完成这一事实的初步举证责任。

但借款人如何证明出借人尚欠银行贷款未还呢？借款人掌握了信贷证据的自不待言。但出借人的信贷证据一般不为借款人所掌握，借款人如何办？由于所有借款人向银行借贷的记录在人民银行的征信中心均有登记，因此，借款人可以据此证明出借人尚欠银行贷款未还。但是根据征信中心查询规则，非本人或有权机构是无权查询个人的征信记录的，因此，借款人也难以取得证据。

由于此种证据是定案的关键证据，但证据掌握在第三方手中，借款人难以取得，因此，借款人可以申请法院依职权调取，由法院调取出借人的银行征信记录即可解决。但借款人是简单申请，还是必须提供出借人背负信贷债务的初步线索？鉴于借款人对出借人的银行借贷很难知情，如果必须要求其提供初步线索，基本就等于无法举证，而出借人的银行征信记录作为个人信息，指向明确，由出借人提供或由法院查询方便。因此，应当不需要借款人提供线索，其只需要提出质疑，由出借人提供其个人银行征信记录予以反证推翻，或者由法院直接调取征信记录解决。

但是，由于出借人可能并无任何贷款，在征信中心并无任何记录，此时如果把举证责任完全加在出借人身上，只要出借人不肯提供的，就作出对其不利的认定，也是强人所难。

因此，对此类案件，可行的解决办法是只要借款人质疑出借人有贷款未还的，均由法院直接依职权或者发调查令由律师向征信中心调取相关信息资料。这就意味着在此类案件中，直接调取征信记录可能是案件审理的一大特点，是案件事实认定的必经程序。没有履行该程序的，属于程序违法。由于征信记录有时滞后，出借人可能款已还清，但记录尚未删除，因此，对征信记录，也应允许出借人举反证予以推翻。

如果出借人的征信记录没有信贷债务记载的，借款人就需要进一步提供证据以证明其确实存在信贷债务。否则，其主张就不能成立。如果出借人的征信记录确有信贷债务记载的，就会发生证明责任的转移，即证明责任转移到出借人，由出借人反驳借款人的主张。由于有“借款人能够举证证明在签订借款合同时出借人尚欠银行贷款未还的,一般可以推定为出借人套取信贷资金”的认定规则,因此,出借人要证明的待证事实并非借贷的资金属于自有资金,而是要证明其不欠银行贷款或其他信贷债务。只要其不能证明,那么借款人达到初步证明程度的抗辩主张即成立。如果能够证明征信记录记载的银行贷款或其他信贷债务已经清偿的,则借款人的主张即不能成立,双方需要进入新一轮的证明过程。

除了通过中国人民银行征信记录来查证以外,还可以通过不动产登记中心或者动产担保登记机构,查询其持有的不动产是否存在按揭贷款情形,或者其动产是否存在抵质押贷款的情形。但这一调查收集证据的路径,借款人自己是无法独立完成的,也需要由法院依职权调取或者开具调查令由律师调取才可以达成。因此,对高利转贷的证明,法院是否行使调查取证的职能非常关键。

三、高利转贷中的“牟利”

对于高利转贷的“牟利”,并没有规定最低标准,即不要求最低数量,而是只要有获取利息的情形,就算是牟利。这好像是说,只要出借人向借款人收取了利息,就构成牟利。从文义上来说是这样理解的。但从实质上来说,这种理解是不合理的。因为这样一来,可能出借人获得的利息都不够填补其信贷利息的情形,但也成了高利转贷而在禁止之列。出借人无利可言,自然不存在高利和牟利一说。因此,这个“利”应该是指利差,即出借人从转贷中收取的利息超过其获取信贷资金的利息,才更为合乎情理。简单地说,就是存在利差。这样规定的实质,就是只允许民间借贷的出借人将获取的信贷资金以原利率或低于原利率转借给他人,而不允许有任何的加价抽成。虽然《民间借贷司法解释》认可的利率为年利率24%,出借人转贷收取的利率可能比这个要低,单纯从民间借贷来看不违法,但是,只要比转贷资金来源的利率高,就是违法无效的。因此,出借人收取的民间借贷利率符合司法解释的规定,并不是出借人否认高利转贷的理由。这实质是限缩了《民间借贷司法解释》允许的利率的适用范围。

此外,这里的“利”,是不是只指约定的利息?从《纪要》的精神来看,应当不只是约定的利息,也包括变相的利息,如其他各种名目收取的货币收入或非货币收入,包括出借人与借款人利用其他法律关系规避高利转贷法律关系形成的利益输送。这里有一个非货币收入如何估价的问题。凡是物质性的非货币收入皆可根据市场作价,而精神性的非货币收入无从估价,法律也无法有效地调整,因此,这里的非货币收入应当只限于物质性的收入或者可以转换成货币的商业机会等收入。

四、高利转贷与借款人的主观认知

《民间借贷司法解释》第 14 条规定:“具有下列情形之一,人民法院应当认定民间借贷合同无效:(一)套取金融机构信贷资金又高利转贷给借款人,且借款人事先知道或者应当知道的……”这一规定对套取金融机构信贷资金高利转贷,有一个必须同时具备的附加条件,即必须借款人事先知道或者应当知道。而《纪要》第 52 条则规定,“借款人事先知道或者应当知道”的要件,不宜把握过苛。实践中,只要出借人在签订借款合同时存在尚欠银行贷款未还事实的,一般可以认为满足了该条规定的“借款人事先知道或者应当知道”这一要件。因此,这就使借款人认知状况要件的主观标准变成了客观标准,使高利转贷构成的认定完全取决于出借人一方的情况,而与借款人的认知状况无关,这一点限缩了《民间借贷司法解释》的规定,即高利转贷构成要件不考虑借款人的主观认知状况,纯粹为客观标准。

五、利用金融机构信贷资金转贷无效的规则,是否能够类推适用于占用他人资金进行民间借贷的情形

《纪要》直接指出民间借贷必须使用自有资金。根据法律上的反对解释,这意味着,占用他人资金进行民间借贷是不允许的。然而,《纪要》却没有“一刀切”,而是只列举了占用金融机构信贷资金转贷这一种情形,规定这类民间借贷是无效的。那么对占用其他人资金进行民间借贷牟利的,所涉民间借贷是否无效呢?《纪要》没有规定,将来就会成为争议。如果说实际上还是允许占用其他人资金进行民间借贷,那么《纪要》对民间借贷必须使自有资金的强调,就仅仅具有倡导性意义,没有实质影响。如果实质上也不允许占用其他人资金进行民间借贷,那么本条的列举就不完整,说一半留一半,尺度反而模糊不清了。

设想一下具体的诉讼场景,当出借人主张债权时,借款人可以抗辩称借贷资金非出借人本人所有,此时,按照“谁主张,谁举证”的原则,理应由借款人负担证明出借资金非出借人自有资金的举证责任。那么借款人怎么证明呢?从正面是很难证明的,但是借款人是否可以通过证明出借人在放贷同时背负有金钱债务来完成举证责任呢?参照占用金融机构信贷资金转贷的判断标准,是可以的。然

而,这样一来,就等于只允许毫无金钱债务负担的人出借款项,只要背负有金钱债务的,都不能出借款项。这样的"一刀切"很难合乎实际生活的需要。此时,是否应当允许出借人证明自己的自有资金超过金钱债务金额来反驳?从比照套取金融机构信贷资金转贷可以反证推翻的规定来看,应当允许。实践中,对此类纠纷有的做法是,只要借款人提出抗辩的,就直接要求出借人承担证明出借资金系自有资金的举证责任。

六、关于职业放贷人的认定

根据《纪要》第 53 条的规定,同一出借人在一定期间内多次从事有偿民间借贷行为的,一般可以认定为是职业放贷人,那么,职业放贷就是同一出借人在一定期间内多次从事有偿民间借贷的行为。其中,主要涉及"一定期间"和"多次"的事实的认定问题。对此,《纪要》没有作出统一的规定,而是授权民间借贷比较活跃的地方的高级人民法院和中级人民法院自行制定具体的认定标准。

部分高级人民法院如浙江省、江苏省高级人民法院已有规定。如江苏省高级人民法院规定,"同一出借人及其实际控制的关联关系人作为原告一年内在全省各级人民法院起诉民间借贷案件 5 件以上的",纳入职业放贷人名录,同时,"通过案件审理或者是其他途径可以初步确定为职业放贷人的,不受上述案件数量的限制",而且,职业放贷人名录由法院内部掌握,不对外公开。

而《最高人民法院、最高人民检察院、公安部、司法部关于办理非法放贷刑事案件若干问题的意见》第 1 条规定:"违反国家规定,未经监管部门批准,或者超越经营范围,以营利为目的,经常性地向社会不特定对象发放贷款,扰乱金融市场秩序,情节严重的,依照刑法第二百二十五条第(四)项的规定,以非法经营罪定罪处罚。前款规定中的'经常性地向社会不特定对象发放贷款',是指 2 年内向不特定多人(包括单位和个人)以借款或其他名义出借资金 10 次以上。贷款到期后延长还款期限的,发放贷款次数按照 1 次计算。"职业放贷人入刑的基础构成要件之一就是"2 年内向不特定多人(包括单位和个人)以借款或其他名义出借资金 10 次以上",既然都可以成为入刑的前提要件,那么在民事诉讼当然也足以认定为职业放贷。

因此,除了民事诉讼中达到一定案件数量的标准以外,即使没有形成民事诉讼,只要达到了 2 年内向不特定多人出借资金 10 次以上,也构成职业放贷。这就为判断职业放贷又提供了一个认定角度和标准,也给出借人或者借款人在处理民间借贷时多提供了一种考虑或行动的可能。

由于有了刑事入刑的前提要件,因此,职业放贷在民事诉讼中的认定标准最超码也要以此划线,即2年内向不特定多人出借资金10次以上,而根据《纪要》的意见,法院也完全可以在此标准以下划线,因此,职业放贷的起步认定标准目前还是不确定的,有很大的弹性,但只要达到2年内向不特定多人出借资金10次以上的标准,就极可能构成职业放贷。

这样一来,职业放贷并不以利率超出《民间借贷司法解释》允许的标准为要件。即使是在合法利率范围以内,只要在一定期限内,多次借贷且形成诉讼的,都是职业放贷,这是客观标准。

律师指引

一、诉讼请求中的利率表述

在诉讼请求中主张利息时,应注意利率基础标准的变化,要分阶段计算。在2019年8月20日之前的,仍应按照中国人民银行同期同档次贷款基准利率计算利息。2019年8月20日之后的,则应按照同期全国银行间同业拆借中心公布的贷款市场报价利率即LPR来计算利息。需要注意的是,存款基准利率标准并没有改变,仍可适用。

二、涉及变相利率的诉讼请求表述

《纪要》第51条的语义不完整,只明确了借款人认为属于变相收取利息或者不合理费用这个主张,但没有明确借款人的后续对应的诉讼请求。诉讼中,当事人如果没有就此提出有针对性的诉讼请求,判决就无法对此作出判项。因此,如果存在此种情形的,借款人在诉状的事实和理由部分应当明确提出金融机构收取的利息或费用属于变相收取利息或者不合理费用的主张,并辅之以足以证明该项事实的证据;在诉讼请求的部分,应当明确要求不予支付或者要求出借人向其返还或减少变相收取的利息或不合理的费用。由于此项主张涉及具体的本息抵扣问题,还应当就此列明具体的计算方式和计算结果,避免把算术题直接交给法官。

三、关于第三人收取的变相利息及费用问题

《纪要》只明确了借款人向出借人的主张,没有涉及出借人指定的收取不合理费用的人。如果不合理费用是由出借人指定的人收取的,借款人主张被指定的人

返还，起诉时，应将该主体列为共同被告；如果不是选择要求被指定收费的人返还，可将其列为第三人，并在诉讼请求中将该部分款项列入抵扣借款本息的范围。

四、关于变相利益及费用过高的证明、反证与抗辩

借款人认为金融机构收取的服务费、咨询费、顾问费、管理费等费用属于变相收取利息，或者认为金融机构或者由其指定的人收取的相关费用不合理，必然要承担举证责任。那么，借款人如何证明呢？要证明到什么程度其主张才能成立呢？一般来说，只要在合同约定的贷款利息之外，另行收取的费用，均可推定为变相收取利息。但也有个别例外，比如，银团贷款中收取的牵头费用、协调费用。而对费用不合理的证明，除了以费用本身的收取没有依据来证明以外，还可以费用收取的比例或额度超过了监管规定，或与实际提供的服务工作量不合常理、不相称来证明。比如，约定的服务实际未提供，服务内容无针对性或与金融借贷没有必要的关联性，服务只有形式、没有实质性内容，内容抄袭重复，或者内容造假。但是否被认可达到了证明的程度，还要取决于审理相关案件的法官的个人认知判断。

作为金融机构，可以实际提供服务的工作量和工作内容来抗辩，也可以金融监管部门批准、允许或制定的收费项目和标准来抗辩，还可以司法解释规定的民间借贷利率上限不得超过24%的标准与之比较来抗辩。

法务指引

一、金融借款合同中的利率条款设定

中国人民银行〔2019〕第30号公告要求，“自2020年1月1日起，各金融机构不得签订参考贷款基准利率定价的浮动利率贷款合同”；并要求“自2020年3月1日起，金融机构应与存量浮动利率贷款客户就定价基准转换条款进行协商，将原合同约定的利率定价方式转换为以LPR为定价基准加点形成（加点可为负值）”。故从中国人民银行的要求来看，贷款基准利率也已经成为合同利率条款的历史，转而采用以LPR为定价基准的表达方式。

二、存量贷款利率转换中的问题

2019年12月28日，中国人民银行〔2019〕第30号公告发布，自2020年3月1日起，金融机构应与存量浮动利率贷款客户就定价基准转换条款进行协商，将原合同约定的利率定价方式转换为以LPR为定价基准加减点形成，加减点数值在合

同剩余期限内固定不变;也可转换为固定利率。定价基准只能转换一次,转换之后不能再次转换。已处于最后一个重定价周期的存量浮动利率贷款可不转换。存量浮动利率贷款定价基准转换原则上应于2020年8月31日前完成。调整后的贷款定价方式及加减点由借贷双方协商确定,除商业性个人住房贷款外,其他贷款可不与原利率执行标准一致;商业性个人住房贷款如转换为浮动利率,加点数值应等于原合同最近的执行利率水平与2019年12月发布的相应期限LPR的差值;如转换为固定利率,转换后利率水平应等于原合同最近的执行利率水平。

根据这一通知,相关转换业务量将是巨大的,同时其中也存在不可忽视的法律问题。

1. 存量浮动利率贷款合同中利率条款的转换修改属于补充协议,在签署时,担保人、共同借款人需要一并签署。因为利率调整后,借款的利息可能减轻,但也可能增加。如果增加,而担保人或共同借款人没有签署补充协议的话,这些主体以及他们的债权人就会对增加的利息享有抗辩权。所有借款相关主体一并签署了补充协议,则排除了这种抗辩的可能性。同时应当注意补充协议的签署方式应与原协议的签署方式保持一致。

2. 对于办理抵押、质押登记的贷款,签署利率条款转换修改的补充协议后,应当将补充协议提交至登记部门备案。如果登记的内容有利率的,还应当对利率作变更登记。

3. 如果利率转换后,利息比转换前增加的,这种变更登记是否能够对抗登记在后的权利人?笔者认为应当可以对抗,因为这种调整适用的贷款的利率本来就是浮动的,登记在后的权利人原来就没有利率不增加的预期利益可言,因而不存在对抗的前提基础。

三、金融借款合同中变相利息、费用与合同草拟

在利率市场化的背景下,金融监管机关并未划出金融借款合同的利率上限。但根据《最高人民法院关于进一步加强金融审判工作的若干意见》(法发〔2017〕22号)第2点有关“金融借款合同的借款人以贷款人同时主张的利息、复利、罚息、违约金和其他费用过高,显著背离实际损失为由,请求对总计超过年利率24%的部分予以调减的,应予支持,以有效降低实体经济的融资成本”的规定,只要金融借款利率不高于24%的,司法仍予以支持。在此背景下,既然变相利率和费用面临着调减或者不予支付的风险,倒不如直接光明正大地将其计入明定的计息标

准，作为真的利率，只要其没有超过年利率24%，就不应扣减、免息。

如果涉及具体的费用的，建议通过独立的费用服务合同解决，并且明确服务内容和收费依据，收费金额与收费服务应当大致匹配，或者有相应的收费标准、收费依据，避免被纳入变相利息范围因而被调减。

四、关于是否可以通过仲裁条款规避的问题

采取程序规避措施，比如，当事人签订仲裁协议，决定通过仲裁裁决。这样是否能够有效规避呢？这首先要看仲裁是不是也适用同样的尺度。对于民商事纠纷，仲裁的尺度一般比司法的尺度要宽松，对社会交易和行为的宽容度更大，完全可能出现尺度不一致。如果仲裁的尺度较宽松，此类纠纷就会大量转移到仲裁渠道中去。这样一来，《纪要》的目的是否会落空？笔者认为应当不会，因为仲裁的裁决最后还是要到法院去强制执行，如果仲裁的尺度与法院不一致，当事人可能申请法院撤销仲裁裁决，也可能申请不予执行仲裁裁决。这样仲裁就不得不与法院保持一致。因此，这种规避应当是没有出路的。

五、作为出借人对借款合同无效的法律风险防范建议

对于出借人而言，在进行单笔、偶发的民间借贷时，先行审查自身是否背负银行贷款或其他信贷债务，对于保障借贷行为合法有效，是必须履行风险防范的前提程序。从诉讼角度来看，应当在放款时点留存相应的无银行负债的证据。

由于职业放贷的认定处理是在诉讼争议场景中，因此，只要没有进入诉讼，即使是职业放贷，法院也只能听之任之。但这并不代表出借人就必然是安全的，没有法律风险的。因为，虽然双方暂时相安无事，可是累积下来，如果利率、金额数量够上非法放贷入刑的标准的，也可能触犯刑律，后果将会更严重。也就是说，由于可以利用刑事标准来支持民事认定标准，民间借贷出借人的法律风险并不仅仅限于民事纠纷，也可能卷入刑事纠纷。借款人不仅可以通过民事诉讼来反制出借人，甚至还可以通过刑事途径来反制出借人，而且借贷关系之外的主体，如相关司法机关或其他人也可能将出借人“拖入刑事轨道”。因此，对于出借人而言，法律风险很大，不能因为利率有司法解释加以调整，就以为可以高枕无忧，不但必须注意到即使利率合法，也可能构成违法无效；还要注意到如果构成非法经营罪，则不仅财产有风险，人身安全也有风险。在财产上，除本金以外的全部收益都将成为违法所得而被没收，而本金完全可能因为借款人无力偿还，或者转移隐匿财产而

得不到清偿;在人身安全上,可能因构成非法经营罪或其他犯罪而身陷囹圄。

六、关于委托贷款的选择

在如此严苛的压制下,民间借贷的直接反应当然会大幅收敛。但是只要有融资的客观需求存在,只要市场实际利率高于名义利率而有利可图,民间借贷就不可能消失。当事人可能会采取一些规避措施。比如,以间接的方式,通过正规金融机构的委托贷款。这又将引出新的问题,这种变通的情形算不算职业放贷?鉴于委托贷款模式,出借人也可能满足一定期间内多次放贷成讼的标准,而且从获利的实质来看,也是一样的,因此,也应当纳入职业放贷。但是,由于此种模式是以金融机构为通道,为法律所明确许可,因此出借人就不存在放贷资格的问题,借贷关系就应当是合法的,因而就不应纳入职业放贷。如果这种形式不算职业放贷,那么民间借贷将可能通过金融机构转化为委托贷款模式,金融机构的委托贷款业务将可能大幅增长。因为委托贷款的利率并没有限制,银行利率的上下限又已放开,因此,对于借款人来说,其并没有在利率上获得什么好处,可能仅仅是增加了通道成本而已。但对有剩余资金的放贷人而言,目前这是一个合法可行的放款渠道。

要案索引

[案例1]中国银行股份有限公司宿迁分行与王东、王东亮等金融借款合同纠纷案

[案号](2018)苏13民终1423号

[裁判要旨]合同约定的分期收取的手续费为变相收取的借款利息,基于银行在发放借款时一次性收取,性质上属于预扣利息,故应从借款本金中予以扣除。

[案情概要]2014年2月10日,王东向中国银行股份有限公司宿迁分行(以下简称中行宿迁分行)申请办理长城环球通系列信用卡。2014年10月6日,王东(甲方)与中行宿迁分行(乙方)签订合同,约定,“专项分期付款”额度为9万元,后实际放款7万元,期数为36期,一期为一个月,自甲方实际交易之日起算,本金采用月均等额、取整入账、免息还款方式;“专项分期付款”手续费为10,800元,后实际收取8400元;甲方保证在所提额账户的第一期到期还款日前存入手续费的款项,如果未存入手续费,将扣减甲方信用卡原有信用额度,如甲方信用卡原有可用信用额度不足以扣减手续费时,甲方应预先存入不足部分,如因甲方本人原因

未及时存入上述不足部分而导致的利息、滞纳金等费用，则由甲方全额承担。如甲方违约，中行宿迁分行有权宣布本合同项下所有欠款全部或部分提前到期。甲方逾期偿还的，应支付透支利息，透支利息为日利率万分之五，按月计收复利，起息日以透支交易记账日为准；并按最低还款额未还款部分的5%支付滞纳金。

截至2017年11月7日，中行宿迁分行结算王东尚欠中行宿迁分行借款本金33,476.94元及相关利息、滞纳金等，遂成讼。

[裁判观点]宿迁市中级人民法院作为二审法院认为：中行宿迁分行实际交付的借款本金数额应为61,600元，即手续费8400元应从本金中予以扣除。因为：(1)王东与中行宿迁分行签订的合同中明确约定手续费金额为10,800元，与约定借款金额9万元的比率为12%，本案实际放款金额为7万元，根据12%的比例手续费应为8400元。(2)《收单数据分析系统》显示，2014年10月17日，中行宿迁分行与宿迁市弘汽车贸易有限公司交易金额为7万元，手续费8400元。(3)中行宿迁分行主张其收取的手续费8400元系基于与宿迁市弘汽车贸易有限公司之间的合同收取，但中行宿迁分行并未提供证据证明王东已经通过刷卡取得7万元或等值的商品、服务。据此，该院认定中行宿迁分行主张分期36个月收取的手续费标准为12%系其变相收取的借款利息，基于中行宿迁分行在发放借款时一次性收取，性质上属于预扣利息，故应从借款本金中予以扣除。

[案例2]姜胜芝与张庆凤、张修庆等民间借贷纠纷案

[案号](2016)湘0105民初1422号

[裁判要旨]借款人应当知晓出借人套取金融机构信贷资金又高利转贷的行为，根据《民间借贷司法解释》第14条第1项规定，借贷行为应属无效。

[案情概要]2015年4月9日，原告姜胜芝（出借人）与被告张庆凤、张修庆（借款人）签订《借款合同》。合同约定：(1)借款金额300万元；(2)借款期限6个月，从2015年4月9日至10月8日；(3)借款利率为月利率3%，按季付息，每季度结束后5日内支付上季度利息，逾期加收50%罚息；(4)本金到期一次性归还；(5)回春堂药业股份有限公司大股东张向东承担连带担保责任；(6)汽车合格证书30张为本次借款质押；(7)出借人把本合同借款资金汇入借款人账户；(8)合同到期借款人将本息汇入出借人账户。该合同由姜胜芝、张庆凤、张修庆签名，张向东在连带担保人处签名，且张庆凤注明“已收资金叁佰万圆整”。

合同到期后，原告姜胜芝（出借人）与被告张庆凤、张修庆（借款人）于2015年10月10日再次签订《借款合同》，约定借款金额300万元，期限从2015年10月8

日至2016年10月7日，出借人已把合同借款资金汇入借款人张庆凤账户，还款账户为姜胜芝长沙银行金城支行账户，其他条款与2015年4月9日合同一致。姜胜芝、张庆凤、张修庆在2015年10月10日合同上签名，张向东未在该合同的连带担保人处签名。

原告主张付款明细为：(1)2014年10月至2015年4月先后向张庆凤转账285.64万元。(2)2014年10月24日通过浦发银行账户消贷易额度支用42.1万元，同日以消费名义向湘潭市金致汽车销售服务有限公司（以下简称金致公司）支付42.1万元；2014年12月8日通过浦发银行账户消贷易额度支用25.8万元、21.8万元，同日以消费名义分别向金致公司支付25.8万元、21.8万元；2015年4月7日通过浦发银行账户消贷易额度支用45万元，同日以消费名义向金致公司支付45万元，共计134.7万元。(3)2014年12月8日原告使用建设银行信用卡以消费名义分别向金致公司支付7万元、20万元，2015年1月9日使用建设银行信用卡以消费名义向金致公司支付10万元，共计37万元。被告张庆凤分别于2015年4月7日、4月8日向原告支付40万元、155万元。原告认可被告张庆凤、张修庆按月利率3%标准支付2015年10月8日之前的利息。三被告未提交其他还款凭证。张庆凤、张修庆系夫妻关系，张庆凤系金致公司的法定代表人，张庆凤、张修庆为金致公司股东。

[裁判观点]长沙市开福区人民法院认为：原告通过浦发银行账户消贷易额度支用134.7万元，再以消费名义转贷134.7万元，通过建设银行信用卡以消费名义转贷37万元，共计171.7万元，属于套取金融机构信贷资金又高利转贷的行为。被告张庆凤、张修庆系夫妻关系，都是金致公司股东，且张庆凤为法定代表人，应当知晓原告在公司消费付款系套取资金并高利转贷，根据《民间借贷司法解释》第14条第1项规定，上述借贷行为应属无效。因借贷无效，对应的担保合同亦应无效，该借贷在担保之前产生，被告张向东并未参与，没有过错，按《担保法》规定，对高利转贷部分张向东不应承担担保责任。

[案例3]江苏明亿达国际贸易有限公司、顾益宏等骗取贷款、票据承兑、金融票证罪朱月明骗取贷款、票据承兑、金融票证罪、高利转贷罪苏州雅华化纤有限公司高利转贷罪案

[案号](2017)苏0585刑初937号

[裁判要旨]以转贷牟利为目的，套取金融机构信贷资金高利转贷他人，违法所得数额较大，构成高利转贷罪。

[案情概要]1. 2014年10月至2015年5月，被告人朱月明以苏州明军化纤织造有限公司（以下简称明军公司）生产经营的名义向太仓农村商业银行申请流动资金贷款5200万元，后银行以转账支票的形式放款给江苏明辉化纤科技股份有限公司（以下简称明辉公司），票面备注“购原料”，后明辉公司以“借款利息”的形式将27.5875万元，转入陆某的个人账户。

2. 2014年11月至2015年5月，被告人朱月明先后2次以明军公司生产经营的名义向广发银行申请流动资金贷款1亿元，后银行开具2张承兑汇票，票面金额均为5000万元，后明辉公司以“借款利息”的形式将42.4409万元，转入陆某的个人账户。

3. 2014年10月至2015年5月，被告人朱月明以苏州雅华化纤有限公司（以下简称雅华公司）生产经营的名义向太仓农村商业银行申请流动资金贷款6342万元，后银行以转账支票的形式放款给明辉公司，票面备注“购原料”，后明辉公司以“借款利息”的形式将16.5507万元，转入陆某的个人账户。

[裁判观点]1. 关于相关款项的性质

明军公司、雅华公司从太仓农商行及广发银行贷出的款项均以借款形式给了明辉公司，明辉公司从其废料账上支付相应的利息至陆某账户；明辉公司废料账上注明有每个月的借款利息，相关利息进入到陆某的账户，并有被告人朱月明的签字确认。

2. 关于融资成本

被告人朱月明及辩护人提出的承兑汇票贴息需支付高额融资成本的意见，法院经审查后认为，明军公司、雅华公司从太仓农村商业银行借款，太仓农村商业银行以转账支票的形式开具给明辉公司，不存在贴息的情况。2014年11月12日、2015年5月14日广发银行向明军公司各开具5000万元的承兑汇票，后明军公司将承兑汇票支付给明辉公司，系资金使用者明辉公司予以贴现，而明军公司并未为此承担相关贴息成本。关于广发银行先后2次向明军公司各开具5000万元的承兑汇票时需每次支付2500万元作为保证金的成本，法院在审查相关利差的形成过程中已予以扣除。

3. 关于是否属于“高利”

《刑法》第175条并未指出高利转贷罪必须以行为人高出金融机构贷款利率较多的利率转贷给他人才构成，而只是指出高利转贷他人就可能构成犯罪。从立法本意看，高利转贷罪主要禁止行为人通过转贷行为非法谋取利益。行为人非法谋取利益,并非只能通过高出银行法定标准的利率来实现,只要行为人以高于贷进利率的贷出利率进行转贷赚取差价,就是谋取了非法利益,且违法所得数额在10万元以上的就应被追究刑事责任。本案中,明军公司、雅华公司从太仓农村商业银行以年利率7.84%~9.36%不等的利息借款,然后以年利率24%计算利息;广发银行开具给明军公司承兑汇票后,明军公司支付给明辉公司,也以年利率24%计算利息;相关利息均通过明辉公司的废料账转至陆某的个人账户,数额达86万余元。

被告单位江苏明亿达国际贸易有限公司、被告人朱月明、顾益宏、陆艳芬以欺骗手段取得银行贷款,其行为均已构成骗取贷款罪;被告单位雅华公司、被告人朱月明以转贷牟利为目的,套取金融机构信贷资金高利转贷他人,违法所得数额较大,其行为均已构成高利转贷罪。

[案例4]大连高金投资有限公司、中国工商银行股份有限公司大连星海支行企业借贷纠纷、金融借款合同纠纷案

[案号](2017)最高法民终647号

[裁判要旨]无放贷资质从事属于特许经营的放贷业务,违反了法律行政法规的强制性规定,应当认定借款合同无效。

[案情概要]2013年11月26日,大连市中级人民法院作出(2013)大民三初字第95号民事判决书,查明:大连高金投资有限公司(以下简称高金公司)与大连金华电力燃料有限责任公司(以下简称金华公司)于2011年7月26日签订借款合同,合同约定高金公司出借给金华公司1800万元,借款期限30天,借款利息按银行同期贷款利率4倍执行。每逾期一天,按欠款金额的3‰计算罚息。2013年12月10日,大连市中级人民法院作出(2013)大民三初字第92号民事判决书,查明:2010年5月14日,高金公司以银行转账方式向大连荟铭实业发展有限公司(以下简称荟铭公司)汇款3000万元,荟铭公司向高金公司出具3000万元的收款收据,高金公司与荟铭公司在该庭审中均认可利息为月息4分。2014年12月12日,大连市中级人民法院作出(2014)大民三初字第252号民事调解书,查明:2010年3月高金公司与北京新纪元投资发展有限公司(以下简称新纪元公司)签订借款合同,约定高金公司出借给新纪元公司1亿元整,借款期限从2010年3月16日起至7月15日止,逾期借款利率日3‰。2015年3月21日,大连市中级人民法院作出(2014)大民一初字第151号民事判决书,高金公司在该案中诉称:2011年7月1日,高金公司与兴城市鼎锋矿业有限公司(以下简称鼎锋公司)签订借款合

同，约定高金公司向其出借5000万元，借款期限自2011年7月1日起至9月15日止，利息按同期银行利率4倍计算。

高金公司于2014年12月8日在一审法院提起的(2014)辽民二初字第00085号企业借贷纠纷案件中诉称：2010年8月19日高金公司与顺天海川企业集团有限公司(以下简称顺天海川公司)签订《借款合同》约定借款人顺天海川公司(《借款合同》乙方)向高金公司(《借款合同》甲方)借款1亿元整，期限从2010年8月23日至11月22日，借期内未约定利息，如未履行到期还款之义务，需按合同金额按月向甲方支付违约金，其违约金具体数额为每月支付合同金额的3%，即人民币300万元整。如乙方至2011年6月22日仍未还清借款，除向甲方每月支付违约金外，逾期按欠款金额的日3‰计息。2011年4月13日高金公司与顺天海川公司签订《借款合同》，约定顺天海川公司向高金公司借款12,000万元整，期限从2011年4月14日至6月28日，逾期违约金为借款金额的5%，罚息日3‰。高金公司的企业法人营业执照载明的经营范围为：项目投资(不含专项审批)、财务咨询、企业管理咨询。

[**裁判观点**]高金公司贷款对象主体众多，除了本案债务人大连德享房地产开发有限公司以外，高金公司于2009年至2011年分别向新纪元公司、金华公司、荟铭公司、鼎锋公司和顺天海川公司等出借资金，通过向社会不特定对象提供资金以赚取高额利息，出借行为具有反复性、经常性，借款目的也具有营业性，未经批准，擅自从事经常性的贷款业务，属于从事非法金融业务活动。《银行业监督管理法》第19条规定，"未经国务院银行业监督管理机构批准，任何单位和个人不得设立银行业金融机构或者从事银行业金融机构的业务活动"，该强制性规定直接关系国家金融管理秩序和社会资金安全，事关社会公共利益，属于效力性强制性规定。根据《合同法》第52条第5项违反法律、行政法规的强制性规定的合同无效的规定以及《合同法司法解释(二)》第14条的规定，应认定案涉《借款合同》无效。高金公司的经营范围为项目投资(不含专项审批)、财务咨询、企业管理咨询，高金公司所从事的经常性放贷业务，已经超出其经营范围。《合同法司法解释(一)》第10条规定："当事人超越经营范围订立合同，人民法院不因此认定合同无效。但违反国家限制经营、特许经营以及法律、行政法规禁止经营规定的除外。"金融业务活动系国家特许经营业务，故依照上述规定也应认定案涉《借款合同》无效。

民法典最新规定释评

一、《民法典》规范文本

第六百八十条　禁止高利放贷，借款的利率不得违反国家有关规定。

借款合同对支付利息没有约定的，视为没有利息。

借款合同对支付利息约定不明确，当事人不能达成补充协议的，按照当地或者当事人的交易方式、交易习惯、市场利率等因素确定利息；自然人之间借款的，视为没有利息。

二、规范释评

《民法典》有关借款合同的规定，删除了《合同法》第198条关于可以要求提供担保及适用法律的规定、第204条关于金融机构贷款利率上下限的规定；修订了《合同法》第211条的内容，成为《民法典》的680条，明确增加了禁止高利放贷条款，借款的利率不得违反国家有关规定，将对支付利息没有约定的视为没有利息的适用主体范围从自然人之间扩大到一般借贷双方之间，对支付利息约定不明确的，自然人之间的借贷视为没有利息，其他当事人之间的借贷增加了适用补充协议或者参考交易方式、交易惯例、市场利率等裁判考量因素。

《民法典》的最新规定与《纪要》限制高利借贷的价值取向是一致的。《民法典》对自然人之间借贷利息的认定，体现了从严的准则。对一方为非自然人的借贷利息的认定，赋予了法官在指定的裁判考量因素范围内的自由裁量权。

《民法典》第680条所规定的"借款利率不得违反国家有关规定"，具体所指为何，值得关注。目前，中国人民银行、中国银行保险监督管理委员会、最高人民法院对借贷利率均有规定，这些规定之间如何协调一致，特别是对利率标准的高低以及上下限，需要作出明确统一的规定，才能便于适用。因此，要密切关注相关部门对利率的政策规定。据了解，最高人民法院已经启动对民间借贷司法解释利率标准的修改程序，拟将民间借贷的利率上限设定为LPR的4倍，这一修改将再次对民间借贷的利率标准产生重大影响，值得重点关注。

担保法部分

专 题 一

担保法的一般规则

《担保法》被称为“民商法中最活跃的领域”，实际上也一直是争议最多、规则最为复杂的领域。这主要是因为担保交易里不仅囊括了多个法律关系、多个主体，而且涉及《物权法》与《担保法》及其司法解释的交集、《物权法》与《合同法》的交集。更为重要的是，丰富多彩的担保交易实践，不停地对既有的法律规则提出新的挑战。在此背景下，《纪要》在第四部分，集中就担保审判实践中的疑难问题，分别从一般规则、不动产担保物权、动产担保物权和非典型担保四个方面作出了规定。笔者将结合《纪要》该部分的内容，根据实务问题的重要程度，分专题作出分析。

本专题围绕《纪要》中的“担保的一般规则”展开，主要分析独立担保、担保责任的范围、混合担保、借新还旧中的担保物权和担保债权的范围五个问题。

纪要原文

四、关于担保纠纷案件的审理

会议认为，要注意担保法及其司法解释与物权法对独立担保、混合担保、担保期间等有关制度的不同规定，根据新的规定优于旧的规定的法律适用规则，优先适用物权法的规定。从属性是担保的基本属性，要慎重认定独立担保行为的效力，将其严格限定在法律或者司法解释明确规定的情形。要根据区分原则，准确认定担保合同效力。要坚持物权法定、公示公信原则，区分不动产与动产担保物权在物权变动、效力规则等方面的异同，准确适用法律。要充分发挥担保对缓解融资难融资贵问题的积极作用，不轻易否定新类型担保、非典型担保的合同效力及担保功能。

（一）关于担保的一般规则

54.【独立担保】从属性是担保的基本属性，但由银行或者非银行金融机构开立的独立保函除外。独立保函纠纷案件依据《最高人民法院关于审理独立保函纠纷案件若干问题的规定》处理。需要进一步明确的是：凡是由银行或者非银行金融机构开立的符合该司法解释第1条、第3条规定情形的保函，无论是用于国际商事交易还是用于国内商事交易，均不影响保函的效力。银行或者非银行金融机构之外的当事人开立的独立保函，以及当事人有关排除担保从属性的约定，应当认定无效。但是，根据"无效法律行为的转换"原理，在否定其独立担保效力的同时，应当将其认定为从属性担保。此时，如果主合同有效，则担保合同有效，担保人与主债务人承担连带保证责任。主合同无效，则该所谓的独立担保也随之无效，担保人无过错的，不承担责任；担保人有过错的，其承担民事责任的部分，不应超过债务人不能清偿部分的三分之一。

55.【担保责任的范围】担保人承担的担保责任范围不应当大于主债务，是担保从属性的必然要求。当事人约定的担保责任的范围大于主债务的，如针对担保责任约定专门的违约责任、担保责任的数额高于主债务、担保责任约定的利息高于主债务利息、担保责任的履行期先于主债务履行期届满，等等，均应当认定大于主债务部分的约定无效，从而使担保责任缩减至主债务的范围。

56.【混合担保中担保人之间的追偿问题】被担保的债权既有保证又有第三人提供的物的担保的，担保法司法解释第38条明确规定，承担了担保责任的担保人可以要求其他担保人清偿其应当分担的份额。但《物权法》第176条并未作出类似规定，根据《物权法》第178条关于"担保法与本法的规定不一致的，适用本法"的规定，承担了担保责任的担保人向其他担保人追偿的，人民法院不予支持，但担保人在担保合同中约定可以相互追偿的除外。

57.【借新还旧的担保物权】贷款到期后，借款人与贷款人订立新的借款合同，将新贷用于归还旧贷，旧贷因清偿而消灭，为旧贷设立的担保物权也随之消灭。贷款人以旧贷上的担保物权尚未进行涂销登记为由，主张对新贷行使担保物权的，人民法院不予支持，但当事人约定继续为新贷提供担保的除外。

58.【担保债权的范围】以登记作为公示方式的不动产担保物权的担保范围，一般应当以登记的范围为准。但是，我国目前不动产担保物权登记，不同地区的系统设置及登记规则并不一致，人民法院在审理案件时应当充分注意制度设计上的差别，作出符合实际的判断：一是多数省区市的登记系统未设置"担保范围"栏目,仅有"被担保主债权数额(最高债权数额)"的表述,且只能填写固定数字。而当事人在合同中又往往约定担保物权的担保范围包括主债权及其利息、违约金等附属债权,致使合同约定的担保范围与登记不一致。显然,这种不一致是由于该地区登记系统设置及登记规则造成的该地区的普遍现象。人民法院以合同约定认定担保物权的担保范围,是符合实际的妥当选择。二是一些省区市不动产登记系统设置与登记规则比较规范,担保物权登记范围与合同约定一致在该地区是常态或者普遍现象,人民法院在审理案件时,应当以登记的担保范围为准。

59.【主债权诉讼时效届满的法律后果】抵押权人应当在主债权的诉讼时效期间内行使抵押权。抵押权人在主债权诉讼时效届满前未行使抵押权,抵押人在主债权诉讼时效届满后请求涂销抵押权登记的,人民法院依法予以支持。以登记作为公示方法的权利质权,参照适用前款规定。

规范精要

一、《纪要》在导语部分明确了担保案件审理的四个基本原则

(1)坚持新法优于旧法的原则,故《物权法》优先于《担保法》及其司法解释。(2)坚持担保的从属性原则,独立担保仅适用法律司法解释的特别规定。(3)坚持区分原则,区别物权效力和合同效力,动产担保与不动产担保的规则差异。(4)坚持开放性原则,不轻易否定新类型担保、非典型担保的效力。

二、《纪要》第 54 条特别强调独立担保的法定适用范围

独立担保的效力取决于主体的特定资格,不取决于交易的涉外性。只有银行或者非银行金融机构才有资格开立独立保函,其他主体开具的独立保函一律无效;银行或者非银行金融机构开具的独立保函既可用于国际商事交易,也可用于国内商事交易,不因适用范围而影响其效力。

三、《纪要》第 54 条明确了认定独立保函无效后的法律后果

"独立性"因违反从属性而无效,产生的后果是认定为从属性担保。在从属性担保的前提,进一步认定担保合同的效力:主合同有效,承担连带保证责任;主合同无效,即使约定了担保的独立性,担保合同也仍然无效,无效的后果按照担保人是否有过错,承担 1/3 以内的责任(担保人有过错)或者免责(担保人无过错)。

四、《纪要》第 55 条明确了担保合同特别约定超过主债务的责任无效

针对担保交易实务中,在担保合同中特别约定担保人的违约责任、金额高于、期限早于主债权的情形,《纪要》第 55 条以担保的从属性法理为据,否定了超越主债务责任范围的担保责任。

五、《纪要》第 56 条否定了担保人之间的追偿权,但同时为特别约定预留了有效接口

混合担保中,担保人之间是否有追偿权,涉及《担保法》及其司法解释与《物权法》规定的不一致的问题。《纪要》按照新法优于旧法的原则,以《物权法》第 178 条为据,否定了混合担保中担保人之间的相互追偿权。《纪要》第 56 条但书为合同的特约预留了接口,体现了商事裁判的开放性,也为担保合同的条款拟定提供了指引。

六、《纪要》第 57 条否定了借新还旧中旧贷担保物权的承继性

借新还旧,到底是债的变更,还是债的更新(旧债消灭,新债产生),在法理上素有争议。《纪要》第 57 条采用了旧债消灭说,并在坚持旧债担保从属性的前提下,否定了旧债担保物权的存续。此点值得高度重视。该条末句,也明确了合同特别约定的有效性,是指引,也是对债权人的提醒。

七、《纪要》第 58 条有针对性地解决了因为登记机关原因影响抵押担保范围的问题

明确了登记规范的以登记为准,登记不规范的,以合同约定为准。此点对诸多金融机构债权人而言,应当是利好,从司法裁判的角度消除了因登记机关原因给债权人带来的长久不便。

八、《纪要》第 59 条解决了《物权法》第 202 条规定的主债权诉讼时效与物权效力的关系问题

《物权法》第 202 条规定:“抵押权人应当在主债权诉讼时效期间行使抵押权;未行使的,人民法院不予保护。”《纪要》第 59 条是关于抵押权行使期间的规定,明确了抵押权行使的重要前提,即“应当在主债权的诉讼时效期间内”。主债权诉讼

时效届满后没有行权的，抵押人就可以请求涂销登记。

法理基础

一、关于担保的从属性

担保从其意思表示的本义来看，就天然的与主债务密不可分，其标的指向就是主债务。因此，除了极为特殊的原因，导致要审核主债务变得极其困难，或者成本太高，可以不考虑其与主债务的关系以外，其他情形下都应考虑担保与主债务的关联情况，并根据主债务来划定担保的边界。但是，实践中，有市场主体为了加强担保的可靠性，任意脱离主债务对担保作出了各种约定，或者明确将担保与主债务割裂，形成独立担保现象，并引发相关诉讼，正反两面的判决均有，成为司法实践中长期存在的一大争议问题。

（一）通过严格限定独立保函有效的适用范围，坚持担保合同效力的从属性

《纪要》第 54 条以担保人是否是金融机构为标准，明确独立保函效力。《担保法》第 5 条第 1 款规定：“担保合同是主合同的从合同，主合同无效，担保合同无效。担保合同另有约定的，按照约定。”按照文义解释，后面的但书允许与前面的规定不一致，即允许担保合同对担保合同的效力的独立性作出约定。《最高人民法院关于审理独立保函纠纷案件若干问题的规定》（法释〔2016〕24 号）（以下简称《独立保函司法解释》）明确规定了独立保函的效力，但该司法解释的第 1 条将其限定在“银行或非银行金融机构作为开立人，以书面形式向受益人出具的，同意在受益人请求付款并提交符合保函要求的单据时，向其支付特定款项或在保函最高金额内付款的承诺”。根据该司法解释的导语，《担保法》是该司法解释的法源之一。故此种独立保函的效力来源，也是约定，而不是法定。因为司法解释是就人民法院在审判过程中的法律适用问题作出规定，其自身不是法律。

但《物权法》第 172 条第 1 款规定：“设立担保物权，应当依照本法和其他法律的规定订立担保合同。担保合同是主债权债务合同的从合同。主债权债务合同无效，担保合同无效，但法律另有规定的除外。”可见，担保物权的从属性是法定的，除非法律另有规定。

综合以上来看，《担保法》第 5 条允许对担保合同效力的独立性作出约定，而不是规定只有法律可以规定担保合同的独立性、合同不能约定。加之《物权法》第 172 条的限定，似可理解为只有保证的独立性可以合同特别约定，而担保物权的独立性不能通过合同约定。但《纪要》第 54 条选择了以法理限缩解释法律的方案，

实际上把保证的独立性特约也否定了。换言之,所有担保独立性的特别约定都被否定了,除了金融机构的。作为规则的承受者,当以此为行为准则,并对可能产生的裁判结果作出明确的预判。直言之,《纪要》第54条的最大意义在于:如果说之前对《独立保函司法解释》之外的独立担保还有争议的话,那么,至《纪要》发布施行之日起,独立保函的效力将仅仅限于《独立保函司法解释》第1条规定的范围,即仅限于金融机构作为担保人的独立保函。

(二)通过否定旧贷的担保物权,坚持借新还旧中担保物权的从属性

《纪要》第57条贯彻了担保的从属性逻辑,严格落实从债务与主债务、从权利与主权利密不可分,并随其消灭而消灭的逻辑联系,解决了长期存在的借新还旧后担保物权未注销登记而引起的争议。要义是只要旧债消灭,担保物权即随之消灭,即使担保物权还处于登记状态,担保权人也不能要求行使担保物权。

长期以来,实践中存在争议的主要包括以下三种情况:(1)主债权已消灭,但抵押权人继续主张抵押权。有的银行与借款人之间借新还旧,但不告知担保物权人,也不变更担保物权登记,直到最后借款人不能还款时,才去主张担保物权。有的贷款早已还清,但抵押登记却一直没有注销,抵押权人以双方另外还有债权债务关系为由,仍然根据抵押登记直接主张担保物权。由于物权以登记公示为权利取得的原则,因此,只要抵押权登记还在,抵押权人根据《物权法》就享有抵押权,其请求就应得到支持。于是出现了单独主张担保物权这样的诉讼,难以决断。(2)抵押人或抵押权人以抵押登记尚存为由,去对抗抵押人的其他债权人对抵押物的主张。比如,在执行程序中,以登记的抵押权尚未消灭为由,提出执行异议,阻却对抵押物的执行。(3)虽然主债权消灭了,但抵押权人不配合抵押人,导致抵押权迟迟不能注销,影响抵押人对抵押物处分利用。

《纪要》否定了上述情况中的抵押权,其依据仍是严格贯彻担保从属性的逻辑,贯彻了法律关系相对性的逻辑,不支持将担保物权与主债权割裂变成绝对独立的权利和法律关系的观点,严格保持担保物权对主债务的从属性和一一对应关系。

(三)通过明确担保范围的上限,明确担保责任的从属性

实践中,担保权人为了督促和约束担保人履行担保责任,往往会在担保合同中专门针对担保人约定一些主合同债务所不包含的特别责任条款。最为常见的是当事人在担保合同中针对担保责任约定专门的违约责任。一旦担保人违约,除了要承担担保责任,还要承担违反担保合同约定的违约责任。比如,向债权人支

付违约金。此时,担保人实际上要负担双重责任。此种担保合同的责任范围超出了主合同的义务范围,违背了担保合同的从属性。《纪要》第55条贯彻担保的从属性逻辑,将担保的责任范围严格限制在主债务范围内,对超出主债务范围的责任,一律认定无效。

因此,从担保人的角度来说,本条划定了担保责任的最高限度,即主债务的边界。担保人承担的仅仅是对债务人的替代责任,既不需要承担独立责任,也不需要承担额外的责任,更不存在双重责任;从主债权人的角度来说,《纪要》第55条划定了主张担保权利的上限,即主债权人从担保获得的清偿不得优于主债权。

二、关于"无效法律行为的转换"

《纪要》第54条引入了一个重要的法律适用原理,即"无效法律行为的转换",以全面理解当事人的意思表示,限缩独立担保无效的程度。

依《合同法》的规定,合同无效的后果是自始无效,彻底无效,双方恢复到合同订立前的状态,并就恢复承担相应的义务和过错责任,而且不允许也不可能使任何一方当事人因此而增益。而"无效法律行为的转换",是指"无效法律行为若具备其他法律行为的要件并依其情形可以认为当事人若知其无效即意图作出该其他法律行为的,该其他法律行为应当被认定为有效的情形"。[①]《德国民法典》第140条规定,无效的法律行为具备另一法律行为的要件的,如需认为当事人在知道该项无效性时会愿意另一法律行为有效,则另一法律行为有效。我国现行法未就此作出规定,但法理上多认同。

《纪要》通过引入这一概念及原理,对其他独立担保约定效力的否定,未作全面的彻底的否定,而是根据独立担保意思表示的组成部分进行区别,否定其独立性的意思表示,但是保留了其担保性的意思表示,即否定了当事人关于担保独立于主合同而存在的意思表示,而保留了当事人关于担保的意思表示,使独立担保无效的后果不同于一般合同无效的后果。即独立担保无效只是关于独立性的约定无效,并不是否定担保的效力,担保是否有效还需要另行依法审查和确认。也就是说,将独立担保的意思表示中关于独立性的意思予以否决,而保留其担保的意思,从而将其回归到担保的从属性地位和性质,并恢复其与主合同的关联,将其纳入主合同效力范围内加以处理。因此,独立担保无效后,法律关系并不是彻底

① 陈厉辛:《论无效法律行为的补正和转换》,载《政治与法律》2006年第6期。

消灭,而是仍然保留了担保关系,仍然属于从属性担保。

既然如此,那么对保留的担保关系的法律效力,一方面要根据《合同法》的规定予以审查,另一方面还要根据《担保法》关于主从合同效力的关联关系予以审查。作为从合同,本身存在《合同法》无效的情形时,自然无效,按合同无效的后果处理;本身不存在《合同法》无效的情形时,则要看主合同的效力而定。《纪要》明确,“如果主合同有效,则担保合同有效,担保人与主债务人承担连带保证责任。主合同无效,则该所谓的独立担保也随之无效,担保人无过错的,不承担责任;担保人有过错的,其承担民事责任的部分,不应超过债务人不能清偿部分的三分之一”。这里要注意的是,《纪要》明确将独立担保退化为有效的从属担保后的责任形式规定为连带保证责任,这是与《担保法》关于保证方式约定不明的属于连带保证责任的规定相一致的。

因此,在实践中必须注意,只要主合同有效,一般当事人约定的独立担保,并不是完全没有担保作用,而是仍然能够起到连带担保的作用。

三、因抵押登记机关的原因导致抵押登记与抵押合同不一致的问题

《纪要》第 58 条对担保债权范围的判断,起因于担保登记制度的不统一不规范,主要解决担保登记关于主债权的记载小于担保合同约定的债权范围的问题。实践中这个问题因有关机关或机构消极不作为,导致不应有的分歧频频出现,常常给当事人带来意想不到的困扰,长期得不到解决。

《纪要》此条规定“手起刀落”,从根本上解决了这一问题,是司法有效调整社会活动功能的又一次集中体现。本条的逻辑起点是尊重当事人的真实意思,不以登记机构的欠缺妨碍当事人真实意思的实现。规则很简单,坚持登记公示优先,异常例外。对担保债权范围的认定,原则上以登记的担保范围为准,但登记的担保范围与担保合同约定不一致的,应当以担保合同的约定为准。

四、担保责任的范围与担保债权的范围

《纪要》第 55 条规定中的“担保责任的范围”与《纪要》第 58 条规定中的“担保债权的范围”,是在表述上有所不同。担保债权的范围,可以从债权的数额、性质和种类各个角度来界定。担保责任的范围也可以从这几个角度来界定。担保责任的范围,一般来说就是所担保的债权的范围,非担保范围内的债权不是担保债权。因此,这两个概念所指向的实质内容一致。只不过“担保债权的范围”是就

主债权的角度而言,“担保责任的范围”是就债务的角度而言。

裁判指引

一、混合担保不能互相追偿的规则是否适用于保证人互相追偿

混合担保规则适用中可能还存在一个争议:混合担保中担保人互相之间不能追偿,是仅指物保人之间、物保人与保证人之间不能互相追偿,还是包括保证人之间也不能互相追偿?因为混合担保是指保证和第三人的物保共存的状态,虽然《物权法》第178条规定“担保法与本法的规定不一致的,适用本法”,但是从理论逻辑上看,《物权法》的效力范围只能及于物权关系,只能规定物保人之间的不能互相追偿以及保证人与物保人之间的不能互相追偿,但不能及于保证人之间,保证人之间的关系是由《担保法》来调整的。因此,“担保法与本法的规定不一致的,适用本法”的规定,在逻辑上只能适用于《担保法》在物权关系方面与《物权法》的规定不一致的情形,而不能扩大适用到《担保法》所有方面,尤其是纯合同关系方面。

虽然《担保法》第31条规定没有赋予保证人互相之间追偿,只明确了“保证人承担保证责任后,有权向债务人追偿”;但《最高人民法院关于适用〈中华人民共和国担保法〉若干问题的解释》(以下简称《担保法司法解释》)第20条第2款“连带共同保证的保证人承担保证责任后,向债务人不能追偿的部分,由各连带保证人按其内部约定的比例分担。没有约定的,平均分担”的规定,明确规定了连带保证人之间的追偿权。《担保法司法解释》第19条有关“两个以上保证人对同一债务同时或者分别提供保证时,各保证人与债权人没有约定保证份额的,应当认定为连带共同保证”的规定,又将无意思联络的保证人之间的关系规定为连带共同保证。因此,无论有无意思联络,连带共同保证人互相之间都是能够追偿的。《纪要》依据《物权法》的规定是否能够将《担保法司法解释》关于保证人互相追偿的规则废除?由于本条没有明确这一点,而《纪要》又不是司法解释,因此,认为《纪要》的规定直接取代了《担保法司法解释》中关于连带共同保证人互相追偿的规则,是缺乏法理依据的。

由于存在这样一个模糊之处,因此,在担保追偿诉讼中,已承担了担保责任的保证人可以《担保法司法解释》主张向其他保证人追偿,而其他保证人若以此条规定进行抗辩,可能成为诉讼中的一个争议问题。

最新颁布的《民法典》,已经明确保证人之间互相追偿需要有约定,没有约定

的互相之间不得追偿，给这个问题划上了一个句号。

二、借新还旧中的担保物权

(一)债务人同为抵押人时，抵押权是否消灭

如果担保物权是由借款人以外的第三人提供的，《纪要》第57条的规定是合理的。但如果担保物权是由借款人自己提供的，该担保物权是否也随之消灭？担保物权人是否能够对抗借款人的其他债权人，尤其是在执行中？

根据《纪要》的精神，贯彻担保物权与主债权一一对应的原则，只要担保物权指向的借贷债务已经清偿，即使担保物权是由借款人自己提供的，且银行与借款人之间还有新贷或者其他借贷，担保物权也归于消灭，银行也不能主张抵押权。因此，即使抵押权登记没有注销，担保物权人也已失权，其不但不能主张实现担保物权，而且不能以登记未注销因而仍享有担保物权为由对抗借款人的其他债权人。比如，借款人的其他债权人申请对担保物权采取执行措施，担保物权人就不能以此为由提出执行异议。

(二)《纪要》第57条有关借新还旧的关系，是否仅适用于借款合同关系

《纪要》第57条是否适用于其他债权债务关系中担保关系？虽然从文义来看，本条的适用范围显然是指银行与借款人在贷款关系中的借新还旧，但是其关于主从关系效力关联的法理逻辑，同样可以类推适用于其他类型债权债务关系中的担保关系。因此，本条将不仅仅对银行贷款关系有重要意义，对其他主体其他类型的债权债务与其担保关系也具有重要意义。

三、担保范围的查明

在担保物权的案件审理中，应注意审查主从合同的约定及登记的内容是否存在不一致的问题。一是要审查主合同与从合同的约定，排除从合同关于担保债务范围的约定超出主合同债务范围的约定的情形，防止出现担保债务超出主债务范围的裁判。二是要审查担保合同关于担保范围的约定与担保物权登记簿记载的是否一致，并根据不同地区登记规范的程度适用不同的认定规则。三是要审查独立担保无效后的担保的效力和范围。

四、抵押权行权期间“主债权诉讼时效期间”的起止时点

尽管《纪要》明确了超过期间行权的，抵押权、质权消灭，但是对于“主债权诉

讼时效期间”应当如何理解，是否包含诉讼时效期间中断、中止、延长的情形，并未明确。因此，抵押权行使期间是除斥期间、不变期间，还是可变动期间，仍有争议空间。从司法实践看，选择的是随诉讼时效期间的变动而变动，没有按照固定期限来认定，且已有类似的案件。那么此期间到底如何计算？笔者认为，抵押权行使期间是除斥期间、不变期间。主要理由如下：

1.《〈全国法院民商事审判工作会议纪要〉理解与适用》一书明确：抵押权未在诉讼时效期间内行使的后果是消灭，而不是诉讼时效的抗辩，既然没有诉讼时效的抗辩，也就意味着不可能适用诉讼时效期间变动的规则。①

2. 从立法语言来看，如果抵押权行权期间也要随诉讼时效期间的变动而变动，则应表述为“抵押权行使期间适用诉讼时效期间的规定”，而不是《物权法》第202 条现在的表述方式。

3. 从立法价值取向来看，法律之所以对抵押权的行权设定除斥期间，既是给予抵押权人在行权时间上作出选择的自由，同时，又是对抵押权人在行权时间上的约束。对于抵押权人行权时间的约束，是为了保护抵押人的利益，防止抵押权人无限期地拖延，防止抵押权人怠于行使权利影响抵押物的正常流转和有效利用。如果抵押权的行使期间可以比照主债权诉讼时效期间无限延展，那么法律以除斥期间约束抵押权人以保护抵押人利益的功能就会完全落空。

4. 从《担保法》规定的类比推理来看，《担保法》对未约定保证期间的连带责任保证规定了 6 个月的保证期间，债权人只要在 6 个月内没有行使保证权利，保证人就免责。此时，即使主债权仍然在诉讼时效期间内，保证权利也已消灭。《担保法司法解释》第 31 条明确规定：“保证期间不因任何事由发生中断、中止、延长的法律后果。”因此，保证期间就是一种除斥期间。抵押权与保证权利一样属于从权利，可类推适用相同的规则。且作为物权，抵押权的行使理应比作为债权的保证权利更严格，因此，抵押权的行权期间也应当是除斥期间，不存在中断、中止、延长等情形。

《担保法司法解释》第 30 条第 1 款和第 2 款规定：“保证期间，债权人与债务人对主合同数量、价款、币种、利率等内容作了变动，未经保证人同意的，如果减轻债务人的债务的，保证人仍应当对变更后的合同承担保证责任；如果加重债务人

---

① 参见最高人民法院民事审判第二庭编著：《〈全国法院民商事审判工作会议纪要〉理解与适用》，人民法院出版社 2019 年版，第 359 ~ 360 页。

的债务的,保证人对加重的部分不承担保证责任。债权人与债务人对主合同履行期限作了变动,未经保证人书面同意的,保证期间为原合同约定的或者法律规定的期间。"故担保人仍只应在原保证期间内承担保证担保责任。

由于主债权诉讼时效的变动只是主合同履行期限变动的一种形式,因此,由保证期间规定的这一制度原理可以推出,主债权诉讼时效变动的法律效力不应直接及于担保人,担保人仍然只应在原担保期内承担责任。原因就在于:这一变动未经担保人同意,当然会延伸担保人的责任期,也就是加重了担保人的担保责任。如果不考虑担保人的意思表示,对其显然不公平。因此,未经抵押人同意,抵押权行权期间也不能随主债权诉讼时效的变动而变动,否则,即意味着不当加重了抵押人的责任。

5. 从担保期间的立法沿革来看,《担保法司法解释》第 12 条规定:"当事人约定的或者登记部门要求登记的担保期间,对担保物权的存续不具有法律约束力。担保物权所担保的债权的诉讼时效结束后,担保权人在诉讼时效结束后的二年内行使担保物权的,人民法院应当予以支持。"该条规定的前段表明物权担保期间即行权期间是法定期间,不容当事人自行调整。因此,如果此期间随主债权诉讼时效期间的变动而变动,就意味着可以根据当事人的意志自行调整,这显然是与法不合的。该条规定的后段是确定担保物权的行权期间最长可以到何时,这里的诉讼时效结束显然是指不存在中断、中止或延长情形的第一个诉讼时效期间,故也是一个固定的不变期间。后段规定虽然未被《物权法》第 202 条采纳,但是抵押权的行使期间的除斥期间性质不可能发生变化,仍然是不变期间,不可能变成一个变动期间。同时,从《物权法》的基本态度来看,对于抵押权人的行权要求是更加严格而不是更加宽松,所以诉讼时效结束后的二年宽限期被取消,抵押权的行权期间缩短。

6. 从《物权法》中其他关联法条看,《物权法》不仅设定了抵押权行权期间,而且还设定了抵押权行权期间的起算时点以及行权方式,由此亦可见抵押权行权期间为除斥期间。

根据《物权法》第 195 条"债务人不履行到期债务或者发生当事人约定的实现抵押权的情形,抵押权人可以与抵押人协议以抵押财产折价或者以拍卖、变卖该抵押财产所得的价款优先受偿……抵押权人与抵押人未就抵押权实现方式达成协议的,抵押权人可以请求人民法院拍卖、变卖抵押财产……"的规定,明确了抵押权行权的时间起点,即债权人在债务人到期不履行债务时或者发生当事人约定的实现抵押权的情形时,并明确了抵押权须主动地直接地向抵押权人主张权利处分抵押物以受偿,或者直接诉诸法院处分抵押物以受偿的行权方式。

根据物权法定原则,《物权法》对行权时间起点和行权方式的设定,没有赋予债权人可以有其他的选择,也足可佐证抵押权行权期间是不变期间,并非可变动期间。如果抵押权行权期间随着诉讼时效期间的变动而变动,那么,关于抵押权人行权的时间起点,统一规定为"在债务人到期不履行债务时或者发生当事人约定的实现抵押权的情形"这一固定时点,就没有任何意义可言。而随后的《物权法》第202条关于没有行权就失权的法律规定,也同样没有任何实际意义可言。毫无疑问,这显然违背了抵押权行权法律制度的立法精神。

7.《民事诉讼法》规定的担保物权的实现程序与《物权法》第195条、第202条有关抵押权行使的规定相互衔接,可从侧面证明法律对抵押权行权期间有明确约束,并设置了相应的配套制度,以协助和促进抵押权人及时行权。

8. 对于担保物权为除斥期间,很多人不能认同的原因,只是认为主债权时效还没届满,从权利的时效就届满了,似乎导致了权利保护的轻重不协调、不合理。其实这个想法是不成立的。因为保证权利的法律设计就是如此:主债权还在诉讼时效内,但保证期间经过的,作为从权利的保证权利就已经消灭,并不会因为主债权还存在就要求从权利必须存续。

9. 时效期间是对行权期间的规定,对权利人具有保护和约束的双重含义。从权利的角度来说,权利人可以选择在时效期间内的任一时点行使权利,是其保护作用。从约束的角度来说,是对权利人的督促,以避免其怠于行使权利。权利人必须在时效期间届满前的任一时点行使权利,否则,权利人就会面临失权的法律后果。姑且无论失权是权利消灭还是丧失胜诉权。

法律对于债权与物权的约束,行权时效期间的规定并不相同。从法律制度设计来说,对于债权的约束,采用的是诉讼时效期间的方式;而对于物权的约束,采用的则是除斥期间的方式。两者的不同之处显而易见,诉讼时效期间只能适用于债权而不能适用于物权,物权适用的是除斥期间。如此,既是法律制度的基本前见,也有法律规则的区别规定。

诉讼时效期间有中断、中止、延长的规定,除斥期间没有这样规定。除斥期间,是法定的权利固定存续期间,只是单纯的期间,亦是一个固定的不变期间,并不存在中断、中止、延长的情形。也就是说,除斥期间只要确定的时间点在客观上一经过,期间就届满,不存在期间可以中断重新起算,或中止后连续计算,或延长计算的问题。

因此,抵押权行权期间应当属于除斥期间,不变期间。如果抵押权的行权期间也可以中断、中止或延长,那么,抵押权的行权期间就不是不变期间,而是变动期间,也就不是除斥期间了。如果两者都可以中断、中止、延长,法律就没有必要为物权和债权区分设定两种时效期间了。

综上所述,无论是从物债二分的基本法理角度,还是从法律制度的体系化角度,均可分析出抵押权行权期间是除斥期间,其与主债权的诉讼时效期间的关联,只能是在"期间"这一客观时间段意义上的关联,而非期间变化意义上的关联。即抵押权行权期间对应的诉讼时效期间,是指不存在中断、中止、延长的第一个诉讼时效期间(法律所确定的三年、两年、一年等单纯的固定时间段)而不是经过中断、中止或延长的诉讼时效期间。抵押权行权期间这一固定不变的时间段,不受诉讼时效期间本身变动的影响,即不随诉讼时效期间的中断、中止或延长而变化。抵押权人必须在这一固定不变的时间段内行权,否则失权。

五、虚假注销登记的,在后登记的抵押权有无优先权

在实践中,抵押权消灭还有一种很特殊的情况,就是主债权并未清偿,但抵押人制造虚假材料,注销了抵押权登记,然后又进行抵押交易并再次设立了抵押登记。在后的抵押权人在行权过程中,在先的抵押权人发现自己的抵押权被注销后,提起行政诉讼,中止了在后抵押权人的行权程序,最后法院判决撤销注销登记,恢复在先的抵押登记。这样的判决内容是否正确暂且不论。要讨论的是,这时,在先的抵押权人与在后的抵押权人之间就抵押权顺位发生了争议,该如何认定?对此问题,《纪要》并未涉及。但在担保法实践中经常遇到,有分析必要。

对此,有两种观点。一种观点认为,既然在先的抵押权已经恢复,那么抵押顺位自然在前,就应当优先于在后的抵押权受偿。另一种观点认为,不应优先于在后的抵押权受偿。

笔者赞成后一种观点,既不应优先于在后已登记的抵押权受偿。主要理由是:(1)在后的抵押权人可以根据《物权法》第106条的规定的善意取得制度能够取得抵押权(非善意的除外)。(2)在后的抵押权人取得抵押权时,登记簿上并无更优先顺位的抵押权。(3)即使在先的抵押权恢复,从登记的规范来说,也并不当然恢复到原来的权利取得日。这要看在注销期间是否有其他可以对抗的物权设立。在登记簿上已登记有抵押权的情况下,恢复设立的抵押权也只能登记在其

后，而不应登记在其前。否则，不但不符合登记的规范，不符合注销期间取得抵押权的抵押权人的认知和预期，而且会令其没有任何过错却要承担损失，显然不公平。(4)抵押人损害的是在先的抵押权人，而不是在后的抵押权人。在先的抵押权人除了恢复登记以外，还可以根据《物权法》第21条①的规定追究抵押人登记错误的赔偿责任。抵押人并没有侵害在后抵押权人的权利，在后的抵押权人经过登记取得物权仍然合法存在，向抵押人追偿损害赔偿责任的因果关系难以证成。

律师指引

一、独立担保的诉讼救济

独立担保无效后，担保人作出的意思表示并非全部无效，而只是脱离主合同独立承担责任的约定无效，担保的意思表示仍然有效。但是担保人是否要真正承担担保责任，还要审查担保合同的效力、担保物权的取得与行使，然后才能准确主张。因此，对涉及独立担保的，应注意以下几点：

(一)明确独立担保本身的类型

对照《纪要》第54条的规定，分析案件所涉的独立担保是否属于金融机构所提供的独立担保。如果是，则根据《纪要》第54条及《独立保函司法解释》的规定，属于有效的独立担保，可直接依据独立保函主张担保权利。

(二)对非金融机构提供的独立担保，应根据主合同的有效或者无效，选择不同的救济路径

根据《纪要》第54条的规定，非金融机构提供的担保，仅仅是独立性无效，并不意味着担保必然无效。担保是否有效，需要根据《合同法》《担保法》的规定，分别审查主合同和担保合同的效力。

主合同有效，担保合同无其他无效事由的，即使约定为独立担保，虽然其没有独立性，但仍然为有效的担保。此时，律师可依照主合同和担保合同的约定，向担保人主张担保责任。

主合同无效的，基于担保合同从属性，非金融机构的担保合同即使约定了属于独立担保，也仍然属于无效合同。律师可根据《担保法》关于过错责任的规定，

---

① 《物权法》第21条规定："当事人提供虚假材料申请登记，给他人造成损害的，应当承担赔偿责任。因登记错误，给他人造成损害的，登记机构应当承担赔偿责任。登记机构赔偿后，可以向造成登记错误的人追偿。"

依法明确各当事人之间的责任份额,予以主张或者抗辩。

(三)担保合同无效时担保人的维权与抗辩

对担保合同无效的,担保人的代理律师应当及时诉讼确认,并注销登记。在担保权人主张担保物权时,可及时应诉提出抗辩。抗辩理由即:担保合同无效,担保登记的原因行为无效,担保登记缺乏合法根据,且担保权人并非善意取得。因此,根据《最高人民法院关于适用〈中华人民共和国物权法〉若干问题的解释(一)》(以下简称《物权法司法解释(一)》)第21条的规定①,债权人不能取得担保物权。

二、"无效法律行为的转换"法理的拓展运用

《纪要》第54条提及的"无效法律行为的转换"的原理,并非仅仅适用于独立担保无效后法律关系性质的认定,也可适用于其他各类合同无效后当事人法律关系性质的认定。这一原理的引入,将可能改变过去只要合同无效就将当事人之间的关系全部按恢复原状进行处理的简单做法。对合同无效的,尤其是违法无效的,可以不再简单地"一刀切",把当事人的所有意思表示都否定掉,而是尽可能加以挽救,将其中有效的意思表示部分析取出来,纳入相近的法律关系加以概括和规范,从而将合同或行为无效的后果或影响限制在尽可能小的范围内。这一原理为此提供了法理支撑。这意味着,当事人的无效法律行为可以有退变性,不是一步退到底,而是退到下一级可以成立的法律关系。

比如,甲公司持有国有划拨土地,用于建设自有职工住房,其与乙公司订立合作开发协议,进行商品住宅开发,两个公司均无房地产开发资质,且不符合土地用途,建设了部分房屋后,被政府部门叫停,两公司确认合同无效,并就善后工作签订了协议,其中已经建成出售的房产由甲公司出资收回,未完工的建设由乙公司继续完成。此后双方就结算价款产生争议。乙公司主张应按合同无效对开发的房屋按市价进行评估后对其折价补偿。甲公司则主张按建设工程造价进行结算。法院判决支持乙公司的主张,理由是双方订立的开发合同无效,无效的后果是恢复原状或折价补偿,应根据评估的市价折算。结果是乙公司反而因无效而获益。

---

① 《最高人民法院关于适用〈中华人民共和国物权法〉若干问题的解释(一)》第21条规定:具有下列情形之一,受让人主张根据物权法第一百零六条规定取得所有权的,不予支持:(一)转让合同因违反合同法第五十二条规定被认定无效;(二)转让合同因受让人存在欺诈、胁迫或者乘人之危等法定事由被撤销。

显然，这一判决的思路就是一旦无效就无效到底的观念。实则此案完全可以运用“无效法律行为的转换”原理，保留可以分离出来且有效的部分意思表示，而不是简单地否定双方的全部意思表示，即合作开发合同无效后，双方的关系完全可以退化转换成施工合同关系，因为双方有善后协议。这样也会避免出现乙公司因合同无效而获益的不合理结果。

因此，“无效法律行为的转换”原理引入司法，给处理无效法律行为的后果提供了一个新的思路，为律师选择多种不同的诉讼救济方案，开辟了一个新的思路，值得高度重视。

三、担保登记与担保合同约定不一致的权利主张与抗辩

（一）对在后登记担保权人的抗辩

不动产担保物权存在数个先后顺位的登记时，在先顺位的担保物权以担保合同约定的担保范围与登记的担保范围不一致，因而主张按合同约定的担保范围实现权利时，在后的担保物权人能否以登记公示的担保范围为由加以对抗阻却？

根据《物权法》的规定，物权的种类和内容以物权登记簿的记载为准。但《纪要》贯彻穿透审查、尊重当事人真实意思的原则，对登记与担保合同约定的担保范围不一致的，明确以担保合同约定的担保债权的范围为准。这对于抵押双方当事人来说，当然更合理。但是，对物保双方当事人之外的第三人，如顺位在后的抵押权人来说，这样处理就可能并不合理。因为顺位在后的抵押权人可能并不了解在先的抵押合同约定的内容，如果一律以合同约定为准，那么对登记的信赖就会被瓦解，这与登记本身的功能是相悖的。因此，《纪要》第58条的适用可能还要考察担保物权登记时能够查询复制的信息。如果担保物权登记时保存了担保合同，且可以供在后的担保权人在接受担保时查询并复制，那么在后的担保权人就有充分注意的义务，应当知道登记与合同不一致，如果其仍接受担保，足以表明其认可合同约定的在先担保债权的范围；如果登记机构没有保存担保合同，或者虽然保存了却不允许查询复制，那么在后的担保权人就没有办法注意到不一致的存在，只能信赖登记的内容，这时如果还以合同约定的债权范围为准，对在后的担保权人就是强人所难，不公平，也容易让在先的当事人钻空子，给他事后增加或扩大债权范围的机会。

从《不动产登记暂行条例》及其实施细则来看，利害关系人是可以依法查询、

复制与其权利有关的不动产登记资料的。根据《不动产登记暂行条例实施细则》第94条①及第97条②的规定，不动产担保登记资料中包括主债权合同或者登记原因材料，是登记的必要材料，在后的担保权人作为利害关系人是可以查询和复制的，因此，对登记与文件不一致的，理论上在后登记的担保物权人当然是有条件发现的。然而，事实上这些规定能否得到落实，却完全取决于各地登记机关的执行情况。前述在后的担保权人不能知悉的情形仍然可能存在，甚至是普遍情形。

（二）对担保人的其他债权人的抗辩

不动产物权担保合同约定的担保范围与登记的担保范围不一致，按合同约定的担保范围实现权利时，担保人的其他债权人能否以登记的债权范围对抗担保权人？比如，合同约定的债权范围为1000万元，但登记的债权范围为600万元，而抵押物拍卖了1000万元，担保人的其他债权人以信赖登记公示为由，主张担保权人只能就600万元享有优先受偿权，对另外400万元没有优先受偿权，其余400万元应当由全部债权人依法另行处理。其他债权人的主张能否成立？

由于其他债权人并不是担保权人，也很难证明与担保物权有利害关系，因此，其对担保债权的真实范围没有审查义务，也没有查询和复制的条件，其不知悉担保债权的真实范围是很合理的，其只能信赖登记公示的内容。此时，如果以合同约定为准，而不以登记的范围为准，完全超越了其他债权人的认知能力，对其来说确属不公平。但是，从另一方面来说，其他债权人对债务人财产的抵押担保本就不知晓，债务人的财产状况对其他债权人而言就是敞口风险，因此，也不存在对责任财产范围的预期和信赖问题。以合同约定为准也不能算是对其他债权人信赖利益的损害。不支持其他债权人的抗辩主张，似乎也没有什么不公平。然而，假如其他债权人有证据证明其确实是在信赖登记的债权范围的前提下与担保人交易的，那么此时如果不支持其抗辩主张，就会损害其对登记公示的信赖利益。

① 《不动产登记暂行条例实施细则》第94条第1款规定："不动产登记资料包括：（一）不动产登记簿等不动产登记结果；（二）不动产登记原始资料，包括不动产登记申请书、申请人身份材料、不动产权属来源、登记原因、不动产权籍调查成果等材料以及不动产登记机构审核材料。"

② 《不动产登记暂行条例实施细则》第97条规定："国家实行不动产登记资料依法查询制度。权利人、利害关系人按照《条例》第二十七条规定依法查询、复制不动产登记资料的，应当到具体办理不动产登记的不动产登记机构申请。权利人可以查询、复制其不动产登记资料。因不动产交易、继承、诉讼等涉及的利害关系人可以查询、复制不动产自然状况、权利人及其不动产查封、抵押、预告登记、异议登记等状况。人民法院、人民检察院、国家安全机关、监察机关等可以依法查询、复制与调查和处理事项有关的不动产登记资料。其他有关国家机关执行公务依法查询、复制不动产登记资料的，依照本条规定办理。涉及国家秘密的不动产登记资料的查询，按照保守国家秘密法的有关规定执行。"

四、主张抵押权的期限与方式

抵押权行使期间有约定的,应当在期间届满前行使。没有确定的,应当在主债务诉讼时效期间届满前行使。如果期间届满没有行使的,抵押权消灭,会造成抵押权人失权。同时,需要注意抵押权的行使,虽然可以由抵押权人自行直接向抵押人主张,但最稳妥的办法还是提起担保物权实现之诉或者在主债务诉讼中一并主张抵押权。

法务指引

一、债权人的法务选择独立担保的关注事项与合同条款拟定

《纪要》第54条及《独立保函司法解释》都将有效独立保函的主体限定为银行及非银行金融机构。实际上,无论是银行,还是非银行金融机构,都属于金融机构。鉴于《纪要》第54条严格限定独立保函仅适用于金融机构,否定非金融机构的独立担保的效力,故债权人在接受独立担保时,应当严格审查出具独立保函的主体的资质。

(一)关于金融机构

现行法下的金融机构,是指持有中国银行保险监督管理委员会依法颁发的特许金融机构经营金融业务的金融许可证的机构,包括政策性银行、商业银行、金融资产管理公司、信用合作社、邮政储蓄机构、信托投资公司、企业集团财务公司、金融租赁公司和外资金融机构等。不持有金融许可证的类金融机构,不属于金融机构,不具备出具独立保函的合法主体资质。故作为债权人的法务,如果审查担保人出具的独立保函,应当严格审查其是否属于"持牌"金融机构。

(二)非金融机构的独立担保问题

《纪要》第54条将非金融机构提供的独立担保的效力,从主合同是否有效的角度,区分为两种:一是主合同有效,虽然独立担保的独立性无效,但担保仍然有效;二是主合同无效,即使有独立担保条款,担保也无效。据此二分法,债权人在选择非金融机构提供的担保时,应当注意以下两点:

1. 必须首先严格审查主合同是否存在无效的可能。如果主合同不存在任何无效事由,特别是不存在违反"效力性强制性规定"、违反规章、违反金融政策这类可能影响主合同效力情形的,建议直接选择正常的担保合同,不设所谓的"独立担保"条款,避免画蛇添足,被法官据此认定担保无效,而不是担保合同的独立性

无效。

2. 如果主合同存在被认定为无效的可能，建议另行就主合同无效的财产返还及赔偿责任订立专门的担保合同。以保险公司股权代持案为始，由《纪要》强化的司法干预合同效力的趋势，将导致合同无效情形的显著增加。在此背景下，如果主合同存在可能被认定为无效的事由——这种事由不限于法律和行政法规，而且扩张到了规章；不仅限于效力性强制性规范，而且扩张到了任何可能纳入损害社会公共利益、违反公序良俗的情形——则担保合同被确定为无效担保的概率将大幅提升，而“担保合同独立性”的特别约定已经被彻底否定，因此，基于原主合同而订立的“独立担保”合同被认定为无效的可能也将大大提升。

遵循公司法务“将情况想到最坏”，“把防范措施预设到最好”的法律风险防范定位，建议将此类主合同的担保合同分成两部分签订。一是签署主合同有效情形下的担保合同，注意，不是采用“独立担保”，而是采用正常的担保。此时，主合同有效，担保合同有效，并不存在“独立担保”无效之说，可以依据主合同及有效的担保合同，主张担保责任。二是就主合同被认定为无效、不成立或者被撤销时，就合同效力被否定后的财产返还、损害赔偿责任，订立专门的担保合同，此担保合同担保的主债权不是合同有效时债务人的还款责任，而是合同效力被否定时的财产返还、损害赔偿责任。换言之，这是两个合同，而不是一个合同；不是一个通过“独立担保”否定担保从属性的担保合同，而是两个合同，一个为有效的主合同提供还款责任担保的担保合同，另一个是为被否定的主合同效力的财产返还、损害赔偿责任提供担保的担保合同。这种双担保合同，可以有效减少担保合同无效的风险，实现优于“独立担保”的法律效果。

在形式上，基于交易实践的不同需要，例如，可能涉及担保的债权及登记的问题，可以选择两个独立的担保合同，也可以选择一个合同的两个不同组成部分或者专门条款。前者的好处是清晰可辨识，认定无效风险更小，但可能加重担保人签约的心理负担，并且存在物权担保登记重叠的处理问题；后者的好处是简便省事，但这是两个担保合同、两个担保的独立意思表示，还是一个担保合同、一个意思表示，则不能排除个别法官的不同解释。如果是采用后者，建议将主合同无效情形的条款特别加黑，并向担保人作特别提示，减少担保人以显著加重其负担、排除其主要权利的格式条款的无效事由而否定特别条款无效的风险。

二、混合担保与担保人法务的合同审查及条款拟定

《纪要》第56条明确否定了混合担保中担保人之间的相互追偿权，同时以但

书方式为合同特约留下了接口。为有效降低基于担保债务而承担的责任的金额,建议担保人在签署合同时,担保人的法务人员特别关注两点:一是建议担保人要求债权人向担保人披露所有其他担保人;二是要求在所有的担保合同中,均特别约定担保人有相互追偿权。严格审查混合担保关于追偿权的约定,查明是否约定了可以相互追偿,并需要根据自身一方的实际需要来设定。

混合担保可以相互追偿的条款,不仅要有,而且应当确保其有效、可执行。在实务操作中,如果仅在自己的担保合同中约定自己在承担担保责任后可以向其他担保人追偿,对其他担保人显然是无效的。因此,在操作上,或者是在担保合同中承诺其他担保人在承担担保责任后可以向自己追偿,或者是在所有担保合同中约定承担了担保责任的担保人有权向其他担保人追偿,并由担保人在担保合同上逐一签署或者分别签署。也就是说,通过担保人或者分别单独作出承诺同意追偿权以形成意思联络或者共同作出可以互相追偿的意思表示的方法来解决。

三、关于担保合同与担保登记的法律尽职调查及风险提示

担保合同与担保登记的内容如果不一致,容易引发对担保效力及担保范围的争议。故在做法律尽职调查时,应当注意查询复制和保存担保登记的信息。在审查担保合同文件时,要特别注意是否有约定主合同变更的继续提供担保的意思表示;或者明确表示抵押人就担保放弃主合同变更的抗辩权;或者明确表示主合同变更不必通知担保人,担保人不持异议等。这样的条款对担保权人和担保人同等重要,直接涉及相关权利的有无。对于债权人来说,在主债权债务发生变动时,则要特别留意担保约定中,是否有这样的保障条款,防止因主债权的变动而脱保。

四、涉及借新还旧担保问题的法务审查与合同草拟

《纪要》第 57 条明确认定借新还旧属于旧债消灭而不是旧贷的合同履行期限变更,在此前提下否定了旧贷担保物权的存续。由此将对债权人的担保物权存续存在重大影响。

从操作角度而言来看,涉及借新还旧的,必须要取得担保人对新贷愿意继续承担担保责任的特别的意思表示;如果不能取得担保人对新贷继续同意提供物权担保的意思表示,将导致新贷脱保。如果担保人拒绝,应及时针对旧贷采取诉讼或者其他方式主张担保物权,避免担保物权消灭。

从合同草拟的角度来看,如果能在第一份借款合同(旧贷合同)中特别约定,

出现借新还旧时的情形，担保人仍然愿意继续提供担保，也是一种可考虑的法律风险防范措施，但要注意的是，此种特别约定应当具体、明确、无相反或者模糊解释空间。仅仅设定为一般性的变更不影响担保效力，尚不足以对《纪要》第57条的规定产生足够的应对效果。而且尽管如此，在借新还旧操作时，还是以同担保人在另行订立的新的借款合同中继续承担担保责任的合同为最优。

鉴于物权担保除了担保合同是否重新签订，还涉及担保物权登记及所附的主合同、担保合同是否一致的问题，建议就此亦予以高度关注，以全套重新办理并且完全对应为最优。如果不能全部重新办理，建议可考虑在担保合同上显示其债权的同一性或者渊源，或者尽可能仅仅采取变更期限而非借新还旧的方式，避免旧贷的担保物权消灭。当然，期限变更对担保物权的影响，也要以无影响的特约为前提。

五、注意主债权消灭后单方注销权的行使

根据《纪要》第59条的规定，主债权因超过诉讼时效期间而消灭的，抵押权亦消灭，因此，抵押人是有权要求单方注销抵押登记的。但是根据《不动产登记暂行条例》第14条①及《不动产登记暂行条例实施细则》第19条②的规定，抵押人以主债务消灭为由申请单方注销，并不是理所当然就能完成的。根据《不动产登记暂行条例实施细则》第70条③的规定，就前述假设情况，抵押人要单方申请登记，必须对上述规定事项负有举证责任，即抵押人要提交登记机关要求的能够证明主债

---

① 《不动产登记暂行条例》第14条规定：因买卖、设定抵押权等申请不动产登记的，应当由当事人双方共同申请。属于下列情形之一的，可以由当事人单方申请：(一)尚未登记的不动产首次申请登记的；(二)继承、接受遗赠取得不动产权利的；(三)人民法院、仲裁委员会生效的法律文书或者人民政府生效的决定等设立、变更、转让、消灭不动产权利的；(四)权利人姓名、名称或者自然状况发生变化，申请变更登记的；(五)不动产灭失或者权利人放弃不动产权利，申请注销登记的；(六)申请更正登记或者异议登记的；(七)法律、行政法规规定可以由当事人单方申请的其他情形。

② 《不动产登记暂行条例实施细则》第19条规定：当事人可以持人民法院、仲裁委员会的生效法律文书或者人民政府的生效决定单方申请不动产登记。有下列情形之一的，不动产登记机构直接办理不动产登记：(一)人民法院持生效法律文书和协助执行通知书要求不动产登记机构办理登记的；(二)人民检察院、公安机关依据法律规定持协助查封通知书要求办理查封登记的；(三)人民政府依法做出征收或者收回不动产权利决定生效后，要求不动产登记机构办理注销登记的；(四)法律、行政法规规定的其他情形。不动产登记机构认为登记事项存在异议的，应当依法向有关机关提出审查建议。

③ 《不动产登记暂行条例实施细则》第70条规定：有下列情形之一的，当事人可以持不动产登记证明、抵押权消灭的材料等必要材料，申请抵押权注销登记：(一)主债权消灭；(二)抵押权已经实现；(三)抵押权人放弃抵押权；(四)法律、行政法规规定抵押权消灭的其他情形。

权消灭的材料。如果抵押人就是主债务人,自然容易证明。如果主债权是通过法院执行消灭的,也容易证明,从法院执行部门取得债务履行完毕案件执结的证明即可。但是如果抵押人不是主债务人,主债权又不是通过法院执行消灭的,而债权人与主债务人又不配合提供相应证明的,抵押人怎么办?

对有证据或有初步证据线索的,抵押人可以提起确认主债权和抵押权消灭之诉,然后办理注销。但如果抵押人仅仅有蛛丝马迹或猜疑,或者虽然内心确信已清偿但没有证据的,提起诉讼岂不是注定了要败诉?不一定。因为此时诉讼并非目的,而是证成假设和挖掘真相的一个手段。进入诉讼后,只要主债权确已清偿,那么债权人与主债务人就不大可能否认或者继续装聋作哑,否则,就构成虚假陈述了。将来一旦发现,将被追究法律责任。这样,通过司法程序就可以迫使债权人与主债务人确认事实真相,然后就可以持司法裁判文书去办理注销。当然,可能主债权确实未清偿,那么抵押人就要承担败诉的责任了。但是,付出这个成本以探求真相,比起坐等主债权诉讼时效经过,然后去注销抵押登记要有效得多。

要案索引

[案例1]北京中铁建物资贸易有限公司与天津市长芦盐业集团有限公司、天津市长芦实业开发公司确认合同无效纠纷案

[案号](2018)最高法民申6281号

[裁判要旨]独立担保只适用于物保,不适用于保证,且只能在国际商事交易中使用,不能在国内市场交易中使用。

[案情概要]北京中铁建物资贸易有限公司与天津市长芦实业开发公司签订了《采购合同》,天津市长芦盐业集团有限公司提供了独立担保。

[裁判观点]《物权法》第172条第1款规定:“设立担保物权,应当依照本法和其他法律的规定订立担保合同。担保合同是主债权债务合同的从合同。主债权债务合同无效,担保合同无效,但法律另有规定的除外。”该条规定,在法律对独立物保有特别规定的情形下,才能认定独立物保有效,否则,独立物保无效。该条排除了当事人约定独立物保的有效性。由于该条是对担保人提供独立物保的规定,而本案规定的是提供独立保证的情形,物保与人保并不相同,故本案不能直接援引《物权法》的该条规定进行裁判。

《担保法》第5条第1款规定:“担保合同是主合同的从合同,主合同无效,担保合同无效。担保合同另有约定的,按照约定。”根据该条规定,当事人对独立担保有约定的,可以从约定。

但基于法理,对该条规定应做限缩解释,即考虑到独立担保责任的异常严厉性,以及使用该制度可能产生欺诈和滥用权利的弊端,尤其是为了避免严重影响或动摇我国担保法律制度体系的基础,在司法实践中独立担保只能在国际商事交易中使用,不能在国内市场交易中运用。

基于上述分析,案涉《担保合同》中当事人关于独立担保的约定无效。

[**述评**]该案裁判在《纪要》发布之前。采用的论证路径是国际贸易与国际贸易的区分,按照《纪要》的观点,应按照担保人是否属于金融机构的标准进行区分。但本案对物权法和担保法有关担保从属性的论理,值得关注,体现出部分法院的裁判思路。

[案例2]顾正康、十堰荣华东风汽车专营有限公司(以下简称荣华公司)追偿权纠纷案

[**案号**](2017)最高法民再137号

[**裁判要旨**]混合担保中担保人之间享有追偿权。

[**案情概要**]债务人十堰华泰龙投资发展有限公司向中国农业银行股份有限公司十堰华中支行(以下简称农行华中支行)贷款,湖北汇城置业有限公司(以下简称汇城公司)提供了物的抵押,顾正康、荣华公司、钱云富提供了连带保证。贷款到期后,汇城公司代农行华中支行清偿了全部债务后,向顾正康等追偿。顾正康辩称其系独立与农行华中支行签订《保证合同》,与汇城公司之间没有关于担保顺序和份额的约定,汇城公司是农行华中支行贷款项下的抵押人,抵押人与保证人之间相互追偿无法律依据。

[**裁判观点**]《物权法》第176条仅规定了混合担保中提供担保的第三人承担担保责任后,有权向债务人追偿,但没有对担保人之间是否能够追偿予以明确。《担保法司法解释》第38条规定:“当事人对保证担保的范围或者物的担保的范围没有约定或者约定不明的,承担了担保责任的担保人,可以向债务人追偿,也可以要求其他担保人清偿其应当分担的份额。”这就明确肯定了混合担保中担保人之间享有追偿权。在《物权法》没有规定而《担保法司法解释》有明确规定的情况下,原审两级法院适用《担保法司法解释》,认定抵押人汇城公司承担担保责任后对保证人顾正康享有追偿权并无不当。顾正康认为汇城公司不享有追偿权,法院不予支持。

[案例3]中国农业发展银行咸阳市分行(以下简称农发行)与被执行人咸阳瑞雪面粉有限公司(以下简称瑞雪面粉公司)、侯选民、边耀贤、咸阳秦文融资担保有限公司借款合同纠纷执行案

[案号](2017)陕执复79号

[裁判要旨]借新还旧中的旧贷主债权消灭,担保物权也随之消灭。

[案情概要]2010年6月30日,农发行与瑞雪面粉公司签订借款合同及抵押担保合同,借款800万元,用瑞雪面粉公司的193台设备作抵押,并办理抵押登记。2011年4月15日,农发行又与瑞雪面粉公司签订借款合同及抵押担保合同,借款800万元,用瑞雪面粉公司的202台设备作抵押并办理抵押登记。瑞雪面粉公司用该笔借款清偿了2010年6月30日的借款。2012年7月3日,农发行再次与瑞雪面粉公司签订了借款合同及抵押担保合同,借款770万元,用瑞雪面粉公司的226台设备作抵押担保。瑞雪面粉公司用此笔贷款清偿了2011年4月15日的借款。2013年10月10日,农发行再次与瑞雪面粉公司签订了新的借款合同及抵押担保合同,借款720万元,用瑞雪面粉公司的270台设备作抵押担保,并办理了咸工商财抵登字(2013)第40号动产抵押登记。瑞雪面粉公司用本笔贷款清偿了2012年7月3日的借款。2011年10月21日,陕西咸阳渭城农村商业银行股份有限公司(以下简称农信社)与瑞雪面粉公司、侯选民签订流动资金借款合同及抵押担保合同,借款490万元,用瑞雪面粉公司的面粉加工及配套设备作抵押担保并办理抵押登记。2011年10月28日,咸阳市工商行政管理局向农信社出具了咸工商财抵登字(2011)第027号动产抵押登记书载明,瑞雪面粉公司向农信社抵押的机器设备价值1815.75万元。担保范围为本金490万元及利息。担保期限从2011年10月26日至2014年10月25日。

[裁判观点]农信社对设备的抵押登记时间是2011年10月28日,而农发行与主债务人瑞雪面粉公司从2010年6月10日到2013年10月10日签订的四次借款合同和抵押合同,前三次的借款均被随后的贷款所清偿,只有2013年10月10日的贷款未偿还。依据《物权法》第177条的规定,主债权消灭,担保物权也随之消灭。瑞雪面粉公司用新贷款偿还了农发行的旧贷款,旧的贷款消灭,相对应的抵押权也随之消灭,所以,2010年6月10日的抵押权已消灭。农发行有效的抵押权应依据(2013)第40号动产抵押登记书载明的抵押登记时间为2013年10月10日。综上,农信社的抵押登记在农发行之前。

[案例4]安徽汇通典当有限公司(以下简称汇通典当公司)与被申请人任军、原审第三人泗县凯旋置业有限公司(以下简称凯旋置业公司)、阜阳市宇虹人造板公司(以下简称宇虹公司)、王辉执行分配方案异议之诉案

[案号](2018)最高法民申3313号

[裁判要旨]抵押合同与他项权利证书记载的内容不一致时,应当以他项权证的记载作为认定抵押权范围的依据。

[案情概要]汇通典当公司与宇虹公司签订的《最高额土地使用权典当抵押合同》虽然约定抵押典当的当金最高限额为1000万元,抵押担保的范围包括当金本金最高限额、利息、逾期利息、综合费用、逾期综合费用等,但汇通典当公司所取得的他项权证书载明,最高额抵押金额为1000万元。汇通典当公司认为应按照案涉《最高额土地使用权典当抵押合同》认定其抵押权范围。

[裁判观点]《物权法》第17条规定:"不动产权属证书是权利人享有该不动产物权的证明。不动产权属证书记载的事项,应当与不动产登记簿一致;记载不一致的,除有证据证明不动产登记簿确有错误外,以不动产登记簿为准。"本案没有证据证明存在不动产权利证书与不动产登记簿内容不一致的情况,所以他项权证书应当推定为汇通典当公司享有的他项权归属和内容的根据。另据《担保法司法解释》第61条的规定:"抵押物登记记载的内容与抵押合同约定的内容不一致的,以登记记载的内容为准。"故在案涉《最高额土地使用权典当抵押合同》与他项权利证书记载的内容不一致时,应当以他项权证的记载作为认定汇通典当公司抵押权范围的依据。

[案例5]蔡甲与蒋乙、王丙抵押合同纠纷案

[案号]2017苏01民再114号

[裁判要旨]抵押权的行使期间随主债权诉讼时效期间的变动而变动,当事人约定排除以上规定的,约定无效。

[案情概要]2012年7月13日,蒋乙与王丙、丁签订《南京市江宁区房地产抵押合同》,双方约定,抵押担保借款本金为500万元,主债务人履行抵押担保债务的期限为2012年7月10日至2013年7月9日;丁将《抵押房地产清单》中载明的自有房地产及其附着物、固着物抵押给蒋乙,作为上述主债务人履行债务的担保,双方确认上述《抵押房地产清单》中载明的房地产总价值为1000万元等。后经南京市江宁区住房和城乡建设局办理抵押登记手续。

2013年9月30日,蒋乙以王丙、丁等为被告诉至法院,要求偿还借款,但并未就上述房屋主张抵押权,法院于2014年5月10日作出生效判决予以支持。

2015年12月29日,蒋乙诉至法院,要求对上述房屋行使抵押权。丁认为蒋乙主张抵押权已超过抵押权行使期间,其抵押权已消灭。

[裁判观点]一审法院认为,蒋乙于2013年9月30日对主债权提起诉讼主张权利,但未一并主张抵押权进而以涉案房屋优先受偿。在南京市玄武区人民法院于2014年5月10日作出判决后,蒋乙才于2015年12月29日提起诉讼要求对上述房屋在借款本金500万元范围内享有优先受偿权,因此蒋乙行使抵押权是在主债权诉讼时效存续期间届满之后。蒋乙向南京市中级人民法院执行法官陈述涉案房屋抵押情况,是在主债权诉讼时效结束之后,不符合抵押权的行使方式,并非行使抵押权。同时,抵押权属于主债权的从权利,抵押权的行使应在主债权的诉讼时效期间,不适用诉讼时效的中断、中止。因此,蒋乙在主债权诉讼时效存续期间,并未与王丙达成实现抵押权的协议以实现优先受偿权,也未提起诉讼要求人民法院拍卖、变卖抵押财产。对于蒋乙在主债权诉讼时效存在期间届满后主张抵押权利,一审法院不予支持。

二审法院认为,依据《物权法》第202条的规定,蒋乙应当在主债权诉讼时效期间行使抵押权。依据《民法通则》第135条的规定,案涉主债权的诉讼时效期间应为2年。蒋乙与王丙就案涉两笔借款约定了还款期限,依据《民法通则》第137条的规定,案涉主债权的诉讼时效期间应当分别从两笔借款的还款期限届满之日即2012年2月3日、6月18日起计算。《民法通则》第140条规定:"诉讼时效因提起诉讼、当事人一方提出要求或者同意履行义务而中断。从中断时起,诉讼时效期间重新计算。"蒋乙于2013年9月30日就案涉主债权提起诉讼,构成诉讼时效中断,诉讼时效期间应从2013年9月30日起重新计算。《最高人民法院关于审理民事案件适用诉讼时效制度若干问题的规定》第13条第6项规定,申请强制执行与提起诉讼具有同等诉讼时效中断的效力。蒋乙于2014年10月21日对涉及主债权的生效判决申请强制执行,案涉主债权的诉讼时效再次中断,新的诉讼时效期间应当自2014年10月21日起重新起算。蒋乙于2015年12月29日提起诉讼,要求行使抵押权,没有超过主债权诉讼时效期间。蒋乙在法定期间内要求行使抵押权的主张,于法有据,二审法院予以支持。

二审法院再审审查认为,本案的争议的焦点是案涉主债权诉讼时效期间应当如何认定以及蒋乙行使抵押权有无超过该期间。根据生效的民事判决书的认定,蒋乙与王丙之间的民间借贷关系成立并有效。双方签订的抵押合同,亦系双方真实意思表示,不违反法律行政法规的强制性规定,合法有效,双方当事人均应按照合同约定履行义务。《物权法》第 202 条规定“抵押权人应当在主债权诉讼时效期间行使抵押权;未行使的,人民法院不予保护。”该条规定的目的是确立抵押权行使期限制度,促使抵押权人积极地及时行使抵押权,迅速了结债权债务关系,所以规定了若抵押权人在一定期间内可行使而不行使其抵押权的,则该权利不受人民法院保护。如果主债权人诉讼时效届满,适用本条的条件亦应作出限制解释,即如果抵押权在主债权诉讼时效期间未向主债务人主张权利,又未向抵押人主张行使抵押权,抵押权人超出主债权诉讼时效期间主张行使抵押权的,人民法院不予保护。本案中,南京市玄武区人民法院在 2014 年 5 月 10 日以 1487 号判决判令王丙、丁、江鸿公司偿还蒋乙借款本金 500 万元及利息、违约金,是对本案的债权在法律上最终得到确认,据此蒋乙应从上述判决生效之日起在相关法律规定的期限内对上述债权所设定的抵押物行使抵押权。根据《担保法司法解释》第 12 条第 2 款“担保物权所担保的债权的诉讼时效结束后,担保权人在诉讼时效结束后的二年内行使担保物权的,人民法院应当予以支持”的规定,蒋乙应在 2014 年 5 月 10 日至 2016 年 5 月 9 日内对抵押物行使抵押权。蒋乙于 2015 年 12 月 29 日提起本案的诉讼,要求王丙承担抵押责任,未超出上述期限,应予支持。

民法典最新规定释评

一、《民法典》规范文本

第三百九十二条　被担保的债权既有物的担保又有人的担保的,债务人不履行到期债务或者发生当事人约定的实现担保物权的情形,债权人应当按照约定实现债权;没有约定或者约定不明确,债务人自己提供物的担保的,债权人应当先就该物的担保实现债权;第三人提供物的担保的,债权人可以就物的担保实现债权,也可以请求保证人承担保证责任。提供担保的第三人承担担保责任后,有权向债务人追偿。

第六百八十六条　保证的方式包括一般保证和连带责任保证。

当事人在保证合同中对保证方式没有约定或者约定不明确的,按照一般保证承担保证责任。

第七百条　保证人承担保证责任后,除当事人另有约定外,有权在其承担保证责任的范围内向债务人追偿,享有债权人对债务人的权利,但是不得损害债权人的利益。

二、规范释评

《民法典》对于担保作出了重大调整,特别突出的,一个是对没有约定或者约定不明确的保证,其保证方式由推定为连带保证责任改为推定为一般保证责任;另一个是规定担保人之间没有约定的不能互相追偿,改变了此前担保人尤其是保证人之间当然互相追偿的规则。这两处调整彻底颠覆了以往的法律规则,需要特别引起重视。

《民法典》的规定比《纪要》更进一步,不但对担保物权人互相之间的追偿需要有明确 的约定作出了规定,而且对保证人互相之间的追偿也要求有明确的约定,否则均不得互相追偿。这彻底改变了此前担保人互相追偿的法律规则。同时,《民法典》对担保的从属性规定,再次印证了《纪要》对担保从属性的强调。

实务中,有以下几个问题值得注意:(1)《民法典》施行后,在设定保证方式时,如果需要设定为连带保证责任的,必须作出明确的约定,否则,就只能成立一般保证担保,影响主债权的顺利有效实现。(2)民法典施行后,在各担保人之间,如要分担担保责任,互相追偿,必须由担保人作出明确的互相追偿的约定。可以通过担保人自己在担保合同中设定同意追偿的条款即作出明确的承诺,同意在其他担保人实际承担担保责任后分担担保责任,或者签订统一的担保追偿合同,或者在主合同中统一明确担保人互相之间有权追偿。(3)在担保诉讼中,注意区分《民法典》颁布前与颁布后实施前以及实施后这三个不同时段的保证方式认定规则与担保追偿规则,准确适用各时段的法律规则。

专 题 二

未办理登记的不动产抵押合同效力

《纪要》在担保纠纷部分，以第二大点专门就不动产担保物权中的未登记、房地分别抵押、主债权转让对抵押权的影响3个问题专门作出了规定。鉴于此3个问题涉及的实务问题较多，我们将分别做专题介绍。本专题集中介绍《纪要》第60条所涉及的未办理登记的不动产抵押合同效力问题。

纪要原文

60.【未办理登记的不动产抵押合同的效力】不动产抵押合同依法成立，但未办理抵押登记手续，债权人请求抵押人办理抵押登记手续的，人民法院依法予以支持。因抵押物灭失以及抵押物转让他人等原因不能办理抵押登记，债权人请求抵押人以抵押物的价值为限承担责任的，人民法院依法予以支持，但其范围不得超过抵押权有效设立时抵押人所应当承担的责任。

规范精要

未经登记的不动产抵押合同的效力及法律后果，是司法实践中争议已久的问题，最高人民法院的裁判观点亦有相同。《纪要》对此作出了明确规定。

一、《纪要》明确未办理抵押登记，不影响抵押合同的合同效力

《纪要》第60条明确规定：抵押合同依法成立，但未办理抵押登记手续，债权人可请求抵押人办理抵押登记手续。简言之，虽然没办理抵押登记，没有物权效力，但并不意味着抵押合同是一张废纸。抵押合同本身已成立且合法有效，有合同约束力，债权人可以依据抵押合同的约定，要求抵押人履行合同义务，办理抵押

登记手续。

二、《纪要》明确了抵押合同履行不能时，债权人的司法救济

《纪要》第 60 条规定，在因为抵押物灭失或者被转让等事实上及法律上无法继续履行登记义务的情况下，债权人可以请求抵押人以抵押物的价值为限承担责任。简言之，即使客观上无法办理抵押登记，抵押人仍应当对债权人承担民事责任，但责任不能超过履行利益，即抵押物价值是责任范围的上限。

法理基础

一、抵押合同的效力：从“同一主义”到“区分原则”

就登记对于不动产抵押权的影响，我国在立法上经历了从《担保法》到《物权法》的演变。根据《担保法》第 41 条的规定，登记是抵押合同的生效要件，未办理登记，不仅抵押权未设立，抵押合同亦不生效，此即“同一主义”。《物权法》修改了这一规则。《物权法》第 15 条规定：“当事人之间订立有关设立、变更、转让和消灭不动产物权的合同，除法律另有规定或者合同另有约定外，自合同成立时生效；未办理物权登记的，不影响合同效力。”此即“区分原则”，登记仅影响物权变动，登记是不动产抵押权的生效要件，但并不影响不动产抵押合同的效力。

二、抵押人责任性质的分歧

虽然《物权法》第 178 条明确“担保法与本法的规定不一致的，适用本法”，但司法实践中对于未经登记的不动产抵押合同的效力及法律后果，仍存在不同处理方式，主要有缔约过失责任说[①]、担保责任说、违约责任说[②] 3 种裁判思路，其中担保责任说又分为基于抵押合同的合同义务[③]和基于无效法律行为转化为连带责任保证[④]两种路径。实际上，按照“区分原则”，不动产抵押合同作为负担行为，未经登记并不影响不动产抵押合同的效力，既属有效合同，自然不存在缔约过失责任及无效法律行为转化的适用空间。违约责任与担保责任都以合同有效为前提。

---

① 最高人民法院（2017）最高法民终 436 号民事判决。

② 最高人民法院（2015）民二终字第 70 号民事判决。

③ 最高人民法院（2015）民申字第 3299 号民事裁定。

④ 最高人民法院（2015）民申字 2354 号民事判决，最高人民法院（2018）最高法民申 1189 号民事裁定。

违约责任说认为，抵押人未依约办理抵押登记构成违约，应当承担继续履行、损害赔偿等违约责任，损害赔偿范围以抵押物价值为限；担保责任说认为，抵押人签订抵押合同的允诺包含办理登记设立抵押权和以抵押物担保主债务的双重意思，抵押人应当依据抵押合同承担连带担保责任，该担保责任以抵押物的价值为限，但因抵押权未设立，债权人不享有优先受偿权，性质上属于介乎保证与抵押权之间的非典型担保。①

三、最高人民法院法官会议纪要观点

“最高人民法院民二庭第7次法官会议纪要”指出：“违约责任说与非典型担保说异曲同工，即抵押人均需须以抵押物的价值为限承担责任。但非典型担保说不仅于法无据，理论上也过于迂回曲折，法官解释色彩过浓，不如违约责任说简洁明快，且既有合同依据又有法理依据。”②《纪要》第60条重申了“区分原则”，并采纳了违约责任说。

裁判指引

一、不动产抵押合同的成立、有效与生效

虽然《纪要》采用的表述是“不动产抵押合同依法成立”，但其本意在于解决合同效力问题，后文规定的请求办理抵押登记手续和损害赔偿责任显然是针对有效合同的违约救济。不动产抵押合同作为负担行为，应当依据合同成立生效的规则判断其效力，未办理抵押登记本身不影响不动产抵押合同的效力。如不存在无效或未生效（如附生效条件、附生效期限）事由，原则上不动产抵押合同自成立时生效。但需注意的是，抵押合同是主合同的从合同，若主合同无效，抵押合同亦归于无效，但主合同被解除不影响抵押合同的效力。

《纪要》不是司法解释，不能作为裁判依据援引，人民法院在认定不动产抵押合同的效力时，应当以《物权法》第15条规定的“区分原则”作为裁判依据，但可结合《纪要》的本条规定进行说理。

如果当事人特别约定“不动产抵押合同自登记之日起生效”，该约定属于意思

---

① 杨代雄：《抵押合同作为负担行为的双重效果》，载《中外法学》2019年第3期。

② 贺小荣主编：《最高人民法院民二庭法官会议纪要》，人民法院出版社2018年版，第239～245页。

自治范畴且未损害公共利益,应属有效,此类抵押合同在登记之前属于成立但未生效的合同。

二、未办理登记,则抵押权未设立,无优先受偿效力

根据《物权法》第 9 条及第 187 条的规定,不动产抵押权的设立以登记为必要,签订抵押合同但未办理抵押登记的,抵押权并未设立。如债权人主张享有抵押权,要求就抵押财产优先受偿的,人民法院不应予以支持。

《纪要》第 60 条并未区分未办理抵押登记的原因,不无疑问的是,如果是因登记部门的原因导致无法办理不动产抵押权登记,债权人能否就抵押物取得一定的物权效力?《担保法司法解释》第 59 条规定:“当事人办理抵押物的登记手续时,因登记部门的原因致使其无法办理抵押物登记,抵押人向债权人交付权利凭证的,可以认定债权人对该财产有优先受偿权。但是,未办理抵押物登记的,不得对抗第三人。”《担保法司法解释》的这一规定是立足于我国登记制度尚不健全的现实,为了弥补《担保法》采“同一主义”对债权人利益保护不力的缺陷所作的特别规定,问题是,该规定在“区分原则”的语境中是否还有适用空间?

就未登记抵押权不得对抗的“第三人”范围,最高人民法院法函[2006]51 号文认为,因登记部门原因而未登记的不动产抵押权对抵押当事人之外的第三人不具有法律效力,实务中多数裁判均以此为据对相关纠纷予以判定(主要为执行异议之诉)。按照此种理解,《担保法司法解释》第 59 条在“区分原则”中已丧失实际意义。如果所谓的“优先受偿权”不得对抗抵押当事人之外的第三人,不能优先于抵押人的一般债权人,意味着未登记不动产抵押权仅具有债权效力,否定对抗效力实际就是否定物权效力。在“区分原则”之下,未登记不影响不动产抵押合同的效力,抵押合同在抵押当事人之间当然发生债权效力,无须考虑未办理登记的原因,因此,司法解释的上述规定已被《物权法》及《纪要》完全取代。但有学者对于上述理解提出质疑,认为司法解释规定的“第三人”仅指物权人,亦即,此类抵押权虽然未经登记,但可以对抗抵押人的一般债权人,只是不能对抗对抵押物享有物权利益的第三人。[①] 如采后种理解,“因登记部门的原因致使无法办理抵押登记”不仅不影响抵押合同的债权效力,而且使不动产抵押权具有优先于一般债权人的物权效力,对于采“区分主义”的《物权法》和《纪要》而言,《担保法司法解释》

---

① 高圣平:《未登记不动产抵押权的法律后果》,载《政法论坛》2019 年第 6 期。

第59条仍有独立的适用价值。

笔者认为,根据物权法定原则,不动产抵押权自登记时设立,赋予未经登记的不动产抵押权以部分物权效力,欠缺法理依据,否则将突破债权与物权的界限。因登记部门原因导致无法办理抵押登记的问题应当交由行政诉讼予以救济,不动产登记制度的日益完善也削弱了创设特殊权利样态的必要性。因此,无论因何原因导致未办理不动产抵押登记,债权人只能向抵押人主张债权救济,不能对抗抵押当事人之外的第三人。

三、债权人的登记请求权

(一)登记义务的主体

基于抵押合同,办理抵押登记,是抵押人的合同义务。未办理抵押登记的,不影响抵押合同本身的合同效力。抵押合同合法有效,债权人基于合同对抵押人享有登记请求权,有权要求抵押人办理抵押登记,以使抵押权有效设立,其权利基础是抵押合同项下的继续履行请求权,法律依据是《合同法》第107条的规定。

(二)债权人是否为抵押登记的义务主体并需就此承担责任?

我国对于不动产登记采共同申请主义,需要由抵押人与债权人共同向不动产登记机关申请登记。有观点据此认为,债权人亦负有催促及协助办理抵押登记的义务,故在抵押权因未经登记而未设立的情形下,债权人和抵押人均存在过错,应当根据双方的过错程度分担债权人的损失。[①] 该观点实属不妥,登记部门采取共同申请主义是为了减轻登记部门的审查负担,确保不动产登记簿的真实与准确,但登记程序法上的共同申请主义并不意味着双方在实体法上均有登记义务。[②] 作为抵押合同的债务人,办理抵押登记、设立不动产抵押权是抵押人的主合同义务,这一点不因抵押合同中有无明确约定登记义务而改变。未在合同约定时间或债权人催告后的合理期限内办理不动产抵押权设立登记,抵押人构成违约。

共同申请原则仅表明债权人亦应配合办理登记手续,即受领给付,如果债权人怠于履行协助义务,则构成受领迟延,属于违反"不真正义务",不因此构成债权人违约。即便债权人陷入受领迟延,其仍可请求抵押人办理抵押登记手续。当然,债权人不构成违约并不代表其无须承担任何不利后果,债权人怠于催告抵押

---

① (2017)最高法民申2340号民事裁定。

② 高圣平:《未登记不动产抵押权的法律后果》,载《政法论坛》2019年第6期。

人办理登记甚至拒不配合办理登记手续,可能构成《合同法》第 110 条规定的第 3 种情形"债权人在合理期限内未要求履行",从而导致其登记请求权不能得到法院支持。此外,在债权人受领迟延期间,抵押物发生意外灭失而无法再设立抵押权的,债权人需自行承担风险。

同理,因债权人原因导致不能在约定的期限或者合理的期限内办理登记,债权人并不因此构成违约,抵押人亦无损失,抵押人不能因此取得合同解除权。抵押人以债权人拒绝配合办理登记手续为由主张解除抵押合同的,人民法院不应支持。

（三）不支持继续履行的但书情形

债权人有权依据《合同法》第 107 条的规定,要求抵押人办理抵押登记手续,但该诉讼请求能否得到支持,取决于是否存在《合同法》第 110 条规定的"但书"情形。

《合同法》第 110 条规定:"当事人一方不履行非金钱债务或者履行非金钱债务不符合约定的,对方可以要求履行,但有下列情形之一的除外:(一)法律上或者事实上不能履行;(二)债务的标的不适于强制履行或者履行费用过高;(三)债权人在合理期限内未要求履行。"如果抵押物灭失,属于事实上不能履行的情形,如果抵押物转让他人,则属于法律上不能履行的情形,抵押人自无法办理抵押登记手续。如果债权人在合理期限内未要求办理抵押登记,其登记请求权亦无法得到支持,但"合理期限"如何认定,有赖于具体案情具体分析。在主债务履行期间已经届满的情形下,补办抵押登记手续对于债权人仍有积极意义,可取得对抗一般债权人的优先受偿权,不能认为继续履行抵押合同办理不动产抵押登记已无必要,不宜驳回债权人的登记请求权。

（四）能登记而抵押人拒绝登记的裁判处理

实践中有裁判认为在债权人诉请抵押人办理不动产抵押登记,但抵押人明确表示不同意的,应当驳回债权人的诉讼请求,债权人只能要求赔偿损失。[①] 此种处理方式并不妥当,只要符合继续履行的构成要件,法院应当支持债权人要求继续履行抵押合同、办理不动产抵押登记的诉讼请求,如抵押人拒不执行生效裁判,债权人得以胜诉裁判为依据,直接请求登记部门办理抵押登记手续。[②]

---

① 江苏省南京市中级人民法院(2016)苏 01 民终 9999 号民事判决。

② 倪龙燕:《不动产抵押合同的效力探析——以实务中法律救济裁判路径为出发点》,载《法治研究》2019 年第 1 期。

(五)登记请求权的诉讼时效

债权人的登记请求权在性质上属于债权请求权,应当适用诉讼时效。债权人请求办理抵押登记的目的在于设立抵押权,根本目的是行使抵押权以清偿主债权。《物权法》第202条规定,抵押权人未在主债权诉讼时效期间行使抵押权,人民法院不予保护。举重以明轻,抵押权人未在主债权诉讼时效期间内请求抵押人办理抵押登记,人民法院亦不予支持。

四、债权人的损害赔偿请求权

(一)债权人请求办理登记与请求损害赔偿的救济选择权

《纪要》采用的表述是"因抵押物灭失以及抵押物转让他人等原因不能办理抵押登记,债权人请求抵押人以抵押物的价值为限承担责任的,人民法院依法予以支持"。这就引出一个问题:如果抵押登记仍属可能,债权人可否不行使登记请求权,而是径行主张违约损害赔偿请求权?

主流观点认为,"继续履行"和"赔偿损失"在《合同法》上属于并列的违约责任承担方式,不存在适用上的先后次序,债权人享有选择权。我们认可主流观点,该结论与纪要文义亦不存在冲突,理由在于:第一,不动产抵押合同应受《合同法》调整,并不存在赋予继续履行请求权以优先适用顺位的特别事由,不应区别对待。第二,除《纪要》列举的抵押物灭失、抵押物转让他人等客观上不能办理抵押登记的事由外(同类事由还包括抵押物被查封、被征收、抵押物已为其他债权设定抵押权[①]等),若出现合同解除事由,例如,抵押人明确拒绝履行登记义务、抵押人陷入履行迟延且经催告后在合理期限内仍未办理登记等,虽然登记在客观上仍属可能,但债权人依据《合同法》第94条规定有权解除抵押合同,并同时主张损害赔偿责任。此外,在抵押人构成履行迟延后,若债权人在合理期限内未要求抵押人继续履行登记义务,依据《合同法》第110条第3种情形规定,债权人不得请求继续履行,只能转而请求抵押人承担违约损害赔偿责任。第三,抵押合同属单务合同,抵押人仅负担以抵押物担保主债权的合同义务,并不享有对债权人的对待给付请求权,判令抵押人承担不超过抵押权有效设立时其所应承担的赔偿责任,对于抵押人而言并无不利,限制债权人的救济选择权缺乏正当性基础。

---

① 如果抵押物已为其他债权设定抵押权,虽然客观上仍可办理抵押登记、为案涉债权设定顺位在后的抵押权,但该"抵押权"并非抵押合同约定的抵押权,不具有同一性,应属于"不能办理抵押登记"的情形。

因此,《纪要》所列情形仅为示例说明,而非否定债权人的救济选择权,不能据此认为债权人仅可在“不能办理抵押登记”的情形中主张违约损害赔偿责任。这一结论在《最高人民法院民二庭负责人就〈全国法院民商事审判工作会议纪要〉答记者问》(以下简称《答记者问》)中也有所体现,《答记者问》对于未办理登记的不动产抵押合同效力问题的解读为:“纪要明确,未办理抵押登记,债权人既可以请求抵押人继续办理抵押登记,也可以请求抵押人以抵押物的价值为限承担责任,但其范围不得超过抵押权有效设立时抵押人所应承担的责任”,并没有将“因抵押物灭失以及抵押物转让他人等原因不能办理抵押登记”作为抵押人承担责任的前提条件。

(二)债权人主张损害赔偿的条件

需注意的是,债权人主张损害赔偿请求权虽然不限于客观上不能办理抵押登记的情形,但损害赔偿请求权作为违约责任的承担方式之一,须以抵押人构成违约作为适用前提。例如,抵押合同并未明确约定办理登记的期限(履行期限约定不明),债权人可以随时要求履行,但应当给对方必要的准备时间。如果债权人从未催告过抵押人办理登记手续,则抵押人并不构成履行迟延,也就不存在违约,债权人在此种情形下不能主张违约损害赔偿。

不同于保证人只能是债务人以外的第三人,抵押人可以是债务人自己。在抵押人与债务人同一的情形中,基于主债权合同,债权人原本就有权以债务人的责任财产实现清偿,债权人基于抵押合同而对抵押人(债务人)享有的损害赔偿请求权不具有对抗力,对于债权人无实际意义。若办理抵押登记仍属可能,债权人为实现利益最大化,必然会要求继续履行、办理抵押登记手续,以取得优先受偿权。

五、抵押人责任的性质:连带责任还是补充责任

关于抵押人承担的责任性质,司法实践中的处理并不统一,既有法院认为抵押人应当对主债务承担连带清偿责任,也有法院认为抵押人仅承担补充赔偿责任。对此问题,《全国法院民商事审判工作会议纪要(征求意见稿)》规定:“抵押合同是主合同的从合同,在当事人并未约定抵押人与债务人承担连带责任的情况下,抵押人仅在债务人不能清偿的范围内承担补充责任。债权人请求抵押人承担连带责任的,人民法院不予支持。”正式稿删去了这一表述,仅规定:“债权人请求抵押人以抵押物的价值为限承担责任的,人民法院应予支持。”这一改变是否意味

着《纪要》最终否定了补充责任，认可债权人有权请求抵押人对主债务承担连带责任？

最高人民法院在《〈全国法院民商事审判工作会议纪要〉理解与适用》中依然坚持补充责任，认为根据《民法总则》第178条第3款的规定，连带责任须有法定规定或当事人约定，在未办理不动产抵押登记情形中，法律对抵押人的责任形态没有作出规定，如当事人没有约定连带责任的，抵押人仅在债务人不能清偿的范围内承担补充责任，因此抵押人享有先诉抗辩权。

最高人民法院同时提出，为了及时高效解决纠纷，在债权人同时起诉债务人和抵押人的案件中，人民法院可以参照《担保法司法解释》第125条的规定，将债务人和抵押人列为共同被告参加诉讼，但是应当在判决书中明确在对债务人财产依法强制执行后仍不能履行债务时，由抵押人承担责任，人民法院可以在执行过程中一并处理。

但是，有学者认为未办理登记之抵押人的违约责任与债务人的清偿责任应当构成"不真正连带之债"。理由在于：若不动产抵押依约办理登记，在抵押权实现条件成就时，债权人可径直行使抵押权，抵押人并无顺序利益，不享有先诉抗辩权。违约损害赔偿的目标是替代给付，使债权人的利益处于假设合同义务得到履行时的状态，既然在抵押人履行登记义务的情况下抵押人不享有顺序利益，在抵押人不履行登记义务、未设立抵押权的情况下，其违约损害赔偿责任也应当与主债务人的清偿责任处于同一顺位，而非处于第二位的补充责任。①

刘春梅、孙兆晖法官认为，此责任为连带责任。② 理由是：

1. 从法律依据上来看，虽然根据《民法总则》第178条的规定，连带责任由法律规定或者当事人约定，但抵押义务人承担连带清偿责任的法律依据为《物权法》第179条和第195条，即抵押权设立后，债务人不履行到期债务或者发生当事人约定的实现抵押权的情形，债权人（抵押权人）有权就抵押财产优先受偿，即抵押权人可以与抵押人协议以抵押财产折价或者以拍卖、变卖该抵押财产所得的价款优先受偿。

申言之，抵押权设立后，只要发生债务人不履行到期债务或者发生当事人约

---

① 杨代雄：《抵押合同作为负担行为的双重效果》，载《中外法学》2019年第3期；冉克平：《论未登记不动产抵押合同的效力》，载《法律科学》2020年第1期。

② 刘春梅、孙兆晖：《未办理抵押登记时金融债权的保护问题研究——以不动产抵押设立和转让交易中的争议问题为重点》，载《中国应用法学》2019年第6期。

定的实现抵押权的情形,债权人就有权直接要求抵押人承担担保责任,抵押人不享有先诉抗辩权,亦无权要求对主债务只承担补充清偿责任。据此,抵押人的担保责任中本已包含抵押物价值范围内的连带清偿责任的内容,而且比连带清偿责任更重,即债权人有权直接就抵押财产优先受偿。因此,在抵押义务人违约未设立抵押权的情况下,其违约赔偿责任的承担方式即应当是其在签订抵押合同时应当预见到的连带清偿责任,该连带责任实质来源于法律规定。

2. 从不动产抵押登记生效模式的功能来看,债权人与抵押义务人签订抵押合同的目的是设立抵押权,即让债权人获得比让抵押义务人承担连带清偿责任更强的担保。由于抵押义务人未协助办理抵押登记,导致不动产抵押权无法设立,遇到了不动产抵押登记生效制度的障碍。法律作此法律设计的原因是为了保障交易安全,也就是在权衡债权人与第三人的利益之后,选择保障第三人的利益,但绝不是为了减轻或免除抵押义务人对债权人的责任。换言之,在不损害第三人的利益或交易安全的情况下,抵押义务人仍应当为债权人提供最充分的债权实现保障,即就主债务向债权人承担连带清偿责任。

3. 从诚实信用原则的要求来看,在抵押义务人诚信履约办理抵押登记时,抵押义务人承担抵押担保责任,即需配合债权人以抵押物折价或者以拍卖、变卖抵押物的价款优先受偿,让债权获得充分保障,这是一种比连带清偿责任更重的责任。反之,抵押义务人背信违约不办理抵押登记时,如果仅让其承担补充清偿责任,则是让其从违约行为中获利,即获得了承担责任顺位和程序上的利益,显然有违诚实信用原则。

综上,在存在争议且《纪要》并未明确的情况下,抵押人究竟承担的是连带责任还是补充责任,仍有待继续观察纪要出台后的司法实践。

六、违约损害赔偿责任的财产范围

不动产抵押权因未办理登记而未设立,债权人对抵押物不享有优先受偿权,仅可就抵押人的责任财产主张损害赔偿,不能对抗抵押人的其他债权人。违约损害赔偿的财产范围主要受以下 3 个因素影响:

(一)抵押人的违约损害赔偿范围不能超过债权人的"实际损失"

抵押合同作为担保主债务清偿的从合同,债权人的"实际损失"系指主债务不能清偿的部分。问题是,如果抵押合同对于抵押人未按期办理抵押登记手续明确约定了违约金,能否得到支持?最高人民法院曾有案例认为,担保合同关于未设立抵押权的违约金条款,并非对主合同付款违约金的重复约定,最终判令支持担保合同约定的违约金。① 但是,《纪要》第55条规定担保责任的范围不得大于主债务,针对担保责任专门约定的违约责任条款无效,据此,针对抵押权未设立而专门约定的违约金不应得到支持。

(二)损害赔偿范围受"可预见性规则"限制

《纪要》规定"抵押人的责任范围不得超过抵押权有效设立时抵押人所应当承担的责任"。具体而言,即使不动产抵押权办理登记、有效设立,抵押人也仅限于以抵押物承担责任,如果抵押物上原本存在先顺位的抵押权,则应扣减先顺位的债权担保数额。

关于抵押物价值的认定时点,《全国法院民商事审判工作会议纪要(征求意见稿)》曾规定"抵押人的违约损害赔偿责任范围以抵押合同成立时抵押物的价值为限",正式稿删除了这一限定,仅规定"以抵押物的价值为限"。理由认为,在抵押人履行登记义务、抵押权得以设立的情形下,债权人以行使抵押权之时抵押物价值为限优先受偿,在抵押权未设立的情形下,损害赔偿责任作为替代给付的违约责任承担方式,其责任上限就应当是债权人主张损害赔偿责任之时的抵押物价值,而不是抵押合同成立时抵押物的价值。在抵押合同成立后,非因抵押人原因,抵押物价值变动的风险由债权人承担,债权人只能就抵押人因损害而得到的赔偿金/补偿金优先受偿,而不能要求抵押人追加担保。但是,如果因抵押人的过错导致抵押物价值减少,根据《物权法》第193条和《担保法》第51条的规定,债权人有权要求抵押人恢复抵押物的价值或者提供与减少的价值相当的担保。

简言之,抵押人损害赔偿责任的上限应当是债权人主张违约损害赔偿责任时抵押物的价值:(1)若抵押物的市场价值发生正常波动,损害赔偿责任上限亦随之波动,债权人承担风险;(2)若抵押物因抵押人的原因导致价值减少,损害赔偿责任仍然以抵押物的原价值为限;(3)若非因抵押人原因导致抵押物价值减少(如第三人毁损、灭失或被征收),损害赔偿责任上限相当于"抵押物剩余价值+抵押人所得赔偿金/补偿金"。

(三)债权人过错对于违约损害赔偿责任的影响

如前所述,办理不动产抵押登记仅为抵押人的义务,债权人未配合办理登记在性质上属于受领迟延,不属于违约责任的范畴。在债权人受领迟延而无法办理

---

① 最高人民法院(2012)民二终字第41号民事判决。

抵押登记、无法设定抵押权的情况下，债权人已因自身过错而无法享有优先受偿权，抵押人以抵押物价值为限承担损害赔偿责任并未超出其订约时预见的责任范围，不应再额外获利。《全国法院民商事审判工作会议纪要（征求意见稿）》曾规定"债权人怠于履行协助义务的，可以减轻甚至免除抵押人的责任"，正式稿删除了这一规定，这一变更在法理上是合理的。在抵押合同项下，办理抵押登记、设立抵押权仅为抵押人的义务，债权人未协助配合办理登记在性质上属于受领迟延，并不构成债权人的违约，无《合同法》第 120 条双方违约规则的适用余地。因此，在抵押人已经向债权人提出协助办理抵押登记的请求，而债权人未予以协助的，构成受领迟延，不能将此作为抵押人减免责任的事由。债权人有过错导致不能请求赔偿的典型情形是，债权人拖延行使损害赔偿请求权导致债权损失（如逾期利息）扩大的，根据《合同法》第 119 条的规定，不能就扩大的损失要求赔偿。[①]

七、未设定抵押权与其他担保人减责

《物权法》第 194 条第 2 款规定："债务人以自己的财产设定抵押，抵押权人放弃该抵押权、抵押权顺位或者变更抵押权的，其他担保人在抵押权人丧失优先受偿权益的范围内免除担保责任，但其他担保人承诺仍然提供担保的除外。"债务人以自己的财产提供抵押，但抵押权因未办理登记而未能设立的，其他担保人可能据此抗辩抵押权未设立在法律效果上相当于债权人放弃抵押权，参照适用《物权法》上述规定，其他担保人亦应在债权人丧失优先受偿权益的范围内免除担保责任。

对此问题，一种观点认为，抵押权未成立并不能解释为债权人放弃抵押权，其他担保人并不能因此免责[②]；另一种观点认为，若债权人对抵押权未成立是明知的，且债权人与债务人均向其他担保人隐瞒，导致担保人在提供担保时对交易条件产生错误信赖，则应相应免除担保人责任。[③]

笔者认为，本着相同实务应作同一处理的基本法理，因债权人的故意或懈怠导致本能设立的抵押权未设立，亦应视为债权人放弃抵押权。因债权人过错导致抵押权未能设立，债权人系与有过失，其法律后果即是其请求权的扣减。因此，债

---

① 最高人民法院（2013）民二终字第 57 号民事判决。

② 江苏省高级人民法院（2015）苏民终字第 00455 号民事判决，最高人民法院（2003）民二终字第 195 号民事判决。

③ 最高人民法院（1999）经终字第 351 号民事判决。

权人对于抵押权未设立存在过错的，其他担保人可准用债权人放弃抵押权的规定在相应范围内免责。具体可以区分以下情况讨论：

（一）债权人放弃行使登记请求权

债权人明确放弃或者以行为放弃对债务人（抵押人）的登记请求权的，例如，债权人未在合理期限内要求抵押人继续履行登记义务，进而导致丧失登记请求权，在抵押登记仍属可能的情形下，不要求债务人办理抵押登记，而直接起诉其他担保人承担担保责任的，债权人的行为相当于放弃债务人提供的抵押权，其他担保人要求减免担保责任的抗辩，法院应当支持。

（二）债权人怠于协助

债权人虽未放弃登记请求权，但其怠于协助办理登记、构成受领迟延，在受领迟延期间因抵押物灭失、转让他人等原因无法办理抵押登记，此时债权人对于抵押权未能设立负有过错，相比之下其他担保人更值得保护，应当支持其他担保人的减责抗辩。

（三）债权人对抵押权未登记无过错

债权人对于抵押权未设立不存在过错，此时应否支持其他担保人的减责抗辩存在较大争议。如果合同约定了“先办理抵押登记，后发放贷款”的履行顺序，债权人在抵押权设立之前发放贷款即构成与有过失，应当自行承担不利后果，其他担保人可以相应减免担保责任。即便合同未对履行顺序作出明确约定，仍有观点认为债权人在取得抵押权之前发放贷款属于未尽谨慎注意义务、风险防范意识不足，其贷款损失不能完全转嫁给其他担保人①，此时也应支持或部分支持其他担保人的减责抗辩。如果其他担保人提供担保在前、债务人追加提供抵押在后，则不能认为债权人对于贷款损失存在过失，其他担保人提供担保与债务人是否设立抵押权无关，其担保意思表示并未受到“物保”有效与否的影响，此时其他担保人不能以抵押权未设立为由要求减免责任。

（四）其他担保合同有特别约定

如果债权人与其他担保人签订的担保合同明确约定“不论债权人是否提供物的担保，不论该等担保是否有效，也不论债权人对该等担保予以任何程度的豁免，担保人均对担保范围的全部债权承担担保责任”，在该合同条款有效的情形下，其他担保人已经明示放弃顺序利益，不能再以债务人提供的抵押权未设立为由要求

---

① 曹士兵：《中国担保制度与担保方法》，中国法制出版社2015年版，第200页。

减免责任。

八、抵押人承担损害赔偿责任后的追偿问题

抵押权因未办理登记而未能设立，抵押人需要承担替代给付的违约损害赔偿责任，这在形式上固然属于清偿自己的债务，但实质上仍是代债务人清偿债务，故抵押人有权向债务人请求偿还。法院可以参照适用《担保法司法解释》第42条的规定，在判决书主文中明确抵押人承担损害赔偿责任后，有权向债务人追偿。如果判决书中未予明确的，抵押人可以对债务人另行提起追偿诉讼。

九、以登记作为设立要件的权利质权的参照适用

根据《物权法》相关规定，登记是特定权利质权（基金份额、股权、知识产权中的财产权、应收账款）的设立要件，权利质权自办理质押登记时设立。权利质权与不动产抵押权的相似性，使《纪要》关于不动产抵押合同的规定能够参照适用于权利质权合同。未经登记，权利质权不能设立，但不影响权利质押合同的效力。有效的权利质押合同对双方当事人具有约束力，债权人请求出质人办理质押登记的，或者请求质押人以质物的价值为限承担责任的，人民法院应予支持，但责任范围不得超过质权有效设立时质押人所应当承担的责任。

律师指引

一、关于诉讼请求的选择

（一）登记义务的可履行性调查

作为债权人的律师，在确定诉讼请求时，需要判断抵押登记是否具有履行可能性。律师要调查抵押物的现状，诸如抵押物是否灭失、是否还在抵押人名下、是否被查封等。如果客观上已无法办理抵押登记，则不应诉请抵押人办理登记手续，只能要求抵押人承担损害赔偿责任。

（二）最优争议解决方案比较

律师需要评估办理抵押登记对于债权人而言有无实际意义。如果主债务履行期已经届满，并且预计能够顺利保全抵押物或其他等值财产，通常就没有必要先诉请办理抵押登记，再强制执行登记义务，最后实现抵押权；而是可以直接起诉要求抵押人以抵押物价值为限承担赔偿责任，以尽快实现受偿。相反，如果主债务尚未届期，为了取得对抵押物的优先受偿权，应当尽快起诉要求办理抵押登记

手续。

二、在登记仍然可能时直接诉请损害赔偿责任

债权人如果为了实现尽快受偿的目的而直接诉请损害赔偿,不排除法院会按照字面含义理解《纪要》规定,认为债权人仅能在“不能办理抵押登记”的情形下主张赔偿责任。为有效应对此种风险,律师一方面可以将前述论证内容作为辩论核心,向法院说明《纪要》的本意并非限制债权人的救济选择权;另一方面可以准备债权人曾经催告抵押人办理登记手续、抵押人明确拒绝办理登记、曾经申请登记但登记部门怠于办理等方面的证据,证明案涉情形已符合合同解除条件或办理抵押登记对债权人已无实益,为减轻诉累、节约债权人行权成本,应当允许债权人选择救济方式。

三、关于“抵押物价值”的确定

《纪要》规定抵押人承担的损害赔偿范围以“抵押物的价值”为限,前已论及,抵押物价值应当以抵押权本应实现的时点为准,而非以抵押合同成立时为准,但问题在于如何确定抵押物的现值?

在抵押合同成立时,当事人往往会根据评估报告确定抵押物价值或者在抵押合同记载双方共同确认的抵押物价值,但在双方因未办理抵押登记而产生诉讼时,通常缺乏反映抵押物当前价值的直接证据。

如果抵押物仍然在抵押人名下则比较简单,债权人可以要求以抵押物拍卖、变卖的价值为限受偿,法院通常会认为这属于在执行阶段处理的问题,无须在判决时确定抵押物的价值金额。

如果抵押物已转让他人或者因债务人原因发生毁损、灭失,“抵押物价值”如何确定就会成为诉辩双方的主战场。作为主张损害赔偿责任的一方,债权人负担证明“抵押物价值”的举证责任,应当想办法探寻抵押物的当前市场价值,如抵押物是商品房或商铺等具有公开可比价值的不动产,可以参考同地段、同等面积房屋的市场价值,如抵押物是个别性很强的大型商场或土地使用权,可能就要借助专业评估来证明其市场价值。

如果抵押物已经转让他人,该转让价款可以作为确定抵押物价值的参考。作为抵押人,应重点攻击对方证据的可信度,也可以主动提供证据证明抵押物价值低于对方主张,还可以抗辩即使抵押权成立,抵押物也难以变现,肯定会在评估价

的基础上打折才有可能成功拍卖，因此法院在确定损害赔偿责任上限时，也应当将抵押物的变现难度考虑在内，进行适当调减。

法务指引

虽然《纪要》明确未经登记的不动产抵押合同有效，债权人有权要求抵押人办理登记手续或承担损害赔偿责任，但是债权人仍然不得不承担因抵押权未设立而丧失优先受偿权的风险，而且在实际操作中还会面临登记义务难以强制履行、抵押物价值难以确定、仅得向抵押人主张补充赔偿责任等诸多难题，影响债权实现。为防范风险，建议债权人在签订和履行不动产抵押合同时采取以下风险控制措施：

一、关注抵押物状态，及时催告抵押人办理登记手续

首先，在交易时应当对抵押物进行必要的尽职调查，包括但不限于抵押物是否真实存在、是否确系抵押人名下财产、是否属于法律禁止抵押的财产、是否存在权利负担等。其次，在抵押合同中约定明确的登记办理期限，及时催告抵押人办理登记手续，并注意保留己方催告和对方回复的证据。最后，在抵押人怠于办理登记且沟通无效的情况下，债权人应尽快以诉讼方式要求继续抵押人办理登记手续，以确保自己对抵押物的优先受偿权。

二、在抵押合同中约定连带责任条款

虽然《纪要》未明示抵押人承担的是连带责任还是补充责任，但从最高人民法院法官的表态来看，更有可能是补充责任，债权人必须先强制执行债务人财产，仅得就经强制执行依然无法得到清偿部分再行执行抵押人财产。据此，为了能够在主债务届期后直接执行抵押人财产、实现尽快受偿，债权人可以在抵押合同约定“未在合同约定期限内办理抵押登记的，抵押人对主债务承担连带清偿责任”。法律认可当事人约定的连带责任，因此该合同条款应为有效。

三、在抵押合同中约定保证责任转换条款

因抵押权未设立导致债权人丧失优先受偿权，对于债权人实属不利，且法院不支持债权人就抵押权未设立而单独约定违约金。在抵押物灭失或转让他人的情形下，因抵押物的价值难以确定，债权人主张损害赔偿请求权将面临较大障碍。

为此,债权人可以在抵押合同中约定"未在合同约定期限内办理抵押登记的,抵押人以全部财产对主债务承担无限连带责任",这一方面能够给抵押人施加压力,督促其依约办理抵押登记、设立抵押权;另一方面也能扩大损害赔偿责任的财产范围,免于证明抵押物价值的困难。

四、及时采取财产保全措施

抵押人未办理不动产抵押设立登记,债权人若希望继续履行抵押合同、设立抵押权,鉴于抵押权的设立以标的物未被查封、扣押、监管为前提条件,债权人有必要及时采取财产保全措施,申请法院对抵押标的物予以保全,以抵押物被抵押人擅自处分或者被抵押人的其他权利人先予保全。即便债权人希望诉请抵押人承担损害赔偿责任,为避免因抵押物价值难以确定而引发的争议和程序拖延,在抵押物仍在抵押人名下的情形下,债权人应当优先保全抵押物,从而在取得胜诉裁判后直接执行该抵押物以受偿。

五、其他担保人可在合同中约定放款顺序

在抵押人与债务人同一的交易中,其他担保人可以在担保合同中明确约定"债务人设立抵押权为融资款发放的前提条件",从而在抵押权未能设立的情形下要求相应减免担保责任。若无法在担保合同约定放款顺序,退而求其次,其他担保人可以要求债务人提供反担保,自行督促债务人就反担保办理抵押登记,以保障将来求偿权的实现。

要案索引

[案例1]丁卫、杨志耘民间借贷纠纷案

[案号](2017)云民再12号

[裁判要旨]抵押权未有效设立,债权人可基于有效的抵押合同,请求抵押人在抵押财产现有价值的范围内承担相应的违约赔偿责任。

[案情概要]债权人、债务人与抵押人三方签订《借款(抵押)协议》,约定抵押人资源以房产为借款提供抵押担保,该协议签订后办理了公证,抵押双方未办理抵押登记。债权人起诉要求抵押人在双方约定而未登记的抵押物价值范围内承担连带还款责任。法院判令抵押人对债务人未能清偿的本金及利息,涉案双方约定而未登记的抵押物现有价值范围内承担补充清偿责任。抵押人承担补充清偿

责任后，有权向债务人追偿。

[裁判观点]关于抵押协议的效力问题，法院认为：(1)根据《合同法》第32条"当事人采用合同书形式订立合同的，自双方当事人签字或者盖章时合同成立"和第44条"依法成立的合同，自成立时生效"之规定，抵押合同自三方签字后生效，债权人与抵押人之间形成了抵押担保法律关系。(2)根据《物权法》第15条"当事人之间订立有关设立、变更、转让和消灭不动产物权的合同，除法律另有规定或者合同另有约定外，自合同成立时生效；未办理物权登记的，不影响合同效力"的规定，抵押合同的订立和抵押权的设定是2个不同的法律事实，抵押权未设立，不影响抵押协议的法律约束力。(3)本案债权人于2014年4月23日向抵押担保人发出经公证的催促办理抵押登记的书面通知，担保人在收到书面通知后拒绝办理抵押登记，对于抵押权未设立存在过错，致使债权人受到无法实现的债权的损失，抵押人应当在抵押财产现有价值的范围内承担相应的违约赔偿责任。

[案例2]北京金桥国盛投资有限公司(以下简称金桥公司)与长城(宁夏)资产经营有限公司(以下简称长城宁夏公司)、北京金汇联合投资有限公司(以下简称金汇公司)企业借贷纠纷案

[案号](2015)民二终字第70号

[裁判要旨]股权质押未有效设立情形下，出质人的违约责任范围以案涉股权及法定孳息价值范围为限。

[案情概要]2011年8月12日，金桥公司与金汇公司、长城宁夏公司签订《借款合同》，约定金汇公司向金桥公司借款人民币1.2亿元，长城宁夏公司将其合法持有的金汇公司80%股权及法定孳息质押给金桥公司作为贷款担保。2011年9月18日，长城宁夏公司将持有的金汇公司80%股权转让给金桥公司，此后金汇公司工商登记未发生过变更，长城宁夏公司在诉讼中明确表示现无法为金桥公司办理案涉股权的变更登记手续。金桥公司起诉要求长城宁夏公司对借款本息承担连带给付责任。法院判令支持连带赔偿责任。

[裁判观点]1. 虽然因长城宁夏公司的原因导致股权质押未有效设立，但是并不影响《借款合同》中有关质押担保条款的效力。在质押担保条款有效的前提下，依据《合同法》第107条关于"当事人一方不履行合同义务或者履行合同义务不符合约定的，应当承担继续履行、采取补救措施或者赔偿损失等违约责任"的规定，长城宁夏公司应当承担未能履行设立股权质押义务的违约责任。

2. 关于违约责任的具体形式，鉴于长城宁夏公司的违约行为导致其不当逃避了质押担保责任，致使金桥公司丧失在涉案股权及法定孳息范围内的质押权利，亦失去了收回涉案借款的物权保障，因此，长城宁夏公司因违约而逃避的责任以及金桥公司丧失的权益即应视为金桥公司的损失。

故长城宁夏公司应当在涉案质押股权及法定孳息价值范围内，对金汇公司的借款本息承担连带赔偿责任。至于长城宁夏公司提及的涉案股权价值不确定的问题，属于执行阶段解决的事项，并不影响本案裁判。

[案例3]山西瑞捷利华科技有限公司(以下简称瑞捷公司)等与郭文利等民间借贷纠纷案

[案号](2018)京民终25号

[裁判要旨]抵押人背信违约拒不办理抵押登记情形下，抵押义务人应以其提供抵押房产价值为限对案涉债权承担连带清偿责任。

[案情概要]2013年8月，北京首开中拓房地产开发有限公司(以下简称首开公司)向刘建伟借款，《借款合同》约定首开公司以不动产抵押物提供担保，抵押物部分为郭文利、张惟捷所有，合同自不动产抵押双方办理完成不动产抵押登记之日生效。2013年9月开始，刘建伟陆续支付借款。2015年，郭文利、张惟捷才取得抵押房产的房屋产权证书，始终未办理抵押登记手续。

[裁判观点]一审法院认为：1. 关于案涉房产未办理抵押登记的原因与责任。《借款合同》签订时，张惟捷、郭文利尚未取得房屋产权证书，不具备办理抵押登记的条件；刘建伟无法说明预计抵押物取得相关权利证书并可以办理抵押登记的时间，无法证明张惟捷、郭文利存在恶意拖延办理房屋权属证书、拒不配合办理抵押登记或者存在其他违反诚实信用原则的情况，故无法认定张惟捷、郭文利对未办理抵押登记具有过错或者违反诚实信用原则。

2.《借款合同》关于办理抵押登记后合同生效的约定，其本意是对刘建伟的债权予以保护，刘建伟在未就抵押物办理登记时有权拒绝支付借款，但刘建伟在明知合同约定生效条件尚未成就的情况下，仍出借款项，由此产生的不利后果应由其自行承担。

综上，刘建伟无权依据《借款合同》约定向张惟捷、郭文利主张抵押权，亦无权因抵押物未办理登记的事实认定张惟捷、郭文利具有过错，一审法院对刘建伟要求张惟捷、郭文利在提供抵押担保的房产价值范围内对首开公司债务承担连带清偿责任的诉讼请求不予支持。

二审法院认为：

1. 关于案涉房产未办理抵押登记的原因。刘建伟称因张惟捷、郭文利名下房屋当时尚无房产证无法办理抵押登记，当时协商的结果是待上述房产取得房产证后与瑞捷公司的房屋一并办理抵押登记，后张惟捷、郭文利、瑞捷公司均不配合。郭文利称签订《借款合同》之后刘建伟就没有联系过郭文利，未向郭文利主张办理抵押登记。结合本案案情，认定刘建伟的解释更为符合普通人群的认知、更为合理，刘建伟并没有放弃对案涉房产办理抵押登记，未办理抵押登记原因是抵押义务人张惟捷、郭文利、瑞捷公司不配合所致。

2. 关于抵押人的责任。(1)抵押合同成立并生效，作为抵押义务人张惟捷、郭文利在抵押合同中的主要合同义务体现为：一是及时办理抵押登记；二是在债务人不履行到期债务或者发生当事人约定的实现担保物权的情形，债权人有权以抵押物折价或者以拍卖、变卖抵押物的价款优先受偿，让债权获得充分保障。抵押担保责任中不仅包含了抵押物价值范围内的一般连带责任的内容，而且比一般连带责任具有更强的保障力度即优先受偿权，优先受偿权的本质是优先权、限额(以抵押财产的价值为限)责任、连带责任。(2)关于不动产担保物权的设定必须履行登记手续的规定，系为贯彻公示原则以保护善意第三人的利益和交易安全，但绝不是为了减轻或免除抵押人对债权人的责任，在不损害第三人的利益或交易安全的情况下，抵押义务人仍应当为债权人提供最充分的债权实现保障。(3)案涉抵押合同的抵押权未设立，刘建伟无权就抵押物行使优先受偿权。(4)对于未履行登记手续导致抵押权未设立的合同后果，根据《合同法》第 107 条“当事人一方不履行合同义务或者履行合同义务不符合约定的，应当承担继续履行、采取补救措施或者赔偿损失等违约责任”的规定，只要存在“当事人一方不履行合同义务或者履行合同义务不符合约定”的违约事实，就应当承担违约责任。(5)抵押义务人直至本案二审审理期间，均未办理案涉房屋的抵押登记，未履行抵押合同的主要义务，应当承担违约责任。债权人刘建伟在抵押登记办理前发放贷款，不能成为减轻或免除抵押义务人张惟捷、郭文利违约责任的事由。(6)抵押人拒不协助办理抵押权登记时，债权人的损失应认定为“合同履行后可以获得的利益”，即在债务人未能履行到期债务的情况下，直接要求抵押人在担保范围和抵押物当前价值范围内承担连带清偿责任。

3. 为救济其法律效力的瑕疵，刘建伟除可以请求通过补办登记手续这种方式加以补正使其发生法律效力或者请求承担违约责任赔偿损失外，还可以通过解释上的转换这一方式，将其转换为有效的担保行为，以节约交易成本，促进交易发展。根据民法基本原理,法律行为的转换是指原有行为如果具备替代行为的要件,并且可以认为当事人如果知道原有行为不生效力或无效将希望替代行为生效的,可以将原有行为转换为替代行为而生效。该制度不拘泥于法律行为的外观,而是在尊重当事人的真实意思的基础上,对交易作出新的评价,用一种适当的行为去替换当事人所选择的不适当的行为,以平衡当事人之间的利益。针对本案,张惟捷、郭文利与刘建伟关于以房产抵押为案涉《借款合同》提供担保的约定,是各方缔约时的真实意思表示,在抵押未经登记不产生优先受偿权的情况下,各方基于有效担保的真实意思产生的责任转化为以物的价值为限的限额连带清偿责任。根据《民法总则》第7条“民事主体从事民事活动,应当遵循诚信原则,秉持诚实,恪守承诺”的规定,抵押义务人诚信履约办理抵押登记时,抵押人承担抵押担保责任,是一种比连带清偿责任更重的责任,且无先履行抗辩权;抵押人背信违约拒不办理抵押登记时,如果仅让其承担补充清偿责任或者不承担责任,变相使违约者从违约行为中获利,有悖基本诚信,也明显背离一般社会大众的公平认知。

综上,抵押义务人应当以其提供抵押房产价值为限对案涉《借款合同》承担连带清偿责任,抵押义务人公司承担上述责任后有权向债务人追偿。《担保法司法解释》第56条第2款的基础是《担保法》第41条规定,其前提是抵押合同须登记生效,因合同未登记生效而承担缔约过失的赔偿责任,因《担保法》第41条与《物权法》第15条规定不一致,故本案应适用《物权法》的相关规定。

民法典最新规定释评

一、《民法典》规范文本

第三百八十八条　设立担保物权,应当依照本法和其他法律的规定订立担保合同。担保合同包括抵押合同、质押合同和其他具有担保功能的合同。担保合同是主债权债务合同的从合同。主债权债务合同无效的,担保合同无效,但是法律另有规定的除外。

担保合同被确认无效后,债务人、担保人、债权人有过错的,应当根据其过错各自承担相应的民事责任。

二、规范释评

《民法典》第388条沿袭了《物权法》第172条的规定,只是增加规定“担保合同包括抵押合同、质押合同和其他具有担保功能的合同”。

本条第1款后段以及第2款的规范非旨在解决担保物权设立之后,被担保的债权债务关系被确认为无效的处理措施问题。被担保的债权债务关系被确认为无效后,担保物权如何处理的关键在于,不动产登记没有撤销、质押标的物没有返回,尚保留在登记簿上的抵押权、质权还能不能提起的问题,抵押人、质押人享有什么权利的问题,以及尚保留在质权人手中的质押标的物是否应该及时返回的问题。对此,孙宪忠老师给出的建议是:担保物权为所担保主债权的从属权利。主债权无效时,担保物权不可以提起,担保人依法可以提起主债权无效的抗辩权。主债权无效的,因设立担保物权而进行的登记,担保人有权利向登记机关主张涂销。主债权无效的,因担保物权而由债权人取得的担保人动产以及权利证书等,应向担保人返还。[①] 笔者认为,具有担保功能的合同之担保功能是否会随着合同效力归于无效而随之消亡。未登记的抵押合同与其他具有担保功能的合同,在效力上应有不同。抵押合同作为具有担保功能的合同,其担保功能体现为《纪要》第60条的内容:第一,债权人可以请求抵押人办理抵押登记手续;第二,因抵押物灭失以及抵押物转让他人等原因不能办理抵押登记,债权人得请求抵押人以抵押物的价值为限承担责任的,但其范围不得超过抵押权有效设立时抵押人所应当承担的责任。而《民法典》第388条第2款规定的"担保合同被确认无效后,债务人、担保人、债权人有过错的,应当根据其过错各自承担相应的民事责任"在解释适用上应不同于一般合同无效的后果处理。对此,原《物权法》第172条第2款的解释适用承继了《担保法司法解释》的立场,即第七条、第八条、第九条所确立的规则。对《民法典》第388条第2款的解释适用,仍应坚持这样的立场,可以预见的是,未来的相关司法解释清理工作中也会保留这样的处理规则。

---

① 参见孙宪忠:《关于民法典物权编担保物权分编的修改建议》,载《中国法学网》微信公众号,最后访问日期:2019年12月24日。

专 题 三

房地分别抵押

基于建筑物所有权和土地使用权价值的可分性，以及建筑物所有权和土地使用权抵押登记的割裂，实践中经常发生房地分别抵押的现象。如何处理两个抵押权的抵押财产范围及优先受偿顺位，遂成为争议问题。《纪要》第 61 条以《物权法》第 182 条作为规范基础，重申“房地一体”规则，设定抵押时土地上有建筑物的，无论当事人仅以房或者地抵押，还是房地产分别抵押给不同债权人，一律视为房地一并抵押，并按照登记顺序确定受偿顺位，否定了房地分别抵押、分别受偿观点。

纪要原文

61.【房地分别抵押】根据《物权法》第 182 条之规定，仅以建筑物设定抵押的，抵押权的效力及于占用范围内的土地；仅以建设用地使用权抵押的，抵押权的效力亦及于其上的建筑物。在房地分别抵押，即建设用地使用权抵押给一个债权人，而其上的建筑物又抵押给另一个人的情况下，可能产生两个抵押权的冲突问题。基于“房地一体”规则，此时应当将建筑物和建设用地使用权视为同一财产，从而依照《物权法》第 199 条的规定确定清偿顺序：登记在先的先清偿；同时登记的，按照债权比例清偿。同一天登记的，视为同时登记。应予注意的是，根据《物权法》第 200 条的规定，建设用地使用权抵押后，该土地上新增的建筑物不属于抵押财产。

规范精要

一、将《物权法》第182条规定的"房地一体"抵押转化为"同一财产"抵押

虽然《物权法》第182条规定:"以建筑物抵押的,该建筑物占用范围内的建设用地使用权一并抵押。以建设用地使用权抵押的,该土地上的建筑物一并抵押。抵押人未依照前款规定一并抵押的,未抵押的财产视为一并抵押。"但由于房地登记机关分离的历史原因,法律上的"应当一并"和现实中的"实际分离"之间的矛盾一直未解决,特别是两个抵押权一并时的冲突和顺位问题未解决。《纪要》第61条将"房地一体"转化为"同一财产",则二者之间的关系就变成了同一财产的两次抵押问题。

二、按照登记先后确定房地分别抵押的两个抵押权的顺位

一旦"分别抵押"的"一并抵押"被视为"同一财产"的"两次抵押",其效力冲突的逻辑即转化为同一财产多次抵押按照登记先后确定顺位的规则。《纪要》第61条规定的先登记先清偿、同时(含同日)登记比例清偿,则为这一规则的自然结果。

三、强调《物权法》第200条规定的在后新增建筑物不属于在先单独登记的土地抵押权所及

《物权法》第182条以房地并存,但是仅以房和仅以地分别办理抵押的模式为立法的预设。《物权法》第200条规定:"建设用地使用权抵押后,该土地上新增的建筑物不属于抵押财产。该建设用地使用权实现抵押权时,应当将该土地上新增的建筑物与建设用地使用权一并处分,但新增建筑物所得的价款,抵押权人无权优先受偿。"《物权法》第200条特别强调了在后新增建筑物不属于《物权法》第182条规定的"一并抵押",但强调一并处分。《纪要》第61条对此予以重申,明确其与《物权法》第182条情形之差别,即房地一体抵押仅限于抵押权设立时土地上已经存在的建筑物,对于抵押后新增的建筑物,应当按照"房随地走"规则一并处分,但抵押权人无权就新增建筑物所得价款优先受偿。

法理基础

一、房地分别抵押时两个抵押权的效力

关于房地分别抵押的效力，实践中曾存在三种观点：第一种观点认为，分别登记的两个抵押权皆违反“房随地走、地随房走”双向统一原则，故两个抵押权均无效；第二种观点认为，房地分别抵押的，后登记的抵押权无效，应当撤销登记在后的抵押权设立登记；第三种观点认为，《物权法》第182条并不是强制性规定，其立法目的仅在于避免因为分别抵押所导致的权利冲突和摩擦，只要在实现权利转移和处置抵押物时能够保持权利归属上的一体，即可妥当解决上述权利冲突，不能仅依据分别抵押而认为抵押无效，分别设定抵押权的行为是当事人真实意思表示且已经办理登记手续，与我国法规定的房地一体原则并不矛盾，两个抵押权均为合法有效。

《纪要》第61条虽未正面规定抵押权的效力，但其明确房地分别抵押的效力及于整体，且规定按照登记顺序清偿，显然包含对单个抵押权效力的肯定。因此，房地分别抵押的，两个抵押权均属有效。

二、房地分别抵押的分歧观点

《物权法》第182条第1款规定：“以建筑物抵押的，该建筑物占用范围内的建设用地使用权一并抵押。以建设用地使用权抵押的，该土地上的建筑物一并抵押。”第2款规定：“抵押人未依照前款规定一并抵押的，未抵押的财产视为一并抵押。”但是，对于“视为一并抵押”如何理解，历来存在争议。代表性观点有三种：重复抵押说、分别受偿说及区别对待说。

（一）重复抵押说

该说认为：《物权法》第182条明确了房地一并抵押的强制性，房地分别抵押的，尽管当事人有分别抵押的意思，也因存在法律拟制而不发生效力，两个抵押权的效力均及于建筑物及土地使用权，形成一物二押，两个抵押权按照登记的先后顺序确定受偿顺位。[①]

---

① 程啸：《担保物权研究》，中国人民大学出版社2017年版，第223页；朱晓喆：《房、地分离抵押的法律效果》，载《华东政法大学学报》2010年第1期。

(二)分别受偿说

该说认为:“房地一体”原则所强制的对象是权利归属上的同一,抵押权属于价值权,抵押物的价值可以分割,因此“房地一体”原则限制的不是抵押权的设定,允许分别设定抵押权,但在抵押权实现时必须确保建筑物所有权与土地使用权转移的同时性和权利最终归属的主体同一性。房地分别抵押是当事人基于意思自治而作出的选择,应当解释为分别抵押,在实现抵押权时应当将建筑物和土地使用权分别评估、一体处置,所得价款分别清偿相应的抵押权。①

(三)区别对待说

该说认为:“视为一并抵押”仅适用于单独抵押的情况,而不适用于分别抵押的情况,在房地分别抵押的情形,当事人已就房地分别抵押作出明确的意思表示,无第 182 条第 2 款适用的余地。②

三、比较与述评

相较而言,“区别对待说”不符合《物权法》第 182 条第 2 款意欲规制房地分别抵押的立法本意,其预设前提亦与“先设定房屋抵押,后设定土地抵押”的现实情况不符,该说存在漏洞。“分别受偿说”一方面尊重当事人的意思自治,符合抵押权系意定担保物权的本质;另一方面立足于“房地一体”原则的规范目的仅限于确保房地由同一主体取得,较好地平衡了数抵押权人的利益,无疑更具有立法论上的合理性,得到了包括最高人民法院法官在内的诸多认可,实践中也有法院按照“一体处置、分别受偿”的方式抵押权人的权利冲突。但是,“分别受偿说”被质疑不符合《物权法》第 182 条第 2 款的文义,并且受到了执行法官的批评。执行法官指出,“分别受偿说”要求按照评估价来确定房屋和土地在总拍卖价款中所占的比例,但强制执行实践表明,评估价格与拍卖成交价之间常常存在较大差距,在不存在房屋和土地分离转让真实市场的情景下,评估价极有可能会脱离实际情况,要求债权人按照评估价确定的比例分别受偿,难保公平。③

---

① 王闯:《规则冲突与制度创新(中)——以物权法与担保法及其解释的比较为中心而展开》,载《人民法院报》2007 年 6 月 27 日,第 6 版。

② 高圣平、严之:《房地单独抵押、房地分别抵押的效力》,载《烟台大学学报》(哲学社会科学版)2012 年第 1 期。

③ 赵晋山、王赫:《不动产登记样态对强制执行的影响和塑造》,载《法律适用》2018 年第 15 期。

四、《纪要》观点

对于房地分别抵押的抵押权实现规则,《纪要》曾存在"分别受偿说——允许约定排除房地一体——不允许例外约定"的立场变动,可见争议之大:

《全国法院民商事审判工作会议纪要(哈尔滨征求意见稿)》[①]第64条规定:建筑物或者建设用地使用权分别抵押给两个不同的债权人的,两个抵押均合法有效,抵押权人分别就各自登记的抵押物享有抵押权。在实现抵押权时,要坚持"分别评估、分别受偿"原则,对建设用地使用权及建筑物分别评估,并以所得价款分别受偿。

《纪要公开征求意见稿》第61条变为:根据《物权法》第182条之规定,在当事人对抵押财产未作特别约定的情况下,应当认为房地一并抵押。……在房地分别抵押场合,应当依照《物权法》第199条之规定确定清偿顺序:登记在先的先清偿;同时登记的,按照债权比例清偿。但《物权法》第182条允许当事人对担保财产作出特别约定,如抵押合同仅以建设用地使用权设定抵押,并且明确约定不包括其上建筑物的,应当认为抵押权仅及于建设用地使用权,反之亦然。

正式出台的《纪要》则删除了《纪要公开征求意见稿》中"允许当事人对担保财产范围作出特别约定"的例外条款,仅强调"基于房地一体规则,此时应当将建筑物和建设用地使用权视为同一财产,从而依照《物权法》第一百九十九条的规定确定清偿顺序"。

从上述修改历程可以看出,《纪要》最终采纳了"重复抵押说",即使房地分别抵押,两个抵押权的效力均及于建筑物及建设用地使用权,构成"一物二押",按照分别登记的先后顺序确定清偿顺位。

五、合同特别约定的效力

存在疑问的是,我们能否对《纪要》删除"允许当事人例外约定"的做法进行反面解释?这一删改是否意味着纪要不认可当事人例外约定的效力,强制视为房地一体抵押?抑或是《纪要》认为当事人当然可以基于意思自治作出例外约定,该表述构成赘余而无须保留?

---

① 2019年7月3日至4日最高人民法院在黑龙江省哈尔滨市召开的全国法院民商事审判工作会议上的征求意见稿。

有学者支持不允许当事人例外约定的“否定说”，对此主要有两种解释路径：一种是认为《物权法》第182条规定的“视为”是一种推定性拟制，法律推定当事人对未抵押的财产作出一并抵押的意思表示，发生一并抵押的法律效果，而且这一拟制具有不可逆转性，不得因当事人相反的意思表示而推翻；[①]另一种是认为“视为一并抵押”所产生的抵押权，并非基于当事人之间的合意而生，而是基于法律直接规定而成立的法定抵押权，法律规定排除当事人相反约定。[②]

另有学者支持允许当事人作例外约定的“肯定说”，认为“房随地走，地随房走”的原则并非法律的禁止性规定，只是法律倡导的通常规则，不能对抗当事人的明确意思表示。即使在物权法领域，亦有契约自由的适用空间，抵押权作为典型的意定担保物权，“在没有足够充分且正当理由的情况下，不得主张限制民事主体的自由”。[③]

对此，《〈全国法院民商事审判工作会议纪要〉理解与适用》认为，[④]《物权法》第182条允许当事人对担保财产作出特别约定，在明确约定仅对建筑物设定抵押而不包括建设用地使用权或者仅对建设用地使用权设定抵押而不包括建筑物的，由于房地一体，实现抵押权时，应当将房地产同时拍卖，分别计价，建筑物或者建设用地使用权抵押权人只能就建筑物或者建设用地使用权卖得价金优先受偿。按照此种理解，似乎应当认为《纪要》的修改单纯意在避免冗余表述，仍然认可当事人例外约定的效力。

裁判指引

一、区分房地单独抵押和房地分别抵押

虽然《纪要》明确无论房地单独抵押（仅以建筑物办理抵押登记，或仅以建设用地使用权办理抵押登记），还是房地分别抵押（建设用地使用权抵押给一个债权人，其上的建筑物又抵押给另一个人），后果均是将建筑物和建设用地使用权视为同一财产，但两种情形仍有必要予以区分。原因在于：在房地分别抵押的情形中，

---

① 朱晓喆：《房、地分离抵押的法律效果》，载《华东政法大学学报》2010年第1期。

② 崔建远：《物权法》，中国人民大学出版社2009年版，第476页。

③ 王轶：《民法价值判断问题的实体性论证规则——以中国民法学的学术实践为背景》，载《中国社会科学》2004年第6期。

④ 最高人民法院民商审判第二庭编著：《〈全国法院民商事审判工作会议纪要〉理解与适用》，人民法院出版社2019年版，第368页。

存在多个抵押权人的权利冲突问题,法院不仅要判断能否支持案涉抵押权人的优先受偿权,还要判断案涉抵押权的受偿顺序,这就需要主动审查建筑物和建设用地使用权的抵押登记情况和登记时间。

(一)单独抵押

如果查明系房地单独抵押,建设用地使用权的抵押权人主张就土地使用权及地上建筑物享有抵押权的,人民法院应当支持,抵押权人有权对建设用地使用权及其上建筑物折价或拍卖、变卖所得价款在担保范围内优先受偿。

(二)分部抵押

在查明系房地分别抵押的情况下,第二顺位的建设用地使用权抵押权人要求实现抵押权的,人民法院应当明确:第二顺位的抵押权人只能对建设用地使用权及其上建筑物折价或拍卖、变卖所得价款超出顺位在先的建设用地使用权抵押权人的担保债权的部分优先受偿。

二、关于"建筑物"的范围

《物权法》第 182 条及《纪要》第 61 条仅规定了"建筑物",那么,"构筑物""附属设施""地上附着物"是否一并抵押?

就"房地一体"原则而言,《物权法》相关规定的表述存在前后不一致:第 146 条、第 147 条规定"一并转让、互换、出资或者赠与"时,法条界定的范围是"建筑物、构筑物及其附属设施",第 182 条规定"一并抵押"时,界定的范围仅是"建筑物"。就抵押财产的类型,第 180 条第 1 款第 1 项规定的是"建筑物和其他土地附着物","土地附着物"包括桥梁、隧道、大坝、道路等构筑物以及林木、庄稼等,地上附着物因土地使用权抵押而一并抵押,已得到司法裁判的支持。

从法律解释的角度来看,《物权法》第 182 条仅规定"建筑物"应属法律漏洞,可通过类推适用加以弥补。就"房地一体"原则的立法目的而言,还应包括正在建造的建筑物即在建工程在内。因此,本着"同一事物应作相同处理"的法律解释方法,应当对《物权法》第 182 条第 1 款所规定的"建筑物"作扩大解释,包括建筑物、在建工程、构筑物及其附属设施在内。

需要特别指出的是,抵押土地上存在的"违法建筑",不能适用《物权法》第 182 条规定,不能因所在建设用地使用权抵押而成为抵押财产。《物权法》第 184 条规定所有权、使用权不明或者有争议的财产不得抵押,同时《担保法司法解释》第 47 条、第 49 条也规定建筑物抵押有效的前提是在建工程依法获准、其他建筑限期办出权属证书。未办理建设工程规划许可的建筑属于非法建筑，无法办理所有权设立登记及抵押权设立登记，也无法适用视为一并抵押原则。①

三、关于建设用地使用权的抵押面积

仅以建筑物设定抵押的，该建筑物占用范围内的建设用地使用权一并抵押，但对建设用地使用权抵押面积应如何确定，是抵押权实现时的现实困境之一。

第一种观点认为，建筑物抵押权所及之范围应限于地上建筑物的物理范围内，即建筑物占地面积，不能及于空地。②

第二种观点认为，建筑物抵押权所及之范围包括整宗土地之建设用地使用权。土地登记以宗地为基本单元，《物权法》第182条所称"占用范围内"主要用来界定建筑物与建设用地使用权之间的所属关系，即建设用地使用权仅指与抵押建筑物相应的建设用地使用权。但如果宗地嗣后被分割的，抵押权效力仅及于建筑物所坐落的分割地块。③

在第二种观点项下，如果宗地上有数栋建筑物而权利人以其中部分建筑物设定抵押的，有观点认为此时应当以抵押建筑物面积占规划建设总面积的比例作为分摊土地权益的基本依据；也有观点认为应以容积率计算建筑物对应的建设用地使用权抵押面积。

究竟按照何种方式更为妥当，目前尚无统一意见，在土地上存在多个权利主体的情形中，可能会因此引发权利争夺。

四、建设工程价款优先权的抵偿财产范围

《合同法》第286条规定了建设工程价款优先权，在发包人逾期不支付工程价款的情形下，承包人可以通过法院拍卖程序就建设工程拍卖价款优先受偿。就建设工程拍卖价款优先受偿同样涉及"房地一体"原则，承包人对于建设工程所占范围内的土地使用权是否享有优先受偿权？

有观点认为，承包人有权享有的优先受偿权来自其对工程从无到有的增值贡献，其对于土地使用权部分并无增值贡献，因此建设工程价款优先权仅及于建筑

---

① 浙江省绍兴市中级人民法院(2017)浙06民终826号民事判决。

② 最高人民法院(2017)最高法民申4257号民事裁定。

③ 湖北省高级人民法院(2018)鄂民终364号民事判决，江苏省南京市中级人民法院(2015)宁商终字第00847号民事判决。

物价值,不包含土地价值。相反观点认为,根据《物权法》所确定的“房地一体”原则,建设工程及其所占范围的土地使用权应当一并作为工程价款优先权的标的物,承包人一并享有优先受偿权,且承包人的优先受偿权优先于不动产抵押权。

五、划拨土地使用权一并抵押

债权人与抵押人就国有划拨土地上的房屋订立抵押合同,只办理了房屋抵押登记手续,债权人能否基于“房地一体”原则主张对划拨土地使用权享有抵押权?反过来,抵押人能否以划拨土地使用权抵押未经有权机关批准为由,主张按照“房地一体”原则,房产抵押无效?对此,存在三种观点。

第一种观点认为,如果当事人仅以房屋设定抵押,并未约定划拨土地使用权一并抵押,抵押权人亦不主张对划拨土地使用权享有抵押权,此类房产抵押有效,抵押权人有权对抵押房屋拍卖、变卖价款(不含房屋所占用范围的土地使用权价款)优先受偿。[①] 此种意见实际是建立在房地分别抵押、分别受偿的基础之上,在《纪要》明确采纳“重复受偿说”之后,恐将无法适用。

第二种观点认为,地上建筑物与其占用范围内的土地在客观上不可分离,根据《物权法》确立的“房地一体”原则,不能抛开土地使用权状况而单纯考虑仅就房产设定抵押是否有效的问题。根据相关法律法规,未经政府土地管理部门批准,划拨土地使用权不得抵押。房屋抵押部分虽然进行了登记,但对于房屋占用的划拨土地使用权既没有办理批准抵押手续也没有进行抵押登记,在诉讼期间仍未补办批准手续的,应认定案涉抵押因土地部分没有得到批准而认定为无效。在此情形下,如果认定抵押有效,将使土地行政管理部门对国有划拨土地的管理失控,导致《城市房地产管理法》《城镇国有土地使用权出让和转让暂行条例》相关规定的立法意图不能实现的结果。[②] 关于抵押无效的后果,有裁判认为因划拨土地问题导致抵押无效,双方均有过错,抵押人应按照担保无效的处理规则,承担不超过债务人不能清偿部分的 1/2 的赔偿责任。[③]

---

① 最高人民法院(2006)民二终字第 153 号民事判决,最高人民法院(2014)民申字第 67 号民事裁定。

② 《单独就国有划拨土地上的房屋设立抵押的效力认定和责任承担问题——中国建设银行股份有限公司济南经七路支行与济南长城大厦有限公司、山东联合大学抵押借款合同纠纷抗诉案》,载《审判监督指导·案例评析》2010 年第 4 期。同类案例见最高人民法院(2017)最高法民申 3247 号民事裁定,吉林省高级人民法院(2015)吉民一终字第 169 号民事判决。

③ 安徽省高级人民法院(2008)皖民二终字第 0140 号判决。

第三种观点认为,《城镇国有土地使用权出让和转让暂行条例》第46条规定"对未经批准擅自转让、出租、抵押划拨土地使用权的单位和个人,市、县人民政府土地管理部门应当没收其非法收入,并根据情节处以罚款",也就是说,该条例虽然规定对划拨土地使用权抵押需经批准,但对未经批准的抵押并不当然否认其效力。结合《国务院关于第五批取消和下放管理层级行政审批项目的决定》(2010年7月4日发布),"国有划拨土地使用权抵押审批"为国务院决定取消的行政审批项目,划拨土地使用权抵押须经批准的规定属于管理性强制性规范,而非效力性强制性规范。[①] 因此,以划拨土地上的建筑物设定抵押,根据"房地一体"原则,所占范围内的划拨土地使用权一并抵押,且该抵押有效。

笔者认为,第三种观点既符合《物权法》第182条规定的"房地一体"原则以及《纪要》采取的"重复抵押说",也符合从严认定合同无效的司法取向,最值得肯定。

六、房地分离时的抵押权善意取得

在"房地分离",即房屋所有权和土地使用权分别登记在不同的民事主体名下的情形中,房屋的抵押权人能否依据"房地一体"原则取得对土地使用权的抵押权?

根据《物权法》第182条之规定,房屋抵押的,其所占用范围内的土地使用权一并抵押。如果房屋所有权人并非房产所占土地的使用权人,其在办理房产抵押时,实际上同时处分了房产所占用的土地使用权,因房屋所有权人并不享有土地使用权,其构成无权处分。作为房屋抵押权人,应当知道在实现抵押权时,房屋和土地使用权必须一并转让,在办理抵押登记时应当审查房屋和土地的权属状态。在房地分离的情况下,抵押权人知道或应当知道抵押房屋对应的土地使用权未在抵押人名义,抵押权人不属于善意相对人,其取得的抵押权能够对抗抵押人的其他一般债权人,但不能对抗土地使用权人享有的土地使用权。

律师指引

一、代理策略的选择

此前关于房地分别抵押的效力、抵押财产范围、清偿规则等争议,律师主要围

---

① 湖北省高级人民法院(2017)鄂民终396号判决书,云南省高级人民法院(2018)云行终20号判决书。

绕《物权法》第 182 条是否属于效力性强制性规范、“房地一体”规则的立法目的等展开攻击防御。因司法裁判规则并不统一，双方都能检索到于己有利的生效裁判作为说服法官支持本方意见的依据。

在《纪要》明确采纳“重复抵押说”之后，登记在先的抵押权人，应立足于《物权法》第 182 条的法律拟制效力或法定抵押权创设效力，主张就建筑物及所占范围内的建设用地使用权的变价款优先受偿。登记在后的抵押权人，则要注意区分地上建筑物是否属于“新增”、建设用地使用权面积是否属于建筑物“占用范围内”，另外，依然可以基于意思自治原则和公平原则，挑战“重复抵押说”的正当性。

二、责任类型的选择

在准确判断当事人所享有的抵押权顺位的基础上，作为顺位在先的抵押权人，可以主张就房地一体行使抵押权，也可以对后顺位抵押权人行使抵押权的案件提起第三人撤销之诉、执行异议乃至申请再审。作为顺位在后的抵押权人，《纪要》第 61 条所采纳的“重复抵押说”对自己极为不利，若抵押财产剩余价值远不足以清偿债权，可以转而考虑追究抵押人的违约责任（如抵押人对抵押财产的权属状况和权利负担作出了不实承诺）；或者以受欺诈、重大误解为由，要求撤销抵押合同及主债权合同，从而要求以抵押人的一般责任财产弥补损失。

法务指引

一、交易前核实抵押登记情况，避免房地分别抵押

根据《纪要》第 61 条的规定，在房地分别抵押的情形中，“登记在先的先清偿，同时登记的，按照债权比例清偿”，将会出现登记公示与抵押财产范围不一致的问题。债权人在设立房屋抵押权时，应当积极向登记机关查询房屋所坐落的土地是否已设定抵押权；同理，在设立土地抵押权时，也应调查核实该土地上的建筑物是否已设定抵押权。对建设用地使用权和房屋均办理抵押登记，尽量避免房地单独抵押及房地分别抵押。如果因未尽到上述注意义务，将丧失优先受偿顺位。

二、在抵押合同中明确约定抵押财产范围

虽然《纪要》明确房地视为一体抵押，二者均属于抵押财产范围，但“建筑物”所包含的内容尚不明确。鉴于实践情况复杂多变，建议在抵押合同中明确约定抵押财产范围，例如，地上建筑物是否包括在建工程，是否包括已获规划审批但尚未

建造的工程,是否包括构筑物及其附属设施。

三、检查存量债务的担保情况,对登记在后的抵押权,增加风控措施

《纪要》发布后,登记在后的房屋抵押权人将丧失就房屋变价款分别优先受偿的权利,只能就房屋及土地使用权总价值超出登记在先的土地抵押人的担保债权的部分优先受偿,极可能陷入担保不足的困境。为此,有必要对存量债务的担保情况进行全面的审查和检视。对后登记的抵押权,应当在纠纷发生前,尽快要求债务人追加担保,或增加其他风控措施。

四、债权转让前的尽职调查

在债权转让特别是金融不良债权转让的场合,原债权是否附有不动产抵押、抵押财产的范围、抵押权的顺位对于债权的价值影响重大。因此,在债权转让的尽职调查阶段,需要核实清楚房、地是否分别抵押,再根据抵押登记的先后判断优先顺位,以此判断债权的转让价值。

要案索引

[案例1]中国银行股份有限公司海口龙珠支行(以下简称中行龙珠支行)与海南国托科技有限公司(以下简称国托公司)、海南美源房地产开发有限公司等金融借款合同纠纷案

[案号](2015)民二终字第269号

[裁判要旨]抵押登记未注明抵押物包括地上建筑物时,依据《物权法》第182条第2款所确立的房地一体原则,案涉地上建筑物也应视为一并抵押,该土地使用权之抵押权效力及于地上建筑物。

[案情概要]国托公司将其名下的位于海口市的36,414平方米土地及地上建筑物全部抵押给中行龙珠支行,双方到国土部门办理了土地他项权利证明书,地上建筑物为在建项目,未到房产管理部门办理抵押登记手续。借款到期后,中行龙珠支行起诉要求对国托公司提供抵押的土地及地上建筑物行使优先受偿权。

[裁判观点]《物权法》第182条的规定遵循了房地产交易中"房随地走"和"地随房走"的双向统一原则,其立法旨意在于重申房地一体的原则,防止引发抵押权实现时的困境,使债权人的利益受到损害。依据该规定,当事人应对土地使用权及其地上建筑物一并抵押,如果当事人未按照该条第1款规定一并抵押时,

则法律直接规定"视为一并抵押"。即只要土地使用权或地上建筑物之中有一项办理了抵押登记,即使另外一项没有办理抵押登记,亦依法推定为两者一并抵押。另外,从市场交易的风险防范角度来看,物权法已经确立了房地应一并抵押的原则,并明确规定土地或者地上建筑物未一并抵押的也视为一并抵押,参与或从事房地产抵押实践的市场主体应当知悉该规定,其在设立土地抵押权时,对该土地上的建筑物是否已设定抵押权负有注意义务,并应积极向登记机关进行查询,以避免出现风险,反之亦然。市场主体如果因未尽到上述注意义务而遭受风险,则该损失应由其自行负担。

中行龙珠支行与国托公司已就土地使用权办理了抵押登记,依法设立了抵押权,即便在土地他项权利证明书中未注明抵押物包括地上建筑物,依据《物权法》第 182 条第 2 款之规定,案涉地上建筑物也应视为一并抵押,该土地使用权之抵押权效力及于地上建筑物,中行龙珠支行亦应就本案享有的债权依法对案涉地上建筑物享有优先受偿权。

[案例 2]昆明市五华区农村信用合作联社长春信用社(以下简称长春信用社)、西双版纳汇邦房地产开发有限公司撤销之诉案

[案号](2018)最高法民申 624 号

[裁判要旨]房地一并抵押原则仅适用于该房屋占用范围内的土地。

[案情概要]长春信用社与西双版纳辉煌都畅大饭店有限责任公司(以下简称辉煌公司)签订《最高额抵押合同》,由辉煌公司以其所有的景洪市的三处房产提供抵押担保,并办理了房屋抵押登记,未办理土地抵押登记手续,房产坐落在本案诉争的国有土地证号西度管国用(2013)第 00652 号的土地上。后辉煌公司所有的前述土地被规划部门划分为面积为 666.67 平方米和 7435.36 平方米的两块土地,并已分别办理了《建设用地规划许可证》、《建设用地选址规划图》及《宗地图》等相关手续,但未办理土地分割手续,两块土地的国有土地使用权证号仍为西度管国用(2013)第 00652 号。抵押房产具体位于规划部门所划分的面积为 666.67 平方米的土地范围内。长春信用社要求就两块土地享有抵押权。

[裁判观点]长春信用社在办理抵押登记之时既未就西度管国用(2013)第 00652 号土地办理抵押登记,在该土地事实上已被规划部门划分为两块具有独立宗地编号的土地之后,又以抵押房产坐落于其中一块宗地为由,要求抵押权及于全部西度管国用(2013)第 00652 号土地,对民事调解处分另一块宗地提起本案的撤销之诉。法律所规定的房地一并抵押仅及于该房屋占用范围内的土地,长春信

用社不能由于西度管国用(2013)第00652号土地暂未完成土地分割手续,就要求对抵押房产占用范围外的土地也享有抵押权,反而因自身怠于办理土地抵押登记手续而获益。

[案例3]刘勋、十堰市市场监督管理局(以下简称十堰工商局)第三人撤销之诉

[案号](2019)鄂民再162号

[裁判要旨]房地分离情形下的抵押行为系无权处分,登记抵押权人对抵押财产享有的优先受偿权仅优先于抵押人的其他一般债权人,而不能对相对主体的登记物权。

[案情概要]案涉土地使用权登记在十堰工商局名下,地上房屋登记在十堰鑫坤建筑工程有限公司(以下简称鑫坤公司)名下。鑫坤公司将涉案房产抵押给刘勋并办理了抵押登记,法院判决刘勋对涉案房产享有优先受偿权,十堰工商局提起第三人撤销之诉。

[裁判观点]由于房地产的不可分性,我国在处理房地产关系时的一个重要原则就是"地随房走或者房随地走"。这一原则也同样适用于抵押。在设定抵押权时,房屋的所有权和建设用地使用权应当一并抵押,只有这样,才能保证实现抵押权时,房屋和建设用地使用权同时转让。但实践中,还是出现了房地分离抵押情形,从而引发抵押权实现的困境,使债权人的利益受到损害。针对这一问题,《物权法》第182条规定:"以建筑物抵押的,该建筑物占用范围内的建设用地使用权一并抵押。以建设用地使用权抵押的,该土地上的建筑物一并抵押。抵押人未依照前款规定一并抵押的,未抵押的财产视为一并抵押。"也就是说,即使抵押人只办理了房屋所有权抵押登记,没有办理建设用地使用权抵押登记,实现房屋抵押权时,建设用地使用权也一并作为抵押财产。同样,只办理了建设用地使用权登记,没有办理房屋所有权抵押登记,实现建设用地使用权的抵押时,房屋所有权也一并作为抵押财产。

刘勋和鑫坤公司签订抵押合同和办理抵押登记手续之前,涉案房产占用土地的使用权证已经办至十堰工商局名下。这就是通常俗称的"房地分离"的情形,即房屋产权证和土地使用权证分别登记在不同的民事主体名下。鑫坤公司与刘勋签订协议设立抵押的合同目的,即在债务人不能偿还债务时,通过对抵押房产及占用土地的拍卖、变卖或折价优先受偿,因此,鑫坤公司在对涉案房产进行抵押时,事实上也对房产占用土地部分予以处分。因鑫坤公司在将涉案房产抵押给刘勋之前,并非涉案房产所占用土地的使用权人,其在办理涉案房产抵押时,关于房产抵押所占用土地使用权部分的处分,没有事实和法律依据,属于无权处分。

因刘勋与鑫坤公司已经在房产管理部门办理了抵押权登记手续,并经行政机关确认取得了相应他项权证,依法对涉案房产享有抵押权。但因鑫坤公司在抵押涉案房产时,对房产占用土地部分的处分属无权处分,因此,刘勋基于鑫坤公司无权处分行为取得的涉案房产抵押权,能否对抗十堰工商局依法享有的土地使用权呢?根据《物权法》第106条关于物权善意取得制度的规定,无权处分行为并非绝对无效,善意第三人的权利应当予以保护。《物权法司法解释一》第15条规定:“受让人受让不动产或者动产时,不知道转让人无处分权,且无重大过失的,应当认定受让人为善意。”关于如何界定“转让人无处分权”,该司法解释第16条规定:“具有下列情形之一的,应当认定不动产受让人知道转让人无处分权:(一)登记簿上存在有效的异议登记……真实权利人有证据证明不动产受让人应当知道转让人无处分权的,应当认定受让人具有重大过失。”关于如何界定受让人“重大过失”,该司法解释第17条规定:“受让人受让动产时,交易的对象、场所或者时机等不符合交易习惯的,应当认定受让人具有重大过失。”因《物权法司法解释一》系对《物权法》第106条进行的补充规定,同时《物权法》第106条亦规定“当事人善意取得其他物权的,参照前两款规定”,故关于抵押权的善意取得可以参照适用不动产善意取得的相关法律规定。

抵押权制度的设置,在于保证债权人债权的实现。涉案的抵押物为不动产,不动产所涉及的房产、土地的权属属于阻碍债权实现的主要障碍,故应为债权人的必要审查内容;而不动产的现状属于可能影响债权实现的障碍,故应为债权人的应当审查内容。根据查明事实,在刘勋与鑫坤公司办理抵押登记手续前,涉案抵押房产占用的土地已经登记在十堰工商局名下,且涉案抵押房产自2005年6月竣工后,已经交付给十堰工商局下属的十堰市个体企业协会作为办公用房挂牌使用至今。刘勋在一审认可抵押前查看过房屋现状,另鑫坤公司也在一审陈述就抵押房产属于十堰工商局向刘勋进行过告知,因此,刘勋作为欲以抵押物担保债权实现的债权人,应当知晓本案存在房屋产权证与土地使用权证分离以及涉案抵押物正在被行政管理机关挂牌使用的事实。

综上所述,刘勋在办理涉案房产抵押登记之时,即已经知道或应当知道涉案房产占用土地未在鑫坤公司名下的事实,且对涉案房屋被行政机构占用办公的状态应当提出合理怀疑。故无论从国家土地部门登记簿上记载的有效异议物权状态而言,还是抵押物的实际使用状态而言,均已经构成严重影响抵押权实现的障碍。刘勋在涉案抵押物权实现存在上述严重瑕疵的情况下,仍然坚持将涉案房产作为抵押物,未尽到合理的审查和注意义务,具有重大过失。故刘勋不属于《物权法》第106条规定的善意受让人,其基于抵押权对抵押财产享有的优先受偿权仅优先于鑫坤公司的其他一般债权人,不能对抗十堰工商局依法享有的土地使用权。

民法典最新规定释评

一、《民法典》规范文本

第三百九十七条　以建筑物抵押的,该建筑物占用范围内的建设用地使用权一并抵押。以建设用地使用权抵押的,该土地上的建筑物一并抵押。

抵押人未依据前款规定一并抵押的,未抵押的财产视为一并抵押。

第四百一十四条　同一财产向两个以上债权人抵押的,拍卖、变卖抵押财产所得的价款依照下列规定清偿:

(一)抵押权已经登记的,按照登记的时间先后确定清偿顺序;

(二)抵押权已经登记的先于未登记的受偿;

(三)抵押权未登记的,按照债权比例清偿。

其他可以登记的担保物权,清偿顺序参照适用前款规定。

二、规范释评

《民法典》第397条相当于完全照搬了《物权法》第182条;《民法典》第414条对《物权法》第199条作了一定的修改,主要是删除了199条第1项后段"顺序相同的,按照债权比例清偿",并新增1款"其他可以登记的担保物权,清偿顺序参照适用前款规定"。

《物权法》第199条确立了"先序优先,同序平等"的基本优先规则。《民法典》该条在《物权法》的基础上增加了1款"其他可以登记的担保物权,清偿顺序参照适用前款规定",弥补了《物权法》缺乏登记动产担保物权受偿序位一般规则的缺失,在动产担保统一登记确立后,价值将更为凸显,因而得到拥护。[①] 未来司法实践中可能引发争议的问题是可登记动产担保物权之公示与交付之间的顺位

① 谢鸿飞:《民法典担保规则的再体系化》,载《社会科学研究》2019年第6期。

关系如何处理。此时应联立《民法典》第 415 条“同一财产既设立抵押权又设立质权的，拍卖、变卖该财产所得的价款按照登记、交付的时间先后确定清偿顺序”的规定进行分析。笔者认为，《民法典》第 414 第 2 款为登记动产担保物权基础设施和配套制度建立与完善奠定了基础。可登记担保物权的范围目前也仅限于融资租赁、所有权保留等特定情形。

专题四

抵押权随主债权转让

抵押权作为从权利，随主债权一并转让，这是《合同法》第 81 条、《物权法》第 192 条确立的基本原则。但在具体法律适用过程中，因抵押权是否需要办理变更登记等问题无明文规定而引发了诸多争议，在不良债权转让、委托贷款合同、保理合同、资产证券化等复杂交易中，能否取得担保主债权的抵押权对于受让人而言影响巨大。《纪要》第 62 条一锤定音，明确规定未办理转移登记不影响债权受让人取得抵押权，给受让人吃了一颗“定心丸”，有利于促进债权的流通。

纪要原文

62.【抵押权随主债权转让】抵押权是从属于主合同的从权利，根据“从随主”规则，债权转让的，除法律另有规定或者当事人另有约定外，担保该债权的抵押权一并转让。受让人向抵押人主张行使抵押权，抵押人以受让人不是抵押合同的当事人、未办理变更登记等为由提出抗辩的，人民法院不予支持。

规范精要

一、明确了按照“从随主转”的抵押权转让原则

针对实务中存在的以抵押合同、抵押登记的抵押权人与债权人不一致的抗辩和争议，以“从随主”的法理，明确态度，否定了此种抗辩。

二、通过除外规定，为“从不随主转”例外情形预留了接口

“从随主”为一般法理，但该法理并不绝对化。《纪要》的该条规定，通过除外

规定，明确存在例外情形：一是法律另有规定的；二是当事人在抵押合同中特别约定的。

三、明确了“从随主转”的法律效果是否定抵押合同与抵押登记为变动的抗辩

本条规定的第 2 句，既是该条《纪要》的规定缘起，也是该条规定的直接目的：即使未另行办理抵押合同的变更、抵押登记的变更手续，抵押权也因“从随主”转而转让给新的债权人。

法理基础

一、抵押权的从属性

抵押权随主债权转让的法理基础在于抵押权的从属性。抵押权作为担保主债权的从权利，抵押权的成立、转移和消灭都从属于主债权。《合同法》第 81 条规定，债权人转让权利的，受让人取得与债权有关的从权利。《物权法》第 192 条进一步明确规定，抵押权属于债权的从权利，抵押权不得与债权分离而单独转让或者作为其他债权的担保。债权转让的，担保该债权的抵押权一并转让，但法律另有规定或者当事人另有约定的除外。

二、争议观点与《纪要》决断

实践中素有争议的问题是：第一，抵押权随同主债权的转让而一并转让时，是否需要办理抵押权转移登记；第二，该抵押权转移登记的效力如何。有观点认为，不动产抵押权以登记为公示方式，办理抵押权转移登记是抵押权转让的生效要件，不登记的，抵押权不随同转移。[①] 但多数观点认为，抵押权随同主债权一并转让是债权转让的法定效果，《物权法》第 9 条承认“法律另有规定的”不动产物权不以登记作为生效要件，债权受让人取得抵押权系基于法律的明确规定，并非基于新的抵押合同重新设立抵押权，故无须登记即生效力，未办理抵押权转移登记不影响债权受让人取得抵押权。

《纪要》采纳了多数观点，明确未办理变更登记不影响债权受让人取得抵押权。值得注意的是，《民法典》对此问题作出了明确规定，第 547 条第 2 款规定，

---

① 程啸：《主债权的转让与不动产抵押权转移登记》，载《财经法学》2016 年第 5 期。

“受让人取得从权利不因该从权利未履行转移登记手续或者未转移占有而受到影响”。

裁判指引

一、受让人主张行使抵押权的法律依据

《纪要》不是司法解释，不能直接作为裁判依据进行援引，只能作为对法律适用问题的说理依据。在债权受让人未办理抵押权转移登记而径直向抵押人主张行使抵押权的案件中，若不存在法律另有规定或者当事人另有约定抵押权不随主债权转移的特殊情事，法院应当依据《物权法》第 192 条的规定，支持受让人行使抵押权的诉讼请求。抵押人以受让人不是抵押合同的当事人、未办理变更登记等为由提出抗辩的，人民法院不予支持。

二、“法律另有规定或当事人另有约定”的情形

（一）“法律另有规定”的情形

从属性是抵押权的基本特性，但并非强制性规定，而是可以法定排除和约定排除。“法律另有规定”主要是指最高额抵押，根据《物权法》第 204 条的规定，最高额抵押担保的债权确定前，部分债权转让的，最高额抵押权不得转让，但当事人另有约定的除外。据此，除非当事人另有相反约定，否则，在债权确定前，最高额抵押权不随债权转让而转让，受让人只能取得无最高额抵押担保的债权。不过，在最高额抵押担保的债权确定后，即转变为普通抵押权，适用普通抵押权的规定，抵押权随同主债权一并转让。

（二）“当事人另有约定”的情形

“当事人另有约定”的情形很多，可以是债权人在转让债权时与受让人约定只转让债权而不转让抵押权，也可以是抵押人与债权人约定未经抵押人同意，抵押权并不随同债权的转让而转让。

在法律另有规定或当事人另有约定的情形中，抵押权不随主债权一并转让。若债权全部转让的，抵押权因失去担保的主债权而归于消灭；若债权部分转让的，则抵押权继续担保未转让的剩余债权。

三、债权分割转让时的抵押权归属

若债权仅部分转让给受让人或者分割转让给数个受让人，且未办理抵押权转

移登记手续,此时谁能取得抵押权?

抵押权具有不可分性,抵押权所担保的债权未受全部清偿前,抵押权人有权就抵押物的全部行使权利。就抵押物与被担保的债权的关系而言,就是抵押物的全部担保债权的各个部分。《担保法司法解释》第71条规定:"主债权未受全部清偿的,抵押权人可以就抵押物的全部行使其抵押权。"第72条规定:"主债权被分割或者部分转让的,各债权人可以就其享有的债权份额行使抵押权。"据此,在抵押权所担保的各部分债权未获全部清偿前,各债权人要求就其享有的债权份额对抵押物的全部行使抵押权,人民法院应当支持。

四、抵押财产被查封、扣押与债权转让

根据《担保法司法解释》第55条的规定,已经设定抵押的财产被采取查封、扣押等财产保全或者执行措施的,不影响抵押权的效力。因债权转让而取得抵押权的受让人,虽未办理抵押权转移登记,但其已因法律规定而直接取得抵押权,有权对抗抵押人的一般债权人。正如最高人民法院姜强法官在《物权法司法解释:理念与实践的互动,秩序与效率的共赢》一文中所言:登记的公示效力在于保障对外的交易安全,在涉及第三人交易时,登记具有公示力,不以实际权利状态为准而以登记为准;在处理不涉及第三人的内部关系时,登记的公示力不发生作用,实事求是是基本原则。因抵押人的一般债权人并不属于交易第三人,不涉及交易安全保护,此种场合并无公示公信的适用空间,即使未办理抵押权转移登记,债权受让人作为真实权利人,仍能够对抗抵押人的一般债权人,其取得的抵押权效力不受查封、扣押的影响。

五、债权转让通知与债权转让合同无效/被撤销

(一)债权转让通知的主体

关于债权转让通知的主体问题,目前已多有讨论。[①] 主流意见认为应由让与人(原债权人)通知,也有观点认为应当允许受让人作为让与通知的主体,但其必须提出取得债权的充分证据。笔者认为,《合同法》第80条的规范目的在于保护债务人,鉴于债务人难以判断受让人所为通知的真实性,让与通知主体原则上应

① 参见方新军:《合同法第80条的解释论问题》,载《苏州大学学报》2013年第4期;徐涤宇:《〈合同法〉第80条(债权让与通知)评注》,载《法学家》2019年第1期。

为原债权人。在债权转让已通知抵押人后,受让人基于该让与通知而取得债权人外观,嗣后债权转让合同被确认无效或者被撤销的,原则上应当由受让人通知抵押人。但考虑到受让人很可能没有动力通知抵押人,甚至可能向抵押人隐瞒真实情况,原债权人可通过提供确认无效或撤销的生效裁判等充分证明文件达到通知效果。

(二)未经通知的效力

债权转让合同仅存在于债权人与受让人之间,其他人无从知晓,故为了保护债务人利益,法律以让与通知作为债权转让对债务人的生效要件,未经通知,债权转让对债务人不生效力。参照适用《合同法》第80条规定①,同样应当以通知作为抵押权转让对抵押人的生效要件,以保护抵押人利益,避免可能发生的错误清偿。未经通知,善意抵押人错误地向原债权人为清偿的,应当免除其抵押担保责任,受让人只能向原债权人主张不当得利返还或主张违约责任。

(三)债权转让合同无效或者被撤销对抵押权的影响

如果债权转让合同嗣后被确认无效或者被撤销,抵押权将归何处?合同无效或被撤销的,自始不发生效力,因此主债权始终在让与人处,按照"从随主"规则,抵押权也始终在让与人处,并未发生转移。为了保护善意抵押人,不仅债权转让事项应当通知抵押人,债权转让合同无效或被撤销的事项也应当通知抵押人,此通知并非对债权转让通知的撤销,而是新事实的通知。因抵押人无从得知债权转让合同是否存在效力瑕疵,故该新事实的通知不具有溯及既往的效力,善意抵押人基于对原让与通知的信赖而向受让人清偿的,仍属有效。

六、主债权瑕疵与抵押权归属

就抵押权是否随同主债权转让而产生的纠纷中,主债权瑕疵分为两种情形:一是抵押人与债权人特别约定抵押权不随主债权一并转让;二是主债权不存在、主债权属于《合同法》第79条规定的禁止转让债权②等。

(一)抵押合同特别约定排除抵押权从属性时,抵押权之归属

在当事人特别约定排除抵押权从属性的情况下,受让人能否基于对登记公示

---

① 《合同法》第80条规定:债权人转让权利的,应当通知债务人。未经通知,该转让对债务人不发生效力。债权人转让权利的通知不得撤销,但经受让人同意的除外。

② 《合同法》第79条规定:债权人可以将合同的权利全部或者部分转让给第三人,但有下列情形之一的除外:(一)根据合同性质不得转让;(二)按照当事人约定不得转让;(三)依照法律规定不得转让。

的信赖而善意取得抵押权？笔者认为，答案是否定的。

既然《物权法》第192条明确肯定当事人可以约定排除抵押权的随同转让规则，在该等特别约定不能被记载于不动产登记簿的现实约束下，如认为受让人能够善意取得抵押权，将导致该等特别约定形同虚设。从风险防控的角度来看，受让人可以通过审查抵押合同、向抵押人核实等低成本方式确认是否存在特别约定，还可以通过追究债权人的瑕疵担保责任乃至解除债权转让合同获得救济，不应以损害抵押人利益为代价支持受让人善意取得抵押权。

（二）主债权不存在或者限制转让时，抵押权之归属

在主债权实际不存在、主债权禁止转让的情况下，受让人能否善意取得担保该债权的抵押权？答案也是否定的。根据抵押权的从属性，受让人只有合法有效地取得主债权才能同时取得抵押权。因债权作为相对权、缺少可靠的权利外观，我国法不认可债权的善意取得，受让人既然无法善意取得债权，也就无法通过援引不动产登记簿而主张善意取得从属性的抵押权。虽然有学者立足于增强抵押权流通性的立场，主张缓和抵押权的从属性，认可流通性抵押权的善意取得[①]，但该主张只是立法论上的建议，尚无实定法支持，不能作为法院裁判依据。

（三）保理交易中的基础合同限制转让与抵押权之归属

实践中更为复杂的情形是保理交易。如基础交易合同存在禁止债权转让条款或禁止抵押权随同转让条款，保理商能否向抵押人主张责任？有案例认为，如果基础交易合同明确约定了禁止债权转让条款而保理商未尽审查注意义务，债权人在未征得债务人同意的情况下转让债权，即便通知了债务人，债权转让对债务人亦不发生效力，但债务人在实际履行中以行为表示同意转让的除外。[②] 该规则同样适用于第三方抵押人，抵押人基于禁止抵押权转让约定对保理商享有抗辩权，但明示同意转让的除外（如抵押人配合受让人办理了移转登记）。

（四）保理交易中的基础债权不真实

在应收账款不真实，但债务人向保理商确认应收账款真实性的“假保理”案件中，为保护善意保理商的利益，普遍认为债务人应当承担责任，但对于要求债务人承担责任的请求权基础存在争议。司法实践中有合同责任（禁反言，通谋虚伪表示不得对抗善意第三人）、侵权责任、缔约过失责任等多种路径，尚未形成统一裁

---

① 黄家镇：《从保全到流通：民法典编纂中不动产抵押权现代化之构想》，载《政法论坛》2018年第4期。

② （2008）苏民二终字第0333号判决书。

判思路。倘若虚假的应收账款债权还附有抵押担保,问题将更加复杂化。在抵押人与债务人同一的情形下,保理商有权要求债务人承担责任,而且有权就抵押财产优先受偿,这在结论上应无疑义,但在法律路径上如何实现则并不明朗,涉及抵押权能否脱离主债权而被善意取得、债务人应承担的侵权责任与抵押权所担保的主债权是否具有同一性等颇具争议的问题。如果抵押人与债务人不同一,则可能还需要进一步区分抵押人是否明知或应知应收账款债权虚假、抵押人是否同受欺诈、抵押人是否向保理商确认抵押权真实有效、保理商是否尽到合理注意义务等情况分别讨论。

总之,在主债权存在瑕疵的债权转让中,债务人与受让人的关系已经十分复杂,当主债权附有抵押权时,抵押权的从属性、抵押登记的公示力使问题进一步复杂化,需要坚持逻辑与价值相一致的思维,妥善处理各方的利益冲突,保护善意当事人。

七、债权多重让与时的抵押权归属

在债权多重让与的场合,债权人(让与人)在为第二次让与时已构成无权处分,即便第二受让人善意信赖让与人享有处分权,也不能善意取得债权,因而亦不能善意取得担保该债权的抵押权,债权及所附抵押权的转让遵循"先来后到"规则。

但为了保护抵押人,避免抵押人因错误清偿或重复清偿陷入不利益的境地,债权多重让与对抵押人的效力应当作如下认定:第一,若其中一个让与被通知,则抵押人只有向已被通知之让与的受让人为给付,方可免除债务,因为此时通知已对其构成约束。如果在先的让与未被通知,而在后的让与被通知,尽管债权应由第一受让人取得,但因第二次让与被通知而发生"表见让与"的效果,故抵押人对第二受让人的清偿有效。第二,若两个让与均未被通知,抵押人向让与人(因两次让与均未通知而对债务人不生效,形式上让与人仍为债权人)或第一受让人(因次序原则而实际取得债权)为清偿,其清偿有效,但如果抵押人向第二受让人为给付,则属于"自陷于危险"的行为,不能发生清偿的效力,因为按照次序原则,第二受让人不能取得债权,并且由于第二次让与未被通知,故抵押人不应受到保护。第三,如果两个让与均被通知于债务人,此时应当遵循通知在先者优先的规则,抵押人向最先收到的通知中指明的受让人清偿即可免责,而无论该受让人受让顺序先后;如果两个通知同时到达抵押人,或者在抵押人清偿前已收到两个通知,因抵押人无法判断谁是真正的债权人，抵押人有权拒绝履行，抵押人在债权人不明的情况下拒绝履行不构成违约，不承担此后扩大的债权损失（逾期利息）。①

八、债权受让人与抵押物之善意取得第三人之权利冲突

《纪要》明确未办理移转登记不影响债权受让人取得抵押权，这就意味着登记权利人与实际权利人会存在分离，此种分离并不影响受让人与抵押人的内部关系，也不影响受让人与抵押人之一般债权人的有限外部关系，但当出现对抵押物享有物权利益的第三人时，受让人与第三人的权利冲突如何解决？对此问题，有必要区分抵押登记是否涂销进行讨论。

（一）原抵押权登记未涂销

若原抵押权登记并未涂销，不动产登记簿上的抵押权仍然存在，只是因债权转让而发生登记抵押权人与实际抵押权人的分离。抵押权人的变更不影响抵押权的顺位，如果抵押财产在债权转让后向第三人设立第二顺位的抵押权，债权受让人享有的第一顺位抵押权优先于第三人的第二顺位抵押权。若抵押财产在债权转让后被转让给第三人的，该第三人基于登记簿记载应当知道抵押财产上存在抵押权，至于登记抵押权人是否准确并不影响其认知状态，该第三人不能善意取得无权利负担的所有权。关于转让抵押财产的效力及后果，长久以来存在争议，《民法典》对此作出了明确，第 406 条规定“抵押财产转让的，抵押权不受影响”，此即抵押权的追及力。因此，如果抵押财产在债权转让后被转让给第三人的，不影响债权受让人取得和行使抵押权。

（二）原抵押权登记已涂销

若让与人与抵押人办理了抵押权涂销登记，此时不动产登记簿发生登记错误。在登记簿未记载抵押权的情形下，抵押人将抵押财产转让给第三人，第三人因信赖登记而进行交易且办理了所有权转移登记的，该第三人可以善意取得不存在权利负担的所有权；抵押人以抵押财产向第三人提供抵押担保且办理了抵押权设立登记的，该第三人基于对登记的信赖可以善意取得第一顺位的抵押权。债权受让人不能对抗善意第三人，只能追究让与人和抵押人的违约责任及侵权责任。

---

① 徐涤宇：《〈合同法〉第 80 条（债权让与通知）评注》，载《法学家》2019 年第 1 期。

律师指引

一、应当同时关注主债权转让和抵押权转让的效力

抵押权转让是主债权转让的法律后果,受让人无论是起诉要求抵押人配合办理抵押权转移登记,还是直接要求抵押人承担抵押担保责任,都需要以主债权转让对债务人发生效力为前提。因此,诉辩双方应当重视主债权转让在此类案件中的重要意义,围绕主债权是否真实存在、主债权是否禁止转让、主债权转让是否通知债务人,组织证据和论证说理。只有在确认主债权转让对债务人生效的基础上,再围绕抵押权是否存在不随同转让的法律特别规定(如债权额未确定的最高额抵押)和当事人特别约定,判断抵押权是否随主债权一并转让至受让人。

二、关于举证责任分配

(一)对债权转让的事实与效力的证明

成立债权转让合同的证明责任,由主张债权转让有效的受让人承担。受让人要证明让与人与受让人达成了有关债权转让的合意。相对人(通常是债务人、抵押人、对债权主张权利的第三人或者对抵押财产主张权利的第三人)若要主张让与无效,则须证明债权转让合同存在《合同法》第 52 条规定的无效事由,或者债权转让的意思表示存在欺诈、胁迫、重大误解等情形,而且存在撤销权有效行使的事实。

因债权具有可转让性、抵押权随同转让是常态,主张转让有效的受让人无须对此证明,主张存在《合同法》第 79 条、《物权法》第 192 条列举的禁止转让例外的当事人应承担相应证明责任。

(二)对通知的证明

受让人须证明已将债权转让通知债务人和抵押人。法律并未限定通知的具体方式,书面通知并由抵押人签字确认固然是最佳形式,在公开广泛发行的报纸上公告以及通过电话、电子邮件、短信、微信等电子通信方式通知亦可认为履行了通知义务,即使在债权转让时没有通知,受让人直接起诉抵押人的,送达起诉状也可视为有效的"通知"。

(三)对善意取得的证明

在受让人证明抵押权随主债权有效转让且已通知抵押人后,若相对人主张受让人的抵押权因善意取得而消灭的,相对人应承担证明责任,包括相对人受让抵

押物时抵押登记已被涂销、相对人付出了合理对价、已办理完毕所有权转移登记等。

三、关于执行异议及第三人撤销之诉

未办理抵押权移转登记不影响债权受让人取得抵押权,此种真实权利人与登记权利人不一致的状态,极易引发权利冲突。例如,受让人起诉要求债务人偿还债务、抵押人承担抵押责任的,真实的债权人、债权的质权人、受让时间在先的债权受让人、对抵押物享有物权利益的第三人等利害关系人都有可能要求作为第三人参与诉讼或者提起第三人撤销之诉,也可能在执行过程中提出执行异议乃至案外人申请再审。再如,抵押人的一般债权人对抵押物采取保全或执行措施的,债权受让人虽然不是登记簿记载的抵押权人,但可以基于所享有的抵押权而提出执行异议和执行异议之诉。在多种权利交错的场景中,律师要特别关注当事人享有的权利性质和权利顺位,以准确判断权利之间的优先级。

四、关于抵押权善意取得的论证焦点

在主债权瑕疵的场合,抵押权能否脱离主债权而被受让人善意取得,目前尚无定论。对于律师而言,此即可以尽力争取的空间。作为受让人,可以着重论证受让人已经审查主债权债务合同和抵押合同内容及抵押登记,债务人及/或抵押人就债权的真实性和可转让性作出确认,债务人所作确认及抵押登记对于受让人受让债权具有重大影响,抵押人与债务人关系密切、明知或应知主债权虚假,等等。立足于善意第三人保护和禁反言原则,结合比较法上缓和抵押权从属性的规则,说服法官支持受让人取得抵押权。

法务指引

一、债权受让人法务的审查重点

(一)审查债权的真实性和可转让性

由于债权缺乏可靠的权利公示手段,受让人最为稳妥的核查方式就是向债务人确认债权的真实性和可转让性,并要求债务人签字确认。该等债权转让通知书至少应当包含如下内容:(1)明确所转让的债权具体对应的合同及具体金额;(2)对原债权真实性的审查,包括交易本身的真实性、资金往来的真实性;(3)是否存在禁止转让的特别约定;(4)明确要求债务人书面确认所转让债权真实有效、无禁止转让的特别约定;(5)明确债权转让的意思表示;(6)明确披露债权受让人及收款账户。

鉴于实践中还存在虚假应收账款的债权人假冒债务企业员工身份、私刻债务企业印章,在债权转让通知书上盖章确认,对于金额较大的债权转让,建议受让人亲自前往债务人所在地实地核实,以规避欺诈风险。

(二)对抵押合同的审查,取得抵押人书面同意

债权是否负有抵押担保对于债权的价值影响重大,法律认可当事人可以通过约定方式排除"从随主"规则。据此,在受让债权前,受让人应当审查抵押合同内容,确认债权人与抵押人是否存在排除抵押权随主债权转让的特别约定。如果存在该等特别约定,则债权转让必须取得抵押人的书面同意,受让人才能取得抵押权。在最高额抵押担保的债权确定前,受让部分债权的受让人也可与抵押人特别约定,受让人可就其债权份额享有最高额抵押权。

二、通知债务人/抵押人,尽快办理抵押权转移登记

虽然《纪要》明确未办理转移登记不影响受让人取得抵押权,但登记权利人与实际权利人不一致仍需面临无法对抗善意第三人的风险。为最大限度规避风险,受让人应当要求让与人尽快将债权转让事项通知债务人及抵押人,同时要求抵押人配合办理抵押权转移登记手续。若抵押人拒绝或怠于办理转移登记手续,受让人应尽快以诉讼方式要求抵押人办理抵押权转移登记手续。

三、在债权转让合同中约定履行顺序或回赎条款

为了保障己方的资金安全,受让人可以在债权转让合同中将办理完毕抵押权转移登记手续作为支付转让对价的前置条件,还可以在债权转让合同中约定,如因未办理抵押权转移登记手续且导致受让人享有的抵押权无法对抗善意第三人的,让与人应以特定价格将该债权予以赎回。

四、注意留存证据

在合同的签订和履行过程中,应注意证据的固定和存档,如债务人确认债权真实性的函件,抵押人同意债权转让的函件,向债务人及抵押人发出的债权转让通知,受让债权时已核实抵押登记的登记簿复印件、他项权证等。

要案索引

[案例1]湖南绿兴源糖业有限公司、丁兴耀等与湖南绿兴源糖业有限公司(以下简称绿兴源公司)、丁兴耀等借款合同纠纷案

[案号](2015)民申字第2040号

[裁判要旨]基于抵押权处分的从属性,抵押权作为从权利应随债权转让而转让。债权受让人取得的抵押权系基于法律的明确规定,并非基于新的抵押合同,不因受让人未及时办理抵押权变更登记手续而消灭。

[案情概要]绿兴源公司向中国农业农村发展银行怀化市分行(以下简称农发行怀化分行)借款并以厂房、土地使用权提供抵押担保,办理了抵押登记手续。怀化市鹤城区城市投资建设有限公司(以下简称城建投公司)受让贷款债权,未办理抵押权变更登记。城建投公司要求绿兴源公司偿还借款本息,并要求就抵押财产优先受偿。

[裁判观点]《物权法》第192条规定:"抵押权不得与债权分离而单独转让或者作为其他债权的担保。债权转让的,担保该债权的抵押权一并转让,但法律另有规定或者当事人另有约定的除外"。本条系关于抵押权处分从属性的规定,抵押权作为从权利应随债权转让而转让。债权受让人取得的抵押权系基于法律的明确规定,并非基于新的抵押合同重新设定抵押权,故不因受让人未及时办理抵押权变更登记手续而消灭。本案中城建投公司受让农发行怀化分行对绿兴源公司享有的债权,依据法律规定有权受让与案涉债权相关的抵押权,一审、二审法院据此判定抵押权继续有效,并无不当。

[案例2]武汉市亚洲贸易广场股份有限公司(以下简称贸易公司)与中国东方资产管理公司武汉办事处借款担保合同纠纷案

[案例来源]《最高人民法院商事审判指导案例·借款担保卷(下)》

[案号](2006)民二终字第31号

[裁判要旨]最高额抵押所担保的债权额确定后,最高额抵押权转变为普通抵押权,抵押权应随同其所担保的债权一并转让,无须重新办理登记手续。

[案情概要]1997年至1999年,贸易公司先后向银行12次抵押借款并签订最高额抵押合同,办理了房产抵押登记手续。债权到期后,贸易公司未履行还款义务。2004年,资产公司受让其中9笔不良债权并起诉要求行使抵押权,就抵押房产优先受偿。同时,另案法院就银行的另3笔借款和同一抵押房产的优先受偿亦

作出了判决。

[**裁判观点**]最高额抵押所担保的债权额确定后,最高额抵押权已经转变为普通抵押权,抵押权应随同其所担保的债权一并转让,资产公司已依法取得抵押权,无须重新办理登记手续。抵押权的不可分性,是指在抵押权所担保的债权未受全部清偿前,抵押权人有权就抵押物的全部行使权利。就抵押物与被担保的债权的关系而言,就是抵押物的全部担保债权的各个部分。根据《担保法司法解释》第72条第1款关于"主债权被分割或者部分转让的,各债权人可以就其享有的债权份额行使抵押权"、第71条第1款关于"主债权未受全部清偿的,抵押权人可以就抵押物的全部行使其抵押权"的规定,资产公司就其享有的债权份额对抵押物的全部行使抵押权。

民法典最新规定释评

一、《民法典》规范文本

第四百零七条　抵押权不得与债权分离而单独转让或者作为其他债权的担保。债权转让的,担保该债权的抵押权一并转让,但是法律另有规定或者当事人另有约定的除外。

二、规范释评

《民法典》第407条沿袭了《物权法》第192条的规定,未作修改。按从属性法理,抵押权旨在尽可能完好地实现其担保债权目的,从属性效力体现如下:第一,生成从属性。基于生成的从属性,抵押权产生于主债权形成之后。第二,内容从属性。抵押担保的范围以《民法典》第389条"担保物权的担保范围包括主债权及其利息、违约金、损害赔偿金、保管担保财产和实现担保物权的费用。当事人另有约定的,按照其约定"为据。第三,负担从属性。债权人让与主债权,担保该债权的抵押权一并转让。第四,执行从属性。执行从属性扩及下述情形,即主债务人可以通过行使形成权(撤销或抵销)排除其债务的情形。第五,灭失从属性。抵押权将随主债权的消灭而消灭。特别是在主债务人履行义务后,抵押人不再承担义务。

专题五

流动质押与质物监管

“流动质押”即通常所说的“动产动态质押”。实务中,为保障质物的安全、降低质物流转风险,作为质权人的商业银行,通常还通过委托第三人对质物进行监管。对于广大中小企业而言,由于其能够用于抵押的不动产非常有限,主要财产多为交易中的动产,因此,这种动产动态质押 + 质物监管的融资模式,就成为商业银行借助物流服务市场,破解中小企业因担保能力不足而陷入融资困境的多赢选择。

司法实践中,不同法院、不同法官,对担保标的特定性满足、占有关系与质权设立、占有媒介关系的认知、与浮动抵押的辨识、与动产抵押的竞存、监管协议的性质等问题存有不同的理解,基于对责任分配规范以及损害赔偿规则的运用差异,产生了不同的裁判结果。亟待认清事物本质,统一裁判规则,助益融资实践。《纪要》第 63 条坚持问题导向,集中解决这一问题。

纪要原文

63.【流动质押的设立与监管人的责任】在流动质押中,经常由债权人、出质人与监管人订立三方监管协议,此时应当查明监管人究竟是受债权人的委托还是受出质人的委托监管质物,确定质物是否已经交付债权人,从而判断质权是否有效设立。如果监管人系受债权人的委托监管质物,则其是债权人的直接占有人,应当认定完成了质物交付,质权有效设立。监管人违反监管协议约定,违规向出质人放货、因保管不善导致质物毁损灭失,债权人请求监管人承担违约责任的,人民法院依法予以支持。

如果监管人系受出质人委托监管质物,表明质物并未交付债权人,应当认定质权未有效设立。尽管监管协议约定监管人系受债权人的委托监管质物，但有证据证明其并未履行监管职责，质物实际上仍由出质人管领控制的，也应当认定质物并未实际交付，质权未有效设立。此时，债权人可以基于质押合同的约定请求质押人承担违约责任，但其范围不得超过质权有效设立时质押人所应当承担的责任。监管人未履行监管职责的，债权人也可以请求监管人承担违约责任。

规范精要

一、《纪要》第 63 条以三方协议为规范原型

质押合同与监管合同，是两个不同的法律关系，前者为债权人和质押人签订，后者为委托人和受托人签订。在此类交易中，由于存在三方主体，也存在三方在一个合同中一并约定的情形。如果是两两签订的，委托人是债权人还是出质人，显而易见。而在三方协议的场景下，虽是委托人，但仍易生争议。《纪要》第 63 条针对的正是此种场景。

二、《纪要》以监管委托人是否为债权人为标准，确定是否完成交付、质权是否设立

如果监管委托人为债权人（第 63 条第 1 款），监管人占有，视为债权人占有，认定为完成了质物交付，质权设立。如果委托人是出质人（第 63 条第 2 款），监管人受出质人委托管控，视为未交付给债权人，质权未设立。

三、《纪要》对债权人委托监管人监管，但监管人事实上未履行管控职责的违约行为对质权设定的影响作出了明确规定

虽然根据监管合同的约定，监管人系受债权人委托监管，但事实上未履责，产生的法律后果，映射到质权的设立要件中，属于质物未交付，故仍认定为质权未设立。

四、《纪要》明确了监管人违反其对债权人的受托监管义务时，债权人的救济途径

《纪要》第 63 条第 2 款为债权人指引了两条救济途径：一是依据监管合同，追究监管人的违约责任；二是依据质押合同，请求质押人承担违约责任。

法理基础

一、流动质押的交易结构

流动质押,是以集合物的概念取代聚合物的描述,着眼于担保物集合而成的特点,视其为功能特定的标的物,在特定公示机制的配合下,而负载单一的担保物权。通过质物出入库的流程控制在确保剩余质物不低于价值控制线的基础上,实现质物流动性和质权实现时质物特定性的结合。[①] 通过预设的商业模式或交易方案,凝聚了动产质权设立和消灭交替进行的动态权利变动模式,通过多角关系的协力推进,实现了融资担保、质物流动、物流经济的多主体共赢格局。[②]

二、监管协议的性质

关于监管协议的性质,《纪要》采取了委托合同说。《纪要》第63条第1款前段,对于监管协议,法院应查明监管人究竟是受债权人的委托还是受出质人的委托监管质物,以确定质物是否已经交付。采委托合同说的理由可能基于如下判断:"在当事人约定监管人既负有保管义务又具有监管义务的情况下,认定质物监管协议是质权人概括委托监管人处理与质物保管、监督相关的一切事务的委托合同,而非单纯的仓储合同,更为妥当,更符合当事人的合同目的。"[③]《纪要》未明确提及监管协议下的保管内容,但同款后段则规定:"监管人违反监管协议约定,违规向出质人放货、因保管不善导致质物毁损灭失,债权人请求监管人承担违约责任的,人民法院依法予以支持。"由此,《纪要》并未排除监管协议下保管责任的适用空间。但这里的保管只不过属于受托事项的范畴。

笔者认为,关于监管协议的性质,仍应立足于当事人在监管协议中的权利义务安排以及风险分配,通过合同解释,明晰当事人之间的权利义务边界,进而厘定责任范围,而不能一概而论。如果通过合同解释,无法得出受托监管义务可吸收

---

① 陆晓燕:《动产"动态质押+第三人监管"模式下权利冲突的解决路径》,载《人民司法·应用》2016年第1期。

② 常鹏翱:《论存货质押设立的法理》,载《中外法学》2019年第6期。

③ 王富博:《质押监管协议的性质认定及责任裁量》,载《人民法院报》2012年4月11日,第7版;王富博、李明卉:《质物监管纠纷中的法律争点及解决路径》,载《人民司法·应用》2019年第19期;贺小荣主编:《最高人民法院第二巡回法庭法官会议纪要》,人民法院出版社2019年版,第78页。王富博未采取混合说的主要理由在于无名合同的违约责任归责应采取无过错责任原则,而质押监管协议下的委托、仓储、保管等合同属性均采取过错责任原则,也与动产动态质押交易实践相契合。

保管义务时，监管协议在类型上应属于融合了委托合同、有偿保管合同、仓储合同等多重属性的混合合同，而非《合同法》规定的有名合同。①

在商事交易实践中，正是基于多重合同手段的组合，架构出了该种交易模式，并形成手段大于目的的法律构造。也正是在这个意义上，在适用相应合同法律规范解决关联纠纷时，应以交易目的为基准，防止手段的固有效力超越目的范围而不当入侵，导致处理结果与当事人之间的权利义务安排不符而利益失衡。

三、占有视角的分析

质押监管模式下，监管人基于监管协议对质物的直接控制与监管，其与质权人之间不存在从属性、指示性的依存关系。反之，虽有监管之名，但监管人遵从质权人的指示行事，二者之间即属于占有辅助关系，占有辅助人直接控制质物时，质权人取得的是直接占有而非间接占有。

四、质权有效设立的判定

《纪要》基于《物权法》第212条关于“质权自出质人交付质押财产时设立”的规定，对于质权设立采取“交付说”，并以实际的管领控制作为判断质物实际交付与否的判断标准。监管人接受债权人的委托，基于他主占有的占有媒介意思直接控制质物而形成直接占有时，质权人即取得对质物的间接占有，质权有效设立。②

《纪要》之所以明确指出“如果监管人系受出质人委托监管质物，表明质物并未交付债权人，应当认定质权未有效设立”，其缘由即在于此时债权人与监管人之间无占有媒介关系，不符合《物权法》第212条关于交付质押财产质权得以设立的标准。基于相同法理，尽管监管人系受债权人的委托监管质物，但有证据证明监管人“未履行监管职责”，质物实际上仍由出质人管领控制的，应当认定质物并未实际交付，质权未有效设立。③

---

① 程啸：《担保物权研究》（第2版），中国人民大学出版社2019年版，第646～647页。

② 这里需要注意区分的是占有媒介关系与占有辅助关系。关于占有媒介关系的相关文献可参见隋彭生《占有媒介法律关系的类型化设计》，载隋彭生：《民法新角度》，中国政法大学出版社2015年版，第236～253页；[德]汉斯·约瑟夫·威灵：《间接占有的构成要件、移转于保护》，倪龙燕译，载《南京大学法律评论》2019年春季卷；游进发：《占有媒介关系的要素及占有与间接占有的法律适用关系》，载《月旦裁判时报》2011年第9期。

③ 这里的“未履行监管职责”指称的应当是质权设立阶段的监管职责，即取得占有媒介关系，包括未履行和未能履行两种情形。

五、监管人的违约责任

《纪要》第63条第1款和第2款均规定了监管人的违约责任。前者属于瑕疵履行的违约责任后者属于瑕疵设立的违约责任，二者在事实构成、责任范围以及与质押人责任的关系方面均有不同。

前者着眼于质权有效设立情形下，在质物动态流转过程中，监管人未按照监管协议的约定，违规放货或保管不善导致质物毁损灭失时所应承担的违约责任。后者着眼于质权的设立，因监管人未尽监管职责，未能取得对质物的管领控制权，即占有媒介取得而非占有媒介维持时所应承担的违约责任。前者违约责任范围不以质物价值为限而系履行利益；后者违约责任系相应的补充赔偿责任，即对质押人承担的违约责任所不能清偿的部分承担相应的赔偿责任，且与其过错相当。①

六、质押人的违约责任

《纪要》明确指出了因质权未能有效设立时质押人的责任，即债权人可以基于质押合同的约定请求质押人承担违约责任，范围以不超过质权有效设立时质押人所应承担的责任。此处与未办理登记的不动产抵押合同的效力(《纪要》第60条)的处理模式并不完全相同，仅在责任范围方面采用了相同处理机制。

裁判指引

一、输出型监管交易模式下对质权是否设立的认定

所谓输出型监管交易模式，是指质物仍存放于出质人的厂区、仓库，由质权人租用出质人的场地或监管方租赁出质人的场地，加以存放并委托监管人到所租用的出质人场地对质物进行监管，但质权人不支付租金或只支付一元的象征性租金的业务模式。

---

① (2018)最高法民再97号裁判认为，监管人应就出质时质物不足承担相应的补充赔偿责任。并指出，在基于监管合同产生的纠纷中，债权人的直接义务人是债务人和担保人，质押物的监管人只是帮助债权人实现债务的辅助人，主要尽保管合同义务，承担的是补充责任；如因监管人自身原因造成监管质物灭失，则请求权基础发生改变属侵权责任的范畴，如债权人已获清偿，则监管责任相应消灭。需要说明的是：监管人承担相应补充赔偿责任的比例划定，应视监管人的监管义务违反与质权人未尽法定审查义务的主次关系而定，而主次关系的认定则应视当事人之间的约定，结合具体案情，明晰质物短缺、虚假、灭失的原因力进行综合认定。如(2018)最高法民再88号裁判中关于监管人承担补充赔偿责任的比例即与上述(2018)最高法民再97号裁判所认定的比例呈主次反转关系。

（一）质权的设立与交付

《纪要》对于质权设立采取“交付说”，并以实际的管领控制作为判断质物实际交付与否的判断标准。因此，任何类型的动态质押于质权设立与否的判定，最终转化为特定交易结构下交付方式的辨识，然后再判断实际履行中是否满足该种交付方式的法定要件。按上述逻辑，输出型监管交易模式下的交付方式转化为法律表达，实为指示交付问题。由此，此种交易模式也可以描述为“指示交付型”动态质押。《物权法》第26条[①]、第212条[②]，《担保法司法解释》第88条[③]系当事人以指示交付形式设立质权的规范基础。

（二）指示交付与占有改定模式下交付的认定

司法实践中，对此种案件类型，需要注意的是对“占有改定”与“指示交付”两种交付方式的辨识。

依法理，动产质权的设定除须有当事人设质合意外，尚须移转动产之占有于债权人始生效力。于动产之交付方式而言，为确保质权的留置作用，质权人不得使出质人代自己占有质物，因而以占有改定，移转动产之占有，于动产质权之设定无适用余地。否则，不生质权设定之效力。因为质物交付债务人占有时，相当于返还出质人，足以构成质权消灭事由。故此种交易模式下，脱离“占有改定”方式的核心要点，在于是否能够保障质权人留置目的的实现以及让与返还请求权的行使。[④] 质权人使出质人或债务人以外之第三人占有或保管质物，之所以不影响质权的设立，即在于此。

输出型监管交易模式下，之所以可以排除占有改定的适用，而不影响质权的有效设立，也在于质权人得否通过占有媒介人的控制与配合，确保质权的留置作用，又可以通过向质物直接占有人行使返还请求权来实现变价受偿的功能。鉴于动产所有权和动产质权应设置不同的变动要件，后者除以让与返还请求权合意外（动产所有权变动要件已足），尚须以通知占有媒介人为生效要件。[⑤]

---

① 《物权法》第26条规定：动产物权设立和转让前，第三人依法占有该动产的，负有交付义务的人可以通过转让请求第三人返还原物的权利代替交付。

② 《物权法》第212条规定：质权自出质人交付质押财产时设立。

③ 《担保法司法解释》第88条规定：出质人以间接占有的财产出质的，质押合同自书面通知送达占有人时视为移交。占有人收到出质通知后，仍接受出质人的指示处分出质财产的，该行为无效。

④ 谢在全：《民法物权论》（下册），中国政法大学出版社2011年版，第973页。

⑤ 庄加园：《基于指示交付的动产所有权移转——兼评〈中华人民共和国物权法〉第26条》，载《法学研究》2014年第3期。

(三)管控与质权设立

笔者认为,在动态质押模式下,如果出质人未丧失直接占有,质权设立与否的判断取决于监管人是否实际控制了质物的"进与出"及存续状态。如果监管方能够实际控制质物的动态权利变动过程,则出质人与监管人在客观上形成共同直接占有质物的状态。如果监管人系受债权人委托进行监管的话,则债权人取得间接占有而成为质权人,质权有效设立。①

二、监管人的义务与责任认定

监管人责任的认定,应根据监管人违反义务的不同情形以及是否有其他因素的介入作类型化处理。主要解决如下情形监管人应否以及如何承担责任:(1)质物不实纠纷:一是质物自始不存在;二是质物与约定不符。(2)质物权属争议:擅自以他人之物出质,无权处分导致的争议。(3)质物损毁灭失争议:一是因质物保管不当而引起的;二是因意外事件或第三人行为而导致质物损毁灭失等。(4)银行债权人将权属审核义务委托他人行使时,其法定的审查义务是否因委托合同而免除;在监管协议未明确约定银行债权人是否将权属审核义务委托给监管人时,监管人是否负有权属审核义务。

(一)监管人义务类型

1. 验货义务

验货义务既是保管的前提,也是保管合同的重要内容。根据《合同法》第384条的规定,保管人只负责对物的品质、数量等进行检验,检验后发生不符的,保管人承担损害赔偿责任。保管人的验货义务只限于品质检验,不包括权属检验。在质物自始不存在或者与约定不符时,监管人应当依据监管协议的约定向债权人承担违约责任。

2. 保管义务

保管义务是对物的物理品质进行保存、管理,不对物的权属负责,保管人无须审查存货人是否为货物的真正所有权人。因保管不当导致质物灭失的,监管人应当承担违约责任。因监管人仍负责保管质物,故在判定监管人是否履行了此项义务及其法律后果时,《合同法》中仓储合同章、保管合同章的相关规定亦有适用的余地。

---

① 问题是,指示交付与共同占有是否一致。共同占有之法理,可参见《德国物权法》第1206条。

3. 监管义务

监管义务是指监管人负有对质物的数量和质量变动情况进行监控，对质物进行特殊标识，防止质物随意出库的义务，包括严格按照合同要求限制质物进出库、定期查验与记录统计义务、接受查询义务和定期报告义务、风险提示义务、通知义务（质物受侵害时在约定时间内及时向银行报告）和阻止义务等。[①] 根据质押贷款的要求及银行签订监管协议的目的，可以认定监管义务中还包括了对质物的权属状况进行审核的内容，此为保管义务与监管义务的根本区别。对此义务的认定，涉及合同解释问题，应当根据收取的费用、监管难度以及交易习惯综合认定。

4. 质物权属审核义务

根据《商业银行法》第 36 条的规定，商业银行在签订质押合同时，负有对质物权属的法定审查义务。有观点认为，银行将对质物监督、保管的事务概括性地委托给监管人实施时，应视为委托事务中包括了对质物权属的审核义务，除非另有约定。从操作层面来看，监管人实施核库，对质物监控、管理，也必须以对质物权属进行审核为基础，这是监管人依据诚实信用原则适当履行监管协议的必然要求。[②] 对此，笔者认为，应视合同约定而定。委托合同未约定的，监管人不负有权属审核义务。如果约定了监管人对质物权属的审核义务，是否意味着银行的此项法定义务可因签订监管协议而完全免除？此问题存有争议。但无论银行和监管人哪一方不履行该义务，都应对由此而发生的损失承担相应的赔偿责任。

（二）监管人责任认定

1. 瑕疵设立的责任（虚假出质致使质权不成立或质物不适格的责任）

此类案件纠纷的关键在于理顺“入库阶段”监管人与出质人之间的关系、监管人审查义务的范围以及质权人审查义务的有无，进而在出质人、监管人与质权人之间划分责任分担范围。

有观点认为，动态质押设立中，质权人应当承担实质审查责任，监管人应当按照约定履行审查义务。无约定或约定不明时，监管人仅负有对质物的数量和单据进行外观审查、表面审查义务。是否尽到了审查义务，是确定质权人与监管人是否承担责任的根据。两者均未尽审查义务时，应当按照各自过错的大小，适用过错相抵规则，分配双方的责任数额。即先由出质人承担直接责任、监管人承担补

---

① 陈本寒：《企业存货动态质押的裁判分歧与规范建构》，载《政治与法律》2019 年第 9 期。

② 王富博、李明卉：《质物监管纠纷中的法律争点及解决路径》，载《人民司法·应用》2019 年第 19 期。

充责任，然后在监管人承担的责任范围内，根据监管人与质权人的过错分配责任，二者之间的责任为按份责任。①

笔者认为，此类纠纷争议的核心是瑕疵设立阶段的责任承担问题，应区别于瑕疵履行（出库）阶段的责任。当事人之间是协力关系而非对价关系，这在实质上决定了损害赔偿规则的适用空间。依照“入库阶段”，虚假出质致使质权不成立或质物不适格的，由出质人承担最终责任或直接责任，对此没有异议；问题的关键在于质权人和监管人的责任划分。此时，应综合分析入库流程与监管协议的约定。具体可分为两种情形：

（1）债务人与债权人就出质达致合意后，质权人先行审查，再向监管人出具代出质通知书。此情形下还应区分监管协议下监管人是否负有对质物的权属审查义务，以及质权人的法定的审查义务是否因委托合同而免除。

监管人不负有权属审核义务，而仅负有外观审查、表面审查义务时，因质权未设立或质物受损导致债权无法受偿时，质权人本身存在过错，其应承担相应的责任。此时，应视监管人是否尽到监管义务②，即监管义务的履行是免责要件。

监管人负有权属审核义务时，质权人和监管人均未尽到审查义务的，应当根据收取的费用、监管难度以及交易习惯，综合认定监管人的过错大小，决定监管人的责任范围，即此时监管人承担的是与其过错相当的相应责任。综上，此情形下监管人的责任是独立的、与其过错相当的违约责任。

（2）债务人与债权人就出质达致合意后，即向监管人出具代出质通知书，开始履行监管义务。质权未设立时，出质人承担最终的直接责任。如果监管协议约定监管人不负有权属审核义务，债权人负有对质物权属的法定审核义务，则债权人自身的过错与质权未能有效设立更具有原因力。如债权人负有对质物权属的法定审核义务，虽该法定审查义务不能因委托合同而当然免除，但若监管费用的收取与权属的审核存在相应的对价关系，此时债权人的过错应轻于未将审查义务委托出去时的过错，监管人承担的违约责任相较于上一情形应为比例反转关系。即瑕疵设立阶段监管人的责任结构关系为：出质人的直接责任与债权人的比例责任和监管人的比例责任。当然，如果是债务人与监管人恶意串通，监管人配合虚假出质，共同欺骗债权人订立合同以及质押合同的，此时监管人不仅违反了监管协

---

① 陈本寒：《企业存货动态质押的裁判分歧与规范建构》，载《政治与法律》2019 年第 9 期。

② 此种义务的范围和履行标准，可参见《担保存货第三方管理规范》（GB/T 31300—2014）。

议应承担违约责任，还与债务人或出质人构成共同侵权，监管人与债务人应当就债权人的债权不能清偿部分承担连带赔偿责任。①

2. 瑕疵履行的责任（质权设立后质权价值减损的责任）

此种案件纠纷中，根据质物价值减损的情形与原因不同，可细分为以下 4 种情形：②

（1）恶意串通私自出库的责任

监管人明知出货须由质权人签发《提货通知书》，而违反约定予以放行，主观上应为故意或消极的不作为，出质人与监管人属于恶意串通侵害质权的行为。质权人可以请求监管人承担违约责任，也可以请求其与出质人承担共同的侵权责任。责任范围上，应权衡质物减损价值与债权不能受偿数额之间的关系。若质物原价值小于担保债权额，此时债权人的实际损失为质物减少的价值；若质物原价值大于担保权额，债权人遭受的实际损失为债权不能受偿部分。③

（2）违反保管义务的责任

此种情形下，应注意监管人过错的交错问题。单纯可归责于监管人的事由，导致质物减损而影响债权受偿的，监管人的违约责任是单独责任。因为监管人的过错与出质人之间不具有关联性、与其他担保人或保证人之间不具有牵连性，决定了其责任性质不具有补充性。此时的规范基础为《合同法》第 113 条，监管人对不能受偿的债权承担赔偿责任。④

（3）强行出库未尽监管义务的责任

此种情形下，因出质人系故意侵害债权人，出质人对质权人应承担主要责任，监管人应承担相应的补充赔偿责任。如果质权人也存在过错，监管人的责任与质权人之间构成与有过失关系。

（4）因第三人原因导致质物减损而未尽组织和通知义务的责任

有观点认为，第三人侵害质权时，若监管人未监管义务，致使债权不能完全受偿，则第三人属于故意，监管人仅为过失，两者无主观意思联络，应当由第三人承担主要责任，监管人仅承担补充赔偿责任，赔偿数额应以质物减损的价值为限。⑤

---

① 程啸：《担保物权研究》（第 2 版），中国人民大学出版社 2019 年版，第 652 页。

② 类型划分主要参考了陈本寒教授的文章。陈本寒：《企业存货动态质押的裁判分歧与规范建构》，载《政治与法律》2019 年第 9 期。

③ 陈本寒：《企业存货动态质押的裁判分歧与规范建构》，载《政治与法律》2019 年第 9 期。

④ 陈本寒：《企业存货动态质押的裁判分歧与规范建构》，载《政治与法律》2019 年第 9 期。

⑤ 陈本寒：《企业存货动态质押的裁判分歧与规范建构》，载《政治与法律》2019 年第 9 期。

笔者认为,监管人的责任以过错为归责要件。因第三人原因致质物减损而未尽组织和通知义务的,应承担相应的补充赔偿责任。即以质物减损的价值为限,承担与其过失相当的补充责任。

综上,监管人的责任整体上可分为瑕疵设立与瑕疵履行责任。前者是协力关系下与其过错相当的比例责任,责任承担上并无与有过失、损益相抵、减损规则、可预见性规则等赔偿规则的适用空间。后者是对价关系下与其过错相当的补充赔偿责任关系,存在上述赔偿规则的适用空间。动态质押监管交易模式下,动态质权始终处于动态权利变动过程,监管人的责任也因协力关系与对价关系的变动而呈现不同的法律结构。

律师指引

一、债权人诉讼维权的总体思路

在流动质押交易实践中,既存在债权人、出质人、监管人三方共同签署的流动质押监管协议,也存在债权人、债务人、出质人、监管人四方签署的借款质押及监管协议,还存在债权人分别与债务人、质押人、监管人两两签订的借款、质押、监管合同。从债权人权利救济的角度来看,首要问题是诉讼维权的最优路径选择问题。对此,建议重点关注以下几点:

(一)厘清责任主体与请求权基础

此类纠纷复杂之处在于合同联立和权利义务交叉重叠。故如果代理律师未能在诉讼前确立清晰的权利义务关系、追责顺序和维权依据,将导致整个诉讼被拉入混沌状态,进而导致纠纷被法官放入疑难案件,久而不判。

(二)结合案件具体情形,选择分别起诉还是合并起诉

分别起诉的优点是权利义务关系明确,便于主张和裁判,缺点是在责任承担的先后顺序和范围上,可能有遗漏,或者由于在先判决的不利结果给后续维权造成障碍。合并起诉的好处是可以避免挂一漏万,有利于降低诉讼成本,缺点是不同责任主体之间的责任范围和关系存在交叉,对律师统筹安排诉讼请求的要求较高。何种诉讼模式更好,取决于个案中的具体的交易安排和当事人清偿能力比较。

(三)建议充分用于可视化的法律关系图和时间轴图,清晰表达法律关系和关键事实

一旦当事人达到 3 个或者 3 个以上,合同达到 2 个或者 2 个以上,对所有诉讼

参与者的记忆及理解能力就会提出比较高的要求。动产质押监管纠纷也属于此类情形。建议通过法律关系图简要展现合同关系、权利义务设定、责任依据;通过时间轴,展现合同履行过程中的重要时点和过错节点,以便于法官按照本方陈述的故事脉络,理解案情和诉请的正当性。

二、选择行使质权,应当以质权确定设立为前提

质权属于担保物权,有优先性,故通常而言,以行使担保物权为首选。但在动产的流动质押纠纷中,质权是否已经设立、质物是否已经交付占有,是首要的攻防重点。

作为金融机构的债权人通常没有足够的时间、精力、人力、物力直接负责质物监管事务,因此,委托仓储物流企业负责监管,是常见选择。但动态质押监管,本来就是动态的过程,对债权人通过监管人实现"交付""管控"的事实,债权人的代理履行应当在诉讼前收集尽可能多的证据,并且尽可能以比较客观的态度,作出质物是否已经有出质人交由监管人占有、管控的预判。如所收集的证据足以证明质物已经交由监管人实际管控,符合质权设立的条件,再主张行使质权。

三、向监管人主张监管责任的注意事项

债权人远离质物现场,管控质物的最有力抓手即为监管人。但在实务中,监管人经常以已经履行了监管责任为由,提出抗辩,或者以所收取的监管费用较低为由,主张对赔偿责任进行限制。债权人向监管人主张权利的最重要依据是监管合同。故债权人在依据监管合同主张违约责任时,应当对监管合同中的监管人义务和责任的条款进行透彻分析和充分理解,并就监管人违反其约定义务进行充分举证。

在监管人承担责任的范围上,最高人民法院采补充责任说[①],即虽然赔偿范围是《合同法》第 113 条所规定的可得利益损失,但"全部损失"仅限于可归责于监管人的损失,并以"质物减损价值"与"债务不能清偿金额"二者孰小确定。这一裁判观点意味着,债权人在选择监管人作为责任承担对象时,受到追责顺序和追责范围的制约。在此前提下,建议债权人以此为据,确定主张权利的对象的先后顺

---

① 最高人民法院民事审判第二庭编著:《〈全国法院民商事审判工作会议纪要〉理解与适用》,人民法院出版社 2019 年版,第 378 页。

序,或者在同一诉讼中一并主张,但就责任顺序和责任范围在诉讼请求中予以进一步明确。

法务指引

一、关于合同形式

《纪要》第 63 条以三方合同为规范原型,并以三方关系中,监管委托人的确定作为质物是否交付、质权是否设立的关键点。但在三方协议的模式下,如果监管费用系由债务人或者抵押人承担,则非常容易被认定为是债务人、出资人委托监管,而非债权人委托监管。但在商业安排上,所谓"羊毛出在羊身上",监管费用,通常都是由债务人或者出质人承担的。这就给后续法院认定质物是否交付、质权是否设立的关键事实认定带来很大的不确定性。为避免监管合同的委托主体是出质人、债务人,还是债权人的争议,建议采取监管合同由债权人和监管人单独签订的模式解决。

二、关于监管义务与监管责任

监管责任主要来自监管合同。所以,签订一份比较完备的监管合同,为明确义务、细化责任提供最为重要的书面依据和证据,是有效防范监管环节的法律风险的重要途径。就此,提出 3 点建议:

(一)细化监管义务

好的合同条款不能主要靠法律规定补充和合同的事后解释,而是靠尽可能详尽的合同条款前期表达。就监管义务条款的设定而言,应当完整、充分,可操作、可检验。前文已就监管义务的类型做了细致的介绍,债权人的法务在起草及审查合同时,可根据实际需要将必要的义务尽可能详细地写入监管合同当中,并辅以兜底条款,防止挂一漏万。

(二)细化质物管控、交付的合同条款,并注意留存履行证据

《纪要》第 63 条第 2 款将债权人委托监管人监管,但"有证据证明并未履行监管职责,质物实际上仍有出质人管领控制的",仍将被认定为质物未实际交付,进而否定质权的成立。此点启示是,需要在监管合同中特别明晰监管人与出质人之间的质物管控方式,并应当通过可留存的形式对履行中的证据予以固化。

(三)细化监管责任

没有责任的义务,等于没有牙齿的老虎。最好的责任条款,应当是义务和责

任逐一对应,并且有兜底义务和兜底责任完成填空。就流动质押监管合同而言,除了将合同中约定的各项义务对应到相应的监管责任外,建议将前文所述的监管人责任亦纳入监管合同中的监管人责任条款中。

三、对监管人的选择与监管

物权担保是债权人实现债权的最为重要的风控措施。但委托监管的语境下,此项风控措施主要依赖于监管人的实际操作。实务中,监管人多为仓储、物流企业,与质物所在行业的出质人交易更多、更为熟识。而《纪要》及现行司法态度对监管人总体责任采取的是限制的态度,故监管环节出现履行障碍,危及债权人的债权实现的情形,并不鲜见。因监管人故意、过失,乃至其与出质人恶意串通的情形皆有。在此现实背景下,就不能仅仅依靠一纸监管合同的约束来防范风险了。建议债权人法务或者项目组人员在监管人的资质、履行诚信记录等方面予以高度关注,并采取定期实地调查,监控探头远程监控、全程录像、进出库凭证定期查验等方式,有效防范实务操作中的风险,以降低监管环节带来的债权保障落空风险。

要案索引

[案例1]大连银行股份有限公司(以下简称大连银行)与锦州佐源糖业有限公司(以下简称锦州佐源公司)金融借款合同纠纷案

[案号](2019)最高法民终330号

[裁判要旨]质物交付是质权设立的必备条件,当事人通过签订《动产监管协议》的形式,指定监管单位租用出质人的仓库进行监管,结合出质人未转移质物、不让监管人入库乃至驱逐监管人等情形,案涉质物仍由出质人实际控制和支配,并未实现债权人直接或间接的有效控制,质权未能有效设立。

[案情概要]大连银行(甲方)与锦州佐源糖业食品有限公司(以下简称锦州佐源公司)(乙方)签订了《最高额质押合同》。大连银行(甲方)与锦州佐源公司(乙方)、中铁物流大连分公司(丙方)签订《动产监管协议》。约定:丙方中铁物流大连分公司签发的《监管物清单》构成甲方与乙方签订的质押担保合同项下的质物清单,《监管物清单》中列明的监管物为质押担保合同项下的质物。丙方根据监管物的实际情况签发的《监管物清单》与质押担保合同中关于质押标的的约定不一致的,以《监管物清单》为准,丙方签发的《监管物清单》与丙方实际监管的货物不一致的,以丙方实际监管的货物为准,并构成对质押担保合同中相关内容的修

改。乙方承诺,除本协议另有约定外,其对监管物的入库、出库等所有变动除得到甲方的同意外,还必须得到丙方的同意,向丙方提供其要求相关单据,满足丙方监管所需要的条件。监管场地由甲方指定后,由乙丙双方或乙、丙及第三方签订《场地租赁协议》。丙方"按照本协议的规定妥善、谨慎监管,在监管物出现变质或损毁、乙方违反本协议约定对监管物进行处置、除本协议外的任何其他方对监管物主张权利等明显不利于甲方权益的情况时,及时以第五条中约定的方式通知甲方,并采取适当的应急措施。""若因丙方过错未履行本协议项下的监管责任造成监管物短损,甲方质权全部或者部分落空而给甲方主债权造成实际损失的,丙方应在甲方主债权实际损失范围内就甲方质权落空的部分承担相应的补充赔偿责任。"

案涉质物存放于出质人锦州佐源公司的仓库内。按照大连银行的指示,中铁物流大连分公司与锦州佐源公司签订了《仓库租赁协议》,租金为 1 元。中铁物流大连分公司指派工作人员在锦州佐源公司的仓库对质物进行监控。合同签订后,锦州佐源公司陆续出现不配合监管、转移质物、不允许中铁物流大连分公司盘库、驱赶监管员等情况,中铁物流大连分公司立即通知了大连银行并采取下列应急措施:(1)中铁物流大连分公司多次以电话和连续下达《风险告知函》《妨碍监管工作情形告知函》的形式向大连银行告知相关情况。(2)安排监管人员 24 小时蹲守监控出库情况并实时通知大连银行相关情况。(3)中铁物流大连分公司多次向锦州佐源公司下达《停止危险行为通知函》《消除妨碍监管通知函》。(4)中铁物流大连分公司先后两次将锦州佐源公司的强行出库行为向公安机关报警。大连银行诉请判令其对锦州佐源公司提供的质物享有优先受偿权,对处置该质物的价款在约定担保范围内优先受偿;请求判令中铁物流大连分公司在质物丧失的范围内对大连银行债权承担补充赔偿责任。

[裁判观点] 1. 关于本案质权是否已经合法设立问题。《物权法》第 212 条关于"质权自出质人交付质押财产时设立"的规定,质物交付是质权设立的必备条件,设定质权时,要求通过法定给付行为将质物转移给质权人有效控制,故判断质权是否依法设立的前提是审查质物是否已依法交付,实现质权人的有效控制。本案中,案涉质物存放于出质人锦州佐源公司的仓库,大连银行通过三方签订《动产监管协议》的形式,指定中铁物流大连分公司租用锦州佐源公司的仓库进行监管,仓库租金只象征性的约定 1 元。大连银行虽主张通过该方式,特别是交付了相关的协议、清单、报告书、台账等材料即实现了指示交付,但结合出质人锦州佐源公

司未转移质物、不让监管人入库乃至驱逐监管人等情形,案涉质物仍由锦州佐源公司实际控制和支配,并未实现大连银行直接或间接的有效控制。由于案涉质物交付形式不符合法律规定的质权设立形式,案涉质权未能依法设立。

2. 关于中铁物流大连分公司是否应承担补充赔偿责任问题。《合同法》第396条规定:"委托合同是委托人和受托人约定,由受托人处理委托人事务的合同。"案涉《动产监管协议》,主要内容为大连银行概括委托中铁物流大连分公司处理与案涉质物有关的监管事务,属于委托合同。《合同法》第406条规定:"有偿的委托合同,因受托人的过错给委托人造成损失的,委托人可以要求赔偿损失"。同时案涉《动产监管协议》第12条第4项约定:"在动态核定库存监管模式下,如因丙方过错使处于丙方监管下的货物的最低数量/最低价值不符合《监管物监管通知书》或最新的《监管物最低要求通知书》中规定的最低数量/最低价值的,丙方就因其违反本协议约定而造成错提的部分或者就监管物的最低数量/最低价值不足的部分承担相应的补充赔偿责任。"因此,根据法律规定及双方合同约定,中铁物流大连分公司在对案涉货物监管的过程中负有的应是过错责任。本案中,中铁物流大连分公司在监管过程中,发现监管货物存在被转移、强行出库及锦州佐源公司不配合监管、不允许盘库、驱赶监管员等情况时,已尽积极履行监管义务。案涉质物处于锦州佐源公司实际控制和占有下,中铁物流大连分公司在不违反法律的情况下,已经履行通知、函告、报警等义务,穷尽监管能力和行为。大连银行关于中铁物流大连分公司在履行监管义务的过程中存在过错的主张,无事实及法律依据,大连银行提出的中铁物流大连分公司承担补充赔偿责任的请求,应不予支持。

[案例2]白城市惠农农业担保有限公司、武汉市商业储运有限责任公司金融借款合同纠纷案

[案号](2017)最高法民再148号

[裁判要旨]商业银行对贷款担保的贷前审查系商业银行的法定义务,其委托专业监管机构核实并监管质物,仍然不能免除商业银行的注意义务。商业银行未尽到上述法定义务导致债权受损,法律后果首先是在债权人及债务人或者担保人之间进行责任分配,如果因此导致质权不能成立或者生效的,债权人商业银行可能承受担保权利不能实现的不利后果。

[案情概要]2012年6月25日,镇赉县金囤仓储有限公司(以下简称金囤仓储公司)(出质人)向武汉市商业储运有限责任公司长春分公司(以下简称武商储长春分公司)(监管人)发出出质通知书,该通知书载明将15,800吨水稻质押给中

国工商银行股份有限公司白山分行(以下简称工行白山分行),为2012年抚松字第0016号《商品融资合同》进行担保,并由武商储长春分公司进行监管,三方均在此通知书上加盖了公章。当日,武商储长春分公司的工作人员潘程向工行白山分行出具仓单,证明水稻为15,800吨,金囤仓储公司、工行白山分行、武商储长春分公司三方签订了监管协议。2012年7月6日,工行白山分行与金囤仓储公司签订编号为2012年抚松字第0016号的《商品融资合同》,约定工行白山分行为金囤仓储公司贷款2300万元,用途为水稻收购,期限为12个月。其后,金囤仓储公司又向武商储长春分公司发出了出质通知书,出质水稻3300吨,武商储长春分公司向工行白山分行提供了库存3300吨水稻的仓单报告。2012年9月10日,工行白山分行与金囤仓储公司签订了质押3300吨水稻的合同,该合同第1条约定担保的主债权为2012年9月20日签订的编号2012年抚松字第0028号主合同(《商品融资合同》)项下的债权。2012年9月18日,工行白山分行与金囤仓储公司、武商储长春分公司签订了《商品融资质押监管协议》。该协议约定:鉴于工行白山分行与金囤仓储公司签署了编号为2012年抚松字第0028号《商品融资合同》,为保障融资合同的履行,金囤仓储公司同意将其所有的货物作为质物质押给工行白山分行,双方均同意将质物交由武商储长春分公司监管,武商储长春分公司接受工行白山分行的委托,并按其指示监管质物。当日,工行白山分行与金囤仓储公司到镇赉县工商行政管理局办理了动产抵押登记。根据两份《商品融资合同》,工行白山分行共计向金囤仓储公司发放贷款2850万元。此后,工行白山分行发现武商储长春分公司监管下的19,100吨水稻严重缺失,经核实仅剩2800吨左右,故向法院提起诉讼,请求判令金囤仓储公司立即偿还拖欠的贷款本金28,346,974.98元及利息;武商储长春分公司对金囤仓储公司不能偿还贷款本息部分承担连带赔偿责任;武商储公司对其分支机构武商储长春分公司的债务承担清偿责任。

[裁判观点]1.案涉《商品融资合同》的性质属于借款合同和质押合同,《商品融资质押监管协议》的性质属于委托合同。根据债的相对性原理,工行白山分行与武商储长春分公司之间的争议属于委托合同纠纷,系工行白山分行贷款不能完全收回产生损失之后,基于《商品融资质押监管协议》,向其委托的监管人即武商储长春分公司追究监管不力的违约责任所产生的争议。

根据《商业银行法》第36条的规定,商业银行对贷款担保的贷前审查系商业银行的法定义务,如商业银行未尽到上述法定义务导致债权受损,法律后果首先是在债权人及债务人或者担保人之间进行责任分配,如果因此导致质权不能成立或者生效的，债权人商业银行可能承受担保权利不能实现的不利后果。专业仓储监管人依约对质物进行查核、占有和控制，委托监管的内容围绕贷前审查义务和实现质物占有而展开。在质权设立过程中，委托监管实质系辅助工行白山分行进行贷前审查。

武商储长春分公司承担责任的前提是在工行白山分行向债务人、担保人金囤仓储公司主张权利之后，其债权仍然不能获得清偿。武商储长春分公司未妥善履行《商品融资质押监管协议》项下的合同义务，且该行为与工行白山分行的质权不能完全实现具有关联，武商储长春分公司应当承担主要的补充赔偿责任。

2. 工行白山分行在对实现质权可行性审查时具有过错。依据商业银行的贷前审查的法定义务，工行白山分行和武商储长春分公司在合作过程中，应各自恪守诚实信用原则行使权利和履行义务。在借款担保法律关系中，当债务人或担保人以不宜实际转移占有的大宗货物出质，商业银行委托专业监管机构核实并监管质物，仍然不能免除商业银行的注意义务。案涉粮仓中堆放的水稻，绝大部分为金囤仓储公司虚假出质，工行白山分行未能提交充分的证据证明其已完全尽到注意义务。工行白山分行轻信武商储长春分公司作出的核查结论，对于质押财产不足导致债权不能全部受偿的风险，应自行承担相应的损失。

民法典最新规定释评

一、《民法典》规范文本

第四百二十七条　【质押合同】设立质权，当事人应当采用书面形式订立质押合同。

质押合同一般包括下列条款：

（一）被担保债权的种类和数额；

（二）债务人履行债务的期限；

（三）质押财产的名称、数量等情况；

（四）担保的范围；

（五）质押财产交付的时间、方式。

二、规范释评

《民法典》第 427 条沿袭了《物权法》第 210 条的规定，只是删掉了第 3 项中“状况”一词，于第 5 项增加了质押财产交付的“方式”一词。

按照《民法典》第 429 条“质权自出质人交付质押财产时设立”的规定,质押财产交付的方式决定着质权的法律命运。有争议的是,《纪要》第 63 条第 2 款“如监管人系受出质人委托监管质物,表明质物并未交付债权人,应当认定质权未有效设立”这一论断的正当性问题。联立《民法典》第 522 条第 1 款“当事人约定由债务人向第三人履行债务,债务人未向第三人履行债务或者履行债务不符合约定的,应当向债权人承担违约责任”的规定,如监管人受出质人委托监管质物,能否通过解释将监管效果即对质物的实际控制作为向债权人的给付内容,能否作为认定质物交付债权人进而认定质权有效设立的依据。对此,笔者认为,此时应修正“受出质人委托、质物并未交付,质权未有效设立”的逻辑链条,应以监管人是否实现对质物事实上的管领控制为据来认定质物的交付与质权的有效设立与否,将此种情形解释为《民法典》第 427 条第 5 项当事人关于质押财产交付的特约方式。

专 题 六

保兑仓交易

保兑仓交易是供应链金融的一种，涉及实体经济的贸易、商业银行的票据、物流企业的监管等多个交易环节。主体多、法律关系复杂、权利义务交叉，故诉讼争议也比较多。《纪要》在担保纠纷的第四大点非典型担保中，专门用了3条内容，从交易模式的界定、法律关系的梳理、合同效力的认定、民事责任的承担、诉讼程序的衔接等方面，做了规定。本专题将就此部分作出分析。

纪要原文

68.【保兑仓交易】保兑仓交易作为一种新类型融资担保方式，其基本交易模式是，以银行信用为载体、以银行承兑汇票为结算工具、由银行控制货权、卖方（或者仓储方）受托保管货物并以承兑汇票与保证金之间的差额作为担保。其基本的交易流程是：卖方、买方和银行订立三方合作协议，其中买方向银行缴存一定比例的承兑保证金，银行向买方签发以卖方为收款人的银行承兑汇票，买方将银行承兑汇票交付卖方作为货款，银行根据买方缴纳的保证金的一定比例向卖方签发提货单，卖方根据提货单向买方交付对应金额的货物，买方销售货物后，将货款再缴存为保证金。

在三方协议中，一般来说，银行的主要义务是及时签发承兑汇票并按约定方式将其交给卖方，卖方的主要义务是根据银行签发的提货单发货，并在买方未及时销售或者回赎货物时，就保证金与承兑汇票之间的差额部分承担责任。银行为保障自身利益，往往还会约定卖方要将货物交给由其指定的当事人监管，并设定质押，从而涉及监管协议以及流动质押等问题。实践中，当事人还可能在前述基本交易模式基础上另行作出其他约定，只要不违反法律、行政法规的效力性强制性规定,这些约定应当认定有效。

一方当事人因保兑仓交易纠纷提起诉讼的,人民法院应当以保兑仓交易合同作为审理案件的基本依据,但买卖双方没有真实买卖关系的除外。

69.【无真实贸易背景的保兑仓交易】保兑仓交易以买卖双方有真实买卖关系为前提。双方无真实买卖关系的,该交易属于名为保兑仓交易实为借款合同,保兑仓交易因构成虚伪意思表示而无效,被隐藏的借款合同是当事人的真实意思表示,如不存在其他合同无效情形,应当认定有效。保兑仓交易认定为借款合同关系的,不影响卖方和银行之间担保关系的效力,卖方仍应当承担担保责任。

70.【保兑仓交易的合并审理】当事人就保兑仓交易中的不同法律关系的相对方分别或者同时向同一人民法院起诉的,人民法院可以根据民事诉讼法司法解释第221条的规定,合并审理。当事人未起诉某一方当事人的,人民法院可以依职权追加未参加诉讼的当事人为第三人,以便查明相关事实,正确认定责任。

规范精要

一、《纪要》第68条通过描述交易过程的方式,界定了保兑仓交易中多个主体之间的法律关系

具体交易过程如图1所示:

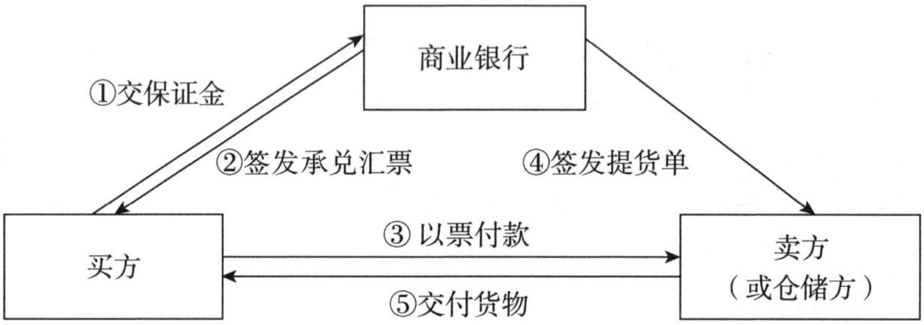

图1 保兑仓交易过程

就所涉法律关系而言,保兑仓交易主要涉及以下几个法律关系:

1. 买卖双方的买卖合同关系;

2. 买方、卖方、商业银行之间的票据法律关系;

3. 买方与商业银行之间的保证金质押关系;

4. 卖方与商业银行之间的委托关系(委托交付)及担保合同关系(为保证金与承兑汇票之间的差额承担担保责任);

5. 如果有监管人,银行通常和监管人之间还存在委托监管关系。

二、《纪要》第 68 条第 2 款明确了审理保兑仓交易纠纷的合同依据

《纪要》第 **68** 条第 **2** 款明确规定,保兑仓合同,是认定法律关系和确定各方当事人权利义务的基本依据。同时强调,保兑仓纠纷,前提是有真实的买卖,如果没有买卖关系,只有资金的流通,则构成借款合同关系,当然不能以虚假的保兑仓合同作为认定事实和确认各方当事人权利义务关系的依据。

三、《纪要》第 69 条明确了保兑仓交易的性质认定及合同效力

1.《纪要》第 69 条明确规定,区分保兑仓交易和借款合同的核心是有无真实的买卖合同关系。

2. 被认定为借款合同关系的,并不因为虚伪的保兑仓交易合同无效而无效。没有其他无效事由的,借款合同、卖方和银行之间的担保关系仍然有效。此点,体现了《纪要》的开放和谦抑态度。

四、《纪要》第 70 条解决了保兑仓交易纠纷审理的程序问题

保兑仓交易涉及多个主体,多个法律关系。其中的一个当事人可能选择一个主体、一个法律关系提起诉讼,也可能基于多个法律关系,向多个主体同时提起诉讼。就此,《纪要》明确了审理程序上的两个原则:一是可以合并审理;二是可以依职权追加未参加诉讼的当事人作为第三人,以查明事实,明确责任。

法理基础

一、保兑仓的交易结构与商业逻辑

保兑仓交易是一种以票据融资为支付方式的批量购买分批交付的货物买卖。保兑仓交易主要形成于卖方能够控制市场,将经销商或下游厂商纳入其产销渠道的商业场景中。适用于大宗标准化商品的长期连续交易,其动因则是卖方既要分批交易,又要提前拿到全额货款。

(一)操作模式

保兑仓交易一般是由卖方与银行主导形成。卖方、银行与买方签订保兑仓交易合作协议,约定采取保兑仓交易融资模式,由买方先向银行存入较少的保证金,向银行申请开立全额货款的银行承兑汇票,用于向卖方支付货款。

在有现货的情况下,卖方或者将现货质押给银行,或者与银行一起将货物交第三方存管,并将仓单质押于银行,然后由银行根据买方每次缴入保证金的金额,逐次指令卖方或第三方向买方发货。在没有现货的情况下,则由银行根据买方每次缴入保证金的金额,逐次指令卖方向买方发货。买方据此提取与保证金相对应的货物。卖方没有现货,在收到银行承兑汇票后才组织生产供货,是保兑仓交易的常态。即使有现货,其也可以提前收到以票据方式支付的全额货款,因为有银行承兑,流转方便,所以又可以背书转让用于自己其他结算支付业务。银行采用承兑汇票的方式,则可以先收取部分保证金存款,而只产生部分风险资本,还可以扩大业务。

(二)银行的风控

银行为了控制垫付票款清偿的风险,一般会采取多重保障权利的安排:(1)根据开立票据的资金支付委托协议和授信协议向买方追索;(2)将货物或仓单质押给银行,银行可以优先受偿;(3)由银行控制货物发放的节奏;(4)买方滚动缴入保证金,按保证金额度提货;(5)由出卖人回购汇票金额与已发货金额的差额部分的货物,回购款直接用于偿还银行垫付的票款,或者由出卖人直接对汇票金额与已发货金额的差额向银行承担保证责任,或者两者并存。

银行风险的发生,主要在于汇票到期日前,买方既没有交足保证金提取全部货物,账户中也没有足额的备付金,且明显缺乏清偿能力,而卖方或者没有将全部货物生产出来,或者没有将货物质押交付银行,甚至卖方本身也缺乏清偿能力,银行兑付票款后,向双方追索均无法获清偿。

(三)交易结构本身的风险与缺陷

因此,保兑仓交易看起来是一个共赢的模式。但事实并非如此。首先,因为银行承兑后,就完全承担了买方的信用风险,从风险角度和直接对买方放款没有实质性区别,起不到规避风险资本统计的作用。其次,因为需要深度参与交易的控制,显然会大大增加银行的履约和监管成本。最后,这一交易模式的风险最终完全集中在卖方而不是买方的偿债能力上。但卖方并不是银行信贷对象,不在银行信贷风险审查的范围内。这就使整个融资链条的关键部分游离于银行信贷风险预防机制之外,甚至成了卖方规避银行信贷风险防控机制,绕道获取信贷资金的手段。

二、保兑仓交易中的法律关系

保兑仓交易一般由一个总的保兑仓交易合作协议和一系列单独的主合同和

辅助性的合同联立组成。因此,其涉及的法律关系十分复杂。

(一)多重法律关系的梳理

买卖双方有买卖合同关系和票据关系;买方与银行有信贷关系和票据关系;卖方与银行有委托关系、质押关系、回购合同关系和保证关系;银行有与货物监管方的仓储保管关系。此外,还有与保兑仓交易之外的主体的物流服务等法律关系。这些法律关系互相连接,形成了一个法律关系群,共同完成一组交易。

(二)多重法律关系的结构

在这一法律关系群中,各法律关系的秩序是怎样的呢?显然,买卖关系是最基础的,其次是票据开立承兑的资金关系,其实质为借贷关系,前者是为了货物的交付,后者是为了货款的支付,应当说在整个交易模式中具有同等的主体地位。而从这一交易模式为了融资而产生这一角度来说,后者的重要性比前者更为突出。除此之外,这一交易模式涉及的质押、回购、保证等法律关系,其作用都是为了协助保障前述法律关系完成,因而是辅助性的,从属性的。

也就是说,从功能结构上来讲,保兑仓交易的法律关系中,买卖关系、票据关系和借贷关系都是主合同,而质押、回购、保证等法律关系都是从合同。与一般的主从合同关系不一样的是,这里的从合同较多,而主合同也不止一个,而是有两个。这是保兑仓交易法律关系的一个特殊之处。

(三)多重法律关系的独立性与关联性

保兑仓交易中的权利义务还有一个特点,就是其分离对应性。某一主体在甲法律关系中享有的权利,并不是直接以该法律关系中的义务为代价的,而是以在乙法律关系中承担的义务为对价的,由此,权利和义务分散在不同法律关系中,但在总体上达到一种平衡。因此,在考察任何一个主体的其权利义务时,都不应将其从交易的统一安排下割裂开来。如果将处在一个统一安排下的权利义务割裂开来,只承认某种法律关系中的权利,而抛弃了另一种关系下的义务,必然导致权利义务失衡。

三、保兑仓交易的法律效力评判

《纪要》对保兑仓交易关系法律效力的认定,态度明确,就是只要不违反法律、行政法规的效力性强制性规定,就应当认定各方之间的约定有效,充分体现了尊重市场主体意思自治的司法原则。

同时,《纪要》特别强调了保兑仓交易要以真实买卖关系为基础这一必备前提,并对无真实贸易基础的保兑仓交易的法律效力作出了否定性评价。《纪要》处理的法律逻辑,是将《民法总则》关于规范虚伪通谋行为的规则适用于保兑仓交易,认定无真实买卖关系的保兑仓交易的意思表示,属于虚假意思表示而无效;而在保兑仓交易掩盖下的各方真实意思是为了信贷融资,因此,其法律关系按真实意思确认为借款合同关系。这一处理规则,也是无效法律行为转换理论适用的适例。

保兑仓交易被认定为借款合同关系的,也并不是当然有效,仍然要受合法性检验。只有借款合同关系也不存在无效情形的,各方的法律关系才能最终确定为借款合同关系,并以此为核心来处理相关法律关系。

因此,保兑仓交易因无真实的买卖关系而无效,并不是指保兑仓交易包含的所有意思表示都无效,即并不是买卖合同、融资形成的借贷合同都无效,更不是票据关系无效,而仅仅是指买卖合同无效,借贷关系仍然可能有效。即合同部分有效,部分无效。因此,不能笼统地简单认为,保兑仓交易无效,所有涉及的法律关系一律无效。

四、保兑仓交易中的担保与回购承诺的性质

由于保兑仓交易中的法律关系具有结构性,有主从之分,因此,保兑仓交易无效会影响其中包含的其他法律关系的效力。鉴于保兑仓交易中,可以分出买卖合同、借贷合同两个联立的主合同,而不是一个主合同与一个从合同;因此,不能简单地根据"主合同无效故从合同无效"的原理,将无效保兑仓交易中其他为了协助买卖和借贷成交的相关担保合同,一并认定为无效。《纪要》确定的规则是,保兑仓交易被认定为借款合同关系的,不影响卖方和银行之间担保关系的效力,卖方仍然应当对借款合同关系承担担保责任。

(一)回购的法律性质

保兑仓交易转化成为借款合同关系后,卖方和银行之间的质押、保证合同关系不受影响。但是,这一规则能否适用于卖方和银行之间的回购合同关系呢?因为对回购合同关系的性质是否为担保的问题,存在不同认识。

从意思内容来看,回购合同中可能并没有作出保证的意思表示;但从功能作用看,回购实际起到了担保的作用。司法实践中,对认定当事人之间成立担保关系是持审慎态度的,只有明确有"保证"及类似字样的,才予以认定。对没有"保证"及类似字样的,即使表示当债务人不能清偿债务时,自己负责清偿的,一般也

只能认定为代为清偿或者债务加入,而不认定为担保。这样的思路在《纪要》关于营业信托增信措施性质的认定中也得到了贯彻。

那么,在保兑仓交易中,卖方作出的回购承诺如何认定呢?从《纪要》的用语与意旨推测,似乎将其也纳入了卖方与银行之间的担保范畴。但是,根据司法实践审慎认定担保的裁判思路,似乎又不能简单地认定为担保。鉴于法律关系性质的不同,对于当事人权利义务关系的确定极为重要,因此,对此种回购承诺或合意,仍然需要进一步分析。

关键是看回购承诺或合意的具体内容。如果此种回购承诺或合意中除有回购内容外,还有保证的表示或内容,则在回购合同关系外,还可以存在保证合同关系,银行享有叠加性的权利。如果没有保证的表示或内容,只是作出回购的安排,那么就应当归入普通的无名合同,根据合同约定的内容来确定双方之间的权利义务。

这在有真实交易关系的保兑仓交易中容易理解和处理。但是如果保兑仓交易无效转化为借款合同关系的,情形似有所不同。因为如果此种回购承诺构成保证的,自然继续按照保证承担相应的责任。但是如果此种回购不构成保证的,由于回购的标的不存在,是虚假的,且回购合同在事实上无法履行,合同应当作无效处理还是解除处理呢?卖方承担的是无效合同的损害赔偿责任还是违约损害赔偿责任呢?如果银行是明知的,显然构成通谋虚伪表示,回购合同应当作无效处理,双方根据过错分担损失。如果银行不知道的且不主张撤销的,那么回购合同有效,卖方应就回购承担违约损害赔偿责任。

(二)回购与行使优先受偿权并存

实践中,有的保兑仓交易在回购之外,还约定了银行有权处分已交付的货物并优先受偿。那么这后一约定显然构成物的担保,也形成叠加性的权利,银行既享有回购请求权又享有担保物权。

(三)回购与让与担保

但在有的保兑仓交易中,只约定了回购权,没有约定银行就已交付的货物享有优先受偿权,这时如果卖方根据约定已将货权转让给银行,然后又需要根据约定进行回购的,是否构成让与担保?如果构成让与担保,银行是否就不能够直接要求卖方回购货物,而应当根据《纪要》关于让与担保的处理思路,按照担保物权的实现路径来处理?

从意思表示的内容来看,保兑仓交易中关于货权转让和回购的叙述,与《纪要》关于让与担保约定内容的叙述，显然不相吻合。因此，从法律性质归类上来看，似不能直接认定为让与担保。所以，银行仍有权要求卖方直接履行回购义务，而卖方则不能以构成让与担保因而应按担保物权实现路径来处理为由进行抗辩。

但是，当卖方不能按约履行回购义务，银行需要处理相关货物偿债时，或者银行单独就相关货物主张权利时，则处理路径与让与担保的物权实现路径没有二致，此时就货权的处理似可按照让与担保来认定和处理。

裁判指引

一、关注案件所涉交易事实的整体性

保兑仓交易纠纷由多重法律关系联立而成，每一法律关系都对应着相应的合意和事实，但其都指向一个目的，即或者是为了完成买卖交易，或者是为了融资，是一个有机的不可分割的整体。因此，这类案件的审理应注重关照交易的全局性，意思表示的完整性，权利义务安排的整体性，裁判结果的统一性，是全案审查，整体观照，不能简单地以局部关系为断。

如果认定事实和判断法律性质仅限于其中某一种法律关系涉及的部分，而不顾及构成保兑仓交易的其他法律事实和关系，如单独就票据关系作出认定处理，或者单独就买卖关系作出认定处理，或者单独就担保关系作出认定处理，都可能割裂保兑仓交易不同组成部分的事实和法律关系的联系，遗漏当事人权利义务在不同交易关系中的互相联结和安排，忽视当事人权利义务在交易中的整体平衡，难以正确判断行为的法律性质，也就难以准确认定当事人的责任。

因此，保兑仓交易纠纷可以就其中某一种法律关系进行审理和处理，但是必须是在保兑仓交易的整体事实中加以认定和处理，而不能孤立地仅查证该法律关系涉及的事实即作出裁判。

二、保兑仓交易纠纷适宜集中管辖

保兑仓交易涉及的当事人较多，不同当事人各以不同的法律关系向不同法院提起诉讼，可能造成此类案件的判决在事实认定和法律适用上出现不一致或者矛盾冲突，难以解决纠纷。从保兑仓交易的整体性，有利于查明事实和彻底解决矛盾纠纷的角度出发，保兑仓交易纠纷应以集中管辖为宜。

对不同当事人各以不同的法律关系向不同法院提起诉讼的，应由最先立案的法院审理。后立案的法院应当将案件移送先立案的法院审理，确保实现审理与处

理的统一性和整体性。如果是各方当事人分别或者同时向同一法院起诉的,法院可以决定合并审理。无论当事人以保兑仓交易协议为据对某一方提起诉讼,还是仅就保兑仓交易中的单项法律关系对某一方提起诉讼,法院均应当依职权追加其他各方当事人为第三人,实现对案件的整体审理。

对合并审理的,如果标的额超出受理法院级别管辖范围的,应当主动移送上级法院审理,不能违反级别管辖的规定,径行审理。

三、以保兑仓交易合同作为案件审理的主脉

在实体上,强调保兑仓交易合同的基本证据地位,将其作为审理案件的基本依据。在所涉买卖合同、票据承兑协议、回购担保合同以及质押合同约定的内容出现理解歧义时,应将其放置在保兑仓交易合同的框架内去识别判断其含义,避免出现单个合同条款含义认定与保兑仓交易的本义不符。在每一单个法律关系的处理中,对当事人权利的保护,要兼顾到其在其他法律关系中的义务的履行,不能仅仅就事论事,造成裁判结果出现当事人只享受权利而不必履行前提义务的不合理状况。

四、审查买卖关系的真实性是事实查明的首要问题

是否有真实的买卖关系,是保兑仓交易纠纷首先要查明的事实,决定着案件审理的不同方向。对没有真实的买卖关系的保兑仓交易纠纷,只能转换为借款合同关系审理。对有真实买卖关系的保兑仓交易纠纷,才能继续按照保兑仓交易审理。只有查明了买卖关系的真实性,才能进一步确定当事人的诉讼请求是否合格,才能准确厘定案件的争议焦点。因此,无论当事人是否提出主张,买卖关系的真实性均应当属于法院主动查明的内容。

五、买卖关系真实性的举证责任

买卖合同关系的真实性的举证责任在谁?应当由卖方负担举证责任,由其提供证据证明买卖合同已经履行或已准备实际履行的证据。否则,由其承担举证不能的责任,保兑仓交易性质转换成借款关系。

之所以应由卖方负担举证责任:一是因为买卖合同是否真实,首先取决于买卖双方的真实意思,卖方有义务证明实际买卖是自己的真实意思;二是因为判断买卖合同是否真实,从合同是否得到履行或准备实际履行进行证明最为切实可

行，这种积极的事实能够也容易证明到位，卖方在这一点上比买方有更多的优势；三是因为如果不能证明确实是真实的买卖关系，那么，所谓的保兑仓交易就只是融资的一种伪装，而卖方恰恰是这一融资的最终受益人，其应当负有证伪交易为单纯融资的举证责任。

六、保兑仓交易中的保管或仓储合同关系是否需要全面审理

以保兑仓交易中因设定质押形成的保管或仓储合同纠纷为由提起诉讼的，如果争议的权利义务仅仅限于委托人与保管人之间，不涉及其他主体的，通常无须纳入保兑仓交易进行全面审查。但如果涉及保兑仓交易的其他主体行为事实的，如涉及卖方是否实际交付货物，买方是否实际收领货物，货物质量、规格是否符合约定等事实的，则应从查明全案事实的角度，将保管、仓储合同关系纳入保兑仓交易的合同关系进行全面审理，而不宜孤立地就保管或仓储合同关系进行审理。相关方或者是作为必须出庭的证人，或者是作为第三人。

律师指引

一、重视证据收集的全面性

保兑仓交易涉及主体多，法律关系复杂，律师在诉讼之前应全面收集保兑仓交易的相关证据资料，包括保兑仓交易合同、买卖合同、票据承兑协议、回购或担保合同和仓储或质押合同，以及各分项合同履行的证据材料。

即使只是主张某单一法律关系项下的权利，也应当全面收集证据。对于本方无法收集到的证据材料，应考虑在诉讼中是否可以申请法院要求他方当事人提供或者依职权调取，以及提出此种申请的条件。

二、以查明买卖关系的真实性为前提，厘定代理思路和诉讼请求

应以买卖合同的真实性作为事实审查的重点，围绕买卖合同的真实性组织证据资料，并根据已有的证据资料判断其真伪。无论是保兑仓交易的卖方还是买方还是银行，都应围绕买卖关系为真或保兑仓交易仅为融资关系，全面收集组织证据。在此基础上，确定交易的性质是保兑仓交易还是借款合同，并据此提出诉讼请求，确定请求权基础。

在案件进入诉讼后，如果对买卖合同的真实性有怀疑，但是掌握的证据并不足以证明的，应及时提出主张，推动法庭进行查证。卖方尤其应当做好主动举证

证明交易为真的准备。然后根据法庭查证的结果，及时调整或变更自己的诉讼请求，或者提出有针对性的抗辩意见。

三、全面梳理当事人之间的权利义务

保兑仓交易是几种法律关系的组合，当事人的权利义务分别体现在几个不同的法律关系中，具有分离性。与此同时，保兑仓交易又是一个有机的整体安排，权利义务又具有对应性。故应当根据保兑仓交易的全部合同和事实，来判断纠纷性质与法律逻辑，而不能仅仅局限于单一法律事实或法律关系，孤立地进行分析判断。

在识别或者主张当事人的权利义务时，要以保兑仓交易为基本依托，梳理出当事人分散在买卖、票据承兑、质押担保等不同法律关系下相对应的权利义务，以便有效把握权利主张和抗辩理由。

四、注意权利主张的多重性

银行在保兑仓交易中，可以主张多重权利。如在票据关系下向买方主张垫付票款的权利；在回购或保证关系下向卖方主张依约回购的合同权利或保证权利；在质押关系下主张质权；等等。在属于有效的保兑仓交易关系下，这些权利可以同时主张。

值得一提的是，银行在行使叠加性权利时，必须注意主张的先后次序。如在既有回购约定，又有优先受偿或构成让与担保的情况下，银行就其已占有而买方尚未提货的货物向卖方主张优先受偿权或者让与担保物权的时候，应注意先以主张回购请求权为前提。否则，后两类主张就缺乏可对应的确定的主债权而不能获得支持。

五、注意借款合同关系下权利主张的特殊性

如果保兑仓交易被认定是借款合同关系且有效的，所有保证以及质押仍然有效，卖方的担保责任继续有效存在，银行仍然可以主张相应的权利。如果认定是借款合同但无效的，因为主合同无效，从合同无效，那么上述保证、质押就均将无效。银行只能根据过错责任主张相应的权利份额。

至于借款合同无效的情况下，卖方的回购承诺的效力，前已论及，不再赘述。

如果连借款合同也无效，那么，回购承诺无效以及质押、保证均无效，银行获

得的只是借款合同无效的损害赔偿请求权，是缔约过错责任的一种，银行可以以此为基础向卖方主张相应的权利。

值得注意的是，如果以借款合同关系进行诉讼，则银行作为出借人，买卖双方均应作为借款人，共同承担偿还责任，而不能仅以买方或卖方一方作为借款人。在借款合同有效的情况下，买卖双方共同承担责任后，内部如何分配责任呢？由于最终的用款人是卖方，因此，买方承担责任后，有权向卖方追偿。但是在借款合同无效的情况下，各方均有过错，买卖双方共同承担责任后，应当如何追偿呢？鉴于卖方实际获得资金，买方对自己承担的本金部分的金额应当可以向卖方追偿，对其余份额则应视为其过错责任应当承担的金额，不能向卖方追偿。

六、注意保兑仓交易中票据关系的特殊性

一般来说，票据具有无因性，独立于基础关系，因此，如果是非保兑仓交易当事人的票据持有人，按照票据关系主张票据权利，保兑仓交易的当事人是难以通过主张基础关系虚假来抗辩的。除非如果持票人明知保兑仓交易的买卖关系是虚假的却仍然接受票据的。

如果是保兑仓交易内部主体，即票据关系的基本当事人，出票人、收款人和承兑人，互相之间对买卖关系的虚假是明知的，因此，是可以通过基础关系的抗辩来对抗卖方的票据权利主张的。

需要注意的是，卖方可能通过转让票据给关联方以主张票据权利，来回避虚假买卖关系的抗辩。此时，银行或者出票人应注意审查关联方与卖方的关系紧密度，是否应知或明知买卖关系虚假，在接受票据时是否有重大过失，以阻却其票据权利主张。当保兑仓交易的当事人主张票据权利的，则应当要求纳入保兑仓交易进行全案审理，因此，应注意及时就整体的保兑仓交易展开权利主张和抗辩主张。

主张保兑仓交易所涉票据权利中值得注意的是，如果银行就承兑汇票与保证金差额向卖方主张保证权利的，卖方是可以提出票据非保兑仓交易所涉票据的抗辩的。此时，银行负有证明责任。银行可以根据保兑仓协议、各个分合同签订的时间、合同约定的付款节点、承兑汇票交付时间、承兑汇票的金额等，综合判断保兑仓合同与承兑汇票是否相对应。如果最后仍然事实不清，那么银行就要承担举证不能的责任了，其要求出卖人承担差额保证责任的请求就可能得不到法院支持。

法务指引

一、要注意保兑仓交易的结构完整性

(一)合同的结构安排

在设计和形成保兑仓交易时,应注意合同的完整性,除保兑仓交易合同外,还必须有买卖合同、汇票承兑合同、保证合同、回购合同,有的还有质押合同等,才能完整地体现保兑仓交易的意思表示。有的无单独的保证、回购合同,但相关内容作为特别条款约定在保兑仓交易合同中。

(二)多个合同之间的衔接与对应

由于合同较多,因此,要注意审查相同内容在不同合同中的表述是否同一,关联安排在不同合同中是否有效衔接,各方在不同合同中的权利是否有义务相对应,票据、货物和提单的交接约定是否清楚明确,是否便于操作,违约责任的约定是否具体和切实可行,特别是各合同的内容要与保兑仓交易协议的约定相符,不能出现矛盾。

要注意卖方除有回购义务以外,还要有保证义务,不能偏废。因为卖方有可能实际交货,也可能并不交货,两种情况下其责任如何承担都要有对应的安排。对买方已收到的货物价值与已支付的货款之间的差额,实际是银行垫付的信用,卖方要向银行承担清偿的保证责任,对货物已全部交付但买方尚未收领的部分,卖方要按约定的价格回购。在银行可以主张的差额部分的计算条款中,要注意附上扣除买方已交付的保证金中对应的尚未提货部分的保证金。

二、要特别注意审查买卖关系的真实性

作为授信的银行方,要特别注意审查有无买卖合同,买卖合同的真实性、合法性,买卖双方交易的背景,有无类似交易历史,买卖双方的经营范围是否与交易相符,卖方有无履行能力,货物是否已经生产,货物所有权是否已经转移,并保存相关资料,防止买卖双方串通起来通过虚假的保兑仓交易套取银行信贷资金。对并非真实买卖关系的,不应采用保兑仓交易模式。

三、要注意履行过程的严谨性

要确保交付环节在操作上的合理性和可控性,严格按照约定交付汇票、货物以及提单,防止交付环节失控。特别是必须根据银行的指令发货,卖方擅自发货

或者买卖双方自行交易的，只能自行承担后果，对银行的责任不因此而免除。

银行应注意在收到买方的保证金时，才能向卖方指令发货或者向买方交付提单。在未收到买方的保证金时，就指令发货的，卖方就可以免除相应部分款项的担保责任。注意收集和保留履行过程中的各种证据资料、账单和来往函电，作为履行义务、追究责任的依据。

要案索引

[案例]中信银行股份有限公司大连分行与张家口中地装备探矿工程机械有限公司、大连中聚能源有限公司等合同纠纷案

[案号](2015)民提字第16号

[裁判要旨]保兑仓交易中卖方承担保证责任不以银行出具提货单为条件。卖方实际应承担的保证责任金额为承兑金额与银行出具提货单累计金额之间的差额再减去未出具提货单的备付金数额。

[案情概要]2012年5月9日，大连中聚能源有限公司(以下简称大连中聚)(乙方)、张家口中地装备探矿工程机械有限公司(以下简称张家口公司)(甲方)与中信银行股份有限公司大连分行(以下简称中信银行)(丙方)签订《保兑仓协议》，约定大连中聚根据与张家口公司签订的《购销合同》，向大连中聚在中信银行开立的保证金账户中交存一定比例的保证金，申请开立银行承兑汇票，专项用于向张家口公司支付货款。

张家口公司凭中信银行出具的提货单向大连中聚发货，首次发货的货款不超过大连中聚向中信银行交存的保证金金额的80%，以后大连中聚每次申请提货前应向中信银行交存相当于拟提货金额的保证金。大连中聚在银行承兑汇票到期日前15天未足额备付时，如果中信银行在本协议项下出具的提货单累计金额(无论因任何原因)少于中信银行依据本协议以及大连中聚、中信银行签订的《银行承兑汇票承兑协议》而承兑的以张家口公司为收款人的银行承兑汇票总金额，则张家口公司对该差额部分以及逾期利息、罚息承担连带保证责任等。中信银行依据本协议而承兑的以张家口公司为收款人的银行承兑汇票均应有购销合同与之相对应。大连中聚根据购销合同与该购销合同相对应的银行承兑汇票而向中信银行交付的占银行承兑汇票金额一定比例的款项作为保证金，该款项是作为大连中聚履行其在和中信银行签订《银行承兑汇票承兑协议》项下的义务和责任而向中信银行提供的质押担保。银行承兑汇票的到期支付和逾期处理条款约定，如果张家口公司未能按照中信银行的书面付款通知书的要求按时支付到期款项,中信银行有权根据实际逾期天数,加收50%计收罚息;中信银行不受张家口公司与大连中聚之间的购货合同的约束。三方均应诚实履行约定的义务,任何一方不履行或不完全履行的,应承担相应的违约责任,并赔偿由此给其他守约方造成的全部损失。

《保兑仓协议》第4条"银行承兑汇票的办理"约定:中信银行有权按照自身的授信要求决定是否承兑大连中聚签发的商业汇票以及决定给予大连中聚承兑的授信条件、额度、有效期限和保证金比例。第5条"提货的处理手续"约定:(1)大连中聚欲提取本协议项下的货物时,须先向大连中聚在中信银行所开立的保证金账户中存入相当于该次提货金额的保证金,并向中信银行出具加盖预留签章的《提货申请书》。中信银行审核无误且张家口公司及/或大连中聚未出现协议第7(3)条约定的情形时,于5个银行工作日内出具与新存入保证金价值相当的货物的提货单。(2)张家口公司、大连中聚须委派专人到中信银行处办理承兑汇票和提货单交接手续。张家口公司在收到中信银行办理的银行承兑汇票后,应在《银行承兑汇票交接确认书》上加盖张家口公司授权人员的签章。张家口公司应对中信银行出具的提货单进行确认,确认方式为张家口公司或张家口公司授权的分支机构在中信银行出具的提货单回执联加盖公章或者张家口公司授权的经办人在中信银行出具的提货单回执联签字。(3)张家口公司、大连中聚双方应当分别为其各自指定的操作人员出具《授权委托书》。如果这类人员发生变动,张家口公司或大连中聚应当立即书面通知中信银行,在中信银行收到该书面通知之前与原经办人员所办理的业务对各方仍有约束力。(4)张家口公司确认上述单据无误后,向大连中聚发货。(5)根据大连中聚提货频率,中信银行有权要求张家口公司及/或大连中聚每月或每周向中信银行提供发货或收货的情况说明,必要时须提供发货或收货的货运单据等证明文件,张家口公司及大连中聚在此过程中须无条件配合。

2012年11月14日,内蒙古中瀚石化有限公司(以下简称内蒙古中瀚)与中信银行签订《最高额保证合同》,约定由内蒙古中瀚对中信银行向债务人大连中聚授信而发生的一切债权承担最高额1亿元整的连带保证责任,保证期间两年。同日,内蒙古中瀚与中信银行签订《最高额抵押合同》,约定由内蒙古中瀚以其以土地使用权对中信银行自2012年11月13日至2013年11月13日向大连中聚授信而发生的一切债权承担最高额1亿元的抵押担保责任,并办理了抵押登记。

在保兑仓协议签订前，大连中聚、张家口公司向中信银行提交《大连中聚与张家口公司战略合作协议书》、张家口公司向中信银行的申请授信函、《铁精粉购销合同》等证明双方之间存在关于铁精粉购销业务，并申请中信银行授信。

2012年11月14日，大连中聚（出票人）与中信银行（承兑人）签订5126号《银行承兑汇票承兑协议》，约定大连中聚向中信银行申请4615万元的银行承兑汇票，大连中聚应按票面金额的35%在中信银行指定的保证金账户中存入保证金，金额为1615.25万元，以担保承兑汇票到期付款；承兑汇票到期日，中信银行凭票支付票款。到期日中信银行未获清偿的票款，中信银行将按利率日万分之五计收罚息。

2012年11月15日，大连中聚（出票人）与中信银行（承兑人）签订5127号《银行承兑汇票承兑协议》，约定：大连中聚向中信银行申请金额为3076万元的银行承兑汇票，大连中聚应按票面金额的35%在中信银行指定的保证金账户中存入保证金，金额为1076.6万元，以担保承兑汇票到期付款。罚息项下其他约定同5126号《银行承兑汇票承兑协议》。

依据上述合同及协议，大连中聚基于与张家口公司的购销关系作为申请出票人申请中信银行出票，2012年11月14日、15日，中信银行分别开立7522号、7525号汇票各一张，票额分别为4615万元、3076万元，汇票到期日分别为2013年1月2日、3日，属于定日付款。张家口公司在2012年11月14日和15日分别收到中信银行签发的上述银行承兑汇票后，将其背书给案外人辽宁中聚煤炭有限公司（以下简称辽宁中聚），之后辽宁中聚背书给大连大雪集团有限公司（以下简称大雪集团）。

2012年11月14日、15日，大连中聚向中信银行存入保证金时，没有向中信银行出具加盖预留签章的《提货申请书》，张家口公司未向中信银行出具其指定的操作人员的《授权委托书》。在存入上述两笔保证金的当日，在大连中聚办公场所，大连中聚将编号7524、金额为3076万元，及编号7522、金额为4615万元的两张银行承兑汇票交付给张家口公司的财务人员，张家口公司财务人员在同时在场的中信银行工作人员向其出具的《确认函》上签字盖章。三方未办理提货单交接手续，张家口公司未签发《提货通知单回执》，大连中聚亦自始至终未办理提货手续等事宜。随后，中信银行收回了编号7524、金额为3076万元的银行承兑汇票，将该汇票作了作废处理。

2012年11月14日，大雪集团通过浦发银行大连分行向大连中聚在中信银行账户内付款4616万元，隔日，大连中聚向大雪集团付回1万元；2012年11月15日，大雪集团通过案外人浦发银行大连分行向大连中聚付款3076万元。该两笔款项到账后，由大连中聚分别付出。

2013年1月4日，大雪集团向中信银行申请承兑。同日，中信银行向大雪集团支付4615万元及3076万元，总计7691万元。中信银行对3076万元在"汇划来账回单"中"摘要或附言"记载为"中信银行大连分银承75"；对4615万元则记载为"中信银行大连分商承75"。中信银行"往来户明细表"中的"摘要信息"与此记载均一致。

中信银行在向大雪集团支付上述款项后，根据《银行承兑汇票承兑协议》约定，从大连中聚在中信银行的保证金账户中扣收票款2691.85万元，余款4999.15万元形成票据银行垫付。汇票承兑前，大连中聚并未按照承兑向中信银行交存票款4999.15万元直至诉讼。中信银行垫付款项后，多次向大连中聚进行催收未果，内蒙古中瀚、张家口公司也未承担任何保证责任。

[**裁判观点**]1.关于本案案由。最高人民法院认为，(1)中信银行依据《保兑仓协议》《最高额保证合同》《最高额抵押合同》提起本案诉讼，要求大连中聚、张家口公司、内蒙古中瀚分别承担相应责任，其是基于保兑仓形成的法律关系向各方主张权利，故本案案由应为保兑仓合作协议纠纷。(2)张家口公司主张的金融借款法律关系，实际上是主张保兑仓协议并未得到履行，作为其不应承担保兑仓责任的抗辩理由提出，并不影响本案案由的确定。

2.关于中信银行承兑汇票行为的性质。最高人民法院认为，(1)中信银行出具两张汇票之前，为履行《保兑仓协议》，于2012年5月承兑了8张汇票。2012年7月，大连中聚申请提货，中信银行向张家口公司发出提货通知。这与《保兑仓协议》关于申请提货后交接承兑汇票的约定不一致，说明在实际履行中，各方将交接承兑汇票的时间提前至申请提货之前。该实际履行中的变更，使张家口公司更早收到货款，对张家口公司有利。(2)再审查明的《确认函》的内容表明，张家口公司以保兑仓协议中的甲方身份接受7522、7524两张汇票，可以证明中信银行出具7522、7524两张汇票系履行《保兑仓协议》。中信银行主张，因日期填写错误，7524汇票作废，以7525汇票替换，并提供了相关证据。张家口公司等四方签订的3.8《协议书》中，有关于张家口公司已将7522、7525两张汇票背书给大连中聚指定的公司的记载。该记载也能印证中信银行的主张。张家口公司未主张亦未提交证据证明其是基于保兑仓协议以外的原因取得7522、7525两张汇票。最高人民法院采信中信银行关于7525汇票替换7524汇票的主张，即中信银行承兑7522、7525汇票均系履行《保兑仓协议》。(3)中信银行承兑汇票并交付后，其行为性质不受在后的他人行为影响。(4)张家口公司取得票据权利后，如何行使、是否从汇票中受益，大连中聚是否申请提货，后续的交易流程是否完成，均非中信银行能够决定，不影响中信银行承兑汇票系履行《保兑仓协议》的行为性质。(5)张家口公司向中信银行出具《申请授信》和推荐授信函、张家口公司与大连中聚签订《战略合作协议》以及前8张汇票项下的提货行为，足以令中信银行相信存在真实贸易关系。

3. 关于《保兑仓协议》约定的张家口公司承担保证责任的对象。最高人民法院认为，在保兑仓交易模式中，如张家口公司承担保证责任以中信银行出具提货单为条件，会造成当事人权利义务显失公平。张家口公司作为供货方接受7522、7525汇票收取货款后，相应的合同权利已经实现，同时，其还占有货物。其在权利已经完全实现的情况下不承担任何义务，显失公平。故张家口公司承担保证责任不以中信银行出具提货单为条件。

张家口公司主张，其并非应对银行承兑金额与乙方备付金额之间的差额承担保证责任，而是对银行出具的提货单累计金额与承兑金额之间的差额承担保证责任。最高人民法院认为，《保兑仓协议》约定张家口公司就提货单累计金额与承兑金额之间的差额承担保证责任，该差额是张家口公司承担保证责任的最大范围，但其实际承担保证责任的大小，必然受大连中聚缴付备付金数额的影响。大连中聚已经缴付备付金，但是未出具提货单部分的数额当然应予扣除，因为这部分并不构成中信银行的损失，扣除这一部分，是减轻张家口公司的保证责任。即在计算张家口公司实际应承担的保证责任时，应以承兑金额与银行出具提货单累计金额之间的差额再减去未出具提货单的备付金数额。张家口公司保证责任的对象并未发生变化，其承担的还是提货单累计金额与承兑金额之间的差额保证责任，只是因扣减未出具提货单的备付金额，导致其实际承担责任数额减少。

中信银行承兑7522、7525汇票是履行《保兑仓协议》，中信银行承兑并将汇票交付张家口公司后，即已完成了《保兑仓协议》约定的主要合同义务。汇票到期后，中信银行必须依法向持票人付款。原审已经查明了中信银行于2013年1月4日向7522、7525汇票的持票人大雪集团付款的事实。因大连中聚缴付的保证金不足，差额部分形成中信银行的损失。中信银行要求张家口公司承担相应的保证责任，符合《保兑仓协议》的约定，应予支持。

民法典最新规定释评

一、《民法典》规范文本

第三百八十八条 设立担保物权，应当依照本法和其他法律的规定订立担保合同。担保合同包括抵押合同、质押合同和其他具有担保功能的合同。担保合同是主债权债务合同的从合同。主债权债务合同无效的，担保合同无效，但是法律另有规定的除外。

担保合同被确认无效后，债务人、担保人、债权人有过错的，应当根据其过错各自承担相应的民事责任。

二、规范释评

本条在现行《物权法》规定的基础上，进一步完善了担保物权制度，扩大了担保合同的范围，明确融资租赁、保理、所有权保留等非典型担保合同的担保功能，增加规定“担保合同包括抵押合同、质押合同和其他具有担保功能的合同”，旨在为优化营商环境提供法治保障。

本条关于“其他具有担保功能的合同”，能否把买卖式担保与融资性贸易等合同解释进来不无疑问，笔者倾向肯定意见。商事实践中，市场主体将具有担保功能的合同融入交易架构或作为手段或作为通道，在对内和对外关系中发挥不同的作用理应受到尊重，司法评价时将其作为独立的意思表示存在，符合当事人的真实意思，不应动辄归于通谋虚伪案型。

本条新增“担保合同包括抵押合同、质押合同和其他具有担保功能的合同”内容，对交易实践与司法实务的处理会带来怎样的影响，仍有待观察，笔者倒是期待该增项可以起到缓和透式审判思维与抑制通谋虚伪滥用的作用，对商业判断与逻辑给予应有的尊重保持适当的谦抑，实现优化营商环境的立法宗旨。

专题七

让与担保

让与担保因其具有的融资灵活、担保标的范围广泛、交易成本低、实现方式简便快捷、第三人阻碍债权实现的可能性小等优势，虽然在立法上始终未予正名，但在商事实践交易中被广泛运用，并体现出强大的生命力。与此同时，由于缺乏配套法律规则，让与担保的合法性、权利构成、实现方式、权利冲突等实务问题，又引发了大量争议，司法裁判意见纷呈、远未统一。《纪要》在担保纠纷的第四大点非典型担保部分中，以第 71 条明确认可了清算型让与担保的合法性，在完成公示的前提下，承认债权人的优先受偿权，并参照适用最相类似的担保物权规则，处理让与担保的权利实现问题。本专题就让与担保的相关问题，包括股权让与担保的相关问题，展开分析。

纪要原文

71.【让与担保】债务人或者第三人与债权人订立合同，约定将财产形式上转让至债权人名下，债务人到期清偿债务，债权人将该财产返还给债务人或第三人，债务人到期没有清偿债务，债权人可以对财产拍卖、变卖、折价偿还债权的，人民法院应当认定合同有效。合同如果约定债务人到期没有清偿债务，财产归债权人所有的，人民法院应当认定该部分约定无效，但不影响合同其他部分的效力。

当事人根据上述合同约定，已经完成财产权利变动的公示方式转让至债权人名下，债务人到期没有清偿债务，债权人请求确认财产归其所有的，人民法院不予支持，但债权人请求参照法律关于担保物权的规定对财产拍卖、变卖、折价优先偿还其债权的，人民法院依法予以支持。债务人因到期没有清偿债务，请求对该财产拍卖、变卖、折价偿还所欠债权人合同项下债务的，人民法院亦应依法予以支持。

规范精要

一、《纪要》第 71 条第 1 款认可让与担保整体交易结构的合同效力，但否定了事前归属型担保条款的效力

《纪要》第 71 条以描述交易过程的方式，对让与担保的交易结构和合同效力予以认可。但明确其认可的债权实现方式仅限于清算型让与担保，即对担保财产拍卖、变卖和折价；不认可事前归属型让与担保，即不认可到期未还担保财产直接归属于债权人。

二、《纪要》第 71 条第 2 款明确了让与担保的清偿方式

《纪要》第 71 条分债权人和债务人两个方向，明确了债务清偿的方式，规则非常明确：仅限于通过拍卖、变卖、折价的方式。对债权人请求直接确认担保财产归属于债权人所有的，明确不支持。

三、《纪要》认可就已变动公示的财产优先受偿

《纪要》第 71 条第 2 款明确，如果完成了财产的权利变动方式，转让至债权人名下，在债务未予清偿时，可参照担保物权的规定，通过拍卖、变卖、折价优先偿债。

法理基础

一、让与担保的概念

让与担保是指债务人或者第三人（统称“担保人”或“转让人”）为担保债务的履行，将担保标的物的财产权（常为所有权但不限于所有权）转移于债权人（为行文方便，在部分章节亦称为“受让人”），而使债权人在不超过担保目的范围内取得标的物的财产权，待债务清偿后，标的物返还于担保人，在债务不履行时，债权人就该标的物受偿的一种非典型担保。《物权法》并未规定让与担保制度，但让与担保一直在担保实践中扮演重要角色，有学者认为其已成为习惯法上的物权。

让与担保与所有权转让以及典型担保物权的最大区别在于，让与担保存在“名实不符”的问题，其手段（转移所有权）大于目的（担保债权实现）：在内部关系上，当事人的真实意思是担保，债权人仅为担保权人，不得为担保目的之外的利用

和处分；在外部关系上，债权人具有所有权人的外观，当其处分标的物时构成无权处分，但相对人可依善意取得制度取得相应物权。

有学者提出，当事人关于债务人逾期不能清偿债务时将标的物转移给债权人的约定同样属于一种非典型担保物权，称为“后让与担保”。让与担保区别于后让与担保的关键点在于，在债务履行期届满之前，标的物所有权已发生转移。鉴于后让与担保并未以登记或交付的方式完成财产权利变动公示，其因欠缺公示而不能具有物权效力，仅属于“具有担保作用”的债权合同，不属于《纪要》规定的让与担保。

二、让与担保的合同效力

让与担保合同是当事人之间的真实意思表示，如无其他影响其效力的事由，应属有效。对此，实践中存在的两大误区：一是认为让与担保违反了物权法定原则，二是认为让与担保属于通谋虚伪表示。这两种观点都是错误的，应予澄清。

第一，让与担保合同不违反物权法定原则。让与担保并没有创设新的物权类型，也没有新设物权的内容，与物权法定原则并不冲突。基于“区分原则”，物权法定原则不影响让与担保合同的效力。最高人民法院多次指出，在非典型担保的合同效力认定方面，人民法院应依契约自由原则，只要不存在《合同法》第52条规定的情形，应当依法认定让与担保等新类型担保合同有效。[①]

第二，让与担保合同并非通谋虚伪表示。通谋虚伪表示是指当事人之间故意为不符真意的表示而隐藏他项法律行为，该意思表示因并非当事人真实意思而无效，当事人仅得主张隐藏的法律行为。但在让与担保中，尽管当事人转移所有权的意思旨在实现担保的经济目的，但该意思确系真正的效果意思，而非欠缺效果意思的虚伪表示。让与担保当事人恰恰希望其所表示的行为成立生效，借此当事人才可据以转移标的物所有权来担保债权的实现，与通谋虚伪表示存在根本差

---

① 王闯：《关于让与担保的司法态度及实务问题之解决》，载《人民司法·案例》2014年第16期。2018年张勇健法官在第一巡回法庭民商事审判工作座谈会上的讲话；《最高人民法院关于进一步加强金融审判工作的若干意见》（法发〔2017〕22号）第3条规定：“依法认定新类型担保的法律效力，拓宽中小微企业的融资担保方式。丰富和拓展中小微企业的融资担保方式，除符合合同法第五十二条规定的合同无效情形外，应当依法认定新类型担保合同有效；符合物权法有关担保物权的规定的，还应当依法认定其物权效力。”

异。[①] 因此,不能以让与担保属于通谋虚伪表示而认定其无效。

在让与担保合同有效的情形下,若债务人未清偿债务,担保人要求确认合同无效、返还标的物或者支付标的物转让款的诉讼请求,均不应得到法院支持。反之,若债务人已经清偿债务,则担保人要求返还标的物、变更登记的请求,应当得到支持。

三、让与担保与流质、流押禁止

让与担保按照行权方式可以分为两种类型:清算型让与担保和事前归属型让与担保。清算型让与担保,是指当担保的债权不能实现时,债权人不能当然获得标的物的所有权,而必须经由清算程序,就标的物折价、拍卖、变卖所得价款优先受偿。事前归属型让与担保是指,如果债权不能实现,债权人直接取得标的物所有权。

事前归属型让与担保构成流质(或流押)条款,我国物权法明确禁止流质流押,以避免债权人利用债务人之紧迫而滥用其优势地位,通过压低担保物价值的方式获取暴利,破坏公平、等价有偿原则。因此,《纪要》仅认可清算型让与担保,不认可事前归属型让与担保。让与担保合同如果约定债务人到期没有清偿债务,财产归债权人所有的,该部分约定无效。但是,流质条款无效不意味着整个让与担保合同全部归于无效,《民法总则》第 156 条和《合同法》第 56 条均规定合同部分无效,不影响其他部分效力的,其他部分仍然有效。流质条款无效后,不影响让与担保合同其他部分的效力。

流质条款无效后,担保物权的实现问题应依据无效法律行为转化理论予以解决。因违反流质、流押禁止而自始无效的内容转化为清算型让与担保,债权人须经清算程序方能实现受偿。

四、让与担保的物权效力

关于让与担保的法律构成,素有所有权构造说与担保权构造说之争。所有权构造说认为,让与担保转让的就是所有权,债权人取得的是完整意义上的所有权,只不过应受到内部信托行为的限制,不得为超过担保目的的处分。当债权人违反内部约定对外进行处分时,该处分行为属于有权处分,无论相对人是否知晓让与

---

① 姚辉、李付雷:《"理性他者"的依归——让与担保实践争议探源与启示》,载《中国人民大学学报》2018 年第 5 期。

担保的存在，均能取得标的物所有权，担保人仅得向债权人追究违约责任。担保权构造说认为，债权人仅享有一种担保物权，标的物的所有权仍由担保人享有，债权人虽为形式上的所有权人，但其超出担保目的对外处分标的物时，属于无权处分，相对人仅在满足善意取得构成要件时方能取得物权。《纪要》采纳了担保权构造说，让与担保中的债权人仅取得形式上的所有权，实质为担保权人，无权行使和处分担保目的之外的权能，真正的所有权仍属于担保人。

让与担保具有物权效力的前提是当事人已经完成财产权利变动公示，形式上已经将财产转让至债权人名下。具体而言，动产已经交付债权人，不动产或股权等已转移登记至债权人名下。让与担保的物权效力，是指参照适用"最相近的担保物权"的规定，债权人对担保标的物享有优先受偿权。以转移所有权的手段公示担保物权，虽然存在手段超过目的的问题，但依照"举重以明轻"的解释规则，将让与担保认定为担保物权并不损害外部第三人的信赖。此外，担保物权的物上代位性同样适用于让与担保。如果担保标的物毁损、灭失或被征收的，债权人可以就代位物优先受偿。

五、让与担保的实现方式

《纪要》仅认可清算型让与担保，当债务人到期没有清偿债务时，债权人不能直接取得担保标的物的完整所有权，而须参照法律关于担保物权的规定，通过清算方式实现优先受偿。债权人可以和担保人约定以担保标的物折价或者以拍卖、变卖所得价款优先受偿，也可以向人民法院提起诉讼，要求就担保标的物拍卖、变卖、折价所得价款优先受偿，还可以根据"实现担保物权"特别程序行使权利（该特别程序作为非诉程序，以不存在实质性争议为支持前提，但让与担保具有"名实不符"的天性，当事人对于法律关系性质往往都存在争议，实践中恐难以适用特别程序）。为了防止债权人以权利人身份行使所有权、怠于行权导致侵害担保人利益或者尽快取回担保标的物的剩余价值，担保人也可以主动请求对该财产拍卖、变卖、折价偿还所欠债权人合同项下债务。

裁判指引

一、让与担保的识别

（一）合同形式与交易实质

让与担保具有极大的灵活性和隐蔽性，且天然地偏向于债权人。为了规避让与担保的合法性争议和流质、流押禁止，当事人常常在签订借款合同后另行签订买卖合同，虽然买卖合同的真实目的在于担保借款合同的履行，但在交易外观上则表现为相互分离的两个合同。法院不能拘泥于当事人的表达形式，而需根据签订买卖合同时是否存在主债权、合同是否约定限制受让人行使财产权、财产转让是否附解除条件或回赎条件、该等条件与借款清偿是否存在对应关系等事实，判断当事人之间是否存在"担保意图"。无论交易外观如何，只要当事人通过"转让标的物的所有权来担保债权实现"，就应认定其构成让与担保，以避免出现类似于"并立合同"的判决结果，实质造成流质的后果，损害担保人利益。

（二）让与担保合同与以物抵债协议

《纪要》第 44 条第 1 款规定，当事人在债务履行期限届满后达成以物抵债协议，抵债物尚未交付债权人，债权人请求债务人交付，如不存在恶意损害第三人合法利益等情形，且无其他无效事由的，人民法院依法予以支持。该款规定的以物抵债协议和让与担保的区分关键在于债务履行期限。让与担保是在债务履行期届满前已经转移标的物所有权，因此存在违反流质流押禁止而无效的问题，必须通过清算程序平衡双方当事人利益。而在履行期届满后签订的以物抵债协议，一般不存在利益失衡问题，无须履行清算程序保护债务人。如果抵债物尚未交付债权人，债权人有权请求债务人履行以物抵债协议、转移抵债物的所有权；如果抵债物已经交付债权人，债权人直接享有抵债物的所有权。虽然让与担保合同签订在债务履行期届满前并已经事先转移标的物所有权，但等到债务履行期届满后，当事人可能会通过补充协议方式进行清算，约定以让与担保标的物抵偿债务，并约定"鉴于此前双方已经办理了所有权转让手续，双方一致同意该转让有效，不需要再次履行转让手续"。这种情形下，双方当事人在债务履行期届满后对于债务金额和标的物价值进行了清算，并就真实转让标的物的完整所有权达成合意，该等约定相当于将抵押物折价或者以物抵债协议，不存在流质问题，应当确认债权人实际取得标的物所有权。

《纪要》第 45 条规定，当事人在债务履行期届满前达成以物抵债协议，抵债物尚未交付债权人，债权人请求债务人交付的情形，不属于让与担保，债权人只能根据原债权债务关系提起诉讼。履行期届满前达成的以物抵债协议完全符合"后让与担保"的特征，因未完成权利变动公示而不具有担保优先受偿效力，因流质、流押禁止也不能要求实际履行、取得抵债物的所有权，该以物抵债协议仅具有债权效力。

二、案由与释明

在债权人作为原告起诉时,让与担保纠纷通常以买卖合同、股权转让合同等案由出现,债权人可能诉请要求确认对标的物享有所有权或者转移对标的物的占有。法院经审理如认为当事人之间属于让与担保法律关系,可以向原告释明,建议其变更诉讼请求,依照让与担保合同主张权利。原告拒绝变更的,人民法院可以判决驳回其诉讼请求。

在债务人作为原告起诉时,其可能要求确认买卖合同无效、可撤销或解除,可能要求债权人支付转让价款,也可能要求确认其与债权人之间属于让与担保法律关系、债权人不享有标的物所有权,并要求债权人返还标的物。法院经审理如认为当事人之间属于让与担保法律关系的,则可向被告释明:是否提起反诉,依照合同主张担保权利,就担保标的物清算受偿。

三、动产让与担保的公示方式与物权效力

当事人以动产设定让与担保时,如果担保人将动产移交给债权人占有,债权人基于占有的公示效力可以取得类似于动产质权的物权效力。如果当事人并未转移动产的占有,而是以占有改定方式转移所有权,或者债权人在取得占有后又将动产交付给担保人使用,在权利外观上仍由担保人占有标的物,此种让与担保是否具有物权效力?

《纪要》明确,应参照适用最相类似的担保物权规则处理让与担保。与未转移占有的动产让与担保最为接近的是动产抵押权。《物权法》第 188 条规定,动产抵押权自抵押合同生效时设立,未经登记,不得对抗善意第三人。据此推理,未转移占有的动产让与担保仍然具有优先受偿的物权效力,但未经登记,不得对抗善意相对人。

动产抵押和动产让与担保均系非转移占有型担保物权,两者功能相当。在《物权法》已经承认动产抵押并建立动产抵押登记簿的情形下,是否还有必要认可动产让与担保?对此,不无争议。《纪要》明确规定应当参照适用动产抵押规则来处理不转移占有的动产让与担保合同纠纷。但徒法不足以自行,在动产让与担保无法办理登记的情形下(目前来看,《动产抵押登记办法》显然不适用于动产让与担保,未来能否扩张适用,尚有待实践检验),债权人不能对抗善意第三人。

《物权法》第 188 条规定的"第三人",指的是对同一标的物享有物权的人,不

包括担保人的一般债权人，一般债权不能对抗未经登记的动产抵押权或动产让与担保。关于“善意”的标准，则有必要区分不同情形分别讨论：(1)如法律有特别规定，则应根据该特别规定判断第三人是否满足“善意”要件，以融资租赁为例(融资租赁实为让与担保的一种特殊形式)，《最高人民法院关于审理融资租赁合同纠纷案件适用法律问题的解释》第9条规定第三人在交易时“未在相应机构进行融资租赁交易查询”即不属于善意，不能善意取得租赁物的所有权或其他物权；(2)如法无特别规定，为了促进货物流通，交易安全，通常应优先于所有权人的利益，因此，不应对第三人的调查义务过分苛求，第三人基于对占有的公示效力，有理由相信担保人为有权处分，除非担保权人有证据证明第三人知道或者因重大过失而不知交易标的物为让与担保标的物；(3)同一动产先后负担让与担保和抵押权，或者先后负担让与担保和质权的，无须考虑在后的抵押权人/质权人是否知悉在先设立的让与担保，而是应当参照适用《纪要》第65条的规定，完全根据是否完成公示以及公示先后来确定清偿顺序；(4)在多重让与担保中，两个让与担保均未完成公示，但均已有效设立，在先设立的让与担保优先于在后设立的让与担保。

上述分析，均是建立在非转移占有型动产让与担保可以参照适用动产抵押权规则的基础之上的，但这一基础并非没有疑义。《〈全国法院民商事审判工作会议纪要〉理解与适用》就此问题仅提及交付是动产的公示方式，在参照适用时也仅将动产让与担保类比与动产质权，并没有提到动产抵押权。占有改定，是否属于完成权利变动公示的“交付”，前述分析结论是否符合《纪要》本意，尚存有不确定因素。

四、债权人能否自力清算

《纪要》规定债权人或债务人请求法院对财产拍卖、变卖、折价优先偿还债权的，人民法院应当予以支持。参照担保物权的规则，债权人也可以和担保人协商处置担保标的物。但是，债权人已经是担保标的物的名义权利人，其能否绕过担保人和法院，自行对担保标的物实施清算呢？

从立法目的来看，法律禁止流质、流押的目的在于防止债权人利用债务人的危困地位牟取暴利，因此需要清算程序来发现担保标的物的真实价值，通过“多退少补”寻求当事人之间的利益平衡。如此，只要债权人负有强制性的清算义务，无论清算程序是由法院主导、双方协商，还是由债权人自行主导，均可实现衡平当事人利益的立法目的，不能当然认为债权人主导的清算必然侵害担保人利益。

不同于典型担保物权,让与担保在债务履行期届满前已经转移标的物所有权,债权人有取得标的物所有权的期待,担保人亦有以标的物代物清偿的心理准备,让与担保的价值之一,即在于避免标的物变价的烦琐程序。[①] 因此,只要有公平合理的价值发现机制,应当认可让与担保中的债权人自力清算。

让与担保的清算可以分为归属清算和处分清算。归属清算是指债权人取得担保标的物完整意义上的所有权,但须在财产估值数额与担保债权数额之间进行清算,超过债权数额的部分应当支付给担保人;处分清算是指债权人将担保标的物变价处分,并以其价款优先受偿,剩余价款由担保人取得。如果合同约定了清算条款,无论约定的是归属清算还是处分清算,法院均应尊重当事人意思自治;如合同未作明确约定,考虑到《纪要》仅规定了处分清算,法院可能认为债权人不能直接取得标的物的所有权,而只能将标的物拍卖、变卖后以所得价款受偿。担保人有权对清算价值提出异议,如果存在显失公平情形的,担保人可以请求撤销,但不能仅以债权人自力清算为由否定担标的物转让的效力。

承认让与担保债权人的自力清算可以有效解释融资融券担保业务中的强制平仓问题。在融资融券担保业务中,投资者以证券担保对证券公司的债权,约定当担保物价值低于平仓线且投资者没有及时补充担保物时,证券公司可以直接将担保证券卖出,用以偿还投资人对自己的债务。证券公司在处分担保物时无须与投资人协商,也无须通过法院强制执行,否则证券公司将难以在价格瞬息万变的证券市场中有效控制风险。按照典型担保物权的权利实现规则,强制平仓是不被允许的,但借助让与担保制度,可以认为债务人事先将担保物的财产权让渡给了债权人,当发生约定的条件时,债权人可以自行处分担保物并从中受偿。[②]

五、让与担保的从属性

让与担保作为一种非典型担保,属于主合同的从合同,同样适用担保合同的从属性规则。担保期间,债权人将主债权转让给第三人的,担保人在原担保范围内继续承担担保责任(当事人另有约定的除外),债权人应将担保标的物的所有权转移给主债权的受让人;债务人转让债务的,应当取得担保人书面同意,未经担保人同意而转让债务的,让与担保合同终止,债权人应将担保标的物的所有权返还

---

① 谢在全:《民法物权论》,中国政法大学出版社 2011 年版,第 1104 页。

② 参见龙俊:《民法典物权编中让与担保制度的进路》,载《法学》2019 年第 1 期。

给担保人,担保人不再承担担保责任;主债权发生变更的,应当取得担保人书面同意,未经担保人同意,减轻债务的,担保人仍对变更后的债务承担担保责任,加重债务的,担保人对加重的部分不承担担保责任。

六、让与担保中的权利冲突

(一)让与担保和第三人善意取得

在让与担保的债权人以权利人名义处分标的物的情形中,将会出现担保人与第三人之间的权利冲突问题。我国台湾地区有观点认为,让与担保之标的物由债权人处分时,债权人在法律上系所有权人,故无论第三人是善意或恶意,第三人均取得标的物之所有权。[①] 但是,《纪要》明确规定让与担保的债权人仅享有担保物权,并非所有权人或股东,其对担保标的物的处分属于无权处分,故应适用善意取得制度处理权利冲突问题。

基于登记或占有的权利推定效力,法院应当推定第三人系善意,若已完成变更登记或交付,则第三人可善意取得相应物权,这也正是担保人在让与担保模式中所面临的固有风险。第三人善意的推定可由担保人举证推翻,如果担保人有证据证明第三人明知或因重大过失而不知标的物上存在让与担保负担仍继续从债权人处受让标的物,则第三人不属于善意相对人,不能取得物权。

(二)转让人的其他债权人能否执行担保标的物

按照《纪要》精神,让与担保中的受让人仅为形式上的所有权人,其实质享有的是担保物权,所有权仍归属于转让人。据此推理,对转让人享有债权的其他债权人可以执行担保标的物,但应当为受让人预留优先受偿份额。

上述结论在理论上固然成立,但因让与担保具有天然的隐蔽性,转让人的其他债权人要证明登记为所有权人的受让人实际仅为担保权人,存在较大难度。立足于"审执分离"原则,执行法院原则上坚持形式审查,《最高人民法院关于人民法院民事执行中查封、扣押、冻结财产的规定》第 2 条规定"人民法院可以查封、扣押、冻结被执行人占有的动产、登记在被执行人名下的不动产、特定动产及其他财产权",《最高人民法院关于人民法院办理执行异议和复议案件若干问题的规定》也规定"不动产的权属应当根据不动产登记簿上的记载内容进行判断"。在不动产或股权已经办理转移登记、动产已经交付的让与担保中,未经实体审理程序,即

---

① 谢在全:《民法物权论》(下册),中国政法大学出版社 2011 年版,第 1115 页。

便债权人提供了相应证据证明受让人实为担保权人,法院也不应在执行程序中直接认定担保标的物属于转让人的责任财产进而予以强制执行。

转让人的其他债权人若要实现对担保标的物的执行,除非受让人书面确认该财产属于转让人,否则原则上应当经由审判程序确认转让人与受让人之间构成让与担保法律关系。如果转让人与受让人已就让与担保合同提起诉讼且生效裁判认定双方之间属于让与担保关系的,转让人的其他债权人可以据此要求执行担保标的物;如果让与担保当事人并未进入诉讼,由于《合同法》第73条规定的债权人可以代位行使的权利仅限于到期债权,转让人的债权人无法通过代位权诉讼确认担保标的物属于转让人的责任财产,也就无法执行担保标的物。不过,在受让人已通过折价或归属清算而取得完整所有权的情况下,如果转让人的债权人认为转让人和受让人恶意串通逃废债务或者以明显不合理低价转让财产的,可以根据《合同法》第52条要求确认转让行为无效,或者依据《合同法》第74条行使债权人撤销权。

笔者倾向于认为,通过转移所有权的方式防止担保人处分标的物、免受担保人之其他债权人的追及,是当事人选择让与担保模式的重要原因之一。虽然《纪要》要求参照适用典型担保物权规则处理让与担保,但二者在权利外观上毕竟存在重大差异,为保护让与担保制度的生命力,原则上不应允许转让人的债权人执行登记在受让人名下或由受让人占有的担保标的物。

(三)受让人的一般债权人能否执行担保标的物

因受让人是担保标的物名义上的权利人,对受让人享有债权的债权人可能请求人民法院查封、执行担保标的物。在此种情形中,转让人作为实际权利人,可以根据《民事诉讼法》第227条提起执行异议以及后续的执行异议之诉。转让人的权利能否阻却一般债权人的强制执行,理论和实务中素有争议。

1. 代表性裁判观点

就最高人民法院的相关判决而言,也存在不同的裁判观点。例如,(2017)最高法民终100号民事判决认为,根据公示公信原则,对股权的强制执行,涉及内部关系,基于当事人的意思自治来解决,涉及外部关系的,根据工商登记来处理。经过公示体现出来的权利外观,导致第三人对该权利外观产生信赖,即使真实状况与第三人信赖不符,只要第三人的信赖合理,第三人的信赖利益就应当受到法律的优先保护。优先保护,是指在股权的实际出资人与公示出来的登记股东不符的情况下,法律优先保护信赖公示的与登记股东进行交易的善意第三人及登记股东的债权人，实际出资人不能对抗登记股东的债权人对该债权申请强制执行。

(2015)民申字第2381号民事裁定则针锋相对地认为，申请执行人并非针对名义股东名下的股权从事交易，仅仅因为债务纠纷而寻找名义股东的财产还债，并无信赖利益保护的需要，若适用商事外观主义原则，将属于实际出资人的股权用以清偿名义股东的债务，将严重侵犯实际出资人的合法权利。

(2019)最高法民再45号民事判决提出，应当根据权利形成的先后时间认定优先顺序，如果代为持股形成在先，则根据商事外观主义，登记股东的债权人权利应当更为优先地得到保护；如果债权形成在先，则没有商事外观主义的适用条件，隐名股东的实际权利应当得到更为优先的保护。

2.《纪要》倾向与学者观点

上述观点都有一定道理，但值得注意的是，纪要特别强调“实际权利人与名义权利人的关系，应注重财产的实质归属，而不单纯地取决于公示外观。审判实务中要准确把握外观主义的适用边界，避免泛化和滥用”。崔建远教授提出，“执行申请人指认的拟执行标的是归属于被执行人所有还是归属于第三人，不应运用外观主义，而应遵循实事求是的原则，只要有充分、确凿的证据证明拟执行的财产不属于被执行人而属于第三人，该第三人就有权对抗强制执行”。① 根据上述精神，法院有可能认为强制执行不属于交易领域，受让人的一般债权人不属于外观主义的保护对象，因此，转让人对标的物享有的实际权利可以排除受让人之一般债权人的强制执行。

3. 笔者立场

笔者认为，转让人不享有排除受让人之债权人强制执行的实体权利。主要理由有4点。第一，商事外观主义着眼于整个商事交易的安全、效率，而非拘泥于某一个具体交易之中。从维护商事活动高效稳定展开的角度，对让与担保此种“名实不符”的现象应当予以谨慎抑制。第二，从比较法来看，日本和法国都将强制执行债权人作为不可对抗的第三人，善意债权人和司法执行机构的信赖利益同样需要保护。第三，商事外观主义的正当性基础在于实际权利人的可归责性，实际权利人既然选择隐名，就应当承担因此带来的风险，这也符合风险与收益同在的基本商事判断法则。第四，在让与担保安排中，不允许转让人排除受让人之债权人的强制执行，实际上并不会损害转让人利益，这与股权代持情形不完全相同。受

---

① 崔建远：《论外观主义的运用边界》，载《清华法学》2019年第5期。

让人的债权人强制执行担保标的物之后，转让人对受让人取得损害赔偿债权，而转让人在担保法律关系项下又对受让人负有债务，转让人可以主张债务抵销，从而直接免除己方的还款责任，得到周延的保护。

七、担保人破产时的债权人地位

在担保人破产场合，债权人在破产程序中享有的是取回权还是别除权，是所有权构成说与担保权构成说的主要分歧之一。《纪要》已明确完成权利变动公示的让与担保应当参照适用最相近的担保物权规则，在担保人破产的情形下，债权人基于让与担保享有的是别除权，有权对担保标的物优先受偿。

八、股权让与担保的特殊问题

与动产、不动产的让与担保仅涉及财产权利不同，股权因为兼具财产权和成员权的双重属性，股权让与担保的受让人（债权人）权利内容更具复杂性，有必要特别分析。

（一）债权人与担保人的内部关系

在债权人与担保人的内部关系中，股权让与担保与不动产让与担保并无区别。一方面，股权让与担保有效，在债务全部清偿前，担保人不能要求返还标的股权；另一方面，债权人只是名义股东，不享有实质上的股东权利，仅就标的股权变价后的股权价值享有优先受偿权，且债权人必须经由清算程序受偿，不能于债务不履行时直接取得完整意义上的股权。若当事人对于债权人行使股东权利作出明确限制，债权人应受合同约束；即便当事人对于债权人行使股东权利未作出明确约定，法院亦应认定债权人不能超出担保目的行使股东权利。“最高人民法院民二庭第 4 次法官会议纪要”指出：名义上的股权受让人对变价后的股权价值享有优先受偿权，但原则上无权对股权进行使用收益，不能享有《公司法》规定的股东所享有的参与决策、选任管理者、分取红利的权利[①]。

担保人作为实际股东仍然有权行使股东权利，但在股权变更登记后，担保人行使股权有赖于名义股东的配合。如担保人行使股权的行为足以损害股权价值的，参照适用《物权法》第 193 条的规定，债权人有权要求担保人停止其行为，有权

---

① 贺小荣主编：《最高人民法院民事审判第二庭法官会议纪要》，人民法院出版社 2018 年版，第 27 ~ 38 页。

拒绝配合;如债权人未经担保人同意擅自行使股权导致股权价值减少的,参照适用《物权法》第214条规定,债权人应当承担赔偿责任。

(二)受让人与公司的外部关系

在受让人与公司及其他股东的外部关系中,债权人可否行使股东权利,取决于让与担保事项是否为公司及其他股东所知晓。有限责任公司股权转让的,其他股东享有优先受偿权,因此转让人与受让人进行股权让与担保操作时,通常会向公司及其他股东披露让与担保的真实意思。如果公司及其他股东知道名为股权转让、实为股权让与担保,即便股东名册进行了记载、工商进行了变更登记,受让人仍然不具备股东资格,不能享有股东权利,受让人仅为担保权人。如果受让人要求确认股东资格,或要求行使知情权、表决权、分红权等股东权利,人民法院不应予以支持。

反之,如果转让人并未将股权让与担保的实情向公司及其他股东披露,只是披露其为股权转让,公司及其他股东的信赖应当得到保护。一旦受让人在股东名册中进行了记载、办理了工商变更登记,即使当事人的真实意思是股权让与担保,依然推定受让人可以行使股东权利,包括财产权和成员权。但是,此种推定可由公司、其他股东、转让人举反证以推翻,一旦披露了真实情况,受让人不能行使股东权利。

(三)受让人与外部第三人的关系

关于受让人以股东身份处分股权而引发的第三人善意取得问题,受让人的债权人执行标的股权而引发的担保人执行异议问题,上文已作讨论,股权让与担保相较于不动产让与担保并无特殊之处,故不再赘述。

九、后让与担保的效力

后让与担保在实践中的常见形态是“以买卖合同担保借款合同”,即双方先后签订借款合同和买卖合同,买卖合同的价款与借贷本息数额相当,约定如果借款期满无法偿还,则双方履行买卖合同,借款转化为买卖价款。后让与担保与传统让与担保的区别在于:在传统让与担保中,在交易伊始所有权就完成了转移,是以所有权担保债权的实现;而在后让与担保中,所有权并未发生转移,是以买卖合同担保借款合同,直到债务人到期不清偿债务时,才履行买卖合同。

(一)后让与担保与流质条款

在后让与担保中,出借人能否在借款逾期后要求履行买卖合同、转移财产所有权，司法实践中存在不同观点，争议焦点即在于该交易安排是否构成“流质契约”。在债务履行期届满前签订买卖合同，约定债务到期无法偿还时履行买卖合同、转移标的物所有权，其实质属于流质条款。在已完成所有权移转的传统让与担保中，债权人作为形式上的权利人，尚且不能要求确认财产直接归其所有，而必须经由清算程序实现优先受偿权，按照“举重以明轻”的解释规则，在所有权并未移转的后让与担保中，债权人要求履行买卖合同、移转所有权的诉讼请求，明显违反流质流押禁止的强制性规范，更不能得到支持。

对此，《民间借贷司法解释》第24条第1款规定：“当事人以签订买卖合同作为民间借贷合同的担保，借款到期后借款人不能还款，出借人请求履行买卖合同的，人民法院应当按照民间借贷法律关系审理，并向当事人释明变更诉讼请求。当事人拒绝变更的，人民法院裁定驳回起诉。”

（二）预告登记作为后让与担保的公示要件

根据《纪要》第71条的规定，让与担保只有在完成权利变动公示的前提下才具有优先受偿的物权效力，后让与担保并未实际转移标的物所有权，因此不具有物权效力。实践中当事人有时会采用“预告登记”实现公示，预告登记能否使得后让与担保具有物权效力？

有判决认为，对于以买卖形式用来担保的房屋已经进行预告登记的，应当视为已经进行了物权公示，如未进行物权公示，该担保行为不能对抗善意第三人。对于后让与担保，担保人履行承诺的担保责任时，须对担保物进行清算，债权人有权就清算价款优先受偿，办理了预告登记的后让与担保能够取得对抗一般债权人的物权效力。①

笔者亦认同上述裁判观点，在已办理预告登记实现公示的情形下，第三人的信赖利益已得到保护，当事人以签订买卖合同为借款合同提供担保的，债权人可以优先于普通债权人受偿。不过，《物权法》第20条规定，“预告登记后，债权消灭或者自能够进行不动产登记之日起三个月内未申请登记的，预告登记失效”，因此，我国的预告登记制度在可以进行本登记的前提下存在3个月的权利失效期间，对于担保期间超过3个月的后让与担保，预告登记起不到公示作用。

---

① 宁波市中级人民法院(2013)浙甬商终字第447号民事判决，黑龙江省高级人民法院(2015)黑高商终字第74号民事判决，黑龙江省高级人民法院(2014)黑高商终字第37号民事判决。

(三)未公示的后让与担保的效力

在以买卖合同担保借款合同的交易中,因流质、流押禁止,债权人不能要求履行买卖合同、不能直接取得标的物所有权;因缺乏权利变动公示,后让与担保的债权人亦不能取得优先于其他权利人受偿的物权效力,但这并不意味着后让与担保不发生任何效力。

虽然不经清算而直接转移所有权的内容因构成流质条款而无效,但债务人或第三人愿意以标的物为债权提供担保的意思表示是真实的,应当认定担保意思表示的效力,双方之间成立有效的非典型担保合同。

如果担保标的物是不动产或者以登记作为质权设立要件的权利(股权、应收账款、有价证券等),因担保标的物并未转移登记、未完成权利变动公示,债权人不享有优先受偿的物权效力,不得对抗担保合同当事人之外的第三人。在担保人是第三人的情形下,担保人应以标的财产价值为限向债权人承担清偿责任;若担保人是债务人,则担保合同无实际意义。

如果担保标的物是动产,该动产既未交付也未办理登记的,则参照适用动产抵押权的规定,担保人有权以该动产折价、变卖或拍卖所得价款清偿债务,但不得对抗善意第三人。

律师指引

一、关于让与担保的举证要点

双方之间究竟成立何种法律关系,这是诉讼需要解决的第一个焦点问题。通常情况下,债权人都不会主动披露案涉法律关系属于让与担保法律关系,而是主张双方之间系独立的买卖合同或权利转让合同,担保人负有证明双方属于让与担保法律关系的举证责任。

作为一种名实不符的交易模式,让与担保天然地具有隐蔽性和灵活性,因此担保人需要尽可能多地搜集证据,用以证明双方达成的真实合意是"以标的物所有权担保债权实现",包括但不限于:在买卖合同之外双方还存在主债权债务合同,该主合同项下的债务金额与买卖合同价款相当,买卖合同中存在诸如"为保障尽快收回欠款"或"保证债权的安全和实现"等能够体现担保意思的条款,合同中存在不符合典型买卖法律关系特征的特殊约定(如受让人行使权利受到限制、转让人有权以清偿债务的方式赎回标的物或解除买卖合同等),双方关于让与担保的磋商记录,双方曾开展让与担保的交易惯例,股权变更登记后转让人仍能行使决策权等股东权利且受让人予以配合的记录，当事人曾向其他人披露让与担保事项的记录，利害关系人（如公司其他股东）关于双方实为让与担保关系的证言，等等。

二、关于是否完成公示的论证重点

不动产或股权已完成变更登记、动产已现实交付的情形下，让与担保的债权人可基于公示享有优先受偿权，在《纪要》出台后，这在诉讼中应不会存在较大争议。但在未转移占有的动产让与担保，以及以预告登记进行公示的房屋让与担保中，当事人是否完成了足以产生物权效力的公示，债权人是否享有优先受偿权，很可能会成为双方争议的焦点。《纪要》对此并无明确规定，参照适用典型担保物权规则的边界亦不清晰，律师应当回到法理基础，探求法律要求物权公示的立法目的，在此基础上论证案涉公示手段是否已达到保护外部第三人信赖利益的目的，赋予案涉让与担保以优先受偿效力是否会构成对物权法定原则的违反，以期说服法官。

三、关于权利冲突场合中的论证重点

由于让与担保存在“形式上转让所有权，实质为担保”的名实不符特性，围绕担保标的物，转让人（实际权利人）、受让人（名义权利人）、一般债权人以及交易相对人之间很可能发生权利冲突。在此种场合中，究竟应当优先保护谁的利益，目前仍然存在很大争议，诉辩双方均能找到支持己方立场的案例和理由。

为有效说服法官，律师的论证重点不能放在案例检索和裁判观点整理，而是应当探究外观主义的适用范围和内在机理，而且还要充分考虑让与担保的特殊性，以及由此带来的风险分配后果和利益格局。当事人明知让与担保安排存在“手段大于目的”的内外有别问题，担保人在交易伊始即应当预见到名义权利人（债权人）可能擅自处分标的物以及名义权利人的债权人可能执行担保标的物，其既已同意并配合完成所有权的形式转让，就应自行承受风险。

法务指引

一、在合同中明确约定清算条款

如果合同约定债务人到期没有清偿债务，财产归债权人所有的，该部分约定将会因违反流质流押禁止而被法院认定为无效，债权人只能通过请求法院折价、

拍卖、变卖的方式实现受偿。如果合同对于清算方式未作约定,法院也很可能认为债权人只能通过向法院起诉或者与担保人协商的方式将担保物折价、拍卖、变卖。因此,为了自行主导清算程序、避免清算程序因对方不配合及诉讼流程而陷入拖延,建议债权人在合同中明确约定清算条款。债权人可以约定,当债务不履行时,债权人有权以标的物抵偿担保债权,前提是债权人通过评估或者公开询价等方式(根据实际需要约定)确定标的物价值,并就担保物价值和债权额之间的差额进行清算,若担保物价值高于债权金额的,债权人将余额返还给担保人,若担保物价值低于债权金额的,债权人有权继续追索未受清偿部分。债权人也可以约定,在债务人到期不履行债务时,债权人有权将担保标的物出卖,并以价款优先受偿。

作为担保人,为了保护自身利益不会因债权人主导清算程序而受到损害,可以要求在合同中约定自身对清算程序的参与权和决定权,例如,评估机构须由双方共同选定,评估结果须双方共同确认,担保人及债务人有权通过清偿与担保物价值相当的欠款以取回担保物所有权,对此债权人不得拒绝。

二、在合同中明确债权人的权利限制

在让与担保中,债权人实质上仅享有担保权,不得为担保目的之外的处分。但是,究竟哪些属于担保目的之外,容易引起争议。建议当事人在合同中明确约定双方的权利配置,在兼具财产权和成员权的股权让与担保中,尤其有必要明确受让人作为名义股东所能行使的权利,同时明确约定名义股东有义务配合实际股东行使股东权利。

三、明确当事人违反约定处分担保物时应支付违约金

在担保标的物的财产权登记在债权人名下或由债权人占有时,债权人有可能违反约定对担保物进行处分,基于登记或占有的权利推定效力,相对人极有可能善意取得相应物权,从而导致让与担保安排落空。对此,建议当事人在合同中明确约定相应的违约金条款,以降低法律风险。

四、明确约定担保物的风险负担

在让与担保安排中,担保物的财产权已经转移给债权人,按照一般法理,担保物的灭失风险归于所有权人即债权人。但是,让与担保中的债权人实际仅享有担

保权，并不是所有权人，因此，应当由真正的所有权人即担保人承担担保物灭失风险。如果担保物灭失，并不导致债权人享有的债权因此而消灭或抵销，债权人仍有权就债务人的一般责任财产受偿。当然，如果债权人对担保物灭失负有过错，应当向担保人承担侵权损害赔偿责任。鉴于让与担保的相关规则仍十分粗疏，为避免将来发生争议，建议当事人在合同中对于风险负担进行明确约定。

五、注意留存沟通记录，对外披露让与担保安排

在担保物价值高于债权金额的情形下，担保人面临的最大风险是法院不认为双方当事人之间属于让与担保法律关系，而是认为双方单独成立买卖合同关系，受让人已经取得标的物所有权，或者有权要求继续履行买卖合同、转让标的物所有权。为尽量规避该等风险，一方面，担保人要争取在合同中明确约定能够体现担保意思的合同条款；另一方面，担保人要在双方发生争议前，注意收集和留存能否反映双方真实意思表示是以买卖担保债权实现的相关沟通记录，同时可以对外披露让与担保安排。

要案索引

[案例1]修水县巨通投资控股有限公司（以下简称修水巨通）、福建省稀有稀土（集团）有限公司（以下简称稀土公司）合同纠纷案

[案号]（2018）最高法民终119号

[裁判要旨]股权让与担保不因存在法律手段超越经济目的而等同于通谋虚伪的意思表示而无效。股权变更登记仅具有让与担保设定中的权利转移外观，是否享有完整意义上的股权，尚待所担保债权的清偿状态以及让与担保的实现方式而确定。让与担保有归属清算和处分清算两种实现方式，具体采取何种实现方式，可由当事人依意思表示一致选择。

[案情概要]中铁信托有限责任公司（以下简称中铁公司）向修水巨通提供借款，由稀土公司提供48%股权质押和连带责任保证。修水巨通将其在江西巨通中的48%股权转让给稀土公司，并已完成股权变更登记。《股权转让协议》约定，本协议项目的股权转让是附解除条件的股权转让，如解除条件全部具备的（修水巨通向中铁公司清偿了一切债务、未发生稀土公司须承担担保责任的情形、修水巨通向稀土公司足额支付担保费），双方均有权要求解除本协议，将目标股权恢复至本协议生效之前的状态。

[裁判观点]案涉《股权转让协议》在性质上应认定为让与担保。理由是：(1)稀土公司与修水巨通之间存在债权债务关系；(2)债务人修水巨通与债权人稀土公司之间具有转让案涉股权的外观；(3)案涉股权虽已变更登记至稀土公司名下，但该转让系以担保债权实现为目的，稀土公司作为名义上的股权受让人，其权利范围不同于完整意义上的股东权利，受担保目的等诸多限制。综上，《股权转让协议》在转让目的、交易结构以及股东权利等方面，均具有不同于单纯的股权转让的特点，其权利义务内容及实际履行情况，符合让与担保的基本架构，系以股权转让的方式实现担保债权的目的，其性质应认定为股权让与担保。

对让与担保效力的质疑，多集中在违反物权法定原则、虚伪意思表示和回避流质契约条款之上。(1)关于违反物权法定原则的质疑，已在物权法定原则的立法本意以及习惯法层面上得以解释，前述《民间借贷司法解释》第24条的规定，即属对让与担保的肯定和承认；而回避流质契约条款可能发生的不当后果，亦可为让与担保实现时清算条款的约定或强制清算义务的设定所避免。(2)《合同法》第52条并未将单纯的通谋虚伪意思表示列为合同无效的法定情形。(3)根据《民法总则》第146条的规定，如当事人之间存在通谋的虚假意思表示，基于该虚假意思表示实施的民事法律行为应为无效。在让与担保中，债务人为担保其债务将担保物的权利转移给债权人，使债权人在不超过担保目的的范围内取得担保物的权利，是出于真正的效果意思而做出的意思表示。尽管其中存在法律手段超越经济目的的问题，但与前述禁止性规定中以虚假的意思表示隐藏其他法律行为的做法，明显不同，不应因此而无效。

案涉股权虽已变更登记，但此时的变更登记仅具让与担保设定中的权利转移外观，无论依据《股权转让协议》的约定抑或让与担保制度的基本原理，稀土公司是否享有完整意义上的股权，尚待所担保债权的清偿状态以及让与担保的实现方式而确定。让与担保有归属清算和处分清算两种实现方式，具体采取何种实现方式，可由当事人依意思表示一致选择。《股权转让协议》约定，若未依约清偿债务、解除条件未满足的，稀土公司有权选择实际受让全部或部分目标股权，并指定资产评估机构对目标股权价值进行评估，从而确定股权转让价款，按多退少补的原则支付差额，属于归属清算。借款合同履行期间届满后，修水巨通无力偿还债务，稀土公司在有权并已实际决定受让全部目标股权，并依约指定资产评估机构出具《评估报告》、对股权价值进行了评估的基础上，能够取得修水巨通48%的股权。

［案例 2］黑龙江闽成投资集团有限公司（以下简称闽成公司）、西林钢铁集团有限公司（以下简称西钢公司）民间借贷纠纷案

［案号］（2019）最高法民终 133 号

［裁判要旨］将作为担保财产的股权变更登记到担保权人名下的股权让与担保中，担保权人形式上已经是作为担保标的物的股份的持有者，其就作为担保的股权享有优先受偿的权利，原则上具有对抗第三人的物权效力。

［案情概要］2013 年 5 月以来，刘志平与西钢公司签订多份《借款合同》；2014 年 6 月 14 日，西钢公司（甲方）与刘志平（乙方）签订《股权转让协议》，约定甲方将其持有逊克县翠宏山矿业有限公司（以下简称翠宏山公司）64% 股权转让给乙方，以保证乙方债权的安全和实现，甲方应积极筹措资金偿还乙方借款，每偿还一笔借款，按还款数额相应核减乙方的持股比例，全部还清时，乙方应将受让的翠宏山公司的股权份额全部转回甲方或甲方指定的公司，并配合甲方办理工商变更登记手续。协议签订后，双方办理了工商变更登记手续。刘志平认可案涉借款的实际权利人均为闽成公司，闽成公司有权向西钢公司主张权利。

［裁判观点］双方签订股权转让协议的目的是以股权转让形式保证刘志平债权的实现，担保西钢公司按协议约定偿还借款。《协议书》《补充协议书》约定将西钢公司名下翠宏山公司的股权变更至刘志平名下，并非真正的股权转让，而是将翠宏山公司的股权作为对刘志平债权实现的非典型担保，即让与担保。有关让与担保的约定内容真实、自愿、合法，不具有合同无效情形，应为有效合同。

《民法总则》第 146 条规定，行为人与相对人以虚假的意思表示实施的民事法律行为无效。以虚假的意思表示隐藏的民事法律行为的效力，依照有关法律规定处理。是否为“以虚假的意思表示实施的民事法律行为”，应当结合当事人在主合同即借款合同和从合同即让与担保合同中作出的真实意思表示，统筹作出判断。翠宏山公司股权转让至闽成公司代持股人刘志平名下是为西钢公司向闽成公司的巨额借款提供担保，而非设立股权转让民事关系。对此，债权人、债务人明知。从这一角度来看，债权人、债务人的真实意思是以向债权人转让翠宏山公司股权的形式为债权实现提供担保，“显现的”是转让股权，“隐藏的”是为借款提供担保而非股权转让，均为让与担保既有法律特征的有机组成部分，均是债权人、债务人的真实意思，该意思表示不存在不真实或不一致的瑕疵，也未违反法律、行政法规的效力性强制性规定。

西钢公司上诉主张，以翠宏山公司股权设定的让与担保违反物权法定及物权公示原则，违反法律禁止流押、流质的规定。法院认为：(1)根据物权和债权区分原则，物权法定原则并不能否定上述合同的效力，即使股权让与担保不具有物权效力，股权让与担保合同也不必然无效。(2)让与担保虽非《物权法》等法律规定的有名担保，但属在法理及司法实践中得到广泛确认的非典型担保。《物权法》第186条有关"抵押权人在债务履行期届满前，不得与抵押人约定债务人不履行到期债务时抵押财产归债权人所有"的规定及第211条有关"质权人在债务履行期届满前，不得与出质人约定债务人不履行到期债务时质押财产归债权人所有"的规定，禁止流押、禁止流质，旨在避免债权人乘债务人之危而滥用其优势地位，压低担保物价值，谋取不当利益。如约定担保权人负有清算义务，当债务人不履行债务时，担保权人并非当然取得担保物所有权时，并不存在流押、流质的问题。《补充协议书》约定，如西钢公司不能还清债务，"乙方有权对外出售股权，出售价格以评估价格为基础下浮不超过10%；出售股权比例变现的额度，不得超过未清偿借款本息。"可见，西钢公司与刘志平就以翠宏山公司64%股权设定的让与担保，股权出售价格应以"评估价格为基础下浮不超过10%"的清算方式变现。故上述约定不违反禁止流质、流押的法律规定，应当认定为有效。

双方实质争议焦点在于：以翠宏山公司64%股权设定的让与担保是否具有物权效力，让与担保权人是否可因此取得就该股权价值优先受偿的权利。《最高人民法院关于进一步加强金融审判工作的若干意见》第3条规定，依法认定新类型担保的法律效力，扩宽中小微企业的融资担保方式。除符合《合同法》第52条规定的合同无效情形外，应当依法认定新类型担保合同有效；符合物权法有关担保物权规定的，还应当依法认定其物权效力。对于前述股权让与担保是否具有物权效力，应以是否已按照物权公示原则进行公示，作为核心判断标准。本案讼争让与担保中，担保标的物为翠宏山公司股权。《公司法》第32条第2款规定，公司应当将股东的姓名或者名称向公司登记机关登记；登记事项发生变更的，应当办理变更登记。未经登记或者变更登记的，不得对抗第三人。可见，公司登记机关变更登记为公司股权变更的公示方式。《物权法》第208条第1款、第226条第1款及第229条规定，在股权质押中，质权人可就已办理出质登记的股权优先受偿。举轻以明重，在已将作为担保财产的股权变更登记到担保权人名下的股权让与担保中，担保权人形式上已经是作为担保标的物的股份的持有者，其就作为担保的股权享有优先受偿的权利，更应受到保护，原则上具有对抗第三人的物权效力。这也正是股权让与担保的核心价值所在。

案涉《协议书》约定以翠宏山公司股权设定让与担保，债权人闽成公司代持股人刘志平和债务人西钢公司已依约办妥公司股东变更登记，形式上刘志平成为该股权的受让人。因此，刘志平依约享有的担保物权优于一般债权，具有对抗西钢公司其他一般债权人的物权效力。故闽成公司主张刘志平享有就翠宏山公司64%股权优先受偿的权利，应予支持。

［案例3］上海家树建筑工程有限公司（以下简称家树公司）、李伟第三人撤销之诉

［案号］（2017）最高法民再154号

［裁判要旨］民间借贷法律关系下，清偿期届满前的以房抵债协议因流押禁止而不能取得物权。借贷关系债权人基于上述协议所享有的就标的物拍卖价款受偿的权利系债权而不得对抗相应的工程价款优先受偿权。

［案情概要］在《借款协议》签订后，昆山领地置业发展有限公司（以下简称昆山置业公司）与李伟委托的李鹏等9人签订购房合同，作为对高远控股有限公司（以下简称高远公司）向李伟借款的担保，《商品房购销合同》在昆山市住房和城乡建设局办理了网签备案。后高远公司、李伟、昆山置业公司签订《补充协议》，约定昆山置业公司同意将32套房屋抵债给李伟或其指定的人。后苏州市中级人民法院将昆山置业公司的财产查封，包括涉案的32套房屋，昆山置业公司未能将案涉房屋过户到李伟指定的人名下，也未将房屋交付给李伟。李伟起诉要求确认案涉32套房屋归其所有，并要求昆山置业公司协助办理房屋过户手续，法院作出22号判决支持李伟的诉讼请求。家树公司作为案涉房地产项目的总承包方，生效判决已确认其对案涉建筑物享有优先受偿权。在执行过程中发现案涉32套房屋已被法院判决归李伟所有、无法执行，提起第三人撤销之诉。

［裁判观点］一、关于案由

1. 在《借款协议》签订后，李伟与昆山置业公司、高远公司商定由昆山置业公司与李伟委托的李鹏等9人签订购房合同对案涉借款进行担保。为此，昆山置业公司与李鹏等9人签订了案涉32套房屋的《昆山市商品房购销合同》，并在有关部门办理了网签备案。因此，案涉当事人签订商品房购销合同的真实意思并非是一方支付购房款，另一方取得房屋所有权，而是通过签订购房合同并进行网签备案的方式，以该32套房屋为李伟出借给高远公司的案涉2200万元借款提供担保。高远公司、昆山置业公司与李伟之间系民间借贷法律关系，而非商品房买卖合同关系。

2. 虽然之后李伟、高远公司、昆山置业公司签订了《补充协议》，约定以案涉32套房屋抵偿高远公司欠付李伟债务本金及利息共计2572.5万元，但该《补充协议》签订时，案涉借款尚未到清偿期，双方约定用以抵债的房屋仍为高远公司、昆山置业公司就案涉2200万元借款提供担保的32套房屋，约定抵偿的亦是高远公司所欠李伟的案涉借款本息，并以2013年3月22日即借款到期日作为昆山置业公司或高远公司保有房屋回购权的截止日期。

3. 协议中虽然约定在3个月内为李伟办理32套房屋产权过户手续，但同时约定昆山置业公司或高远公司有权在借款到期日前以2572.5万元回购该房产。该约定内容表明案涉房屋所有权是否能够实际转移给李伟系以李伟的案涉借款本息是否在借款到期日前得以清偿为前提。

4. 上述《补充协议》内容充分表明李伟与高远公司、昆山置业公司并非是对到期未获清偿的借款进行协商清偿过程中达成的以房抵债协议，双方签订该《补充协议》的真实意思仍是以案涉32套房屋保障李伟的债权利益为目的。该《补充协议》仍为借款担保合同性质，双方之间仍系民间借贷法律关系，并未因此形成以房抵债法律关系。

二、关于优先受偿权

根据《补充协议》的安排，双方系以在借款到期前由昆山置业公司让与房屋所有权及保有回购权的方式为李伟的借款提供担保。基于物权法定原则，因双方没有按照法定担保方式设立担保物权，双方合同约定内容不能产生物权效力。而双方约定的李伟在借款到期本息未获清偿的情形下基于约定回购权的丧失而得以直接取得案涉32套房屋所有权，亦显然属于在债务不能清偿的情形下直接由债权人取得担保物所有权的约定，系我国法律明确禁止的应认定为无效的流押情形。据此，22号民事判决将案涉《补充协议》认定为以房抵债协议，并以高远公司及昆山置业公司没有能够在2013年3月22日之前偿还借款本息丧失了回购权，以及以李伟指定的李鹏等9人基于担保目的签订的购房合同已经办理网签备案手续等为由，认定案涉32套房屋权属已经发生转移，据此作出的案涉32套房屋归李伟所有，昆山置业公司等应协助办理产权过户登记手续的判决内容错误。

关于22号民事判决错误内容是否损害家树公司民事权益的问题。家树公司系昆山置业公司开发的枫丹御园一期、二期工程的总承包方，其施工建造的枫丹御园工程包括案涉32套房屋，家树公司享有工程价款优先受偿权。如前所述，李伟对双方约定用以担保的案涉32套房屋不享有担保物权，其仅有权基于与昆山置业公司、高远公司之间的合同约定请求偿还借款,以及要求以案涉用于借款担保的32套房屋拍卖价款对高远公司欠付的借款进行清偿的权利,其权利性质属于基于双方合同而产生的债权,不能够对抗家树公司作为案涉房屋工程的承包方依法对其施工的工程享有的工程价款优先受偿权。因此,22号民事判决将家树公司享有工程价款优先受偿权的房屋所有权权属判归李伟所有的错误内容,侵害了家树公司的工程价款优先受偿权,应认定损害了家树公司的民事权益,应当予以撤销。

信托法部分

信托法专题

营 业 信 托

一段时间以来,各金融机构围绕资本充足率为代表的资产负债监管指标考核体系,不断创新金融业务,特别大力发展表外业务。因为表外业务是中间业务,不形成金融机构的负债,不影响金融机构资产负债总额,却能改变金融机构当期损益及营运资金,提高资产报酬率。因此,以银行理财产品、券商资管计划、信托资管计划、基金、私募资产管理产品为主要形式的资产管理业务,成为金融机构大规模募集资金开展经营的重要方式。

但资产管理业务的发展中也随着资金三套利、规避投向限制、影子银行、多层嵌套、杠杆过高等诸多问题,不但规避监管,积累着风险,而且造成融资链条过长,成本过高,难以扎实支持实体经济发展。部分业务已暴露风险,形成诉讼。但是,由于资产管理业务是创新业务,缺乏直接的法律规范,相关案件法律关系十分复杂,性质争议很大,亟须有明确的裁判尺度可资借鉴。

同时,行业监管政策也在发生着重大变化。2018 年,经国务院同意,中国人民银行、中国银行保险监督管理委员会、中国证券监督管理委员会、国家外汇管理局联合印发了《关于规范金融机构资产管理业务的指导意见》(银发〔2018〕106 号),大幅度调整监管政策方向,对金融机构的资产管理业务统一进行规范。

至此,司法应当如何处理资产管理产品及其业务纠纷,司法尺度如何与监管政策相协调,就成了摆在人民法院面前的一个重大课题。《纪要》正是在这样的背景下,专门以第 7 个大的板块,就涉信托关系的纠纷作了规定。从营业信托及其纠纷的界定、信托本身与信托投资端法律关系性质的区分、信托内部与外部增信措施的效力、保底与刚兑条款的效力、通道业务的效力、举证责任的分配以及对信托的保全等几个方面,对营业信托纠纷案件的审理作出了指引。

纪要原文

七、关于营业信托纠纷案件的审理

会议认为,从审判实践看,营业信托纠纷主要表现为事务管理信托纠纷和主动管理信托纠纷两种类型。在事务管理信托纠纷案件中,对信托公司开展和参与的多层嵌套、通道业务、回购承诺等融资活动,要以其实际构成的法律关系确定其效力,并在此基础上依法确定各方的权利义务。在主动管理信托纠纷案件中,应当重点审查受托人在"受人之托,忠人之事"的财产管理过程中,是否恪尽职守,履行了谨慎、有效管理等法定或者约定义务。

88.【营业信托纠纷的认定】信托公司根据法律法规以及金融监督管理部门的监管规定,以取得信托报酬为目的接受委托人的委托,以受托人身份处理信托事务的经营行为,属于营业信托。由此产生的信托当事人之间的纠纷,为营业信托纠纷。根据《关于规范金融机构资产管理业务的指导意见》的规定,其他金融机构开展的资产管理业务构成信托关系的,当事人之间的纠纷适用信托法及其他有关规定处理。

89.【资产或者资产收益权转让及回购】信托公司在资金信托成立后,以募集的信托资金受让特定资产或者特定资产收益权,属于信托公司在资金依法募集后的资金运用行为,由此引发的纠纷不应当认定为营业信托纠纷。如果合同中约定由转让方或者其指定的第三方在一定期间后以交易本金加上溢价款等固定价款无条件回购的,无论转让方所转让的标的物是否真实存在、是否实际交付或者过户,只要合同不存在法定无效事由,对信托公司提出的由转让方或者其指定的第三方按约定承担责任的诉讼请求,人民法院依法予以支持。当事人在相关合同中同时约定采用信托公司受让目标公司股权、向目标公司增资方式并以相应股权担保债权实现的,应当认定在当事人之间成立让与担保法律关系。当事人之间的具体权利义务,根据本纪要第71条的规定加以确定。

90.【劣后级受益人的责任承担】信托文件及相关合同将受益人区分为优先级受益人和劣后级受益人等不同类别,约定优先级受益人以其财产认购信托计划份额,在信托到期后,劣后级受益人负有对优先级受益人从信托财产获得利益与其投资本金及约定收益之间的差额承担补足义务,优先级受益人请求劣后级受益人按照约定承担责任的,人民法院依法予以支持。信托文件中关于不同类型受益人权利义务关系的约定,不影响受益人与受托人之间信托法律关系的认定。

91.【增信文件的性质】信托合同之外的当事人提供第三方差额补足、代为履行到期回购义务、流动性支持等类似承诺文件作为增信措施，其内容符合法律关于保证的规定的，人民法院应当认定当事人之间成立保证合同关系。其内容不符合法律关于保证的规定的，依据承诺文件的具体内容确定相应的权利义务关系，并根据案件事实情况确定相应的民事责任。

92.【保底或者刚兑条款无效】信托公司、商业银行等金融机构作为资产管理产品的受托人与受益人订立的含有保证本息固定回报、保证本金不受损失等保底或者刚兑条款的合同，人民法院应当认定该条款无效。受益人请求受托人对其损失承担与其过错相适应的赔偿责任的，人民法院依法予以支持。实践中，保底或者刚兑条款通常不在资产管理产品合同中明确约定，而是以“抽屉协议”或者其他方式约定，不管形式如何，均应认定无效。

93.【通道业务的效力】当事人在信托文件中约定，委托人自主决定信托设立、信托财产运用对象、信托财产管理运用处分方式等事宜，自行承担信托资产的风险管理责任和相应风险损失，受托人仅提供必要的事务协助或者服务，不承担主动管理职责的，应当认定为通道业务。《中国人民银行、中国银行保险监督管理委员会、中国证券监督管理委员会、国家外汇管理局关于规范金融机构资产管理业务的指导意见》第22条在规定“金融机构不得为其他金融机构的资产管理产品提供规避投资范围、杠杆约束等监管要求的通道服务”的同时，也在第29条明确按照“新老划断”原则，将过渡期设置为截至2020年底，确保平稳过渡。在过渡期内，对通道业务中存在的利用信托通道掩盖风险，规避资金投向、资产分类、拨备计提和资本占用等监管规定，或者通过信托通道将表内资产虚假出表等信托业务，如果不存在其他无效事由，一方以信托目的违法违规为由请求确认无效的，人民法院不予支持。至于委托人和受托人之间的权利义务关系，应当依据信托文件的约定加以确定。

94.【受托人的举证责任】资产管理产品的委托人以受托人未履行勤勉尽责、公平对待客户等义务损害其合法权益为由，请求受托人承担损害赔偿责任的，应当由受托人举证证明其已经履行了义务。受托人不能举证证明，委托人请求其承担相应赔偿责任的，人民法院依法予以支持。

95.【信托财产的诉讼保全】信托财产在信托存续期间独立于委托人、受托人、受益人各自的固有财产。委托人将其财产委托给受托人进行管理，在信托依法设立后，该信托财产即独立于委托人未设立信托的其他固有财产。受托人因承诺信托而取得的信托财产,以及通过对信托财产的管理、运用、处分等方式取得的财产,均独立于受托人的固有财产。受益人对信托财产享有的权利表现为信托受益权,信托财产并非受益人的责任财产。因此,当事人因其与委托人、受托人或者受益人之间的纠纷申请对存管银行或者信托公司专门账户中的信托资金采取保全措施的,除符合《信托法》第17条规定的情形外,人民法院不应当准许。已经采取保全措施的,存管银行或者信托公司能够提供证据证明该账户为信托账户的,应当立即解除保全措施。对信托公司管理的其他信托财产的保全,也应当根据前述规则办理。当事人申请对受益人的受益权采取保全措施的,人民法院应当根据《信托法》第47条的规定进行审查,决定是否采取保全措施。决定采取保全措施的,应当将保全裁定送达受托人和受益人。

96.【信托公司固有财产的诉讼保全】除信托公司作为被告外,原告申请对信托公司固有资金账户的资金采取保全措施的,人民法院不应准许。信托公司作为被告,确有必要对其固有财产采取诉讼保全措施的,必须强化善意执行理念,防范发生金融风险。要严格遵守相应的适用条件与法定程序,坚决杜绝超标的执行。在采取具体保全措施时,要尽量寻求依法平等保护各方利益的平衡点,优先采取方便执行且对信托公司正常经营影响最小的执行措施,能采取"活封""活扣"措施的,尽量不进行"死封""死扣"。在条件允许的情况下,可以为信托公司预留必要的流动资金和往来账户,最大限度降低对信托公司正常经营活动的不利影响。信托公司申请解除财产保全符合法律、司法解释规定情形的,应当在法定期限内及时解除保全措施。

规范精要

一、《纪要》导语以业务性质的二分,解决信托纠纷的法律关系认定和法律适用问题

《纪要》在信托纠纷的导语部分,将营业信托纠纷分为事务管理信托纠纷和主动管理信托纠纷,前者按照各方在融资活动中实际构成的法律关系确定效力和权利义务,后者按照信托法律关系,确定受托人的义务和责任。换句话说,信托公司所从事的行为所形成的法律关系,不一定都是信托关系。如事务管理信托纠纷和信托公司有关,但其中的法律关系并非全部属于信托法律关系。主动管理信托纠纷中则主要是信托法律关系。

二、《纪要》第 88 条以经营主体的二分，解决营业信托纠纷的法律适用问题

《纪要》将营业信托分成两类：一类是信托公司经营的信托业务；另一类是非信托公司的其他金融机构按照资管新规的规定从事的经营业务，也属于营业信托。

换句话说，从主体上来看，并非只有信托公司的经营行为，才适用《信托法》。依据资管新规从事资管业务的其他金融机构，其经营行为也适用《信托法》。

三、《纪要》第 89 条明确信托投资端的资产或资产收益权的转让和回购关系不属于信托关系，同时明确了其效力认定依据和法律关系认定路径

《纪要》第 89 条强调 3 点：一是信托资金的投资运用，不属于信托关系；二是投资以本金加溢价回购的交易安排，应认定有效；三是信托公司以受让股权、增资扩股方式担保债权实现的，构成让与担保。

四、《纪要》第 90 条认可受益人之间的分级及差额补足

《纪要》第 90 条明确 3 点：一是认可受益人之间的分级安排；二是认可受益人之间的差额补足约定；三是明确受益人的差异化安排，不影响受益人与受托人之间的信托法律关系认定。

五、《纪要》第 91 条明确了对信托投资的增信文件的性质和效力

一是肯定了增信文件的效力；二是明确了其性质，可以是保证合同，或者是非典型担保；前者按照法定的保证担保方式确定责任，后者按照合同约定履行义务和承担责任。

六、《纪要》第 92 条明确否定了资管产品中保底条款、刚兑条款的效力

一是对此类保底、刚兑条款进行了列举，如固定本息、保本或者刚兑；二是明确此类合同及条款的形式，既包括资管合同条款，也包括抽屉协议等其他形式；三是明确此类条款无效；四是规定了无效的后果，是过错赔偿责任。

七、《纪要》第 93 条明确了通道业务的认定标准和效力

一是界定了通道业务的认定标准，核心是委托人责任自担，受托人不承担主

动管理职责；二是以资管新规为据，认定过渡期前有效；三是明确通道业务的权利义务关系，按照信托文件确定。

八、《纪要》第94条规定了资管产品中受托人义务的举证责任分配

《纪要》第94条规定了受托人履责的举证责任转移规则，即应当由受托人证明其已履行了受托人的义务，否则应当承担赔偿责任。

九、《纪要》第95条以明确信托财产保全规则的方式，实现了对信托财产独立性的确认

一是界定了信托财产与委托人、受托人、受益人财产的边界；二是明确了信托财产为资金时，其独立性的表现和保全对象的识别；三是对有违信托财产独立性的保全行为予以否定性法律评价。

十、《纪要》第95条明确了受益人的受益权可以成为受益人财产的保全对象

一是明确了受益权的归属主体；二是明确了审查程序及保全手续，强调要同时将保全裁定送达受托人和受益人。

十一、《纪要》第96条通过特别限定对信托公司的财产保全范围和保全措施，实现对信托公司和信托业务的特别保护

一是限定主体，规定只有以信托公司作为被告的，才能对信托公司固有资金账户采取保全措施；二是限定程度，必须是“确有必要”且影响最小；三是限定方式，尽量“活封”“活扣”；四是限定解除，强调符合规定要及时解除保全措施。

法理基础

一、信托的分类

《信托法》规定了三类信托，营业信托、民事信托和慈善信托。

1. 营业信托

第一，营业信托的受托主体主要是信托公司。第二，营业信托是一种经营行为。所谓经营，就是营利，就是从事营业信托的目的是取得信托报酬。第三，营业信托的主要内容，是信托公司接受委托人的委托，以受托人身份处理信托事务。

第四,营业信托必须获得金融许可,产品必须登记备案。第五,规范营业信托的依据不仅包括法律法规,还包括金融监督管理部门的监管规定。第六,营业信托纠纷的当事人必须是信托当事人,争议必须是因为营业信托而产生。第七,非信托公司的其他金融机构开展的资产管理业务,也可能构成营业信托关系,应根据信托法及其他有关规定进行规制。

2. 民事信托

《纪要》明确了营业信托的认定标准,但实践中,非信托公司、非其他金融机构的主体,包括自然人群体,受托管理资产和事务,并不少见,特别是在国有企业改制中产生的诸多财产管理形态,如职工持股会、职工资金信托、股权代持,以及让与担保中对物的持有和管理,都是将财产所有权转让与受托人,由受托人根据委托人的要求或者双方的约定加以管理。这在双方之间虽然不能构成营业信托,但是能否构成其他信托关系?笔者认为可以构成民事信托。

理由是:(1)营业信托必须获得金融许可,登记备案,但民事信托没有规定必须获得行政许可和登记备案。法无禁止则可行。(2)营业信托是开放式的,不限于某特定信托产品及其当事人,民事信托是封闭式的,针对的是特定委托人或受益人。(3)营业信托是经营行为,以收取报酬为目的,民事信托的目的并不是收取报酬,而是集体的利益或者特定的目的,更不具有营业性,所收取的报酬也只是弥补提供相应的信托管理服务的成本,而且没有任何法律行政法规禁止。(4)就当事人之间的关系结构和内容来说,完全符合信托的定义。委托人将财产所有权转让与受托人,由受托人根据委托人的要求或者双方的约定加以管理,并向委托人分配收益,其本质就是自益信托。(5)法律应当允许公民创新交易以增进产出,不能把所有经济行为都纳入行政许可予以管制。

3. 慈善信托

慈善信托是指仅以实现社会慈善事业为目的,并以全社会或部分社会公众为受益人的信托。《纪要》规定不涉及这一问题,故对此略去不论。

二、信托关系与信托投资关系的区分

《纪要》区分了信托关系和信托资金投资运用所形成的法律关系,明确后者不属于信托关系,相关纠纷也不属于营业信托纠纷,其法律的性质要根据交易设定的权利义务的具体内容加以确定。

这一处理思路的实质,是把营业信托关系严格限制在营业信托双方当事人之间，只在他们之间按信托规则处理，而对信托成立之前的关系和信托成立后的经营所形成的关系，则仍然按照各自所形成的关系的内容和性质去处理，而不适用信托规则。

这一区分适用的典型表现，就是《纪要》对信托资金运用过程中形成的法律关系，不作为信托关系处理，而是按照无名合同处理，从而对信托资金的投资运用中所约定的资产或资产受益权转让及回购的效力明确予以支持。

《纪要》这一思路澄清了对相关约定效力认识的混乱。这种转让或回购一般约定，信托公司以募集来的信托资金受让特定资产或者特定资产收益权，在一定期间后，由特定资产或者特定资产收益权转让方或者其指定的第三方无条件回购，价格相对固定，一般为交易本金加上以收益率计算的溢价款。信托公司根据这种约定提起诉讼，要求转让方或者第三方按约定承担责任的，只要合同不存在其他法定无效事由的，人民法院依法予以支持。

三、分级资管产品中风险和收益特约

《纪要》第 90 条明确认可了对分级资管产品的分级安排。但该条规定比较简单，需要结合《关于规范金融机构资产管理的指导意见》（以下简称资管新规）（银发〔2018〕106 号）的相应规定，才能详尽把握。

1. 资管新规第 21 条的理解

监管部门对资管分级产品的态度集中体现在资管新规第 21 条规定：

“公募产品和开放式私募产品不得进行份额分级。分级私募产品的总资产不得超过该产品净资产的 140%。分级私募产品应当根据所投资资产的风险程度设定分级比例（优先级份额/劣后级份额，中间级份额计入优先级份额）。固定收益类产品的分级比例不得超过 3∶1，权益类产品的分级比例不得超过 1∶1，商品及金融衍生品类产品、混合类产品的分级比例不得超过 2∶1。发行分级资产管理产品的金融机构应当对该资产管理产品进行自主管理，不得转委托给劣后级投资者。

分级资产管理产品不得直接或者间接对优先级份额认购者提供保本保收益安排。

本条所称分级资产管理产品是指存在一级份额以上的份额为其他级份额提供一定的风险补偿，收益分配不按份额比例计算，由资产管理合同另行约定的产品。”

根据上述规定，只有封闭式私募产品才可以进行份额分级。但是又规定分级资管产品不得直接或者间接对优先级份额认购者提供保本保收益安排。然而分级本身就意味着对优先级有保本保收益的安排(起码在劣后级份额范围内对优先级有保本保收益的作用),否则分级就没有存在的意义。因此,既然监管部门允许分级资管产品存在,那么对不应当禁止对优先级提供保本保收益的安排,至少应当允许在劣后级份额范围内对优先级提供保本保收益的安排。

《纪要》尊重封闭式私募分级产品当事人意思自治下的商业模式,尊重当事人之间关于风险和收益的分配安排,支持优先级受益人请求劣后级受益人按照约定承担差额补足责任,因此,其调整方向与资管新规有所出入。

2. 争议的两个问题

第一,劣后级承担的责任是否应以其持有的份额为限?分级补偿的约定可能约定以劣后级持有的份额为限,也可能约定不以劣后级持有的份额为限。两种情形是否都能支持?从《纪要》的规定来看,对此似没有限制,但是从监管部门的规定来看,是不支持分级保本保收益的。那么应当怎样看待呢?这里就会存在争议空间。只以劣后级持有的份额为限对优先级进行补偿,将是可能的一个选项。因为这样既保障了这类产品的存在,又兼顾了监管部门的要求。如果劣后级在持有的份额之外还要拿出资金来补偿优先级,就完全变成了保本保收益的安排,就是完全违反监管部门的要求了,也违背了司法对投资风险与收益均担的一贯立场。

第二,能否在资管产品以外安排其他人或资金对优先级受益人提供补偿?从监管部门禁止对优先级保本保收益和禁止保底与刚兑来看,这种补偿安排是不合规的。但从《纪要》来看,这种情形应当属于第三人对信托增信的措施,根据《纪要》的规定,是有效的,应按照约定的具体内容进行认定和处理。

但是也可能有观点认为,分级产品的补偿安排只能适用于资管产品的优先级与劣后级之间,不应适用于优先级与分级产品之外的当事人之间,因为这样违犯了监管部门的规定。因此,凡是在资管产品以外作这样安排的法院应当是不支持的,凡是超出资管产品劣后级份额的约定法院也应当是不支持的。这种观点也有其道理。但是根据《纪要》对第三人就信托增信的基本态度而言,这种观点获得法院支持的可能性应当较低。

四、信托增信文件的性质与效力

信托的增信,分为对信托本身的增信与对信托资金投资中的增信,二者是不同的两回事。信托资金投资中的增信,是对信托财产投资所形成的法律关系的保障措施。对信托本身的增信是指对信托财产及其收益的实现所提供的保障措施。

首先,《纪要》支持封闭式私募资管产品的委托人之间通过分级资管产品的方式进行增信安排。

其次,作为受托人的金融机构为受益人提供的保本保息或固定回报或者不受损失之类的增信措施,属于保底条款或者刚兑条款,监管部门会进行惩处,《纪要》明确为无效,而且无论形式如何,均应认定无效。所以,在保底或刚兑条款的效力上,没有任何变通或迂回的余地。

金融机构作为受托人对信托本身的增信措施,包括在资管产品合同中设立保证本息固定回报、保证本金不受损失等类似条款,或者另外采取抽屉协议、阴阳合同或承诺函等形式作出。还包括以下的行为类型:(1)资管产品发行人或者管理人违反真实公允确定净值原则,对产品保本保收益。实质是通过会计调整输送利益以满足刚性兑付。(2)采取滚动发行等方式,使资管产品的本金、收益、风险在不同投资者之间发生转移,实现产品保本保收益。实质是以建资金池的方式来满足刚性兑付,把风险向后传递。(3)资管产品不能如期兑付或者兑付困难时,发行或者管理该产品的金融机构自行筹集资金偿付或者委托其他机构代为偿付。实质是以自有资金或固有财产来满足刚性兑付。(4)金融管理部门认定的其他情形。

最后,信托以外的第三人提供的增信措施,既包括对信托本身的增信,也包括对信托资金投资收益的增信,如第三方差额补足的承诺,代为履行到期回购承诺,或者在条件成就时提供流动性支持的承诺等,如无法定无效原因,均为合法有效。

《纪要》对信托资金投资中的增信措施的法律性质作了明确区分。特别对其中采用受让股权或者增资入股的方式投入信托资金的,需要审查是否约定了以股权担保投资收益的实现。如果有约定的,就构成让与担保,应按《纪要》第71条关于让与担保法律关系的规则加以确定。没有类似约定的,按照一般合同关系加以确定。

《纪要》确认第三方增信的效力,但对法律性质作了进一步的区分。即增信约定的性质可能属于保证,也可能只是一个合同约定,属于无名合同。不同的法律性质,决定了后续不同的处理规则。构成保证的,按保证合同的主从关系来处理,只是无名合同的,就应按无名合同约定的具体内容来处理。二者差别很大,请求权基础、抗辩权乃至诉讼时效等,均不相同。

五、通道业务

《纪要》将营业信托区分为事务管理信托和主动管理信托。事务管理信托主要是作为融资通道，并不实际管理运用信托财产，多体现为介于募资端的多层嵌套、回购承诺，以及募资端和用资端中间的通道业务。

1. 通道业务的认定

判断通道业务的标准是，信托文件约定信托的设立、信托财产运用的投资标的、管理方式等由委托人自主决定，信托资产的风险管理和损失也由委托人自行承担，受托人仅提供必要的事务协助或者服务，不承担主动管理职责。资管新规还指出了一种特殊表现，即资管产品投资除公募证券投资基金以外的资管产品超过两层的，就属于通道业务。

简单的方法判断是否属于通道业务，就是看信托产品或资管产品对接的资产是底层资产还是信托产品或其他资管产品。如果直接对接底层资产，就是合格的信托投资，如果是对接信托产品或者其他资管产品，或者后面还对接了好几层信托产品或者其他资管产品，那么就是通道业务。

2. 通道业务与金融监管

通道业务的源头一般是商业银行，商业银行的信贷资金或银行理财产品募集的资金在金融调控中受到监管指标、投资范围的限制，有的项目、领域不允许银行放贷，有的杠杆率、投向受到限制，银行和用资方为了规避限制，绕开监管，于是借道信托、资管或券商，以银行资管产品去购买信托、资管或券商等发行的资管产品，然后由他们将资金转投出去，以实现向受到限制的项目或领域融资的目的。有的则是借助通道，通过回购协议，以假卖断真回购的方式，将表内资产虚假出表以改善各项被监管指标。也有其他金融机构的资金为规避所在行业监管而通过通道牟利的。实际是资金在不同管制政策间、行业间、领域间以监管部门间争取被管制的租值的套利行为。根源在于资本市场的人为分割和监管的不统一。这样的操作使得银行规避了对资产负债的监管，监管部门无法了解真实的风险，以及风险分布的全貌，是监管部门重点清理和打击的对象。

监管部门对资管业务的规范，体现为资管新规第29条，按照“新老划断”的原则，设置了过渡期，以促进平稳过渡。过渡期为资管新规发布之日起至2020年年底。过渡期内，金融机构发行新产品应当符合资管新规的规定。为接续存量产品所投资的未到期资产，维持必要的流动性和市场稳定，金融机构可以发行新老产品对接，但应当严格控制在存量产品整体规模内，并有序压缩递减，防止过渡期结束时出现断崖效应。过渡期结束后，金融机构的资产管理产品按照资管新规进行全面规范（因子公司尚未成立而达不到第三方独立托管要求的情形除外），金融机构不得再发行或存续违反资管新规的资产管理产品。可见，监管部门对过渡期内的存量通道业务并没有“一刀切”，而是允许其逐渐平稳着陆。

3. 通道业务的法律效力

目前实践中发生的纠纷也多出于通道业务。由于通道业务的逻辑就是利用信托、券商、资管公司等分业监管所形成的不同投资通道，规避资金投向限制，规避资产负债监管，掩盖了风险，因此，其交易目的本身可能是违反监管规定的。在监管规定是否属于合同效力的评价范围的问题上，以往商事审判一直遵循限缩无效的司法态度，但从 2018 年的保险公司股权代持案开始，司法监管化成为显著趋势，《纪要》也强化了对金融领域的司法监管化态度，故此类合同的合法性问题将变得非常突出。但是由于存在过渡期，司法裁判需要照顾这一阶段性特点。因此，《纪要》顺应监管部门规范的方向和节奏，就过渡期内的通道业务提出的裁判指引认为，如果不存在其他无效事由，一方仅以信托目的违法违规为由请求确认无效的，法院不予支持。也就是说，仅因通道构成违法违规不是确认信托无效的理由。但是，这一规则只适用于过渡期。过渡期满以后，是否就一定会认定为无效呢？《纪要》恰恰没有直接这么说，由此给后续的合法性判断留下了疑问。未来还需要看金融形势的发展和调控政策的走向，以及整个商事审判、金融司法的价值取向的变化。

六、受托人义务与举证责任分配

1. 受托人义务

受托人对信托承担的义务一般称为信义义务。《信托法》第 25 条规定：“受托人应当遵守信托文件的规定，为受益人的最大利益处理信托事务。受托人管理信托财产，必须恪尽职守，履行诚实、信用、谨慎、有效管理的义务。”

2. 举证责任分配之法理

《纪要》将信托纠纷中受托人已经履行信义义务的举证责任直接分配给了受

托人，根据《纪要》起草人的著述，这是举证责任转移，而不是举证责任倒置[①]。委托人仍须就其主张承担举证责任，提交相关证明材料，否则将承担证明不能的不利后果。那么这里举证责任分配的内在逻辑是什么？

首先，委托人请求受托人对其合法权益受到损害承担损害赔偿责任，其理由是受托人未尽信义义务。但受托人没有尽信义义务，只是个消极事实，无法证实。委托人如何承担举证责任呢？委托人只能提供其合法权益受到损害的证据，以及信托合同关于受托人应当承担义务的约定。

其次，受托人未尽信义义务的主张，从证明方法论的角度，只能使用证伪法加以证明，即提出受托人已尽信义义务的证据予以推翻，而不能从正面直接证实。

最后，受托人具有更有利的运用证伪法的条件。资产管理业务作为信托业务，本身是专业性很强的经营活动，同时，信托财产的所有权依法转让为受托人所有，对信托财产的处分和运用的效果，也基本取决于受托人的责任心和投资能力，相关信息的披露则完全取决于受托人的诚实信用，而委托人或者受益人在信息的了解和掌握上，在信托财产的处分和管理上，均处于被动的地位，缺乏举证的能力。信托最重要的就是委托人对受托人的信任。没有这种信任为基础，信托瞬间就土崩瓦解。这也要求信托的受托人要比其他人负有更高的诚信勤勉义务。

因此，《纪要》将举证责任加诸受托人，是符合信托双方当事人在交易中的实际地位和能力的。这意味着在资管产品的委托人以受托人未能尽信义义务因而损害其合法权益为由要求受托人承担赔偿责任的，受托人要就其已经履行勤勉尽责、公平对待客户等义务承担举证责任。一旦不能举证证明或者达不到证明程度，受托人将要就委托人的损失承担损害赔偿责任。同时，委托人或受益人也要就其合法权益受到损害，损害与受托人未尽信义义务之间存在因果关系承担举证责任。

七、信托财产的独立性

《纪要》关于对信托财产保全的规定是信托财产的独立性在诉讼保全领域的充分体现。信托财产具有特殊的独立的法律地位，在法律上区别于委托人、受托人和受益人的固有财产，也非委托人、受托人和受益人的责任财产，是一种带有准

---

① 最高人民法院民事审判第二庭编著：《〈全国法院民商事审判工作会议纪要〉理解与适用》，人民法院出版社2019年版，第492页。

主体性质的法律拟制的特殊财产。理解了这一点，就很容易掌握《纪要》规定的精髓。

信托财产的独立性，是指信托财产只是信托本身和信托事务的责任财产，不是任何其他人的责任财产。因此，其处分必须严格依照法律规定。《信托法》第17条规定："除因下列情形之一外，对信托财产不得强制执行：（一）设立信托前债权人已对该信托财产享有优先受偿的权利，并依法行使该权利的；（二）受托人处理信托事务所产生债务，债权人要求清偿该债务的；（三）信托财产本身应担负的税款；（四）法律规定的其他情形。对于违反前款规定而强制执行信托财产，委托人、受托人或者受益人有权向人民法院提出异议。"

当事人只有在符合《信托法》第17条规定的情形下，才可以申请对信托财产进行诉讼保全。除此之外，当事人不得以其与委托人、受托人、受益人之间的纠纷为由，申请对信托财产进行保全。如果已经采取了保全措施，信托财产的受托人或管理人或存管的第三方要积极提供证据证明所保全的为信托账户或信托财产，法院就应当立即解除保全措施。

八、信托受益权的归属

对信托财产本身虽然不能保全，但是对符合条件的信托受益权却可以保全。信托收益权的客体一旦独立形成，就不再属于信托财产，而是受益人的责任财产。因此，即当事人向受益人主张权利时，可以申请对受益人在信托中的受益权的保全，以使用信托收益清偿其债务。但是法律、行政法规以及信托文件有限制性规定的不得保全。《信托法》第47条规定："受益人不能清偿到期债务的，其信托受益权可以用于清偿债务，但法律、行政法规以及信托文件有限制性规定的除外。"

因此，当事人在信托文件中的约定甚至可以对抗公权力的保全。当然，这只限于营业信托，因为营业信托有登记公示，可以对抗第三人，而不能类推适用于其他非营业信托。此外，信托受益权没有达到分配的条件时，只能保全，而不能划拨处分。

裁判指引

一、注意区别募资端、管理端与投资端纠纷的法律关系性质差异

营业信托可以分成信托设立、信托管理和信托投资三个阶段，在实务中对应募资端、管理端和投资端。因此，营业信托可以分成募资端、管理段和投资端三大

组成部分来观察。单层结构的信托产品，无论是单一资金信托还是集合资金信托，法律关系都比较简单。但多层结构的信托产品，除了基本的信托关系以外，在不同阶段和环节的法律关系并不能全部为信托关系所覆盖。在每个环节内部仍然需要分析，如募资端可能存在伞形信托，可能构成非法集资关系，管理端主要是信托关系，而投资端则可能是股权投资关系、债权投资关系或者股债双跨的投资关系等，需要分环节逐层级分析确定。

就募资端的法律关系而言，以银行理财产品为例，其法律性质并不能一概而论，而应当针对银行与客户之间风险和收益分配约定的不同，进行具体分析。比如，保证收益和保本浮动收益型的理财产品中，投资人与银行是附条件的借款合同法律关系，归入银行负债管理；而非保本浮动收益的产品，则属于信托法律关系。涉及银行的理财产品，也可能是银行的中间业务，银行只是经纪或销售代理关系，或者咨询服务合同法律关系，纳入表外管理。在现行的金融监管体制下，虽然是分业经营，银行不能从事信托业务，但是银行自己发起募集的、非保本浮动收益的理财产品，从法律关系的性质上来说，也属于信托关系，只不过信托资金的用途受到限制，银行不能作为受托人直接对外投资。所以会对接其他资管计划或产品，形成通道业务，达到对外投资的目的。

二、信托与委托理财的区分

实践中，信托关系与委托理财关系十分容易混淆。

（一）委托理财的性质

一方当事人将财产交付给他人，由他人进行交易或投资，约定给付报酬或利益分成，这种法律关系一般被认定为委托理财的合同关系，在处理上往往认定保底条款无效，其他根据双方约定处理，或者认定构成借款合同关系。从法律性质来说，委托理财关系是委托代理关系，或者显名代理，或者是隐名代理。其中，隐名代理关系最易与信托关系混为一谈。因为隐名代理中，代理人也是自己的名义为一定行为，有时也实际取得委托财产，其外在表现与信托受托人十分相似。因此，有必要对信托与委托理财加以细致区分。

（二）委托理财纠纷的法律适用

在委托理财中，委托人将自己的账户直接交付给代理人操作的，是以委托人的名义进行交易，因此，只能是委托代理关系。委托人将资金直接交付给受托人，由受托人以自己的名义操作，并约定分成或给付报酬的，仍应认定为委托代理关系。因为受托人收取报酬或谋取利益,如果作为信托,应当属于营业信托,但是受托人又往往不具备相应的金融行政许可资质,因此,不能作为营业信托调整。如果作为民事信托,则由于《信托法》对民事信托的定义不明,无法加以确认。且根据《纪要》关于营业信托以收取报酬为目的从事信托的定义,似可推断出民事信托不能以收取报酬为目的。而委托理财中受托人牟利的目的显然要收取报酬,因此,也不能以民事信托来调整。从民事行为尽可能使其有效的原理出发,以委托代理合同中的隐名代理处理更为妥当。

三、资金池与合同效力

资管新规禁止金融机构开展或者参与具有滚动发行、集合运作、分离定价特征的资金池业务。但实践中已有的这样的业务,并反映到诉讼当中。比如,产品错配,名义上是某资管产品对接的委托贷款,但是实际上款项并不来自该产品,而是来自其他产品或者渠道,有的甚至将实际已经借贷出去的款项,倒装入新发行的资管产品之中。这种资金池式的业务模式,是否影响融资的效力?

根据资管新规有关"新老划断"的规定,在2020年年底以前,原则上并不影响融资合同的效力。但如果资金的实际来源与融资合同的约定不符,受托人或者受益人主张相关权利的时候,涉及实际情形与合同约定不符的问题,此时,应当如何处理?是按实际状况来认定法律关系,还是按与真实状况不符的合同约定来认定?这涉及当事人意思表示是否真实以及法律如何评判的问题。

从法理来看,此种情形应当认定为虚假的意思表示。但虚假的意思表示并不当然无效,还要看相对人的态度,相对人有确认无效或者主张撤销的选择权。从《纪要》注重当事人真实意思的价值取向来看,根据实际形成的事实来确认双方的法律关系,更为恰当。如资管人以资管产品委托贷款名义出借款项,但款项实际就是资管人自己的款项,并不是资管产品募集来的款项。此时,是成立委托贷款关系还是借贷关系?遵循上述原则,应认定为借贷关系。

四、增信措施中的保证责任与债务加入的区分

信托增信措施的表述多种多样,其中有保证,有债务加入,还有其他形式。如何认定构成保证?

(一)认定标准

从书面文字来看,如果在协议中出现"保证、确保、担保、保障"等概念的,或者

以担保人身份签字盖章的,或者以担保书名义出具承诺的,通常可以认定为保证。如无这些标志性文字,仅仅约定了如债务人到期不能履行债务,承诺人自愿代为承担一切责任或代为履行等内容,不能认定构成保证,可能构成债务加入或者代为履行。

(二)认定方法

对于没有明确的保证字样的,需仔细推敲增信承诺函件使用的概念和具体内容。一是坚持文义解释优先,应准确分析当事人所使用的语言表达的含义。二是需分析增信人或承诺人的负担行为与原债务的关系,是否存在履行的顺位安排。三是要分析增信的措施与原债务之间是否存在从属性或者补充性。对既没有保证的字义,也没有从属性安排的负担行为,不能认定为保证关系,通常应认定为债务加入或者代为履行。

律师指引

一、全面收集信托文件

信托的设立和管理运用是一个较长的过程,涉及的角色较多,交易模式多样,有的交易链条很长,手续比较烦琐,监管部门要求严格,因此,信托纠纷中往往包含大量的信托文件。全面收集这些文件,是处理信托纠纷的前提基础。只有全面收集到相关文件,全面比对各文件之间的约定是否一致,才能深入准确分析和判断纠纷的性质、走向,才能做好纠纷解决的选择预案。对委托人和受益人而言,要注意及时申请法院依职权调查取证,从受托人或相关部门取得信托文件和资料。

二、在准确界定当事人之间的法律关系的前提下,确定诉讼请求和组织证据

《纪要》此部分的内容虽然总体冠以营业信托纠纷之名,但多个条款的内容说的其实是“与营业信托”有关,或者是与信托公司有关的纠纷,相当一部分纠纷所涉及的法律关系并非信托关系,这与目前的整个信托行业实践、交易实践是比较相符的。律师首先应当准确界分当事人是否是信托关系的当事人,其经济利益诉求对应的请求权基础,是否是信托关系。

(一)信托关系的关注重点

信托关系的基本当事人包括委托人、受益人和受托人,还包括托管人、担保人、增信人等,在信托委托人内部又有分级委托人。由于信托的法定性,这些当事

人的法律地位、权利义务的界定和划分,带有相当程度的法定性,其救济方式和路径也不完全同于一般商事合同法律关系。因此,在发生纠纷后,律师在提起诉讼时,必须根据不同的当事人在信托中的地位、权利义务以及法律规定的权限,准确提起相应的诉讼请求,准确选择诉讼的角度。

(二)与营业信托有关的其他法律关系

如果当事人所主张的诉请对应的法律关系不是信托关系,律师就应当从当事人之间的合同文本、交易结构、权利义务关系的实质来确定是借款关系、委托关系、保证合同关系、让与担保关系,抑或其他无名合同关系。特别是要关注名实不符的合同,应按照其实际构成的法律关系提出诉请,明确请求权基础,并组织证据证成权利主张的合法性、正当性。

三、准确判断信托是否生效

信托的成立往往以信托合同的签订为准,而信托的生效往往约定以信托财产的交付为标准。根据《信托法》的规定,信托合同订立时生效,但信托财产没有交付给受托人,信托不生效。《信托法》第10条规定:设立信托,对于信托财产,有关法律、行政法规规定应当办理登记手续的,应当依法办理信托登记。未依照前款规定办理信托登记的,应当补办登记手续;不补办的,该信托不产生效力。《信托法》第11条规定:"有下列情形之一的,信托无效:(一)信托目的违反法律、行政法规或者损害社会公共利益;(二)信托财产不能确定;(三)委托人以非法财产或者本法规定不得设立信托的财产设立信托;(四)专以诉讼或者讨债为目的设立信托;(五)受益人或者受益人范围不能确定;(六)法律、行政法规规定的其他情形。"而在物权法颁布后,物的交付是物权转移的生效要件。因此,在信托诉讼中,要注意审查信托财产是否交付,是否与信托合同约定的信托财产相符,据以准确判断信托的效力和纠纷发展的方向。

四、增信措施无效后的救济

受托人提供的增信措施被认定无效的,涉及受托人的责任承担问题。对此,《纪要》的规定遵循了过错分担的原则。

(一)过错大小

要准确判断和确定当事人之间的过错。因监管规定明确受托人不得刚兑或保底,作为金融机构,受托人明知有这样的禁止性规定,却仍然作出这样的增信措施，目的是增加营业机会增加自身收益，因而其过错是明显的。因此，只要受托人有类似增信措施，就属于有过错。但该过错是否涉及与委托人的过错分担？

可能要具体区分委托人是否是商事主体。如果委托人是商事主体，应当知道金融监管政策，如果是违反监管政策的，其应当知道，故对增信措施的无效，也有过错。但其可能不属于资管规定的监管对象，其对监管政策的理解和掌握通常可能低于作为受托人的专业投资机构，如果委托人仅仅是一个普通的民事主体，更不应苛求其应当知晓各种金融监管规定。而受托人作为专业机构、资管新规的被监管对象，显然在造成交易约定因违反监管政策而无效的过错上比委托人严重。因此，无论何种情况，受托人的过错程度都更高，因而都应当对受益人的损失承担一定的责任。但数量比例，会由法官个案裁量。作为律师，应分别从对立的两极出发，去尽量寻求对方的过错表现，以实现增加或减轻责任的目的。

(二)损失范围

如果受托人因为保底或刚兑无效而应对受益人的损失承担赔偿责任的，准确认定受益人的损失。既然无效，就不存在可得利益损失，因为可得利益是在条款有效、合同能够得以履行的情况下所能获得的利益。因此，受益人不能以合同约定的收益为依据向受托人主张损失。那么这个损失应当是指实际损失，已经发生的损失，理论上即受益人信托份额价值与原值相比减少的部分。也就是说，受益人可以此减少部分为基础提起主张。但受托人并不是一定要对这全部的价值减少部分承担赔偿责任，而是只承担与其过错相适应的比例份额。

五、受托人怠于行权时，委托人或受益人的司法救济路径选择

(一)合同特别约定时的救济

信托各方在信托合同中往往约定，在受托人怠于主张信托投资产生的权利时，委托人或者受益人可以向外直接主张权利。但这种约定并不必然赋予委托人或者受益人诉权，只有当投资端的合同中约定了信托资金的委托人或者受益人可以直接主张时，委托人或者受益人才可以取得相应的诉权。如果没有约定，则投资端的相对人可能根据合同的相对性提出抗辩，信托合同的约定将难以对其产生约束效力。

(二)合同法上的代位权

信托财产对外投资后，如果受托人怠于对外主张权利，信托文件又没有约定委托人或受益人可以直接对外主张权利的，委托人或受益人能否根据合同法上的

代位权,直接向投资端的相对人主张权利?

一般来说是不可以的。首先,委托人并非是信托财产或者受托人的债权人。其次,从合同相对性来说,委托人不是投资端合同的当事人。最后,如果可以主张,那么,信托的独立性就可能被根本改变。当然,在事务管理信托构成的通道业务纠纷中,如果当事人之间有这样的约定,委托人根据投资端的法律关系,直接向投资端的相对人主张权利,是应当予以允许的。

(三)《信托法》上的救济

受托人怠于行权,委托人又不能自行对外主张的情况下,如何进行法律救济?根据信托法的规定,这种情况构成受托人违反信义义务,委托人可以撤销处分行为,或者解任受托人,或者追究其违约损害赔偿责任,或者解除信托。

同样,根据《信托法》的规定,受益人同样享有对信托和受托人的知情权、调整权、撤销权、解任权和解除权,但《信托法》也没有授予受益人直接对外代位主张的救济权利。

(四)信托存续期满后,受益人的救济

如果信托存续期届满,就现状进行了分配,受益人能否直接以自己的名义向投资端的相对方主张相应的权利?此种情形是可以的。因为受益人已经实际取得了投资端的权利。但这里有两种情形:一种是受益人取得权利不需要投资端相对人的同意的,受益人自然就可主张;另一种是受益人取得权利需要投资端相对人的配合的,如其不予配合,受益人无法实际取得投资端的权利,如股权、物权,必须履行一定的程序和手续的。如果相对人不配合,受益人如果要直接主张投资端的权利,可能还要先提一个确认之诉,以受托人和投资端的相对人为被告,请求确认受益人对信托财产现状分配所得财产享有所有权,相对人有义务协助配合受益人办理产权转移交付及变更登记手续。只有在依法取得相关权利后,才能向投资端相对方主张。当然,对投资端相对方的诉请,也可以通过备位诉请的方式一并提出。

六、受托人履责及损害赔偿的举证

(一)证明内容

《纪要》第94条规定,受托人须就自身已履行勤勉尽责、公平对待客户等义务的事实承担举证责任。但上述义务过于抽象和宽泛,需具体化。在操作上,受托人应当以合同约定的义务为凭据,就管理、处分和运用信托财产,提供相应的业务资料作为证据,以证明自己是按照信托目的处分信托财产,全面、规范地履行了管理职责,有效办理了信托事务。对于委托人或受益人而言,则可根据合同约定逐条逐项进行核实,受托人的行为是否全面、规范、到位,据以反驳。

(二)因果关系

如果受托人不能证明自己尽到了义务,但主张未尽义务与委托人的合法权益受到损害之间没有因果关系,以此抗辩的,是否成立?

仅从《纪要》的文义来看,并未留出抗辩余地。但是,从该请求权基础的性质来看,行为与损害之间要有因果关系,是行为人要承担法律责任的逻辑根据。因此,如果受托人能证明未尽的义务与委托人的合法权益受到损害之间没有因果关系的,受托人就不应当对委托人承担相应的损害赔偿责任。比如,受托人违反了信息披露义务,没有及时向委托人披露信息,但信托财产是在严格按照合同约定进行处分和管理的过程中遭受了损失的,此时受托人的违约行为与损失没有因果关系,就不应对信托财产的损失承担赔偿责任,而只能根据信托合同约定的违约条款的内容来承担违约责任。

(三)损害赔偿

受托人的损害赔偿责任范围如何确定?委托人在信托中享有的合法权益种类较多,其中有些是可以量化计算的,有些则是无法量化计算的。受托人的未尽职行为既可能损害可以量化计算的合法权益,也可能损害不可以量化计算的合法权益。如果是可以量化的损失,那么赔偿范围的确定就很简单,略去不说。如果是难以量化的损失,该如何确定受托人的赔偿责任范围呢?

损害的合法权益不同,法律赋予的救济方式不同,并不是所有违约行为所损害的合法权益都会产生经济损失并以损害赔偿的方式救济。对没有经济损失的合法权益的损害,除合同有约定违约金的,可以适用违约金条款以外,还可以采取其他救济方式,如继续履行、扣减报酬、排除妨碍等方式。《纪要》所指损害应当是指产生经济损失的损害,并非指所有违约损害,似不应理解为千篇一律,所有受托人未尽义务导致委托人合法权益受损的,都可以请求损害赔偿,而应根据损害的合法权益的不同性质,承担不同形式的民事责任以救济。

法务指引

一、营业信托募资端法律审查的要点

(一)对主体审查

应审查委托人、受托人、托管人主体资格是否符合法律和监管规定,信托产品的发行人是否具有发行信托产品从事营业信托的资格,尤其是集合资金信托计划的委托人是否符合适当性管理的标准。

(二)对信托财产的审查

应审查信托设立时信托财产的范围是否清晰,能否确认是委托人的自有财产,财产所有权是否已转移于受托人或托管人,是否已完成了登记备案。

(三)对担保与兜底的审查

应注意审查受托人是否有对信托利益提供任何直接或间接、显性或隐性的担保、回购等代为承担风险的承诺,是否存在抽屉协议。

信托是否约定了受托人的保底或刚性兑付条款,分级资管产品中是否直接或间接约定了管理人对优先级份额认购者提供保本保收益的安排。

应审查信托的增信主体是否合规,文件表述是否明确,法律性质是否易于界分,约定是否有效。

(四)对交易结构的审查

一是审查信托产品之间是否存在两层以上的连接而构成伞形信托。可以通过在中间嵌入有限合伙企业,以投资有限合伙企业出资份额的方式,解决资管产品两层限制的问题。二是审查分级信托产品是否由发行人自主管理,是否转委托由劣后级投资者管理。

(五)应注意有限合伙、契约型私募基金与分级资管产品的区别

资管产品分级主要是为了以少量资金撬动巨额资金,发挥资金的杠杆作用。一些资管机构为了利用高杠杆的放大效应,自己一方面作为资管产品的管理人;另一方面又跟投少量资金,成为劣后级投资人。

根据资管新规的规定,发行分级资管产品的金融机构应当对该资管产品进行自主管理,不得转委托给劣后级投资者。这意味着劣后级投资者不得成为营业信托的受托人或管理人,或者说金融机构不能作为分级资管产品的通道,只能进行主动管理。

但是,在有限合伙私募基金中,除了在有限合伙人中间有分级以外,有限合伙

人与普通合伙人之间本身在责任和利益分配上就是分级的，有限合伙人是以其在合伙中的财产份额为限对合伙债务承担责任，普通合伙人则对合伙债务承担无限连带责任。依据《合伙企业法》，有限合伙由普通合伙人执行合伙企业事务，本身就是管理人。因此，有限合伙私募基金本身的构造是否与资管新规相矛盾？不无疑问。在部分契约型私募基金中也有分级结构，即优先级、中间级、劣后级，而且往往由劣后级投资人担任管理人，或者私募基金管理机构作为管理人跟投而成为劣后级投资者。这样的交易结构是否也与资管新规相矛盾？

根据《证券投资基金法》第93条的规定，按照基金合同约定，非公开募集基金可以由部分基金份额持有人作为基金管理人负责基金的投资管理活动，并在基金财产不足以清偿其债务时对基金财产的债务承担无限连带责任。因此，上述交易结构又是合法的。由此可能造成一种虽然合法但是不合规的状态。

（六）对信托文件的审查

应注意审查信托文件之间是否相互衔接，约定内容是否一致，表述是否一致。实践中，由于信托涉及的法律文件较多，约定和表述经常出现差异，如不统一，很容易引起纠纷。

（七）关于受益权条款

应注意审查信托文件是否有限制保全受益权的约定，或者在设计信托时是否需要设置禁止保全受益权或限制受益权用途的条款，甚至可以直接规定信托受益的特定用途和支付方式，以防止信托目的因受益人的不当处分而落空。

二、营业信托管理端法律审查的要点

（一）审查信托财产的独立性

信托财产是否做到了独立建账，独立管理，独立核算，是否与受托人、托管人的固有财产隔离。受托人管理的不同信托财产之间是否互相隔离，是否存在滚动发行、集合运作、分离定价、资金错配的情形，是否构成了资金池业务。

在与受托人发生纠纷后，首先要重点审查受托人对信托财产管理的情况，是否严格按照信托文件的约定和信托法律的规定，有效实施了独立性管理。如果信托财产与其固有财产混同，或者不同信托财产之间混同，可主张追究受托人的法律责任。

（二）信息披露义务及通知义务

应注意审查受托人是否按照信托文件的约定，及时披露相关信息，是否及时

向委托人或受益人履行了通知义务。

（三）其他应予关注的事实

应注意审查托管人是否尽到托管义务，托管人与受托人（管理人）之间是否互相尽到了监督义务。受托人是否存在关联交易。

（四）通道业务的审查

对通道业务要重点审查信托财产及相关权利在各对接的资管产品之间的流转交接。这是审查受托人是否尽到信义义务的一个重要方面。因为通道业务往往是资管产品互相连接而成，不仅仅是合同的连接，还要有相关权利的转接。不仅要关注其中资金所有权即信托财产的转移，还要关注相关增信措施的同步转移，以及投资端的标的项目管理权、处分权等相关权利的同步转移。

在有的纠纷案件中，信托关系虽然连接起来了，实现了资管计划与资管计划的对接，但是资金所有权没有同步转移，或者投资端的管理权处分权就没有同步转移，都还在最初的信托关系的管理人名下，导致最终的投资人与最初的管理人之间缺乏法律联系，最初的管理人对最终的投资人并不承担任何信托义务，从而导致风险失控。

三、营业信托投资端法律审查的要点

（一）书面文件的审查

应注意审查投资的法律文件是否齐备，是否合法签署，是否生效。有无权利放弃条款，放弃是否有效。

（二）审查受托人是否按照信托文件的约定运用信托财产

信托财产的投资范围、项目、投入方式是否与约定或委托人的指令相符，是否根据勤勉谨慎的原则进行了背景调查和风险防控，投资后是否依法及时履行了跟踪监管责任，在投资收益的结算、评估、处分与分配中，是否做到了公允合理，是否依法依约履行了义务。实践中，受托人由于管理的资管产品或信托产品众多，在投资端的管理往往比较草率，是应当重点审查的环节之一。

（三）投资行为的审查

一是投资的方向、范围或项目是否符合信托文件的约定或委托人的指令，是否符合政策规定，项目是否已履行合法程序和手续。

二是审查投资的底层资产是否合法，是否确定，产权归属是否明确，权利边界是否清晰。特别注意以资产受（收）益权作为交易标的，《纪要》是认可的。

三是信托与投资的底层资产之间是否存在两层以上的资管产品，是仅仅为其他资管产品提供通道服务，还是由受托人主动管理的投资。

四是投资的方式是否依法履行了必要的法律程序，是否取得了相应的权属凭证，是否完成相应的记载备案。

五是投资后的跟进管理是否有明确的约定，是否有相应的法律文件。

（四）信托投资中的股权让与担保

信托财产对外投资获得股权并以该股权作为投资债权实现的担保的，《纪要》认为构成让与担保，既然构成担保关系，那么受托人是否享有股东参与经营管理的权利？以股权作为一种担保，根据担保物所有权归属的一般逻辑，股权的实体性权利仍然应当归属原权利人，而不应归担保权人。且在受托人实现权利时，其不能直接处分股权，而只能根据担保物权实现的路径，通过拍卖、变卖股权优先受偿的方式来实现。因此，其股东权利受到明显的限制。但是，在让与担保中，股权的所有权又的确变更登记到了担保权人名下，担保权人取得了股权的所有权，似应当享有全部的股东权利。这就有了矛盾，受托人取得是到底是全部股权还是部分股权？股权能否进行这样的分割？为了避免这些矛盾，应当预先在合同中对受托人的股权作出明确约定，条列清单。接受投资方或其控制人想要保留对股权的控制权的，也应在合同中作出明确约定，对受让人处分该股权作出明确的限制。

在对投资收益的保障上设立有让与担保的情况下，还要注意设定不足部分偿付安排的条款，避免没有对不足部分作出偿付的安排，导致信托财产投资利益仅仅以让与担保的股权拍卖、变卖价值为限受偿，而得不到充分保护。

要案索引

［案例 1］韦文海诉请资产管理计划管理人承担逾期回购计划份额的违约责任

［案号］上海市浦东新区人民法院(2016)沪 0115 民初 2937 号

［裁判要旨］专项资产管理计划资产管理合同纠纷的法律性质为委托理财合同纠纷，资产管理计划投资顾问签订的回购协议有效，委托人有权要求其回购资管份额，资产管理人自筹资金偿付资管计划本金的刚兑行为有效。

［案情概要］2014 年 12 月，原告韦文海作为委托人认购了《德邦创新资本特斯拉持赢 1 号专项资产管理计划资产管理合同》（以下简称《资管合同》）项下 B 类资产管理计划 1600 万元。资产管理人是被告德邦创新资本有限责任公司（以

下简称德邦公司)。被告深圳特斯拉投资管理有限公司(以下简称特斯拉投资公司)是该资产管理计划的投资顾问,可以代表全体投资者向资产管理人发出决策指令,无须征得投资者同意,并签署了《关于德邦创新资本特斯拉持赢1号专项资产管理计划B类份额的回购协议》(以下简称《回购协议》)。约定被告特斯拉投资公司承诺将于2015年1月10日前以1648万元的价格一次性回购原告持有的资产管理计划B类份额。

2015年1月8日,被告特斯拉投资公司以使用原告的1600万元资金而支付的“利息”为名向原告汇款34.70万元。

2015年3月20日,韦文海与被告德邦公司签订《资管计划份额转让登记表》,由被告德邦公司受让韦文海持有的1000万份资管计划B类份额,被告德邦公司支付了份额转让款1000万元。

2015年3月24日,韦文海收到了系争资管计划收益款394,520.55元。

2015年5月29日,韦文海与被告德邦公司签订《资管计划份额转让登记表》,由被告德邦公司受让原告持有的600万份资管计划B类份额,被告德邦公司支付了份额转让款600万元。

2015年6月23日,韦文海收到了系争资管计划收益款150,136.99元。

后韦文海以被告特斯拉投资公司未按期履行回购义务,根据回购协议中应当支付迟延付款违约金的约定,诉请被告特斯拉投资公司向原告支付违约金3,147,200元,德邦公司等承担连带责任。

[**裁判观点**]本案系委托理财合同纠纷,应当适用《合同法》及相关司法解释的规定处理。当事人对于韦文海于2014年12月认购《资管合同》项下B类资产管理计划1600万份,被告德邦公司已向韦文海支付了上述资管计划的份额收益,且韦文海现在已经退出该资管计划的事实均无异议。韦文海与被告特斯拉投资公司之间的《回购协议》真实有效,被告特斯拉投资公司未按约定履行回购义务,应当承担逾期履行的违约金。

[案例2]北京北大高科技产业投资有限公司(以下简称北大高科公司)、光大兴陇信托有限责任公司(以下简称光大兴陇信托)借款合同纠纷案

[**案号**](2015)民二终字第401号

[**裁判要旨**]在资管产品过渡期内,信托借款合同虽系商业银行为规避银行贷款而借助信托通道谋取高息,但并不因此无效。

[**案情概要**]2011年10月8日,包商银行股份有限公司(以下简称包商银行)

与光大兴陇信托签订的《单一资金信托合同》，包商银行通过设立单一资金信托方式，将案涉2.8亿元信托贷款本金委托光大兴陇信托以信托贷款形式指定出借给北大高科公司，贷款年利率为11.808%，上述利息收入均归包商银行享有；光大兴陇信托向包商银行固定收取2.8亿元信托规模的年4‰信托费用。2011年10月9日，光大兴陇信托与北大高科公司签订了甘信计贷字(2011)046号《信托资金借款合同》，合同约定由光大兴陇信托向北大高科公司发放28,000万元信托贷款，贷款利率为11.808%/年，贷款期限为一年；北大高科公司未按合同约定偿还贷款本金又未获准展期的，从逾期之日按照合同约定的利率加收50%的罚息。2011年10月11日，光大兴陇信托依约向北大高科公司一次性发放信托贷款28,000万元。

北大高科公司以案涉《单一资金信托合同》和《信托资金借款合同》存在以合法形式掩盖非法目的的情形为由，要求认定无效。

［**裁判观点**］案涉信托贷款本金来自包商银行，借款人北大高科公司系包商银行指定，光大兴陇信托既不主动管理信托财产，也不承担业务实质风险。因此，案涉信托贷款属银信通道业务。银行通道业务在满足居民和企业投融资需求的同时，也存在部分业务规避监管和宏观调控等问题。根据当前国家金融监管原则，金融机构不得为其他金融机构的资产管理产品提供规避投资范围、杠杆约束等监管要求的通道服务。具体而言，商业银行应还原其业务实质进行风险管控，不得利用信托通道掩盖风险实质，将表内资产虚假出表；信托公司应确保信托目的合法合规，不得为委托方银行规避监管规定或第三方机构违法违规提供通道服务。但本案所涉信托贷款发生在2011年，属上述金融监管政策实施前的存量银信通道业务。对于此类存量业务，中国人民银行、中国银行保险监督管理委员会、中国证券监督管理委员会、国家外汇管理局于2018年4月27日联合发布的《关于规范金融机构资产管理业务的指导意见》（银发〔2018〕106号）第29条规定，为减少存量风险，按照“新老划断”原则设置过渡期，过渡期设至2020年年底，确保平稳过渡。据此，法院认为，北大高科公司所提案涉信托借款合同系商业银行为规避正规银行贷款而借助信托渠道谋取高息并构成以合法形式掩盖非法目的的诉讼理由，没有法律依据。案涉《单一资金信托合同》和《信托资金借款合同》系各方当事人的真实意思表示，且不违反法律、行政法规的强制性规定，法院对北大高科公司有关合同无效的诉讼请求，依法不予支持。

光大兴陇信托属依法成立的非银行金融机构，案涉信托贷款业务亦属依法设立、合法有效的信托行为，故案涉合同关于贷款年利率按11.808%计、逾期还款利率按17.712%计的约定，均未超过法律准许的利息上限，对北大高科公司具有法定约束力。北大高科公司所提案涉贷款应按中国人民银行同期贷款利率年6.15%计息的诉讼主张，没有事实和法律依据，不能成立。

[案例3]南昌农村商业银行股份有限公司(以下简称南昌农商行)、内蒙古银行股份有限公司(以下简称内蒙古银行)私募债权收益权合同纠纷案

[案号](2016)最高法民终215号

[裁判要旨]资产收益权作为交易标的合法有效，其转让协议合法有效。

[案情概要]2013年6月，案外人华珠(泉州)鞋业有限公司(以下简称华珠鞋业公司)通过信达证券股份有限公司(以下简称信达证券公司)在深圳证券交易所(以下简称深交所)发行华珠私募债，主承销商为信达证券公司，担保人为中海信达担保公司。

2013年8月19日，民生证券投资有限公司(以下简称民生投资公司)与信达证券公司签订《2013年华珠鞋业中小企业私募债券认购协议》，认购了华珠私募债全部份额。

2013年8月19日，民生投资公司与民生证券股份有限公司(以下简称民生股份公司)签订《华珠私募债券收益权转让协议》，将上述私募债券收益权转让于民生股份公司。

2013年8月19日，委托人内蒙古银行、管理人民生股份公司、托管人中国邮政储蓄银行三方签订《民生12号定向资管合同》。

2013年8月23日，内蒙古银行向民生股份公司发出投资指令(第1期)，委托民生股份公司投资，认购华珠私募债收益权；无论因任何原因，对合同所产生的后果，民生股份公司作为管理人无须承担任何责任。同日，民生股份公司出具《回执》，确认收到该投资指令并按照委托人指令进行投资。

2013年8月19日，南昌农商行(乙方)与内蒙古银行(甲方)签订《定向资管计划收益权转让协议》，内蒙古银行拟将所持有的资管计划收益权转让给南昌农商行。协议项下"资管计划收益权"是指，资管合同项下的委托人所享有的资管计划收益权，包括委托人根据资管合同约定应当收取的所有投资净收益及要求返还资产清算后的委托财产的权利，及为实现资管计划利益的其他权利。自转让日起，内蒙古银行不再享有"管理合同"项下任何权益、不再承担任何风险。随后南昌农商行按约划转了款项。

2014年8月19日，信达证券公司向民生投资公司发出《告知函》，提示华珠鞋业公司因流动资金短缺将不能按时支付本年度利息，特此通知并提示违约风险。2014年8月20日，民生投资公司向民生证券公司（代表“民生证券理财12号定向资产管理计划”）发出《关于华珠鞋业有限公司2013年中小企业私募债券情况告知函》，提示华珠私募债出现违约。

2014年8月20日，民生股份公司向内蒙古银行发出《关于民生证券理财12号定向资产管理计划的沟通函》，通知华珠鞋业有限公司因流动资金短缺将不能按时支付本年度利息，申请延期支付，出现违约风险。2014年8月20日，内蒙古银行出具《回执》对沟通函予以确认。

2014年9月19日，南昌农商行向民生股份公司发出指令，要求民生股份公司于2014年9月30日前向担保人中海信达担保公司发送代偿函，要求其履行代偿义务。2014年9月26日，内蒙古银行向民生股份公司发出指令，要求民生股份公司向担保人中海信达担保公司发送代偿函，要求其履行代偿义务。

2014年9月28日，内蒙古银行给南昌农商行发出《告知函》，说明定向资管计划未能按期兑付2013年度利息，民生股份公司要求该行出具指令要求民生股份公司向担保机构中海信达担保公司发送代偿函并要求履行代偿义务。同日，南昌农商行给内蒙古银行出具《回执》，对出具指令予以确认；内蒙古银行给民生股份公司出具《指令》，要求民生股份公司向担保人主张代偿义务。

2014年12月25日，民生股份公司收到南昌农商行及内蒙古银行出具的《资产管理计划收益权人变更回执》，主要内容为：确认《民生12号定向资管合同》项下的受益人由内蒙古银行变更为南昌农商行。

2015年1月5日，信达证券公司出具了《信达证券股份公司关于再次建议债券持有人就13华珠债务违约事件采取法律措施的函》，建议民生投资公司并南昌农商行尽快自行或授权信达证券公司采取法律措施。

南昌农商行遂起诉请求确认《定向资管计划收益权转让协议》无效，确认南昌农商行与民生证券公司2013年8月19日设立并实际存在的企业债券“借户交易”之事实法律关系无效，判令内蒙古银行返还南昌农商行本金8000万元及利息等。

［**裁判观点**］一、关于本案交易标的是私募债券还是私募债券收益权的问题

从协议的约定来看，均表述为“私募债收益权”和“资管计划收益权”。

收益权在我国法律体系中并无明确定位，法律性质亦无明确界定，尤其是我国全国人民代表大会及其常务委员会制定的法律中并没有收益权的表述。在司

法层面，仅有的是《担保法司法解释》第97条："以公路桥梁、公路隧道或者公路渡口等不动产收益权出质的，按照担保法第七十五条第四项的规定处理"，该规定将部分不动产收益权纳入《担保法》"权利质押"范围。但是，随着近年来收益权交易在金融市场中的活跃，相关金融监管文件已经广泛承认和使用收益权这一概念，如2013年中国银监会《关于规范商业银行理财业务投资运作有关问题的通知》（银监发〔2013〕8号）、2014年中国证监会《证券公司及基金管理公司子公司资产证券化业务管理规定》（证监会公告〔2014〕49号）、2016年4月中国银监会《关于规范银行业金融机构信贷资产收益权转让业务的通知》（银监办发〔2016〕82号）等，都对金融机构收益权交易作出了规定。这表明，在不断加强收益权交易监管的同时，已普遍认可收益权作为金融交易标的的行业实践。但是收益权的法律性质在无明确界定的情况下，应当根据我国法律的相关规定及其权利属性进行分析。对于物权，权能与权利相分离极为常见，所有权人可以将所有权中的部分权能与所有权本身相分离而单独转让给其他人，在其物上设立用益物权或者担保物权，以达到物尽其用的目的。而债权虽为相对权，但其内部亦存在多项权能可以明确分辨，这就为其权能与权利的分离提供了基础。除了物权法定原则之外，我国法律对其他财产性权利并未禁止。具体到本案，各方当事人的交易标的"私募债券收益权"、"资管计划收益权"是交易主体以基础财产权利即华珠私募债为基础，通过合同关系创设的一种新的债权债务关系，其本质在于"收益"，即获取基于华珠私募债而产生的经济利益的可能性，包括本金、利息等资金利益。从其法律性质来看，显然不属于法定的物权种类，而应为可分的债权权能之一。收益权虽然依附于基础资产，甚至收益权与基础资产在内涵与价值上高度重叠，但在各方商事主体选择以收益权作为交易标的的情形下，意味着各方并无转让和受让基础财产的意思表示。此种情况下，应当尊重各方在协议中达成的合意，认定各方交易标的为收益权，而非基础财产。

综上，本案交易标的为私募债券（资管计划）收益权而非私募债券本身。南昌农商行上诉主张各方交易标的为私募债券而非私募债券收益权，与合同约定不符，亦无法律依据，不予支持。

二、《定向资管计划收益权转让协议》有效

1. 南昌农商行以约定的交易模式属于"借户交易"，违反了《证券法》第80条、违背了"合格投资者"监管制度、以合法形式掩盖非法目的为由，主张合同无效的理由不成立。(1)"借户交易"一般是指出借人将自己的证券账户借给他人，他人实际掌握该账户支配权的行为。而本案中，民生投资公司以自己名义买入华珠私募债，并始终持有该私募债，并未丧失对其证券账户的支配权，此种情形不属于《证券法》规定的“借户交易”。(2)监管部门对于证券投资者实行适当性管理的目的是保护投资者利益，避免不具有风险识别能力和风险承受能力的投资者进行证券投资而受损失。而本案中的南昌农商行虽然未在深交所办理私募债券合格投资者认证，但根据《深圳证券交易所中小企业私募债券业务试点办法》的规定，其具备中小企业私募债券合格投资者条件，在经过申请备案后可以成为私募债券合格投资者。而且，南昌农商行作为金融机构，属于上述管理办法第8条规定的专业投资者，对于私募债券交易的利益和风险均有充分的认知，如果因此交易受到损失，应当承担相应的风险。(3)南昌农商行签订协议的目的在于投资获取华珠私募债的收益，对于金融机构来讲属于正常的商业交易，不属于《合同法》第52条规定的“非法目的”。

2. 本案交易模式并不存在明显的违反交易发生之时监管规定的情形，亦不违反之后不久发布的相关通知要求。本案交易模式是否违反金融监管规定，应根据交易发生之时的相关监管规范分析判断。三方签订的《民生12号定向资管合同》，主体资格及内容均符合中证协发〔2013〕124号《关于规范证券公司与银行合作开展定向资产管理业务有关事项的通知》之规定；民生股份公司在该合同签订后，按照《证券公司定向资产管理业务实施细则》(证监会公告〔2012〕30号)的规定向中国证券业协会履行了相应的备案手续；之后中国人民银行、中国银监会、证监会、保监会、国家外汇局五部门联合发布的《关于规范金融机构同业业务的通知》(银发〔2014〕127号)对于“同业投资[金融机构购买同业金融资产，或特定目的载体(包括但不限于证券公司资产管理计划)的投资行为]”也并未持否定态度；中国银监会《关于加强农村中小金融机构非标准化债权资产投资业务监管有关事项的通知》(银监合〔2014〕11号)要求“投资的非标资产标的不得包括AA-级以下债券品种和交易所发行的高风险私募债”，而华珠私债券的信用评级结果为AA，也符合该通知要求。

3. 合同效力的司法认定调整的是民商事主体之间的权利义务关系，判断依据应当是法律和行政法规。南昌农商行据以主张合同无效的相关监管规定，如《银行间债券市场债券登记托管结算管理办法》(中国人民银行令〔2009〕第1号)、《证券登记结算管理办法》等，主要是针对证券交易所、证券公司以及证券登记结算机构的管理性规范，不能作为认定合同效力的法律依据。

综上,南昌农商行与内蒙古银行签订的《定向资管计划收益权转让协议》有效。南昌农商行提出本案合同因违反法律强制性规定、金融监管禁止性和强制性规定而无效的意见,理据不足,不予支持。

但需要指出的是,2018年4月27日,中国人民银行、中国银行保险监督管理委员会、中国证监会、国家外汇管理局联合发布了《关于规范金融机构资产管理业务的指导意见》(银发〔2018〕106号),对金融机构资产管理业务提出了具体的规范要求。从该监管新规来看,监管部门对于金融机构资产管理业务实行穿透式监管,禁止开展多层嵌套和通道业务。而本案当事人的交易模式确实存在拉长资金链条,增加产品复杂性之情形,可能导致监管部门无法监控最终的投资者,对交易风险难以穿透核查,不符合资管新规之要求。因此,本案各方当事人今后应严格按照资管新规,规范开展业务。

[案例4]上海浦东发展银行股份有限公司上海分行与顾国平信托合同纠纷案

[案号]上海市浦东新区人民法院(2016)沪0115民初80403号

[裁判要旨]支持分级资管计划中劣后级投资人补偿优先级投资人差额损失的约定。

[案情概要]2015年11月23日,原告上海浦东发展银行股份有限公司上海分行(以下简称浦发上海分行)与第三人德邦创新资本有限责任公司(以下简称德邦公司)签订《资管合同》,作为优先级委托人认购"慧金1号专项资管计划"优先级份额(A类份额),被告顾国平作为"慧金1号专项资管计划"的劣后级委托人认购"慧金1号专项资管计划"劣后级份额;投资目标为广西慧球科技股份有限公司二级市场股票(以下简称慧球科技股票)董监高增持业务,由劣后级委托人顾国平作为委托人代表向资产管理人发送投资建议,资产管理人为德邦公司,计划财产投资产生的投资收益或损失由计划财产享有或承担,或依据本合同及各委托人之间的约定在各委托人之间进行分配、承担及补偿。

同日,原告与被告顾国平、第三人德邦公司共同签订《差额补足协议》,约定如在资产管理计划到期清算时(包括提前终止等情形),资产管理计划项下现金财产不足以覆盖优先级资金本金及其按预期年化收益率计算的优先级委托人的收益,被告应于收到原告的付款通知之日起5个工作日内以现金方式向原告补足差额部分。

2015年11月27日,原告向德邦公司足额缴付A类份额本金13,000万元,德邦公司于2015年12月2日在其官方网站向委托人宣告"慧金1号专项资管计划"于2015年11月30日成立。

根据《资管合同》的约定及优先级委托人的申请，德邦公司于2016年7月20日提前终止"慧金1号专项资管计划"。经清算，应付优先级投资收益本息合计137,153,790.79元。应付劣后级本息合计-22,874,691.09元。德邦公司根据约定向原告分配"慧金1号专项资管计划"项下收益共计114,327,129.01元。原告向被告发送《补充付款通知书》，要求被告立即向原告支付差额补足款共计22,826,661.78元及罚息。

[裁判观点]案涉《资管合同》及《差额补足协议》均系各方当事人真实意思表示，内容不违反法律、行政法规的强制性规定，合法有效，当事人理应恪守。根据《差额补足协议》的约定，原告作为"慧金1号专项资管计划"的优先级委托人，认购优先级份额，享有涉案资管计划优先级份额的收益权，被告顾国平作为"慧金1号专项资管计划"的劣后级委托人，承诺将无条件履行涉案资管计划到期清算时优先级委托人的本金及预期收益的差额补足义务，但被告未按约履行差额补足义务，已构成违约，应承担相应的违约责任。

被告认为差额补足是指在上述《资管合同》设定的平仓机制下，被告就其作为委托人代表向第三人发送投资建议而产生损失，才对原告的本金及逾期收益损失承担差额补足义务，不应当对非因被告、非因市场风险造成的人为扩大损失承担差额补足义务。法院认为，涉案资管计划系为被告持有慧球科技股票提供配资而设立，被告作为劣后级委托人享有向优先级委托人即原告分配固定收益后获取超额收益的权利，作为对价，原告、被告双方签订《差额补足协议》，被告就原告的资本本金及预期收益作出无条件履行差额补足义务的承诺，系市场主体之间依据合法、自愿原则协商订立，并未违反公平交易的原则。至于被告辩称原告资金损失系德邦公司的原因造成，并未提供证据证明，且与本案原告基于《差额补足协议》要求被告承担违约责任的法律关系无关，非本案审理范围，被告可另案诉讼解决。故对被告的辩称，法院不予采信。遂判决支持原告关于差额补足的诉讼请求。

[案例5]深圳市红塔资产管理有限公司(以下简称红塔资管)与深圳市中恒汇志投资有限公司(以下简称中恒汇志)、智慧城市信息技术有限公司(以下简称智慧城市)股票回购合同纠纷案

[案号]浙江省高级人民法院(2017)浙民初22号

[裁判要旨]资产管理人经授权有权代表资委托人，作为原告直接诉请转让方履行股票收益权回购义务。

[**案情概要**]2016年7月27日，华融公司、红塔资管、招商银行股份有限公司深圳分行签订案涉《资产管理合同》，约定华融公司将委托财产交付资产管理人红塔资管和资产托管人招商银行股份有限公司深圳分行进行投资管理和资产托管。

2016年8月30日，红塔资管与中恒汇志、智慧城市签订《股票收益权转让合同》，约定以云中资管计划委托资金人民币79,000万元受让中恒汇志持有的中安消5910万股限售流通股票的股票收益权，中恒汇志、智慧城市应在股票收益权转让日起满12个月当日累计向红塔资管支付股票收益权回购款人民币79,000万元，并按照7%/年的标准支付股票收益。合同还约定了中安消股票价格下跌至平仓线时中恒汇志、智慧城市负有追加保证金或追加质押股票的义务，以及中恒汇志、智慧城市提前履行回购义务和承担相应违约责任等。同日，红塔资管与中恒汇志签订《股票质押合同》并办理股票质押登记手续，为中恒汇志、智慧城市在《股票收益权转让合同》项下的全部债务提供担保。

2016年8月31日，红塔资管依约将79,000万元股票收益权转让价款支付给中恒汇志。中恒汇志先后向红塔资管支付若干款项。

2017年5月4日，杭州公望润盈投资合伙企业（有限合伙）、红塔资管、广州农村商业银行股份有限公司签订《红塔资产云中41号专项资产管理计划资产管理合同》，约定杭州公望润盈投资合伙企业（有限合伙）作为资产委托人，将委托资产交付资产管理人红塔资管和资产托管人广州农村商业银行股份有限公司分别进行投资管理和资产托管。2017年5月4日，华融公司与红塔资管签订《资产管理计划份额转让协议》，约定红塔资管代表红塔资产云中41号专项资产管理计划，以79,000万元受让华融公司在云中资管计划中持有的全部资管份额。2017年8月16日，杭州公望润盈投资合伙企业（有限合伙）向红塔资管发出指令函，表示其通过红塔资产云中41号专项资产管理计划持有云中资管计划全部份额，因债务人违约，特指令红塔资管向浙江省高级人民法院提起诉讼，要求中恒汇志、智慧城市提前支付股票收益权回购款人民币79,000万元、股票收益并承担相应违约责任，并认可红塔资管相关行为及出具的相关文件的全部内容，承担相关结果。

[**裁判观点**]1. 红塔资管作为本案原告主体是否适格。杭州公望润盈投资合伙企业（有限合伙）、红塔资管、广州农村商业银行股份有限公司三方签订的《红塔资产云中41号专项资产管理计划资产管理合同》约定，资产管理人的权利包括经资产委托人授权，代理资产委托人行使部分资产因委托财产投资所产生的权利以及国家有关法律法规、监管机构及本合同规定的其他权利；第14条约定，资产委

托人选择授权资产管理人或资产托管人代为行使上述权利的,具体事宜由委托人出具授权委托予以确定。红塔资管作为案涉资管计划的管理人,已取得了委托人杭州公望润盈投资合伙企业(有限合伙)的指令函,指令其向示院提起诉讼,并认可其相关行为及承担相关后果。根据红塔资管与中恒汇志、智慧城市签订的《股票收益权转让合同》约定,红塔资管有权在中恒汇志、智慧城市未按期支付合同项下股票收益权回购款等情况下要求其承担相应违约责任。因此,红塔资管有权代表案涉资管计划委托人杭州公望润盈投资合伙企业(有限合伙)以及作为案涉《股票收益权转让合同》的相对方提起本案诉讼,是本案的适格原告。

2.《股票收益权转让合同》合法有效。中恒汇志等辩称因股票收益权存在不确定性导致案涉《股票收益权转让合同》效力待定或无效。法院认为,案涉《股票收益权转让合同》系各方当事人真实意思表示,内容不违反法律、行政法规的强制性规定,也不存在恶意串通损害国家、集体或者第三人利益的情形,股票收益权金额或时间的不确定亦非导致合同效力待定的法定原因。

图书在版编目(CIP)数据

《全国法院民商事审判工作会议纪要》专题解读与实务指引 / 李志刚等著. -- 北京 : 法律出版社, 2020
ISBN 978-7-5197-4402-1

Ⅰ. ①全… Ⅱ. ①李… Ⅲ. ①民事诉讼-审判-法律解释-中国②民事诉讼-审判-法律适用-中国 Ⅳ. ①D925.118.25

中国版本图书馆 CIP 数据核字(2020)第063446号

《全国法院民商事审判工作会议纪要》专题解读与实务指引
《QUANGUO FAYUAN MINSHANGSHI SHENPAN GONGZUO HUIYI JIYAO》ZHUANTI JIEDU YU SHIWU ZHIYIN

李志刚 陈 克
吕 强 刘生亮 著
雷新勇

策划编辑 冯雨春
责任编辑 冯雨春 邢艳萍
装帧设计 李 瞻

出版 法律出版社
总发行 中国法律图书有限公司
经销 新华书店
印刷 三河市兴达印务有限公司
责任校对 王沁陶
责任印制 吕亚莉

编辑统筹 法律应用出版分社
开本 710毫米×1000毫米 1/16
印张 30.25
字数 540千
版本 2020年7月第1版
印次 2020年7月第1次印刷

法律出版社/北京市丰台区莲花池西里7号(100073)
网址/www.lawpress.com.cn
投稿邮箱/info@lawpress.com.cn
举报维权邮箱/jbwq@lawpress.com.cn
销售热线/400-660-8393
咨询电话/010-63939796

中国法律图书有限公司/北京市丰台区莲花池西里7号(100073)
全国各地中法图分、子公司销售电话:
统一销售客服/400-660-8393/6393
第一法律书店/010-83938432/8433 西安分公司/029-85330678 重庆分公司/023-67453036
上海分公司/021-62071639/1636 深圳分公司/0755-83072995

书号: ISBN 978-7-5197-4402-1
定价: 118.00元
(如有缺页或倒装,中国法律图书有限公司负责退换)